LE CIEL DE DARJEELING

NICOLE VOSSELER

LE CIEL
DE DARJEELING

traduit de l'allemand
par Jean-Marie Argelès

ARCHIPOCHE

Ce livre a été publié sous le titre
Der Himmel über Darjeeling
par Bastei Lübbe, Cologne, 2014.

Notre catalogue est consultable à l'adresse suivante :
www.archipoche.com

Archipoche
34, rue des Bourdonnais
75001 Paris

ISBN 978-2-37735-427-6

À tous ceux qui,
en dépit des cicatrices de la vie et de l'amour,
espèrent, croient et aiment.

« *À qui sait attendre, toutes choses se révéleront, pourvu qu'il ait le courage de ne pas renier dans les ténèbres ce qu'il a vu dans la lumière.* »

Coventry Patmore (1823-1896),
Aurea Dicta

PREMIÈRE PARTIE

HELENA

Prologue

Argostoli, Céphalonie, le 13 août 1864

Mes chères sœurs,

Quelques heures après que ces lignes seront en route pour vous rejoindre, nous partirons à notre tour pour un voyage incomparablement plus long et pénible. Je comprends que vous soyez inquiètes pour nous, mais nous n'avons rencontré aucune animosité, de quelque nature que ce soit, ni à l'époque du protectorat anglais ni depuis le retour des îles Ioniennes à la Grèce voici cinq mois. J'insiste une fois de plus sur le fait qu'il ne faut pas croire tout ce qu'écrivent les journaux ; nous n'avons jamais eu à connaître que prévenance et hospitalité.

Nous avons néanmoins décidé, après mûre réflexion, de revenir dans notre pays. Il y a déjà sept ans que je vous ai quittées, vous et l'Angleterre – sept ans dans ce Sud béni des dieux, sept ans qui semblent n'avoir duré que quelques mois en même temps qu'une éternité. Londres n'est plus qu'une pâle image dans mon souvenir : le bruit dans ses rues, si différent, plus froid, plus ordonné en quelque sorte, que le bruit d'ici, la suie, le brouillard et surtout la pluie, la pluie froide et incessante...

Notre trajet sera presque uniquement maritime, au large de l'Italie et de la France, ce qui sera plus rapide mais aussi plus agréable, même si nous serons ainsi privés de retrouvailles nostalgiques avec des contrées qui furent longtemps pour nous une terre d'accueil. Nous espérons, si les conditions s'y prêtent, débarquer dans trois ou quatre semaines à Douvres, d'où je vous préviendrai. Tous mes vœux à Théodore et Archibald, de la part d'Arthur également.

Ce serait bien si, après une aussi longue absence, nous savions que père nous tient moins rigueur, à Arthur surtout, et jette au moins une fois un œil sur sa petite-fille qu'il n'a encore jamais vue.

Je vous embrasse de tout mon cœur,

Celia

Elle respira à fond, comme libérée d'un poids. Elle entendit, par les fentes des volets protégeant la pièce de la chaleur, sonner les cloches de l'église annonçant la fin d'une longue journée de travail et sentit l'odeur de feuillages secs et de la roche brûlée par le soleil. Elle ouvrit les volets de la haute fenêtre afin de mieux entendre le son grave et rythmé des cloches et de laisser pénétrer un flot de lumière cuivrée, moins éblouissante et agressive qu'en plein jour.

L'eau de la baie était étale. Argostoli, la capitale de l'île, s'étendait devant elle : une mer de maisons de plusieurs étages, de style classique et d'un blanc aveuglant, aux toits de tuiles promesse de fraîcheur, d'où émergeaient les clochers des quatre églises orthodoxes. Des pins parasols et des cyprès adoucissaient la stricte géométrie des rues et des bâtiments. Même à cette heure où les gens rentraient de leur travail, la ville paraissait endormie, comme si le temps, en ces lieux, s'écoulait avec lenteur.

Deux bergers passèrent devant la maison isolée sur le versant de la colline. En pantalon bouffant, chemise blousante et gilet sans manches, ils conduisaient leurs chèvres parmi les roches parsemées de touffes de thym. Agitant leur fez blanc, ils crièrent des mots aimables à la femme du peintre anglais, regrettant son départ. Elle répondit à leur salut, ajoutant quelques mots grecs, les regardant descendre le sentier couvert de caillasse. Elle aperçut alors deux silhouettes, un adulte et un enfant, entamant la montée du sentier, entre les touffes de scilles et de lentisques aux feuilles pennées et aux baies rouges et noires.

Le cœur de Celia se mit à battre plus vite quand elle reconnut Arthur, aussi bronzé qu'un Grec, ses cheveux noirs blondis par le soleil. Les manches de sa chemise retroussées, il avait accroché à son épaule un chevalet pliant, tenant de l'autre main une toile tendue sur un cadre de bois, comme s'il ne se souciait pas de la peinture encore fraîche.

«Dès ma prime jeunesse j'ai préféré vivre sur les côtes de l'Ionie et de l'Attique et les jolies îles de l'Archipel que n'importe où ailleurs. Me rendre réellement un jour sur la tombe sacrée de l'humanité vivant ses premiers jours a toujours été un de mes rêves les plus chers. La Grèce a été mon premier amour et je ne sais pas si je peux me permettre de dire qu'elle sera le dernier», avait-il dit, citant Hölderlin, le poète allemand, mais parlant pour lui. Noir comme un Bohémien, des yeux bleus semblant transformer en beauté tout ce qu'ils voyaient, c'est lui qui l'avait entraînée dans cette aventure qu'elle aimait, de la même façon que, dès le premier instant, elle avait aimé cet homme entré en tant que professeur de dessin dans la maison de ses parents.

Rome l'éternelle, Naples et Syracuse, Delphes et Corinthe, Salamine et Mycènes, Patras et Ithaque : infatigables, ils avaient allongé pendant deux ans la liste de leurs séjours au cours de leur voyage sans but, ivres de soleil et du bonheur de s'être trouvés. Ce n'est qu'au pied de l'Acropole où Helena était venue au monde cinq ans plus tôt, lors d'un juillet torride, qu'ils s'étaient sentis chez eux et avaient trouvé la paix, ici, sur Céphalonie, l'île des miracles comme l'appelaient les autochtones.

Arthur était fasciné par ce berceau de la culture occidentale, pays de légendes, de dieux et de héros, plein de passions, de combats et de haine, d'amours et de morts. Matin après matin, il dressait son chevalet, peignait comme un possédé, couchant sur la toile la mer, les rochers et la lumière, ressuscitant les esprits des héros morts et de leurs amantes. Les voyageurs anglais, français et allemands désireux d'emporter dans leur pays pluvieux un morceau de ce monde éternel baigné de soleil leur assuraient une existence insouciante quoique sans luxe.

Des rires lui parvinrent, mêlés à des bribes de grec. Elle vit les deux bergers bavarder avec Helena qui avait à l'épaule le sac de son père contenant les pinceaux et les tubes de peinture. Le soleil se reflétait sur ses cheveux blonds dont les boucles, où l'on distinguait comme un soupçon de cuivre, entouraient son visage, à la manière d'une brillante auréole.

Chrysó mou…

Un frisson glacé parcourut le dos de Celia.

— *Chrysó mou*, mon enfant d'or! avait lancé la vieille femme, assise sur un tabouret à l'ombre d'une maison face à l'agitation du marché, tendant des doigts crochus vers la petite Anglaise vêtue d'une robe blanche sans manches.

Helena, avec indifférence, s'était laissé entraîner sur ses genoux, embrasser et cajoler comme elle avait appris à le supporter de la part des femmes du pays. Les mains noueuses avaient parcouru avec une joie visible le petit visage bronzé et les cheveux rebelles, tandis que la vieille femme murmurait des mots doux.

— *Chrysó*, mon enfant d'or, tu es née princesse, l'entendit chuchoter Celia tandis que le visage ridé de la femme se déplissait. Le destin t'emmènera au loin. Deux hommes – deux ennemis – se disputeront pour toi et tu découvriras le secret qui unit leurs destinées. L'un d'eux fera ton bonheur. Mais ne te laisse pas abuser par le premier regard. Les choses, souvent, ne sont pas telles qu'elles apparaissent d'abord ou telles que tu voudras les voir…

Sa voix mourut, laissant planer une attente dans l'air qui sentait la poussière, les oignons et les raisons mûrs.

— Pouvez-vous me dire ce qui nous attend, moi et mon mari? s'entendit demander Celia dans le brouhaha de voix et de rires du marché.

La vieille femme ne bougea pas, comme à l'écoute d'une voix intérieure. Elle ouvrit les paupières, son regard trouble, sur la défensive, laissant transparaître une espèce de pitié. Du pouce de sa main droite, elle traça une croix sur ses lèvres comme pour les sceller, afin de se protéger et de protéger Celia qui eut l'impression qu'une main glacée lui serrait le cœur.

Elle enleva à la hâte des genoux de la vieille sorcière l'enfant effrayée et l'entraîna, ses jupons soulevant des tourbillons de poussière tandis qu'elle laissait derrière elle la ville soudain devenue menaçante.

L'angoisse ne l'avait alors plus quittée, commençant à ronger son amour pour ce pays. La Grèce lui manquerait – sa lumière accusant les contrastes du paysage, ses étendues pleines de chardons secs, l'odeur du charbon de bois dans les forêts de pins, le chant des cigales, le flamboiement de l'air mêlant les odeurs des feuillages, de la terre et du sel marin –, mais elle ne pouvait plus vivre ici.

Elle posa une main protectrice sur son ventre encore plat, priant en silence pour l'enfant à venir et sa famille.

1

Ses jupons glissèrent avec un léger bruit sur le plancher usé et le claquement de ses talons bas retentit désagréablement. Devant la porte, elle s'arrêta comme pour se donner du courage, puis, après une courte inspiration, elle sentit dans sa main le froid de la poignée en métal. Une myriade de grains de poussière dansaient dans les pâles rayons de lumière tombant de l'étroite fenêtre.

Au milieu de la pièce, elle vit un bureau n'ayant plus d'âge et une chaise rembourrée dont la garniture coulait par les déchirures du cuir. Des piles de papiers, des porte-plume salis d'encre témoignaient de ce qu'ici, il y a peu, on travaillait encore. Tous les murs étaient remplis, jusqu'aux poutres du plafond, de livres aux dos pâlis et couturés de cicatrices, dégageant une odeur de renfermé. Ouvrages de Platon et d'Aristote, de Plutarque et d'Homère, parfois dans des éditions différentes, écrits d'archéologie, de philosophie, de rhétorique et de grammaire. Un jour, les étagères de bois grossier n'avaient pas suffi et les livres avaient envahi la pièce, menaçant d'engloutir les pieds du bureau.

Le bien sacré de son père.

Elle suivit la sente serpentant au milieu de cette jungle d'érudition. Un livre usé d'avoir été trop lu était posé tout au-dessus de la forêt de papier, pages déchirées et jaunies, un passage souligné, sa dernière lecture peut-être.

CHANSON, À CELIA

Viens, ma Celia, tant que nous pouvons,
Aux doux jeux de l'amour goûtons,
Le temps, vois-tu, nous est compté.
Et viendra nos plaisirs briser.
Aussi ses dons ne gaspille pas !
Soleil couchant se lèvera
Mais nous, notre clarté perdue,
De la nuit ne sortirons plus.

(Ben Jonson[1])

Par la vitre bombée elle vit une plaine côtière nue de toute végétation et bordée d'une plage brillant comme de l'argent sous le soleil de novembre.

— M. Wilson vous attend en bas.

Helena parut ne pas réagir à ce que lui disait Margaret, pas plus qu'elle ne s'était rendu compte qu'elle était entrée.

— Je n'avais jamais remarqué qu'il s'asseyait le dos tourné à la mer, murmura-t-elle.

Edward Wilson, l'un des fils tenant le cabinet Wilson & fils, Chancery Lane, à Londres, parcourut d'un regard dédaigneux la pièce qui avait dû être

---

1. Extrait de *Volpone, ou le Renard*, traduit par Michèle Willems, Gallimard, 2016. (*Toutes les notes sont du traducteur.*)

autrefois un salon. Comme le reste de la maison, elle semblait avoir connu des temps meilleurs. Le bois des meubles démodés avait foncé et était rayé, les revêtements pastel avaient perdu leur couleur, raccommodés à la va-vite en plus d'un endroit, mais il était visible que personne ne se souciait plus de ce travail.

World's End: le mot juste pour ce coin de terre abandonné de Dieu! Il avait cru que le cocher s'était égaré ou le menait dans le repaire inaccessible d'une bande de brigands quand il avait enfin aperçu cette maison à moitié en ruine, aussi grise que les falaises abruptes des environs, livrée sans défense au vent violent venant de la mer démontée. Les collines encore opulentes à l'intérieur du pays paraissaient ici rongées jusqu'à la moelle et même la valériane d'ordinaire si vivace périssait sur ce sol ingrat. S'il était exact que le roi Arthur avait réuni ses compagnons de la Table ronde au château de Tintagel, un peu plus au nord, cette partie de la côte devait sans aucun doute avoir été située au-delà des limites de son royaume; déserte et désolée, elle donnait l'impression que le monde se terminait après elle, ultime poste extérieur de l'Empire britannique, au bord d'un enfer froid et humide. Ce n'était pas un lieu où un homme sain et de sensibilité normale resterait plus longtemps que nécessaire, mais Arthur Lawrence n'était manifestement plus lui-même ces dernières années. Le Seigneur, dans sa miséricorde, l'avait enfin, la semaine précédente, délivré de ses souffrances terrestres. C'était à Wilson qu'était échu le devoir peu gratifiant d'administrer le maigre héritage. Il eut un reniflement de mépris, lissant sa moustache sans couleur.

Il s'arrêta devant un grand tableau dont les bleus vigoureux et le blanc lumineux attiraient le regard de chaque entrant et qui semblait absorber le moindre rayon de lumière. Sur un banc de marbre veiné était assise une jeune fille ressemblant à une madone à l'innocence fascinante. Le peintre avait rendu à la perfection la clarté lumineuse de sa peau, on avait l'impression de voir le sang pulser dans le réseau de ses veines et l'on se prenait à espérer un regard de ses yeux de la même eau que la mer derrière elle. Mais ils restaient obstinément dirigés vers le bouquet d'anémones pourpres et roses à ses pieds. La signification du tableau demeurait obscure, il n'était au fond qu'un monument en hommage à une beauté singulière. Wilson pressentit qu'Arthur Lawrence devait l'avoir aimée à la folie.

Combien les débuts avaient été prometteurs ! Ils avaient passé sept années dans les pays méridionaux avant, en septembre 1864, de rentrer à Londres où ils furent mieux que les bienvenus. Les tableaux d'Arthur, ses paysages baignés de soleil, ses scènes mythologiques et historiques, faisaient fureur ainsi que l'artiste lui-même, dynamique et charmeur, sa femme belle comme une sylphide. On invitait volontiers aux soirées et aux soupers ce jeune couple respirant l'aventure et la bohème. On avait oublié le scandale qui, des années plus tôt, avait ébranlé la société quand le professeur de dessin aux origines modestes s'était enfui avec la plus jeune des filles du respectable juge Charles Chadwick et l'avait épousée, en pleine nuit, à Gretna Green, un village écossais de l'autre côté de la frontière, devant le juge de paix local, un forgeron. Même les ladies, gardiennes vigilantes de la vertu et des convenances, fondaient quand, lors d'un thé, paraissait Celia dissimulant habilement son « état » sous un foulard de soie aux motifs splendides, tenant par la main sa petite fille chaussée de souliers vernis et vêtue d'une robe à volants, des rubans de satin retenant ses boucles folles. Mais le jeune peintre ne devait jouir de sa gloire naissante que cinq mois, avant de voir les dieux se détourner de lui.

Edward Wilson fit volte-face en entendant la porte s'ouvrir. Margaret, la bonne fée de cette triste maison, approchant la soixantaine, esquissa une révérence et fit un pas de côté, laissant apparaître la mince silhouette d'une jeune fille. Involontairement, le regard d'Edward alla de la fille de Celia au tableau et revint à celle-ci. Helena était plus mince, moins souple mais plus grande que sa mère. Ses cheveux, une crinière sauvage de boucles épaisses couleur de miel aux reflets roux, résistaient à toutes les tentatives de les coiffer. Ils lui descendaient à la taille. Ses habits de deuil durcissaient les traits hérités de sa mère. Seuls ses yeux étaient véritablement beaux, grands et d'un bleu-vert inhabituel, évoquant les mers du Sud. Ils étaient ouverts sur le vaste monde, sans crainte, mais établissaient entre elle et les autres une distance apparemment insurmontable.

— Je sais que je ne lui ressemble pas, dit-elle, tirant Wilson de ses pensées, mais ce n'est sans doute pas la raison de votre visite.

Le rouge monta aux joues lisses de Wilson.

— Ne pourrions-nous pas commencer par nous asseoir ? demanda-t-il, jouant la jovialité, avec un geste vers les trois fauteuils bas.

S'asseyant sans façons, il entreprit, afin de paraître affairé, de reclasser les documents et les notes qu'il avait disposés sur la table basse. Du coin de l'œil, il regarda Helena s'asseoir et Margaret s'apprêter à l'imiter.

— Margaret, si vous aviez la bonté de…

— Mme Brown appartient depuis longtemps à notre famille et est parfaitement habilitée à assister à notre entretien, le coupa Helena, le menton avec un début de fossette insolemment dressé.

— Eh bien, reprit l'avocat, comme vous le savez, il m'incombe de régler l'héritage de feu votre père. Comme il n'a pas rédigé de testament, c'est vous, miss Lawrence, ainsi que votre frère Jason, ses parents les plus proches, les seuls héritiers de ses biens. Malheureusement, dit-il en s'éclaircissant la voix, j'ai le triste devoir de vous avertir que l'étude des documents en ma possession révèle un important déficit.

— Je suppose que ce déficit n'est pas important au point de ne pas être compensé par l'héritage de ma mère car, ces dernières années, nous avons vécu de manière assez parcimonieuse.

L'amertume de ces mots n'échappa pas à Wilson. Baissant les yeux, il sentit un malaise envahir son cœur d'ordinaire insensible.

— Miss Lawrence, répondit-il en consultant les rangées de chiffres devant lui, je crains que la somme que feue votre mère a reçue jadis de sa tante, Mme Weston, pour la dédommager d'avoir été exclue de l'héritage des Chadwick en raison de son mariage, soit dépensée depuis longtemps. En réalité, une fois déduits les frais médicaux, les frais de l'enterrement et mes modestes honoraires, il reste une différence d'environ trois cents livres, à votre détriment.

— Nous devrons alors gager World's End.

— La maison et les terres attenantes sont déjà grevées de quatre cents livres.

— Dieu du ciel! laissa échapper Margaret tandis qu'Helena regardait droit devant elle, sans un geste, avant de transpercer l'avocat du regard.

— À quoi a-t-il utilisé cet argent?

— On a trouvé dans ses dossiers des justificatifs de transactions financières, des paiements à plusieurs fonds d'aide à la recherche en matière de philosophie et de littérature antiques. Ils se montent au total – il feuilleta divers documents devant lui – à quatre mille neuf cent soixante-treize livres sterling en l'espace de huit ans environ. Il se pourrait que cela soit plus encore car la comptabilité de monsieur votre père était plus que parcellaire, surtout les derniers mois.

— Existe-t-il un moyen de récupérer au moins une partie de ces versements?

— Je crains que non. D'un point de vue légal, monsieur votre père était, jusqu'à son décès, en pleine possession de ses facultés intellectuelles. Le contester *a posteriori* par voie de justice me paraît une entreprise sans issue.

— Ma mère possédait quelques bijoux dont j'ai hérité…

— J'ai jeté un œil dans l'écrin. Ils sont beaux mais n'ont guère de valeur.

— Les tableaux qui sont encore ici, dans la maison…

— Monsieur votre père n'a pas peint suffisamment longtemps pour se faire un nom durable. Arthur Lawrence n'est plus, depuis longtemps, une référence.

Wilson commença à prendre pitié de la jeune fille qui, quelques instants plus tôt encore, lui faisait face avec fierté et qui se retrouvait au milieu des ruines de son existence antérieure, punie de ce que son père ne s'était jamais remis de la mort de son épouse.

— Il y a bien, dit-il en toussotant, il y a une des deux sœurs de votre mère, Mme Archibald Ross, qui propose de vous recueillir en tant que dame de compagnie de ses trois enfants.

— Qu'adviendra-t-il de Jason ?

— Mme Ross serait favorable à ce qu'il commence un apprentissage de clerc dans notre cabinet. Il pourrait bien entendu, moyennant une modeste pension, loger dans ma famille.

— C'est exclu. Mon père a toujours voulu que Jason…

— Miss Lawrence, l'interrompit Wilson, monsieur votre père – que Dieu ait pitié de son âme – n'a manifestement pas pensé une seconde à votre avenir, à vous deux, durant les dix dernières années. Vous devriez vous satisfaire de ce destin, il en existe de bien pires.

— Je ne veux pas d'aumône, déclara Helena, les yeux étincelants de colère. Ni de vous ni de mes tantes ! La famille de ma mère nous a toujours regardés de haut, ces gens-là nous feraient chaque jour sentir leur condescendance si je dépendais de leur miséricorde !

Edward Wilson ressentit une profonde satisfaction quand il put mettre un point final à cette conversation dont il trouvait qu'elle tombait trop souvent dans le pathos.

— La fierté, il faut pouvoir se la payer, miss Lawrence. Vous êtes tous les deux, jusqu'à votre majorité, sous la tutelle de M. et Mme Ross. J'ai bien peur que vous n'ayez d'autre choix.

De cet endroit de la côte, on avait, depuis le bord des falaises, une vue unique sur l'Atlantique. Comme tranchés par une épée géante, les rochers s'agrippaient au-dessus du vide, le sable tout en bas luisant comme de la poussière de métal. La mer, d'un gris brouillé, battait le rivage, projetant des paquets d'écume d'un blanc sale. Même les plus anciens habitants de la région, qui avaient depuis des générations la mer dans le sang, citaient le très vieux vers disant que la côte, entre Padstow Point et la petite île perdue de Lundy, était, de nuit comme de jour, la tombe des marins. Des membrures gonflées d'eau salée et des mâts rompus, rejetés sur la rive par le ressac, témoignaient du destin malheureux des nombreux bateaux victimes des humeurs de la tempête et du déferlement des vagues. Même en plein jour, la région était sinistre, habitée de démons qu'évoquaient les noms de Demon's Cove, Devil's Creek ou The Hanged Man[1]. On avait peine à croire que, quelques miles plus loin au sud, la côte des Cornouailles était ensoleillée et colorée. Rares étaient les journées durant lesquelles le soleil perçait la couche nuageuse recouvrant la baie, donnant pour quelques minutes une lueur de bleu à la mer et un soupçon de vert à la campagne. Peu après, World's End retrouvait sa désolation lugubre dont hommes et bêtes paraissaient frappés. Il pouvait s'écouler plusieurs heures avant qu'on aperçût une mouette.

Mais si l'attention de l'homme juché tout en haut de la falaise se porta sur la cavalière solitaire en contrebas, ce fut en raison aussi de sa manière casse-cou et sauvage de monter : à califourchon, crinière noire du

---

1. Criques du Démon, du Diable ou du Pendu.

cheval et cheveux blonds emmêlés, le sable et l'écume soulevés par le galop endiablé. La voyant ralentir, il fit faire volte-face à son propre cheval.

Achille s'ébroua et Helena fut incapable de savoir si c'était sa propre respiration ou le souffle du vieux hongre qui frappait ses oreilles. Ses yeux pleuraient sous l'effet du galop et du violent vent du nord longeant les falaises. Puis d'autres larmes survinrent au souvenir des événements de l'après-midi et des jours précédents. Elle lâcha les rênes pour s'essuyer les yeux du dos de la main. Achille, heureux d'échapper à sa main si rude en ce jour, adopta une allure plus paisible avant de s'immobiliser. Helena le laissa faire, le regard tourné vers la mer dont le mugissement l'avait accompagnée nuit et jour depuis qu'elle avait perdu sa patrie grecque et, avec elle, sa mère et son père.

Une unique nuit de janvier, une nuit glaciale, avait tout détruit. Arthur et Celia s'étaient rendus au théâtre, puis à un souper. Celia s'étant plainte d'un léger malaise, ils avaient quitté la table avant le deuxième plat et pris un fiacre dans la Broadwick Street. La neige venait de tomber et rien ne laissait deviner que du verglas s'était formé sous la couche ouatée. Celia glissa sur les marches de la porte d'entrée et, avant qu'Arthur eût pu la retenir, elle avait chuté. Plus de peur que de mal au premier abord, mais, tandis que Margaret – qui avait jadis accompagné Celia dans sa fuite et était revenue avec elle – la déshabillait, les douleurs avaient commencé, quatre semaines avant l'heure.

On avait enveloppé en toute hâte Helena dans des couvertures pour la conduire chez la sœur de la cuisinière, deux rues plus loin, afin que la fillette n'entendît pas les cris de sa mère. Quand un matin d'un bleu d'argent s'était levé sur la ville enneigée, Arthur Lawrence était père d'un fils – et veuf.

Après la mort de Celia, il déclina rapidement, se mit à boire et ne se soucia ni du nourrisson ni d'Helena frappée de stupeur. Rien ne semblait plus l'émouvoir. Seule l'insistance de ses amis désireux de le voir se remarier pour le bien des enfants le tira de sa léthargie. En moins d'une semaine, ayant trouvé un autre locataire, il quitta Londres après avoir brûlé ses toiles, ses pinceaux et sa peinture et empaqueté le strict nécessaire.

Ils étaient partis en direction des Cornouailles d'où était originaire Margaret. La demeure bancale et de pierre brute, à l'écart des petites villes côtières de Boscastle et de Padstow, les avait recueillis et, tandis que Margaret s'occupait des deux enfants, Arthur s'était absorbé dans la littérature de l'Antiquité, en quête fiévreuse d'un réconfort à son deuil, fuyant un monde devenu insupportable.

Un ou deux tableaux, quelques bijoux de corail, des perles en verre vénitiennes et le souvenir de caresses au parfum de lavande et de petit-grain, voilà tout ce qui était resté à Helena de sa mère. Au moins avait-elle réussi à conserver ce trésor qui n'avait pas été détruit comme tout ce qui aurait pu lui rappeler son père tel qu'il avait été. D'année en année, elle avait eu de plus en plus de mal à se souvenir du père qu'elle avait eu, debout devant son chevalet sous le soleil méditerranéen, faisant apparaître comme par magie sur la toile, avec énergie ou douceur, des images si merveilleuses qu'elle retenait son souffle pour ne rien en perdre. Un père qui plaisantait, roulait dans les vagues avec elle, la soulevait si haut en direction du soleil qu'elle croyait réussir à le toucher. Un père qui avait disparu du jour au lendemain, une force mystérieuse l'ayant emporté en même temps qu'elle avait emporté Celia, ne laissant qu'un homme dévasté par le chagrin, vieilli avant l'âge, répandant autour de lui le parfum douceâtre de l'alcool qui détruisait ses sens. Elle l'avait détesté pour son indifférence envers elle. Parfois, il ébranlait la maison de ses cris et claquements de porte. Un peu plus tard, pris de honte, il posait ses mains sur leurs têtes blondes afin de leur procurer un semblant de bonheur. Cet homme était mort la veille, dans cette terre rocailleuse et désolée des Cornouailles. Elle ne savait si elle devait être triste ou soulagée.

Elle était amère à l'idée de la pauvreté qui les condamnait à vivre dans ce pays austère, au bord d'un abîme existentiel, alors que son père avait investi à fonds perdus des centaines de livres dans des châteaux en Espagne. Elle avait la gorge serrée en pensant au sort qui les attendait, elle et son frère, et elle s'abandonna à un moment de faiblesse. Elle se consola en se disant que seuls Achille, la mer et le vent savaient qu'elle pleurait et qu'ils ne la dénonceraient pas.

— Vous êtes une cavalière remarquable.

Poussant un cri, elle tira sur les rênes quand, effrayé, Achille se cabra. Elle perdit un instant l'équilibre, faillit tomber de selle mais, se rattrapant, permit à sa monture désemparée de faire quelques pas en trébuchant avant de l'obliger à faire volte-face.

— Vous êtes fou ? cria-t-elle au cavalier inconnu qui avait surgi derrière elle comme sortant du néant. Quelle mouche vous a piqué d'ainsi vous approcher des gens par surprise ?

Elle écarta de ses yeux une mèche et se crut une seconde en présence d'un centaure, ne distinguant pas où cessait le corps du cheval et où commençait celui du cavalier vêtu d'une veste de couleur sombre. Il avait les cheveux un peu longs, mais le vent découvrait un visage aux traits marqués, évoquant des origines méridionales, et une moustache fournie. Des cheveux aussi noirs que le poil de son étalon. Helena songea aux innombrables corneilles et corbeaux qui nichaient dans les arbres rabougris et s'envolaient avec un croassement rauque qui vous faisait froid dans le dos. Le cavalier se pencha un peu sur sa selle.

— Je vous prie de m'excuser, miss. Je n'avais pas l'intention de vous effrayer, vous et votre cheval, et de vous mettre ainsi en danger, dit-il d'une voix grave, avec un accent imperceptible, comme s'il avait longtemps résidé à l'étranger, mais j'ai pensé que je pourrais peut-être vous aider.

Il lui tendit un mouchoir plié en quatre, d'un air plus provocant que compatissant. Gênée qu'un étranger l'eût vue pleurer, elle sentit le sang lui monter au visage. Elle rejeta en arrière d'un geste énergique ses cheveux que le vent ne cessait de lui rabattre sur le visage et, avec une fierté jouée, répondit d'un ton condescendant :

— Merci beaucoup, mais ce n'est pas nécessaire !

— C'est comme vous voulez, dit-il, amusé en remettant le mouchoir dans sa poche.

Appuyé sur le pommeau de sa selle, il examinait Helena avec insistance, comme s'il avait tout son temps. Elle se sentit mal à l'aise sous ce regard inquisiteur, il avait l'air de la jauger. Elle avait d'emblée remarqué que l'inconnu portait des vêtements élégants et à la mode, bien coupés dans un bon tissu.

Elle ne s'était jamais beaucoup souciée de son apparence, estimant que ses habits devaient être pratiques et ne pas la serrer, ne se faisant pas une montagne d'un accroc, indifférente à la poussière sur ses bottes ou aux éclaboussures de boue sur le bas de sa jupe. Or elle se voyait à présent d'un autre œil, soudain attentive à sa tenue de deuil en crêpe de laine rêche, empruntée à une cousine de Margaret, aux amples jupons passés de mode et aux manches trop courtes. Sensible au désordre de sa chevelure et à la rougeur de ses mains crevassées, elle éprouva le besoin brûlant de paraître moins souillon. Avec un peu de honte, elle détourna le regard et s'essuya furtivement les joues du dos d'une main.

— Vrai de vrai, remarquable, conclut l'homme au terme de son examen.

Au ton de sa voix, Helena leva les yeux. Elle vit une étincelle luire dans ses yeux presque noirs et un soupçon d'amusement glisser sur son visage. Sentant ses joues rougir de colère et d'embarras, elle lui rendit un regard noir. Sous sa moustache se dessina un sourire mi-badin, mi-moqueur.

— Je me croyais certain d'avoir vu toutes les beautés villageoises de ce trou perdu, mais il semble que vous vous soyez jusqu'ici dérobée à mes regards.

Elle se rappela les mises en garde de Margaret qui avait tenté en vain de la dissuader de ses chevauchées sur la plage déserte, évoquant des hommes sans morale qui guettaient les jeunes filles comme elle. Elle les avait toujours accueillies avec un sourire insouciant. Sans paraître avoir donné un ordre à son cheval par un mouvement du corps, l'inconnu le fit avancer d'un grand pas vers elle, si près qu'elle sentit l'odeur de l'animal. Achille, paralysé par la peur, enfonça ses sabots dans le sable. Instinctivement, elle prit de l'élan pour frapper l'homme de sa badine, mais eut du mal à réprimer un cri de douleur quand celui-ci, si vif qu'il sembla ne pas avoir bougé, lui saisit brutalement le poignet, stoppant son geste et manquant de la faire tomber de sa selle.

— Attention, miss, dit-il avec froideur, j'ai déjà une balafre sur le visage, je n'en veux pas une autre.

Helena remarqua alors la cicatrice en travers de sa joue gauche. Rougissant à nouveau, confuse, elle se demanda comment réagir.

— N'ayez crainte, poursuivit-il d'un ton conciliant mais sans relâcher sa prise, je n'ai pas l'intention de vous violenter. Je n'ai jusqu'ici pas eu à user de telles extrémités et ce n'est pas aujourd'hui que je commencerai. Quoique, ajouta-t-il, laissant glisser un regard effronté sur son corps, quoique cette perspective me paraisse aujourd'hui non dénuée d'attraits…

Il la regarda à nouveau droit dans les yeux, de plus en plus moqueur. Comme envoûtée, elle ne put échapper à ce regard. Envahie d'une chaleur soudaine, elle eut en même temps la chair de poule. Une sensation étrange naquit dans son estomac avant de gagner tout son corps, les battements de son cœur et son souffle s'affolant. Puis, découvrant une lueur dans ses yeux et un plissement de plaisir de ses lèvres, elle comprit qu'il savait exactement ce qu'elle éprouvait et qu'il en jouissait. Sous l'effet de la fureur, elle se ressaisit, tenta de se libérer et le défia du regard.

— Lâchez-moi sur-le-champ, lui intima-t-elle d'une voix basse mais ferme, avant de lui lancer dans un sifflement : Espèce de petit godelureau prétentieux ! Espèce de sale snob !

Un large sourire illumina son visage, effronté et charmant. Elle attendit, le souffle court, une réponse de sa part ou même une voie de fait, mais tout aussi soudainement qu'il lui avait saisi le poignet, il le relâcha.

Relevant le menton d'un air provocant, elle tira les rênes d'Achille, tentant de passer à côté du cavalier, mais, comme si de rien n'était, l'homme fit avancer son étalon, lui barrant la route. Elle s'efforça de ne pas laisser voir son inquiétude, pressentant qu'il n'allait pas la laisser partir ainsi : qu'elle empruntât le chemin passant par les falaises abruptes ou celui qui longeait le rivage, il serait toujours plus rapide qu'elle. Elle comprit, à la lueur amusée de son regard, que, certain de sa supériorité, il se jouait d'elle.

À sa gauche s'élevait la Witch's Head[1], un pan de falaises ravinées et plissées qui donnaient l'impression d'une tête de Gorgone avec des orbites vides et une tignasse folle. Une grande grotte, semblable à une bouche édentée, s'ouvrait sur une langue de roches nues qui, traversant la plage, plongeait dans la mer.

Tirant sur les rênes et enfonçant ses talons dans les flancs du hongre, elle lui fit opérer un vif écart sur le côté. Il broncha quand se dressa devant lui la langue rocheuse, mais Helena l'obligea sans pitié à avancer. Tremblant, il hissa son corps trapu, ses sabots trouvant, pas après pas, un appui dans la roche, trébuchant puis se rétablissant, et glissa de l'autre côté de l'obstacle avant d'atterrir dans le sable dans un ultime saut. Il reprit alors un galop hésitant.

Fasciné, l'inconnu avait suivi des yeux ce coup d'audace sans faire mine de suivre la fuyarde dont la

---

1. Tête de sorcière.

monture lourdaude projetait des geysers de sable sur l'autre partie du rivage. Il se tourna vers un deuxième cavalier qui, telle une ombre, avait surgi derrière lui.

— Il faut que je sache qui elle est.

Le même soir, Helena remuait distraitement et en silence une soupe de choux. Elle ne remarqua même pas que Margaret y avait coupé du vrai lard en guise de réconfort pour eux tous, ayant décidé qu'ils n'en étaient désormais plus à un ou deux pence près. La vieille femme lui lançait par-dessus la table des regards inquiets, attribuant son mutisme à la visite de l'avocat dans la journée et à la révélation de leur déplorable situation financière. Elle se taisait donc elle aussi, ne trouvant pas de mots de réconfort, se contentant de passer de temps à autre, avec tendresse, une main sur la tête blonde de Jason, lui aussi visiblement préoccupé par les événements des derniers jours et l'atmosphère pesante de la maison.

Helena alla tôt au lit mais, en dépit de la fatigue, ne trouva pas le sommeil, ne cessant de tâter son poignet toujours brûlant et douloureux. Elle revoyait l'inconnu, entendait sa voix qui avait éveillé en elle un écho qu'elle n'aurait su nommer. Elle finit par sombrer dans un sommeil agité où elle se retrouva sur une plage, les nuages noirs d'une tempête prochaine s'accumulant dans le ciel. De premières bourrasques firent bouillonner la mer et projetèrent sur la rive de puissantes lames d'eau. Un corbeau plus grand qu'elle écarta au-dessus d'elle ses ailes menaçantes en croassant. Il avait les yeux étincelants de l'étranger.

2

C'est la mer qui, sur la côte des Cornouailles, donnait le rythme, le ressac servant de pouls au pays et aux gens. Les habitants avaient un type particulier, attachés à leur terre, posés, marqués par la rudesse du climat et de la mer. Ils gardaient le lien avec les temps anciens. Quand les Cornouailles étaient celtes, leurs ancêtres avaient été des contrebandiers et des pirates et, jusque dans les temps présents, il était encore question de villageois qui pillaient les bateaux venus se briser sur les rochers, quand ils n'allaient pas jusqu'à allumer des feux sur des falaises afin d'égarer les navigateurs, les guidant vers une mort certaine. Les gens de ce pays étaient enracinés dans leur maigre sol, un peu hors du mouvement du monde ; peu d'entre eux étaient allés plus loin qu'au bourg voisin ou à la ville la plus proche.

Sue Ansell était l'une des habitantes, née une quarantaine d'années plus tôt à deux portes de la boutique où elle avait passé plus de la moitié de son existence entre la farine, le sucre, le cirage, le fil à coudre et tous les objets de la vie quotidienne, lettres et paquets quittant le village ou y arrivant y compris. Elle avait connu son George avant qu'ils aient su marcher et l'avait épousé à l'église St. Stephen's, juchée sur une petite colline devant la ville.

Dans les étroites chambres au-dessus de la boutique, elle avait conçu, mis au monde et élevé six enfants, en avait perdu deux, l'un de ses fils étant mort de la silicose qu'il avait contractée dans la mine d'étain. Sa vie s'était écoulée à l'intérieur d'un cercle de cinq yards.

Le matin, six jours de la semaine, elle ouvrait ponctuellement sa boutique et la refermait le soir. Le dimanche seulement la porte peinte en bleu et aux vitres en cul de bouteille restait close. Elle connaissait chacun des habitants et chacun la connaissait. Tous les bruits et les commérages de ce microcosme confluaient vers son comptoir d'où ils repartaient vers les cuisines et l'unique pub du village.

Lentement pourtant, imperceptiblement, les temps avaient changé. Les mines d'étain avaient fermé les unes après les autres, abandonnant à leur sort des ouvriers incapables d'autres activités parce qu'usés par le labeur ou ne trouvant pas de gagne-pain dans une région où l'on vivait tant bien que mal de ce que produisaient de maigres terres, de l'élevage de quelques moutons et vaches ou de la pêche.

Le manoir d'Oakesley avait beaucoup fait parler de lui depuis l'arrivée, quelque dix ans plus tôt, d'une nouvelle lady. Il était peu resté du style de vie, féodal mais campagnard, des anciens propriétaires. Non contente de partir pour Londres plusieurs fois dans l'année pour s'y distraire sans se soucier des difficultés et des problèmes de ses métayers, Sa Seigneurie revenait avec des caisses et des boîtes pleines de nouvelles robes, de petits chapeaux et d'élégantes chaussures à hauts talons. Et voilà que le manoir avait de la visite, pas n'importe quelle visite à en croire les récits des filles et des garçons qui y travaillaient mais un gentleman à l'évocation de qui les yeux des femmes de chambre brillaient et dont les valets parlaient avec autant de dédain que d'envie. Récits qui tournaient au fabuleux quand il était question d'un Oriental à la peau sombre, un turban sur la tête, qui était à son service. Non, se disait Sue Ansell en hochant la tête quand elle entendait parler de cet homme, jadis une telle chose ne se serait jamais produite ici !

Aussi son cœur faillit-il s'arrêter de battre en cette grise et venteuse journée de novembre quand, comme chaque matin, vêtue de son tablier bleu fraîchement empesé, elle tourna, de l'intérieur, la clef de la porte de sa boutique – un tour, deux tours – et qu'elle se trouva face au dit Oriental vêtu d'un pantalon de cheval clair, d'une veste longue à petit col droit, une cordelette dorée, ornée des insignes d'un régiment étranger, lui barrant la poitrine. Pareille à la femme de Loth, Sue resta plantée, bouche bée, dévisageant cet homme au turban d'un rouge vif dont l'enroulement évoqua pour elle les couches superposées d'un oignon. Elle voulut appeler son mari occupé dans l'arrière-magasin, mais elle ne réussit pas à émettre le moindre son. Et l'étranger, de surcroît, se mit à parler dans un anglais sans faute, sinon sans accent, s'inclinant avec courtoisie.

— Bonjour, madame, pardonnez-moi de vous déranger de si bonne heure – mais vendez-vous par hasard aussi des allumettes ?

— Des allumettes ? répéta-t-elle d'une voix rauque, ouvrant et refermant la bouche avant de se ressaisir et de lisser énergiquement son tablier pourtant impeccable. Bien sûr que nous vendons des allumettes, s'indigna-t-elle, retrouvant son assurance dans son rôle familier de commerçante.

Se réfugiant derrière le comptoir, elle posa une boîte d'allumettes devant son étrange client qui, d'un geste magnanime de la main, refusa qu'elle lui rendît la monnaie, parla ensuite de choses et d'autres, de la pluie et du beau temps, la félicitant pour le bon état du magasin et sa tenue soignée. Sue en rougit comme une jeune fille et ils furent bientôt plongés dans une conversation animée sur les Cornouailles, le village et ses habitants. Sue ne trouva donc rien à redire à sa question à propos d'une jeune fille à la tignasse blonde et à la robe noire, montant un cheval bai à longs poils.

— Cela doit être la petite Lawrence. C'est triste, ce qui est arrivé à son père, mais il était de toute façon un peu dérangé. Un drôle d'homme, un artiste, vous savez. La gouvernante, Marge, est de la région. Jeune fille encore, elle a noué son baluchon et est partie pour la ville. Ça a fait du barouf à l'époque. Ma foi, qui sait pourquoi elle a décampé ? Personne ne fait ça sans raison. Puis elle est brusquement revenue, avec son patron et les deux pauvres enfants sans mère, le garçon n'étant encore qu'un petit vermisseau. Nous ne les avons pas vus souvent ici, ils n'ont jamais eu d'argent. Les enfants ne sont pas allés à l'école, pas plus qu'à l'église. Marge parfois, mais elle ne parlait pratiquement à personne. Hier, un avocat était chez eux, pour régler la succession, il a passé la nuit au pub d'en face.

Elle s'interrompit, parcourut d'un regard attentif son magasin comme pour y découvrir un importun, puis ajouta en chuchotant à l'adresse de l'Oriental :

— Il paraîtrait qu'ils sont ruinés. Plus un penny, rien qu'un tas de dettes ! C'est ce qui arrive quand on se croit au-dessus des autres. Helena ! Vous parlez d'un nom ! Aucune personne raisonnable ne baptise ainsi son enfant. Elle n'est d'ailleurs certainement pas baptisée ! Les enfants n'y sont pour rien, mais ils ne sont pas obligés d'en rajouter. Que va-t-il advenir d'eux ? Aucun jeune du village avec un peu de plomb dans la cervelle n'épousera la fille. Elle est mal élevée, elle traîne un peu partout, seule, elle n'a pas de dot et n'est même pas jolie. Non, non ! Quel drame ! Jamais une telle chose n'aurait pu se passer chez nous, avant...

Quand l'étranger eut tourné le coin de la rue, toutes les portes des maisons voisines s'ouvrirent en même temps, laissant le passage aux ménagères qui, derrière leurs fenêtres, avaient assisté à l'arrivée de l'Oriental et, sous prétexte d'acheter du fil ou une aiguille, assaillirent Sue de questions. Laquelle Sue, sans se faire prier, raconta la rencontre, l'agrémentant sans vergogne, expliquant que l'homme était très intéressé par la région et ses habitants. Puis, quelqu'un ayant demandé si son maître pensait rester et pourquoi, la conversation prit un tour si riche et si spéculatif que Sue en oublia qu'Helena avait elle aussi été évoquée lors de la rencontre.

On était l'après-midi quand l'Oriental ouvrit la porte du salon qui reliait les deux chambres d'hôte dans l'aile du manoir d'Oakesley. Son maître, en chemise et en pantalon de cheval, qui avait pris ses aises dans un des fauteuils, abaissa son journal.

— Alors ?

L'homme au turban jeta d'un geste négligent la boîte d'allumettes sur la table basse.

— C'est tout ? demanda l'autre, le sourcil froncé.

L'Oriental prit place dans le second fauteuil avec un soupir, étira confortablement les jambes devant lui, et résuma sa conversation avec Sue au sujet de la jeune fille de la plage, tandis que son patron allumait une cigarette.

Les cigarettes où du tabac finement haché était enroulé dans du papier d'une minceur extrême passaient en Angleterre et en France pour des articles de luxe. Sous l'œil réprobateur de leurs pères et grands-pères, les fils de lords, de barons et de banquiers tiraient avec délices, le soir dans leurs salons ou leurs clubs, sur ces cylindres de tabac à la mode. Ceux qui pouvaient s'offrir ce luxe jouissaient même d'un parfum d'exotisme s'ils fumaient des cigarettes provenant des manufactures du Caire.

— J'ai eu la chance, poursuivit l'Oriental, de rencontrer cet avocat au pub, alors qu'il était sur le point de partir, peu désireux de séjourner plus longtemps en ces lieux. J'ai toutefois réussi à le convaincre de rester une ou deux heures de plus en ma compagnie.

— Je suppose que tes arguments t'ont coûté quelques livres, s'amusa son vis-à-vis.

— En tout cas, ce sale petit avocaillon n'a pas accordé un grand prix à sa loyauté envers ses mandants !

— Ta connaissance des finesses de l'anglais m'étonnera toujours, Mohan ! s'exclama en riant son interlocuteur.

Quelqu'un de la maison surprenant sans être vu cette conversation se serait étonné d'une telle familiarité, inhabituelle entre maître et serviteur. Mais ils réservaient ce ton familier aux moments où ils étaient certains d'être entre eux, jouant sinon le rôle que la société exigeait d'eux.

— Je préfère appeler les choses par leur nom, répondit Mohan avec un clin d'œil avant de reprendre une mine sérieuse.

Il cita de mémoire les chiffres que lui avait communiqués Edward Wilson, retraça l'histoire familiale des Lawrence, rapporta la décision de mettre Helena et son frère sous la tutelle de leur curateur avant de conclure :

— Le prêt pour la maison et les quelques mètres carrés de roche sur lesquels elle est bâtie a été consenti par notre très estimé hôte, sir Henry Claydon. Il en est donc, pratiquement, le propriétaire, même s'il s'agit d'une mauvaise affaire : la somme est bien plus élevée que la valeur réelle du bien.

— Et je la suppose aussi bien supérieure à ce que les malheureux héritiers peuvent payer, n'est-ce pas ?

Mohan confirma de la tête. Durant quelques secondes l'étranger, plissant les yeux, suivit d'un regard pensif les volutes de fumée de sa cigarette.

— Qu'as-tu l'intention de faire ? finit par demander son domestique. À quoi sont destinées mes informations ?

— Ce que tu m'apprends me confirme une fois de plus que quasiment tout est à vendre, répondit son maître plus pour lui-même que pour son interlocuteur, tout en tirant vers lui, du bout d'une botte, un tabouret où il posa les deux pieds.

— As-tu une idée de ce que nous coûtera notre chat sauvage de la plage ?

— Qu'as-tu en tête ? demanda Mohan en fronçant les sourcils.

— Je l'ignore encore, peut-être que je l'épouserai.

— Tu ne parles pas sérieusement ?

— Pourquoi ?

— Ce n'est pas un jeu, Ian ! rétorqua Mohan à voix basse, mais d'un ton déterminé, presque menaçant.

— Alors, j'en ferai un jeu ! Ou bien penses-tu pouvoir m'en empêcher ?

— Je ne te comprends pas, lâcha le domestique, mi-irrité, mi-attristé.

— Tu n'y es pas obligé, dit l'homme avec un regard vers la pendule de cheminée, puis se levant : je vais me changer avant que le thé soit servi. J'aimerais bien savoir si notre poisson seigneurial a entre-temps mordu à l'appât.

Tandis qu'au manoir s'éteignaient les dernières lumières, brûlait encore à l'étage de World's End la faible flamme d'une lampe dans son cylindre de verre. Toujours éveillée, Helena fixait le plafond, ses pensées s'entrechoquant, l'une chassant l'autre, tournant en rond, sans trouver ni solution ni issue, comme elles n'avaient cessé de le faire toute la journée. Malgré le froid qui régnait dans la chambre, elle avait l'impression d'étouffer. Rejetant sa couverture, elle sauta du lit et courut à la fenêtre respirer l'air froid et humide de la nuit. Il pleuvait et elle entendit le grondement du ressac contre les falaises. Elle avait froid depuis qu'elle avait mis le pied sur le sol anglais et la mort de sa mère avait comme gelé quelque chose en elle. Elle regrettait le soleil et la chaleur, ainsi que l'insouciance qui avaient été son lot en Grèce. Connaîtrait-elle à nouveau des temps heureux ?

Un bruit la tira de ses pensées. Un oiseau s'envola en croassant, puis elle entendit un bruit de sabots qui s'éloigna à vive allure dans le noir.

Elle referma la fenêtre en toute hâte, se pelotonna sous sa couette dans laquelle, au fil des années, les plumes s'étaient agglutinées en masses compactes, mais son cœur ne voulait pas se calmer. Un sanglot monta en elle, elle sentit les larmes dans ses yeux, mais elle serra les dents et pressa ses paupières l'une contre l'autre. Je trouverai un moyen, se promit-elle, il en existe obligatoirement un – obligatoirement...

3

— Si nous touchions cent cinquante livres pour nos meubles, nous pourrions rembourser une partie de nos dettes.

Helena posa son porte-plume à côté de la feuille où elle avait noté ses comptes et souffla sur ses poings fermés. Le feu, dans la cuisine, ne parvenait pas à réchauffer l'air humide filtrant à travers les fissures du mur. Elle prit un des biscuits secs que Margaret confectionnait avec un peu de beurre, moins de sucre encore et beaucoup de flocons d'avoine.

— Et quand bien même… comment comptes-tu rembourser le reste ? Cinq cent cinquante livres tout de même ! Nous n'aurons plus rien pour vivre, objecta Margaret en train de raccommoder une chemise de Jason.

— Je chercherai du travail comme gouvernante, comme couturière. Il doit y en avoir. Hier, chez le pasteur, j'ai emprunté le journal. Il y avait des annonces intéressantes. En plus, il m'a donné deux adresses à Exeter.

Le manque d'assurance de sa voix n'échappa pas à Margaret qui, en deuil elle aussi, prit dans sa main les doigts engourdis de froid de la jeune fille.

— Je ne veux pas doucher tes espoirs, mon enfant, mais nous savons toutes deux que tu es piètre couturière et qu'à part le peu de grec qui t'est resté en mémoire, tu ne sais guère que ce que tu as lu. Ça ne suffira pas pour…

Le bruit du heurtoir les fit sursauter.

— Dieu du ciel, qui cela peut-il bien être ? murmura Margaret en se levant.

— Sans doute quelqu'un qui vient présenter ses condoléances. Il y en a déjà tellement eu avant l'enterrement, ironisa Helena en se remettant à son inventaire, lasse et nerveuse d'avoir trop peu dormi, un sommeil entrecoupé de cauchemars.

Passant une nouvelle fois en revue ses comptes, elle entendit Margaret ouvrir la porte d'entrée et parler à voix basse avec quelqu'un. Puis la porte claqua et la vieille femme revint d'un pas précipité dans la cuisine.

— C'était un visiteur !

— Tu ne lui as pas dit que papa…, commença Helena sans lever la tête, le sourcil froncé.

— C'est à toi que le gentleman est venu rendre visite.

— À moi ?

— À la demoiselle en personne ! s'exclama Margaret en lui tendant une carte de visite, un carton rigide, blanc crème, à la surface veloutée ne portant en lettres noires qu'un nom, ni adresse, ni titre, juste un nom :

Ian Neville.

La porte du salon était ouverte. Lui tournant le dos, le visiteur, dans l'obscurité de la pièce mal éclairée, était plongé dans la contemplation du tableau. Sachant pertinemment que, en comparaison de la beauté éclatante de sa mère, elle manquait de charme, elle ressentit un petit coup au cœur, étonnée d'en éprouver de la gêne en cet instant. Bien que connaissant très peu de monde dans ce trou perdu, elle eut l'impression de ne pas se retrouver avec quelqu'un de totalement inconnu. Elle était néanmoins impressionnée, presque intimidée. Elle prit une profonde inspiration.

— Monsieur Neville ?

Il se retourna avec flegme. En cette journée brumeuse, seule la maigre lumière entrant par la fenêtre basse l'éclaira tandis qu'il s'inclinait galamment, un léger sourire moqueur aux lèvres.

— Bonjour, miss Lawrence.

Seule l'entrée de Margaret portant un plateau avec du thé et des biscuits empêcha Helena de suivre son premier réflexe de fuite, comme l'avant-veille sur la plage. Il y eut le tintement des tasses posées sur la table, puis le clapotis du thé les remplissant, et la porte claqua dans son dos. Ils étaient seuls.

— Je parierais bien que vous ne vous attendiez pas à me revoir si tôt.

Pétrifiée, elle le regarda s'asseoir avec un parfait naturel dans un fauteuil et sortir de la poche intérieure de sa redingote un étui à cigarettes en argent.

— Ne vous a-t-on jamais appris à ne pas fumer en présence d'une dame ? l'apostropha-t-elle, écarlate de rage.

Il lui lança un regard exprimant sans ambiguïté combien il trouvait son attitude stupide. Elle rougit davantage encore si cela était possible, mais il rempocha son étui.

— Vos désirs sont des ordres. Même si je ne vous aurais pas crue aussi ombrageuse. Ne voudriez-vous pas vous asseoir vous aussi ? ajouta-t-il, montrant d'un geste ample le fauteuil en face de lui comme s'il recevait une solliciteuse.

— Merci, je préfère rester debout.

— À votre guise.

Se penchant, il prit sa tasse, la seule intacte du service aux roses fanées. Il grimaça à la première gorgée et s'empressa de reposer la tasse.

— Qualité inférieure, dit-il.

— Nous ne pouvons nous en offrir de meilleur.

Il la regarda fixement quelques instants, le temps, pour elle, de se croire réduite à un petit tas de cendre.

— Je sais.

Il s'enfonça dans son fauteuil et Helena ne put s'empêcher de remarquer avec envie l'élégance de sa tenue : le gilet en soie marron, bien ajusté sous la redingote serrée, la finesse de la chemise, la cravate aux motifs discrets ornée d'un minuscule brillant. La petite fortune qu'avait coûtée cette élégance leur aurait permis de bien vivre, elle, Margaret et Jason, pendant plusieurs mois. Il l'étalait avec une insouciance visible, voire de l'indifférence. Helena en conçut dégoût et envie. Son élégance n'était pas synonyme de mollesse ou de dandysme ; il était mince mais vigoureux, en homme habitué, pour tout ce qu'il entreprenait, à mettre tout son corps en action. Ce devait être, au combat, un adversaire redoutable, impitoyable, ne reculant pas devant la brutalité s'il se heurtait à des résistances, quelles qu'elles fussent.

— Voyez-vous, poursuivit-il en croisant les jambes, vous vous trouvez en situation de ruine financière totale. Vous n'avez pas un sou vaillant et vous avez plusieurs centaines de livres de dettes. Outre la honte de vous retrouver en faillite après la mort de votre père, vous êtes sous la menace de devoir vivre aux crochets d'une tante bornée et aigrie, tandis qu'un destin de scribouillard guette votre frère. Vous n'avez d'autre choix que de vous engager comme gouvernante dans une maison plus ou moins recommandable et d'y enseigner le b.a.-ba, pour un salaire de misère, à des galopins mal élevés, avec en prime diverses avanies et, éventuellement, l'obligation de satisfaire les appétits sexuels du maître de maison.

De nouveau, le sang monta aux joues d'Helena, furieuse et honteuse. Qu'il en sût autant sur elle était effrayant et mystérieux.

— Je ne vois pas en quoi cela vous concerne.

— C'est exact, dit-il posément. Mais je suis tenté de me sentir concerné. Voyez-vous, je ne suis pas totalement sans fortune et j'aurais la possibilité de vous assurer un revenu acceptable, votre frère recevrait la meilleure des éducations et Mme Brown pourrait enfin prendre une retraite bien méritée, ici si elle le désire, dans cette maison dont j'assumerais bien entendu la restauration et l'entretien.

Il fallut quelques instants à Helena pour saisir dans toute son ampleur cette proposition. Il demeurait quelque chose d'inexprimé dans l'air, bien propre à susciter la méfiance envers une pareille générosité.

— Et que… (Elle eut du mal à poser la question, pressentant la réponse.) … que voulez-vous en échange ?

— Vous.

Dans le silence qui s'installa, on entendit le tic-tac des deux pendules se relayer de plus en plus fort sous leurs cloches de verre.

— Afin de lever tous les malentendus, je précise que mes intentions n'ont rien que de très honorable.

Pour être franc, je dirai que je commence à trouver oiseuses les dames qui me pressent de les épouser ou bien d'épouser leurs filles et nièces. L'Inde n'est pas un pays pour des ladies qui fondent en larmes à la vue d'une mouche contre le mur.

— L'Inde ? lâcha Helena d'une voix rauque.

— Le Darjeeling, au pied de l'Himalaya, compléta Neville. J'ai besoin d'une épouse assez forte et autonome pour diriger avec moi une plantation. Elle doit être une excellente cavalière, assez intelligente pour apprendre les langues de là-bas et capable d'assumer la conduite de la maison ainsi que, pourquoi pas, être de compagnie agréable.

Il observa un petit temps de silence, puis :

— Je vous demande donc, dans toutes les formes voulues, de bien vouloir devenir mon épouse.

Sans mot dire, l'air buté, Helena secoua la tête.

— Qu'est-ce qui vous dérange ? Que je ne m'insinue pas chez vous avec des bouquets de fleurs et des boîtes de chocolats, que je ne vous fasse pas parvenir des billets romantiques louant vos charmes et votre vertu, avant de tomber humblement à vos pieds ?

Il perdit son ton enjoué pour ajouter avec froideur, la mine impénétrable :

— Voyez-vous, je suis d'avis que les mariages conclus sans passion sont plus solides et plus durables que ceux où une exaltation aveugle se termine, à la longue, dans la déception et l'indifférence, sans parler de ceux où l'amour tourne à la démence. J'avoue que j'ai de hautes exigences, mais je suis prêt à tenter l'expérience avec vous.

— Vous êtes prêt…, commença à protester Helena à qui la parole, devant tant d'arrogance, resta bloquée dans la gorge. Pour qui vous prenez-vous ? Vous ne pouvez tout de même pas m'acheter comme le premier objet venu ?

— Toute personne a son prix, miss Lawrence, vous aussi. Vous vous trouvez en fait dans une situation très précaire et vous auriez intérêt à ne pas surestimer le vôtre.

— Je n'ai pas l'intention de marchander, surtout pas avec vous !

Neville, impassible, se leva. Il s'arrêta devant elle, si près qu'elle sentit la chaleur de son corps, l'odeur agréablement âcre de son savon. Ses yeux paraissaient sans fond, donnant l'impression qu'on s'y perdrait à trop les scruter. Une fois de plus, Helena fut obligée de détourner le regard.

— Je vous ai fait une proposition loyale, dit-il sans élever la voix, son haleine porteuse d'une légère odeur de tabac lui frôlant la joue, et je vous donne vingt-quatre heures pour vous décider. Mais je vous préviens : j'obtiens en général ce que je veux. Ne tentez pas de me braver, cela vous entraînerait dans un jeu que vous ne pouvez gagner.

La proximité de son corps perturbait Helena plus que ses propos. La peur, la colère et la honte et quelque chose qui n'avait pas de nom, quelque chose d'inconnu, la parcouraient toute. Une fois de plus, elle choisit la fuite en avant.

— Veuillez sortir d'ici !

Elle sentit plus qu'elle ne le vit s'éloigner d'elle vers la porte.

— Vingt-quatre heures, l'entendit-elle dire dans son dos. Si vous jouez déjà avec l'idée de vous vendre, c'est moi qui, à coup sûr, vous offre le meilleur prix.

Attrapant une tasse, Helena la lança dans la direction de la voix. Elle s'écrasa contre le chambranle de la porte et explosa, projetant des tessons un peu partout dans la pièce. Le thé froid tomba en perles par terre, comme autant de larmes.

De Neville, pas la moindre trace.

Deux jours plus tard, absorbé dans ses pensées, sir Henry Claydon, trapu et rougeaud, parcourait les couloirs du manoir d'Oakesley. Bien que construit au début du siècle précédent du même granit des Cornouailles que les cottages des métayers, il ne permettait aucun doute, en raison de ses colonnades et de sa splendeur, quant au rang et à la fortune de ses propriétaires.

Une musique de piano entraînante, pétillante comme du champagne, courait les galeries ; les vieux murs vibraient de rires et de remarques incessantes entre une jeune dame et un monsieur, d'une harmonie telle qu'on les aurait crues insérées par Chopin en personne dans ses partitions.

La récolte avait à nouveau été mauvaise, les fermiers grommelaient que le propriétaire avait trop peu investi dans l'outillage, provoquant ainsi la maigreur des rendements ; un ou deux devraient jeter l'éponge avant la fin de l'année, obligés de partir vers le sud dans l'une des mines d'étain encore en exploitation ou bien de se rendre dans la grande ville afin d'y gagner leur vie dans des usines bruyantes et puantes.

Songeur, sir Henry contemplait les épais tapis ainsi que les tapisseries vertes décorées de tableaux représentant des scènes de chasse et des paysages. Des candélabres en argent poli, des commodes et de petites

tables en bois brillant ajoutaient à l'atmosphère feu-
trée des lieux. Le décor d'une richesse depuis longtemps évanouie. Où était passé tout cet argent ? Il
l'ignorait.

Involontairement, ses pas le portèrent vers la
musique et le son des voix, mais il n'était pas le seul à
s'être ainsi senti attiré. Un des battants de la porte était
ouvert, lui permettant d'apercevoir, dans l'ombre, les
formes de son épouse dont la taille semblait faite tout
exprès pour la nouvelle mode des robes moulantes ;
elle écoutait avec attention, soucieuse de ne pas perdre
la moindre bribe de phrase, la moindre émotion perceptible dans les propos échangés en ce lieu.

— Sophia, siffla-t-il tout bas, de manière quasi
inaudible, irrité de surprendre son épouse commettre
la même indiscrétion que celle à laquelle il s'apprêtait
à se livrer.

Lady Sophia n'avait jamais été une authentique
beauté, son profil rappelant par trop celui d'un rapace.
Mais, depuis toujours, un feu avait brûlé dans ses yeux,
qui, malgré son manque de féminité, faisait la conquête
des hommes tant il promettait d'inépuisable énergie. Elle avait transmis à ses deux enfants le meilleur
d'elle-même, sa minceur, ses yeux gris clair, ses opulents cheveux noirs aux reflets bleuâtres, son teint de
porcelaine.

C'est avec cette énergie qu'elle avait su conquérir
jadis, plus de vingt ans auparavant, à Calcutta, le très
chevronné colonel Henry Claydon, son aîné de onze
ans. Elle avait détesté l'Inde, dès le premier jour de son
arrivée, ses parents l'ayant retirée à la garde de son
pensionnat pour filles d'officiers dans un quartier distingué de Londres. Détesté la chaleur, la poussière, la

saleté et les gens. Tous les dimanches, pendant le service religieux, elle remerciait le Seigneur d'avoir rappelé à lui de manière soudaine le frère aîné et sans enfants de sir Henry. Elle était également fière d'avoir choisi avec tant de flair son époux. Être la femme d'un colonel n'était pas rien. Surtout un colonel s'étant acquis tant de mérites lors du soulèvement indien en 1857 ! Le soulèvement lors duquel ces Noirs ingrats et sans dieu avaient mordu la main des Britanniques qui les nourrissait si généreusement. Soulèvement que lady Sophia avait ressenti comme un affront personnel, alors que, à part l'absence de son mari, elle n'en avait pour ainsi dire rien vu, rien subi. Plus agréable encore était de se trouver à la tête d'une propriété comme celle d'Oakesley et d'avoir un titre. Elle était venue ici, quelque seize ans plus tôt, avec jubilation, décidée à diriger le bien d'une main de fer et à éduquer son fils qui n'avait que trois ans en vue d'en faire l'héritier des terres et de la fortune. Nuit après nuit, elle avait alors prié afin que l'enfant dont elle était enceinte fût une fille, une fille belle et séduisante, qui deviendrait un jour un excellent parti. Et il appartenait à un dieu aussi bienveillant que le sien de le faire : il lui accorda cette grâce.

Lady Sophia se tourna vers son mari, l'index sur les lèvres.

— Il va demander sa main dès cette semaine, lui chuchota-t-elle avec un sourire qui adoucit à peine la dureté de ses traits. Ça mérite une tasse de thé.

Depuis leurs cadres dorés, sous leurs perruques poudrées, les lords et les ladies de la très ancienne famille Claydon les regardaient. La famille était établie depuis si longtemps en ces lieux que le bien était devenu sa propriété, transmissible aux descendants. La tradition voulait que le territoire du comté appartînt quasi intégralement au prince de Galles; les exploitations agricoles ne pouvaient être qu'affermées, pour cent ans au maximum et, dans la région, seuls Oakesley et le minuscule bien de World's End étaient des propriétés privées.

Les ancêtres contemplaient avec satisfaction le canapé et les fauteuils en bois noble, aux opulents coussins en chintz lie-de-vin. Des statuettes et des merveilles de l'art horloger étaient disposées avec goût – en nombre suffisant pour souligner l'importance de la maison mais sans donner l'impression de la surcharge – sur de petites tables et la cheminée en marbre blanc. Les hautes fenêtres à meneaux offraient une vue sans entrave sur le parc aux immenses pelouses et aux vieux chênes, plus vieux que le manoir lui-même, dont les branches dépouillées se perdaient dans l'épais brouillard de novembre.

— Qu'est-ce qui t'amène à croire à une demande de sa part? murmura sir Henry en portant sa tasse à ses lèvres.

La vapeur odorante lui remit un bref instant en mémoire des images de savanes baignées de soleil, lui rappelèrent des nuits à la chaleur lourde au bord du Gange, des feux de fumier, l'odeur des mangues mûres, souvenirs qui éveillèrent en lui le regret de ce qu'il avait dû échanger contre un titre et une propriété.

— Je vois bien qu'il est pris dans les filets de ses charmes, répondit lady Sophia en faisant signe au domestique d'ajouter de la crème à son thé et en reprenant sa tasse sans un mot de remerciement.

Sir Henry but une grande gorgée et apprécia le goût du thé pur qu'au grand jamais il n'écraserait sous l'épaisseur douceâtre de la crème. Tout au plus le renforcerait-il, selon l'espèce et la récolte, d'une pointe de citron. L'arôme dilua la nostalgie douce-amère.

— Je me demande si je serai favorable à cette union, dit-il après avoir savouré son breuvage. Malgré tout le respect que je dois à notre hôte, je dois remarquer que nous savons très peu de choses sur lui. Trop peu pour lui confier notre fille avec bonne conscience. Ce qui se raconte sur son compte ne me plaît pas. Outre qu'il n'a pas de titre, ses origines restent d'une totale obscurité.

— Il sied à un gentleman comme lui de ne pas s'étendre sur son ascendance.

Une veine se mit à battre sur la tempe de sir Henry.

— Qu'en est-il des nombreuses aventures féminines qu'on lui prête, des orgies et des jeux de hasard auxquels il se livrerait dans divers clubs, de l'alcool auquel il s'adonnerait ? Il court le bruit qu'il aurait tué un homme en duel.

Lady Sophia baissa les yeux. D'une voix basse mais implacable, elle rétorqua :

— Tu ne vas tout de même pas contester, toi, qu'il est bon que les hommes jettent leur gourme avant de nouer les liens sacrés et indissolubles du mariage ?

Elle regarda sir Henry d'un air entendu et ce fut au tour de celui-ci de baisser les yeux.

— Neville va sur ses trente-deux ans, poursuivit-elle, ses années de frasques sont comptées, crois-moi, et Amelia saura y veiller. Il est possible qu'il n'ait pas de titre, mais il a de l'argent, beaucoup d'argent, et tu devrais maintenant savoir que les temps ont changé et que nous ne pouvons plus nous permettre de laisser passer une chance pareille.

Un silence s'installa pendant lequel chacun suivit le cours de ses pensées. Sir Henry songea à la lettre que son hôte avait reçue quelques jours plus tôt et négligemment laissée traîner dans la salle du petit-déjeuner. Comme le réclamait son devoir de père d'Amelia, il y avait jeté un œil et se félicitait aujourd'hui d'avoir eu l'idée géniale de contracter, grâce au télégraphe, un emprunt avec la propriété comme hypothèque et d'investir la somme dans l'affaire lucrative qui semblait si peu intéresser Neville. L'investissement lui avait été confirmé le jour même par porteur.

Il posa soudain sa tasse.

— La petite Lawrence est venue me voir ce matin.

— Qu'est-ce qu'elle voulait ? L'aumône ?

— Différer ses dettes jusqu'à ce qu'elle trouve du travail et puisse les rembourser.

— Trouver du travail ? éclata de rire lady Sophia. Comment compte-t-elle s'y prendre ? Elle ne sait rien, absolument rien, parce que ce vieux fou n'a pas permis à ses enfants d'aller à l'école. Il ne les laissait même pas aller à l'église ! Travailler dans une usine pour un salaire de misère, ça elle le pourra, mais pas plus.

Son époux, pensif, appuya son double menton sur ses mains jointes. Il avait naturellement su, jadis, que la somme empruntée par Arthur Lawrence était bien supérieure à la valeur du bien. Mais, pris de pitié, il n'avait pas eu le cœur de marchander, ne comptant de toute façon pas revoir son argent un jour.

— Je l'aurais volontiers aidée, mais Ian, hier après le dîner, m'a proposé de racheter les dettes des Lawrence à un très bon prix. J'ai naturellement accepté, même si je n'ai pas la moindre idée de ce qu'il a derrière la tête.

— Tu n'as plus à te faire de souci, Henry. Nous n'avons plus à nous occuper de faire rentrer le moindre sou. Tel que je le connais, notre très estimé M. Neville ne va certainement pas succomber à la charité. Les Lawrence étaient de toute façon une tache pour notre paroisse. Plus tôt ils la quitteront, mieux ce sera.

Sir Henry jeta à sa femme un regard perplexe, notant l'élégance de sa robe d'après-midi en taffetas bleu prune, son collier et ses boucles d'oreilles en or, ses améthystes.

— Tu pourrais éprouver au moins une once de pitié pour cette pauvre créature et le sort qui l'attend. Ce serait ton devoir de chrétienne.

— Je suis dégoûtée par sa manière de tourner autour d'Alastair, de profiter de la candeur de notre garçon pour s'introduire en douce dans notre famille et mettre la main sur le titre. J'espère que tu as eu le cran de lui montrer la porte ! Je suis certaine que cette petite vipère est déjà en train de traîner dans les écuries et d'embobiner ton héritier !

— Je ne t'ai encore jamais rien demandé, Alastair, mais maintenant j'ai besoin de ton aide !

Désespérée, Helena s'agrippait à une manche de la veste du jeune homme qui, désemparé, évitait ses regards brûlants.

— Je… je ne peux pas, Helena, malgré l'envie que j'en ai. Ma mère contrôle mes dépenses quotidiennes. Même s'il acceptait de me vendre la reconnaissance de dette, je ne pourrais pas la payer.

— Raconte n'importe quoi à ta mère, invente une histoire, que tu as des dettes de jeu ou que tu as dépensé cet argent, pris d'une lubie subite, en faveur d'une œuvre de charité quelconque. Ou bien fais simplement croire à cet homme que tu veux les lui acheter, prends le papier et lanterne-le !

— Je ne peux pas, Helena, ce serait malhonnête, Ian est notre hôte !

— Est-ce honnête de nous plonger dans une misère pareille alors que nous n'y sommes pour rien ?

Les yeux d'Helena étincelaient de colère. Le matin même, une lettre était arrivée par courrier dans laquelle Ian Neville, nouveau créancier, sommait Helena de lui rembourser la somme sans délai ou de quitter World's End.

— Alastair, il faut que je déniche cet argent d'ici demain, sinon il nous chasse. Nous n'aurons plus que l'asile où nous réfugier ! Tu ne peux pas accepter ça !

Elle tenta en vain d'accrocher le regard du garçon à l'apparence si féminine avec ses longs cils noirs.

— Nous sommes pourtant amis, Alastair. Un jour, sur les falaises, tu t'étais engagé à toujours être à mes côtés, tu ne te souviens pas ?

Ils étaient encore des enfants quand elle avait rencontré ce garçon pâle et délicat au bord de la mer. Il avait deux ans de plus qu'elle, mais sa tête semblait trop grande pour le corps chétif écrasé sous une masse de cheveux bleu nuit. Sensible et mélancolique de nature, il était destiné à la marginalité, une chose qu'ils avaient en commun en dépit de leurs différences. Il n'était jamais né entre eux une véritable amitié ; il s'agissait plutôt d'une tolérance réciproque, entretenue par leur solitude respective. D'interminables chevauchées sur le sable et des heures de silence sur les falaises remplissaient leurs journées durant les vacances d'Alastair avant qu'il ne retournât à Eton d'abord, puis à Oxford, laissant Helena plus seule que jamais. Au début de l'été, au terme de sa dernière année d'études, il avait définitivement regagné les Cornouailles afin de se préparer à ses tâches futures de propriétaire foncier. Mais quelque chose avait changé dans leurs rapports, il ne cessait d'examiner Helena à la dérobée, puis de la regarder droit dans les yeux sans vergogne et d'observer ses faits et gestes avec une convoitise évidente ; cela s'était poursuivi par des étreintes maladroites, des baisers nerveux et mouillés, des tentatives grossières de lui toucher les seins ou de passer la main sous ses jupons. Elle s'était défendue contre ces privautés tantôt avec colère, tantôt en riant, mais aussi, assez souvent, elle les avait tolérées, croyant qu'elles étaient la condition du passage à l'âge adulte. Elle avait en réalité surtout peur de perdre son unique ami.

Muet, le jeune Claydon évitait son regard, fixant le sol pierreux de la cour. Helena comprit.

— Tu ne veux pas m'aider, dit-elle à voix basse, d'un ton amer, parce que tu ne me juges pas assez bonne pour toi.

Submergée par la honte d'avoir permis aussi naïvement ce genre de privautés, elle se sentit trompée et abusée. Se détournant pour qu'il ne la vît pas pleurer, elle sauta en selle sur Achille qui l'avait attendue patiemment.

— Helena, comprends-moi donc !

— Je te comprends on ne peut mieux, crois-moi, lui cria-t-elle par-dessus l'épaule en faisant faire volte-face à sa monture. Je ne t'importunerai plus, je te le promets !

Elle partit au galop comme si elle avait le diable aux trousses. D'un geste las, Alastair leva la tête en direction des étages supérieurs du manoir, ressentant comme de la haine.

À la fenêtre du salon de musique au rideau tiré sur le côté, Ian Neville lui adressa un signe de tête imperceptible.

4

Un silence écrasant pesait sur la maison. La vie n'y avait jamais été facile, ce qui se lisait dans les crevasses des murs, semblables à des rides creusées par les soucis, mais elle semblait désormais attendre, pétrifiée, l'inéluctable catastrophe. Le tic-tac frénétique des horloges, pareil à des battements de cœur affolés, trahissait l'irruption de la peur.

Le cœur lourd, Margaret regardait Jason qui, dans le brouillard gris et gluant, devant la maison, soulevait les pierres avec un bâton, à la recherche d'un ver ou d'un insecte qui l'aidât à passer le temps. Au premier coup d'œil, rien ne le distinguait des autres enfants de onze ans du village, dans son pantalon sale et reprisé, avec ses cheveux blonds échevelés, ses écorchures au visage ou aux coudes, mais, à l'observer de plus près, on ne pouvait manquer de voir la tristesse et la gravité qui le faisaient paraître plus âgé. Il semblait avoir hérité de la mélancolie de son père, mais peut-être n'était-ce que le souvenir vague des atroces et interminables douleurs, du flot de sang qui avait accompagné son arrivée dans ce monde, le souvenir de ce que son premier souffle avait coïncidé avec le dernier de sa mère. Il n'avait guère pleuré à la mort de son père, plus dérouté qu'attristé, et Margaret en était préoccupée.

Même après tout ce temps, elle souffrait encore d'avoir laissé partir Celia si tôt. Elles avaient été plus que nourrice et nourrisson, leurs rapports avaient été quasiment ceux d'une mère et de sa fille. Elle avait été aux côtés de Celia, de ses premiers pas à sa dernière heure. C'est pourquoi elle souffrait tant de ne pas avoir pu être d'une plus grande aide à ses deux enfants dans ce monde qui leur était devenu hostile.

Elle se détourna de la fenêtre, ses yeux se portant sur Helena, recroquevillée sur un fauteuil, regardant dans le vide. La fillette lui avait toujours donné l'impression d'être soumise à une tension trop forte, tel un ressort trop étiré et prêt à se détendre au moindre contact. Elle était à présent comme brisée, toute résistance vaincue. Margaret savait qu'Helena se reprochait de ne pas avoir su prévenir le malheur qui les menaçait et souffrait de ce qu'elle considérait comme un échec. Margaret eut le cœur serré en s'imaginant Helena plier l'échine dans la maison de sa tante, se faner comme une rose plantée en terre stérile. On n'aurait jamais dû l'éloigner de Grèce, elle en était convaincue. Helena était une enfant du soleil: elle avait eu une telle hâte d'apercevoir l'éblouissante lumière d'été d'Athènes que c'est à peine si Celia avait souffert de courtes contractions à sa naissance. Avec le froid des Cornouailles avait disparu le rayonnement qui caractérisait jadis Helena. Margaret craignait qu'il ne fût parti à jamais.

Leurs valises étaient prêtes dans l'entrée; ils n'attendaient plus que l'arrivée de l'huissier à qui ils remettraient World's End avant de prendre la route pour se rendre dans la maison d'Archibald Ross, par l'entrée des domestiques vraisemblablement, comme avaient à le faire des neveux pauvres payant les dettes de leurs parents et priés de chanter les louanges de leurs sauveurs, de saluer leur générosité et leur amour du prochain. Margaret, en cette heure, aurait volontiers donné un bras ou une jambe pour préserver ses protégés d'un sort pareil, mais elle doutait que même le Seigneur miséricordieux acceptât son sacrifice.

— Tu ne veux vraiment pas reconsidérer ta décision ? demanda-t-elle dans le silence de plomb.

— J'ai dit non et je redis non ! s'entêta Helena d'une voix rauque. Je ne me vendrai pas à ce diable.

Margaret baissa la tête sans répondre. Helena n'avait jamais été une enfant docile et elle avait certainement joui de trop de liberté, mais, en dépit de son tempérament volontaire, elle n'avait jamais été une rebelle cédant à des accès de colère. Pourtant, l'obstination et l'emportement dont elle avait fait preuve ces trois derniers jours pour lui interdire de prononcer en sa présence le nom d'Ian Neville évoquaient les fureurs aveugles des Érinyes, fureurs qui grandissaient à mesure que le nœud coulant se resserrait. La persévérance avec laquelle cet homme mettait tout en œuvre pour les ruiner était un mystère pour Margaret ; porte après porte, il leur avait barré toute issue et maintenant le temps qu'il leur restait à passer à World's End s'écoulait inexorablement. Elle frémissait à la perspective de devoir confier à un étranger dont on ne savait rien l'enfant qu'elle avait accompagnée dès son premier souffle, de la laisser partir pour un pays de païens où la chaleur et les maladies menaceraient sa vie. Pourtant, l'idée de l'abandonner à son triste sort de vieille fille en butte aux humiliations était plus cruelle encore. Dans la maison de sa tante, Helena dépérirait, lentement mais sûrement et en dehors de toute dignité. Or il restait un peu de temps – un peu de temps pour saisir les rayons de la roue du destin, dévier sa course. Elle choisit ses mots avec prudence.

— Un mariage arrangé n'est pas la pire des choses, tu sais.

Elle s'attendait à ce qu'Helena se cabrât, à ce qu'elle répondît vertement, mais rien de tel ne se produisit. Comme n'ayant rien entendu de ce qui venait d'être dit, la jeune fille restait immobile, seul le léger mouvement de ses bras serrant plus fort encore son corps montra qu'elle avait écouté.

— Avec le temps, on s'habitue l'un à l'autre, on laisse au partenaire sa liberté dans un certain cadre, surtout quand on bénéficie d'une certaine aisance. Un jour ou l'autre, il finira par cesser d'exiger la satisfaction de ses droits d'époux. Les hommes disposent pour cela de moyens qui leur sont propres…

Elle vit des larmes couler le long des joues d'Helena. Elle posa avec précaution une main sur son épaule.

— Pense aussi à Jason, à son avenir, murmura-t-elle.

Elle vit alors les yeux d'Helena se diriger vers la fenêtre, son regard étant le même que le premier qu'elle avait eu pour son frère dans son berceau, un regard plein de tendresse.

— Tu as notre destin en main, Helena, en particulier celui de Jason. Tu es la seule à pouvoir conjurer le malheur.

Un sanglot, pareil à un spasme, parcourut le mince corps de la jeune fille.

— Je ne peux pas, Marge, parvint-elle à dire d'une voix étouffée. Tout, mais pas ça ! C'est trop me demander !

Sans le vouloir, Margaret lui serra l'épaule.

— Tu le lui dois, tu es la seule chose qui soit à lui ! Tu ne te pardonnerais jamais de le laisser en plan. Il est si jeune encore…

Helena releva la tête et la regarda à travers ses larmes. Margaret connaissait son enfant, elle savait qu'elle ne la décevrait pas. Sans hâte, elle alla à son secrétaire et tendit à Helena du papier, un porte-plume et de l'encre. Helena contempla les objets comme si elle s'était trouvée en présence d'un serpent, d'un scorpion et d'une mygale, visiblement en proie à un violent combat intérieur.

Margaret éprouva une profonde pitié de la voir ainsi obligée de prendre une décision d'une telle importance, engageant son existence de manière irrévocable dans une voie nouvelle, une voie non désirée. Mais la vie lui avait à elle également enseigné à renoncer à toute faiblesse sentimentale en des moments semblables, à garder sa détermination, aussi cruelle fût-elle.

D'un geste hâtif, Helena prit le porte-plume. Elle griffonna « J'accepte votre offre » et signa le papier, baissant la tête sous le poids de l'humiliation. Margaret prit le document sans laisser le temps à Helena de se raviser et de le déchirer sous le coup d'une réaction impulsive.

— Tu es une bonne enfant, chuchota-t-elle d'une voix enrouée par le soulagement, caressant la joue de la jeune fille en pleurs.

Elle s'empressa ensuite d'aller porter le plus vite possible la missive à son destinataire. Immobile, Helena écouta le bruit de ses pas décroître, tandis qu'elle sentait la peur monter en elle, l'impression d'avoir signé son arrêt de mort, un verdict laissant certes son corps en vie mais enterrant vive son âme.

Les heures s'écoulèrent, les deux femmes sursautant au moindre bruit à l'extérieur de la maison, terrorisées à l'idée que l'accord d'Helena fût arrivé trop tard et qu'il s'agît de l'huissier. Mais personne ne se montra. Le silence, l'absence d'événement de cet après-midi n'en finissant pas étaient intolérables. Enfin, la nuit étant tombée et Margaret, prise de fébrilité, ayant allumé les lampes, elles entendirent les bruits de sabots d'un cheval. Margaret, préférant le pire à l'angoisse de l'incertitude, se leva d'un bond et sortit.

Le cœur d'Helena se mit à battre très fort, tandis qu'elle aurait voulu s'enfoncer dans son fauteuil, disparaître dans les déchirures du rembourrage, mais, serrant les dents, elle se secoua, se redressa, l'air hautain, tous ses muscles contractés afin de cacher son tremblement. Elle ne voulait pas que cet homme triomphât au spectacle de sa défaite. Elle entendit la voix de Margaret et celle, plus grave, d'un homme. Derrière la petite silhouette de Margaret une ombre entra dans la pièce, prenant la forme d'un homme de haute taille, à la tenue si lumineuse qu'elle en était presque douloureuse pour les yeux dans la lumière jaune sale de la pièce. Un homme à l'apparence encore plus étrange dans l'environnement familier d'Helena.

Le pantalon clair et la veste blanche au petit col droit tranchaient sur la peau si foncée qu'on l'aurait crue d'ébène. Il était difficile de lui donner un âge, seul le gris de sa barbe touffue indiquant qu'il avait certainement passé la cinquantaine. De ses yeux paraissant plus noirs encore sous le turban écarlate émanait une chaleur réconfortante qui envahit la pièce, promesse de sécurité et de confiance. Helena s'en sentit comme enveloppée. Elle faillit pleurer de soulagement tant elle eut le sentiment que, cet homme présent, il ne lui serait fait aucun mal.

— Bonsoir, miss Lawrence, dit-il en s'inclinant respectueusement devant elle. Permettez que je me présente : Mohan Tajid, le secrétaire de M. Neville. Excusez l'heure indue de ma visite, mais M. Neville a insisté pour que toutes les formalités en vue de votre mariage et de votre départ pour Londres soient auparavant réglées. Nous avons reçu il y a une demi-heure, par courrier, l'autorisation de votre tuteur.

— Quand… ? ne put que dire Helena.

— Demain, à 12 heures, dans l'église St. Stephen.

Helena regardait fixement devant elle dans l'obscurité. La tempête se levait. Elle pouvait, dans le silence de la nuit, entendre les vagues se briser contre les rochers. Sa dernière nuit à World's End… Elle avait détesté cet endroit dès qu'elle était descendue du fiacre qui, traversant l'Angleterre, avait apporté ici ce qui restait de la famille Lawrence et de ses biens. Et pourtant, maintenant, elle n'arrivait pas à concevoir qu'elle devrait le quitter. Demain matin déjà, plus que quelques heures…

La porte s'ouvrit sans bruit.

— Nela ? Le bruit des pieds nus de Jason s'approcha de son lit. Tu dors ?

— Non, dit Helena d'une voix enrouée.

— Moi non plus, je n'arrive pas à m'endormir, dit-il en se glissant sous la couverture, comme autrefois quand il avait peur dans le noir et se blottissait contre elle, pressant ses pieds glacés contre ses jambes. Il se tut un instant, regardant fixement dans le noir, comme elle, jusqu'au moment où il ne put plus longtemps retenir ce qui le maintenait éveillé.

— Marge dit que tu te maries demain et que nous partirons aussitôt en train pour Londres, et ensuite, plus loin encore, au-delà de la mer, et que j'irai à l'école, dans les montagnes.

— Oui, Jason, Marge t'a dit la vérité.

— Est-ce que Marge vient avec nous en Inde ?

— Non, répondit Helena poussée dans ses retranchements, Marge restera en Angleterre. Elle est trop âgée pour un si long voyage, ce ne serait pas bon pour elle.

Rien n'avait été dit à ce sujet, mais Helena voulait supporter seule le poids de la charge qu'elle avait accepté d'assumer. Elle ne supportait pas l'idée que Margaret assistât quotidiennement à son humiliation de captive.

— Est-ce que nous rendrons visite à Marge ?

Helena tenta de donner à sa voix le ton de la confiance et de l'insouciance. Il y avait tant de choses qu'elle ignorait et dont elle n'était pas maîtresse…

— Bien sûr que nous le pourrons, quand tu en auras envie.

— Marge dit qu'à l'école il y aura beaucoup de livres et que j'aurai des amis, de vrais amis.

La voix de Jason reprit un peu de vigueur à ces derniers mots, prenant un ton interrogatif, comme s'il craignait d'être contredit. Elle ressentit une espèce de coup au cœur. Elle ne s'était jamais rendu compte à quel point Jason souffrait de son isolement, à quel point il aspirait à avoir des camarades. Elle le prit dans ses bras et lui caressa les cheveux.

— Tu en auras. Je te le promets, ce sera merveilleux.

Il leva les yeux vers elle, semblant soudain attentif, soucieux de lire sur son visage ce qu'il avait cru entendre.

— Mais tu l'aimes, n'est-ce pas? Sinon, tu ne l'épouserais pas?

La colère et la tristesse accumulées dans la poitrine d'Helena lui firent soudain mal dans tout le corps, des larmes lui montèrent aux yeux qu'elle voulut réprimer. Colère impuissante contre le sort, contre Neville qui l'avait contrainte à ce mariage et auquel elle s'était livrée. Elle prit une profonde inspiration, cherchant à paraître sincère.

— Oui, Jason, je l'aime beaucoup.

Satisfait, il se blottit de nouveau contre elle.

— C'est bien, murmura-t-il, puis plus bas: Je suis content d'aller en Inde.

Helena sentit son corps d'enfant se détendre, s'alourdir entre ses bras et sa respiration devenir régulière. Il glissa dans le sommeil. Elle put enfin, en silence, laisser libre cours à ses larmes, consciente d'avoir agi comme il le fallait, mais ne ressentant aucun soulagement pour autant, juste de la colère et une douleur irrépressibles. Elle maudit Ian Neville du plus profond de son âme.

5

Un rire bruyant, virant à l'aigu, parvint, assourdi, à la conscience d'Helena, accompagné du bruit de petits pieds, des pas se rapprochant rapidement, et de la voix d'une femme criant un nom, d'un ton se voulant énergique mais faible en réalité. Puis une porte s'ouvrit à la volée et quelqu'un se jeta sur elle avec force, la secoua et l'attira contre lui.

— Nela, Nela, lève-toi donc, tu as assez dormi comme ça ! En bas, un merveilleux petit-déjeuner nous attend, des petits pains blancs moelleux avec du beurre et de la confiture jaune, des œufs brouillés et un chocolat chaud bien épais ! Viens vite, Nela, lève-toi !

Helena ouvrit les yeux avec peine. Jason déversait sur elle un torrent de propos enthousiastes dont seules quelques bribes parvenaient à son cerveau. Elle eut le sentiment d'une bizarrerie, avant de s'apercevoir que c'était la tenue du jeune garçon qui lui faisait cet effet. Il avait tout l'air d'un petit gentleman dans un élégant pantalon moulant, chaussé de souliers neufs et brillants, vêtu d'une chemise à fines rayures, ses cheveux rebelles soigneusement brossés et lissés. Elle porta son regard ensommeillé sur sa chemise de nuit en délicate batiste, le large lit en bois noir luisant, aux oreillers et aux couvertures à volants, le ciel de lit tendu d'un tissu aux motifs de roses. À l'autre bout de la pièce, elle découvrit une élégante coiffeuse aux miroirs en trois parties et une petite table aux pieds incurvés portant un vase de cristal avec un énorme bouquet de roses de toutes les couleurs. *Des roses en novembre…*

— … Ian a dit que, dans un premier temps, des habits de confection iraient mais que, dans les prochains jours, nous aurions des vêtements sur mesure, comme il se doit ! Surtout toi, il faut que tu aies ce qui se fait de mieux, c'est ce qu'a dit Ian dans les magasins !

Ian… Des images et des scènes, statiques, couleur sépia, façon daguerréotype, surgirent devant ses yeux : la nef sombre de St. Stephen, le pasteur Clucas et sa voix solennelle, parfois émue, Neville à côté d'elle, lui passant à l'annulaire gauche une alliance d'or, ses lèvres effleurant les siennes, à peine un souffle d'air. Puis le départ de World's End, si précipité qu'il avait tout de la fuite. Elle se revit se cramponner muette et crispée à Margaret dans le fiacre qui les transportait et les ballottait sur les méchantes routes du comté, tandis que Jason, en face d'elle, ne cessait de glisser d'un côté et de l'autre sur sa banquette, commentant avec enthousiasme ce qu'il voyait par la fenêtre, elle entendit la voix grave de Mohan qui, assis à côté du garçonnet, l'approuvait, expliquait, riait doucement. Elle revit la gare d'Exeter, en pierre et en verre, pleine d'un fracas intolérable après le silence des Cornouailles, le monstre de fer qui, expirant en sifflant une vapeur brûlante, les emporta dans la nuit, à l'intérieur d'un wagon rembourré et lambrissé. Et, à un moment quelconque, cette obscurité bienfaisante du sommeil dans laquelle rien plus ne pouvait la toucher. Elle tâta l'anneau, dur et froid, à son doigt. Elle était prise au piège.

— Bonjour, Helena.

La silhouette familière de Margaret, telle qu'en elle-même dans sa robe de deuil, la douceur de ses yeux où brillaient des larmes exprimant la pitié et la mauvaise conscience.

— Bonjour, Marge. Combien de temps ai-je dormi ?

— Tout un jour et toute une nuit. Tu étais à bout de forces, M. Tajid a été obligé de te porter à l'intérieur de la maison, expliqua Margaret qui hésita une fraction de seconde. M. Neville souhaite que tu paraisses au petit-déjeuner. Mets ça sur toi, ajouta-t-elle en tendant une robe de chambre en soie bleu clair avec autant de précautions que si le tissu fragile à la dentelle délicate allait se déchirer entre ses doigts rêches.

Telle Alice au pays des merveilles, Helena suivit le couloir où ses pieds nus s'enfonçaient dans un tapis bleu-gris, étonnée et intimidée par l'élégance de cette maison aux couleurs douces, habillée de bois de toutes les nuances. Chacune des pièces du mobilier avait été choisie avec raffinement et placée au bon endroit. Jason dévala devant elles l'escalier menant au rez-de-chaussée. Sous la main d'Helena, la rampe semblait être revêtue du même tissu que sa robe de chambre.

Une domestique à coiffe et tablier blancs s'inclina devant elle au bas des marches et lui montra la direction :

— S'il vous plaît, madame, suivez ce couloir, M. Neville vous attend dans le salon du petit-déjeuner.

À l'autre extrémité du salon, une porte double donnait sur un jardin à peine visible dans le brouillard londonien. Une longue table couverte d'une nappe blanche occupait la plus grande partie de l'espace. De petits bouquets de roses blanches étaient disposés entre la porcelaine, le cristal et l'argent. Il y avait une odeur d'œufs, de café, de thé et de chocolat. Helena sentit son estomac se contracter.

— Bonjour, Helena.

Elle tressaillit en l'entendant Ian Neville l'appeler par son prénom avec autant de naturel. Il la regardait, assis à table, les jambes croisées dans un pantalon gris clair moulant, un journal à la main.

— J'espère que tu t'es remise des fatigues du voyage et que tu ne m'en veux pas d'avoir pris les devants à cheval pour préparer votre arrivée ici. Même moi, je n'avais pas envisagé que je reviendrais des Cornouailles avec une épouse et presque une famille.

Un domestique en livrée présenta à Helena une chaise sur le petit côté de la table. Obéissante, elle s'y laissa tomber. Face à elle, Jason s'empiffrait d'un petit pain dégoulinant de confiture.

— Café, thé ou chocolat, madame ?

— Merci, Ralph, le chocolat sera parfait, répondit Neville à sa place. Il faut que Madame reprenne des forces.

Il l'examina.

— Je savais que le bleu clair ne t'irait pas. Malheureusement il n'y avait pas grand choix dans cette qualité. Le bleu s'accorde à tes yeux, mais il est trop froid. Nous te ferons confectionner une robe de chambre turquoise ou lavande, d'un ton plus chaud.

Comme si cette conversation était la chose la plus naturelle du monde, il se replongea dans son journal. Helena but une petite gorgée. Sa langue enregistra une saveur délicieuse, douce et fondante, mais elle avait dans la gorge comme une poussière amère qui l'empêcha de déglutir.

Le bruit du journal que repliait Neville la fit sursauter. Il jeta un bref coup d'œil à une montre en argent qu'il tira d'une poche de son gilet à motifs fleuris. Chez tout autre, ces couleurs vives auraient été ridicules, mais chez lui elles soulignaient simplement son élégance et la sûreté de son goût.

— Tu voudras bien m'excuser, mais les affaires m'appellent. Ne m'attends pas pour le dîner, je ne rentrerai peut-être que tard.

Il quitta la pièce à grands pas et, en dépit de la chaleur dispensée par un feu dans la cheminée, un froid épouvantable se glissa en Helena. *C'est ainsi qu'il en ira toujours désormais*, se dit-elle avec désespoir, *matin après matin, ma vie durant*.

Lasse, Helena était assise dans sa chemise de nuit fermée jusqu'au cou, sur un tabouret devant la table de toilette, tandis que Margaret passait avec délicatesse une brosse d'argent dans ses cheveux trop secs, essayant de leur donner du brillant et de la souplesse. Elle ne regardait pas le miroir, craignant ce qu'elle y découvrirait. La journée s'était écoulée comme un mauvais rêve, les heures semblant interminables. Raide comme une poupée, elle avait subi la prise de mesures d'une couturière française et de ses aides qui s'enthousiasmaient de sa haute taille et de sa minceur, de sa peau claire. De temps à autre, elle avait opiné quand on lui présentait un tissu ou un exemplaire de dentelle. Au dîner, elle s'était contentée de pousser en silence son morceau de rosbif d'un côté à l'autre de son assiette avec sa fourchette, écoutant d'une oreille distraite Jason raconter ses premières heures d'enseignement avec un certain

M. Bryce chargé de combler au moins partiellement ses plus grosses lacunes.

Neville entra sans frapper.

— Bonsoir, ladies.

Helena se leva d'un bond, tandis que Margaret s'inclinait bien bas. C'était pour Helena un mystère que sa Margaret, pourtant si obstinée, se fût si complaisamment soumise à Neville et si rapidement pliée aux usages et coutumes de cette grande maison. On aurait dit qu'elle n'avait attendu que cela tout au long de ces années.

— Merci, Margaret, dit-il avec un signe de tête.

Obéissante, elle quitta la pièce en fermant doucement la porte derrière elle.

Il se contenta de rester là à la regarder, une éternité lui sembla-t-il. Incapable de réprimer un léger tremblement, elle serra les bras autour de son corps, à la recherche d'un appui. Grâce à quelques sous-entendus de Margaret et aux bruits dont elle se souvenait quand, durant les chaudes nuits du Midi, ses parents dormaient ensemble dans la chambre contiguë à la sienne, elle savait que les hommes et les femmes se livraient entre eux à quelque chose de mystérieux, mais elle ne se le représentait pas de manière précise. Elle n'était certaine que d'une chose, une chose sur laquelle Margaret avait particulièrement insisté : elle ne devrait jamais refuser à son mari ce qu'il exigerait d'elle.

Sans un mot, il se dirigea vers elle, l'examina attentivement et, une nouvelle fois, elle ne réussit pas à soutenir son regard. La prenant par le menton, il l'obligea avec douceur à le regarder. Elle eut un geste violent de recul, ses yeux lançant des éclairs. Il rit tout bas.

— Ma petite Helena. Mon petit chat sauvage, dit-il, un ton nouveau dans la voix, un ton qu'Helena ne lui avait encore jamais entendu, un demi-soupir en même temps qu'il lui caressait la joue du dos de la main. Qu'est-ce que je vais bien pouvoir faire de toi ?

Il la prit brusquement par la nuque et l'attira à lui, d'une main ferme à laquelle elle ne put échapper. Elle poussa un petit cri et n'eut d'autre solution que de s'agripper à lui. Elle sentit ses muscles durs sous la chemise blanche, la chaleur de son corps. Une partie d'elle-même voulut s'arracher à sa prise, tandis qu'une autre n'aspirait plus qu'à s'abandonner, quel que fût le sort qui l'attendait. Elle avait le visage si proche du sien qu'elle sentait son haleine sur sa peau. Il la regardait dans les yeux, interrogateur, comme désireux d'y trouver la réponse à une question non formulée.

— Tu n'as pas à avoir peur, petite Helena. Je t'ai déjà dit un jour que je n'avais pas besoin de faire violence à une femme. Un jour ou l'autre, tu le voudras toi aussi, je te le promets.

Il l'embrassa tendrement sur le front avant de la lâcher aussi soudainement qu'il l'avait saisie et il quitta la pièce.

Ses jambes se dérobèrent sous elle, et elle s'affaissa par terre, sanglotant éperdument. *Je ne peux pas, je ne supporterai pas ça, pas un jour de plus…*

Lentement l'épaisse fumée de la cigarette s'éleva, se dispersa peu à peu et se perdit dans la sombre voûte de bois, de laiton et de velours surplombant l'immense lit dont l'accumulation anarchique de coussins, de draps et de couvertures blancs, témoignant des luttes passionnées des dernières heures, évoquait un océan englouti sous l'écume d'une tempête.

Lady Irene Fitzwilliam poussa un léger soupir et colla sa joue contre la poitrine de l'homme, sensible à la chaleur de la peau et à la caresse d'une toison noire. Elle écouta attentivement s'apaiser les battements de ce cœur capable de s'enflammer mais toujours aussi froid, un cœur qu'elle aurait tant aimé posséder.

Relevant la tête, elle scruta les yeux noirs qui, comme l'homme lui-même, resteraient à jamais un mystère pour elle, mystère auquel les heures d'union la plus intime dont elle rêvait fiévreusement durant ses longs mois d'absence n'apportaient pas de solution. Ils regardaient au loin, dirigés vers un point imaginaire, bien au-delà de sa chambre à coucher, et elle fut envahie par un flot de jalousie. Il détestait qu'elle lui demandât à quoi il pensait. Aussi garda-t-elle le silence. Elle savait n'être pas la seule à bénéficier de ses faveurs ; c'était un secret de polichinelle, même si ses partenaires étaient trop discrètes pour tenter d'en savoir plus sur leurs rivales, chacune se croyant singulière, celle qui éveillerait enfin en lui un autre sentiment que la passion qui les rendait si faibles et les soumettait à son bon vouloir.

Il écrasa sa cigarette contre le rebord d'une soucoupe posée sur la table de nuit et se sépara d'elle. Quand il se leva, lady Irene qui, quelques instants plus tôt, croyait mourir de chaleur, frissonna. Elle tira le drap froissé sur son corps mince, encore douloureux des baisers et des caresses sauvages qui suscitaient en elle un plaisir qu'elle n'aurait jamais cru possible et dont elle ne savait même pas qu'il existait avant d'avoir rencontré cet homme.

La nudité n'enlevait rien de sa dignité au corps d'Ian Neville, ce qui n'était pas le cas de celui de lord Fitzwilliam, masse molle, adipeuse et dégénérée, ridicule et répugnante à la fois. La vue de ce corps éveilla en elle à nouveau le désir alors qu'à l'instant même elle se croyait comblée. Elle le détestait pour ce pouvoir qu'il avait sur elle, mais se soumettre à ce pouvoir était une jouissance. Elle le vit avec regret ramasser les vêtements qu'il avait un peu plus tôt enlevés à la hâte et les enfiler à nouveau.

— Tu es resté trop longtemps dans les Cornouailles, dit-elle enfin, espérant retarder un peu son départ, ne serait-ce que de quelques secondes.

— Assez longtemps pour m'y marier.

Comme assommée, elle le regarda nouer sa cravate devant son miroir. Elle déglutit afin d'apaiser sa gorge soudain sèche et s'efforça d'adopter un ton léger, badin, mais qui sonna faux :

— Toi, te marier ?

— Tu sais que je suis toujours ouvert à de nouvelles expériences, répondit-il, ajustant sa cravate.

La jalousie explosa en elle, un désir brûlant de curiosité : connaître cette femme qui venait perfidement de mettre le grappin sur le célibataire le plus convoité de la bonne société entre Plymouth et Calcutta. Qui était-elle ? Une sirène ? Une madone ? Qu'avait-elle que les autres n'avaient pas ?

— Qui est-ce ?

Leurs regards se croisèrent dans le miroir et le visage d'Ian prit une expression songeuse en même temps que malicieuse.

— Pour être franc, je ne le sais moi-même pas exactement. Presque encore une enfant, maigre, rétive, indomptée, empruntée. Sans culture ni savoir-vivre, mais elle monte comme un dieu. Je ne peux t'en dire plus pour le moment.

Elle fut submergée par une colère aveugle et, sans réfléchir, elle lui lança :

— Et toi, tu l'as montée ? Elle est bonne ? Assez sauvage à ton goût ?

— Tu es d'une vulgarité repoussante !

Elle se mordit les lèvres et s'efforça de rattraper son erreur. Affectant la dérision, inclinant la tête et relevant un sourcil avec coquetterie, elle demanda :

— Toi et une enfant de paysan de la côte ?

— Les défis m'excitent.

Silence oppressant. Puis d'une voix soudain rauque :

— Tu l'aimes ?

— Ne sois donc pas stupide, dit-il en enfilant son gilet.

Elle fut soudain, inexplicablement, envahie de pitié pour la rivale inconnue. Une jeune femme sans expérience, condamnée à passer sa vie au côté de cet homme insensible, froid et calculateur, fût-il fascinant et riche comme Crésus ! Même son propre sort était enviable en comparaison du sien. À voix basse, fixant des yeux les draps blancs, elle dit :

— Tu es diabolique, Ian Neville. Tu n'as pas de cœur.

— Ce manque ne t'a pas dérangée jusqu'ici.

Elle le vit passer une main nonchalante sur son gilet pour en chasser le moindre grain de poussière. En un éclair, elle constata combien elle l'aimait, en dépit de tout. Et combien elle le haïssait.

— Tu n'es qu'un foutu salopard, disparais d'ici !

Instinctivement, elle saisit la statuette en cristal sur sa table de chevet et la jeta dans sa direction. Le miroir explosa en mille morceaux. Elle avait visé juste, mais Ian avait été plus rapide et avait évité le projectile d'une élégante rotation du corps. Le visage inexpressif, il prit sa redingote et se dirigea vers la porte.

— Ton penchant pour le drame m'a toujours été insupportable. Réserve-le pour ton lord, tu obtiendras de lui ce que tu désires. Mais pas de moi.

Il se retourna un bref instant et, moqueur, fit une brève révérence.

— Adieu, lady Fitzwilliam.

Elle garda le regard fixé sur son miroir dont le cadre retenait un gros morceau de verre où se reflétait son visage, un visage rouge et bouffi, beau encore mais dévoilant en cet instant son âge réel. La déchirure du verre qui traversait son reflet semblait la déchirer elle-même. Des larmes coulèrent le long de ses joues tandis que retentissait en elle le claquement de la porte.

6

Telle une somnambule, Helena errait dans la grande maison silencieuse tandis que Jason transpirait sur ses livres et que Margaret, assise parmi les couturières et les modistes, bavardait avec elles. En dehors des heures qu'elle passait en compagnie de Mohan Tajid qui lui enseignait des rudiments d'hindoustani, elle n'avait rien à faire. Elle aurait été incapable de dire combien de journées s'étaient écoulées depuis sa première matinée en ces lieux. Dix ou cent ? Elle n'avait rien vu de Londres, mais ne le réclamait pas. Elle se sentait par moments semblable à un esprit ne trouvant pas la paix et ayant cessé de vivre.

Concession au deuil officiel qu'elle observait toujours, la soie bleu nuit de sa robe moulante dont l'ourlet se prolongeait en une courte traîne bruissait à chacun de ses gestes. Le corset l'obligeait à se tenir droite, mais elle ne le sentait pas, même quand Margaret le serrait un peu plus. Elle donnait l'impression d'être sourde et muette, insensible à tout. À l'exception de ce qu'elle avait vécu le soir où Ian lui avait rendu visite dans sa chambre à coucher. Le sang lui montait encore au visage quand elle le revoyait si proche d'elle, à la chaleur qui émanait de lui et qui l'avait envahie, une chaleur qui s'accordait si peu à cet

82

homme qui, au petit-déjeuner, lui faisait face, froid et indifférent, prenait congé d'elle avec un baiser furtif lui effleurant à peine la joue, quand il partait pour une des incessantes affaires urgentes dont il ne revenait bien souvent que tard dans la nuit. Elle l'entendait alors marcher, à l'autre bout du couloir, gagnant sa propre chambre sans qu'il eût jamais jeté un œil dans la sienne. Elle demeurait alors éveillée, ruminant ses pensées le reste de la nuit, avant que, au point du jour, son corps n'exigeât ses droits. Elle sombrait alors dans un sommeil de plomb dont elle semblait ne pas sortir de toute la journée.

Dans le salon bleu foncé et argent, elle parcourut du regard la table couverte de livres et de journaux quand un nom, au milieu des lignes de caractères uniformes, lui sauta aux yeux. Animée d'un noir pressentiment, elle prit le journal soigneusement plié comme si quelqu'un avait, à dessein, mis en relief ce passage. Elle survola l'article.

DISPARITIONS. – *Sir Henry Richard Thomas Claydon, né le 23 septembre 1821 au manoir d'Oakesley, y est également décédé le 17 novembre 1876... accident tragique... s'est acquis de grands mérites comme colonel de l'Armée royale en Inde orientale durant la guerre de 1857... laisse son épouse lady Sophia Daphne Claydon, née Mowbray, et ses enfants miss Amelia Sophia Philippa et M. Alastair Henry Philipp... Obsèques le...*

Elle abaissa le journal.

— Accident tragique, murmura-t-elle, consternée.

— Épouvantable, n'est-ce pas?

Elle se retourna. Sans bruit, à son habitude, Ian était entré dans le salon, élégant dans un costume gris perle et un gilet bleu-gris. Elle n'aurait su dire depuis combien de temps il l'observait. Il avait les yeux brillants comme s'il avait éprouvé un plaisir particulier à la voir découvrir la mauvaise nouvelle.

Il alla à la cheminée où un feu dispensait une agréable chaleur et prit un cigare dans un étui aux incrustations de bois précieux. L'ayant allumé, l'air songeur, il tira avec délectation deux longues bouffées avant de poursuivre :

— Un accident, vraiment. Une propriété tombant en ruine au fil des années dans un coin d'Angleterre sans intérêt, ni d'un point de vue économique ni du point de vue du paysage, victime de l'évolution économique inexorable comme de l'incapacité de toute une lignée d'ancêtres. L'idée d'assainir une situation financière désastreuse grâce à un placement lucratif. Bien entendu, la banque prête la somme nécessaire en hypothéquant la maison et le bien. Malheureusement, l'affaire tourne mal, des centaines de livres s'en vont littéralement en fumée, dit-il en expirant voluptueusement un nuage bleuâtre avant de se laisser tomber dans un fauteuil et d'allonger les jambes sur la table. Et toutes ces terres stériles ainsi que l'immense demeure appartiennent désormais à la banque. La famille est autorisée à rassembler ses maigres affaires. Comme il est de règle en pareille situation, aucune issue honorable ne s'offre en dehors de l'accident classique intervenant lors du nettoyage d'un pistolet. Après des années au service de l'Armée où on apprend sur le tas à manier et à entretenir les armes. Tragique vraiment.

Il contempla, pensif, le cigare qu'il roulait entre ses doigts et se pencha afin de faire tomber le bout rougeoyant dans un cendrier avant de s'enfoncer à nouveau dans son fauteuil.

— Une fille exceptionnellement belle bien qu'un peu sotte. Voici peu de temps un petit scandale plutôt maladroitement étouffé. Un filou lui a arraché une promesse de mariage avant de laisser tomber cette petite oie du jour au lendemain. C'est le genre de choses qui finit toujours par filtrer et aucun homme ayant situation et fortune ne s'intéressera à une porcelaine ébréchée. La mère, au bord de la démence, cherche refuge chez des parents qui ne l'acceptent qu'à contrecœur, pareil coup du sort entachant la famille entière. Peut-être que l'héritier sera le seul à profiter de cette histoire : un peu dégénéré et bon à rien jusqu'ici, il aura l'occasion de devenir un homme grâce à un travail honorable, à la sueur de son front.

Impulsivement, Ian se leva et s'approcha d'Helena, la regardant dans le blanc des yeux. Son corset lui entrait dans les côtes à chacune de ses respirations.

— Ne prends pas cet air effrayé. Cela devrait t'apporter une certaine satisfaction après tout ce que cette famille t'a fait. Note bien ceci : à la fin des fins, chacun reçoit ce qu'il mérite.

Sans attendre une réponse, il fit demi-tour et s'en alla.

Elle était terrifiée par ses propos, froids et indifférents, mais plus encore par ce qu'elle avait lu dans ses yeux : un plaisir cruel et un contentement glacé.

Ce soir-là, penchée sur une feuille, Helena ne parvint pas à se concentrer sur les boucles et les fioritures, consonnes mouillées et voyelles, qui évoquaient pour elle non des lettres mais autant de clôtures en fer forgé, infranchissables, symbolisant le sentiment oppressant de solitude et de peur dont elle était prisonnière. Seul le silence qui suivit le flot régulier de la voix de Mohan Tajid alignant mots anglais et mots hindoustanis la tira de sa songerie. Avec mauvaise conscience elle le regarda mais ne découvrit aucun reproche dans ses yeux.

— Vous n'êtes pas heureuse ici, dit-il en la regardant d'un air songeur.

Des larmes montèrent aux yeux d'Helena et elle ne réussit pas à les retenir.

— Comment le pourrais-je ?

— J'étais contre ce mariage, mais je n'ai pu l'empêcher. On ne peut rien opposer à Ian Neville quand il s'est mis quelque chose en tête. Il a la volonté d'un guerrier, une volonté de fer, tranchante comme une épée forgée au feu et trempée dans le sang.

Un frisson parcourut Helena à ces mots, mais la lueur de fierté et d'admiration dans les yeux de l'homme éveilla sa curiosité.

— Vous le connaissez depuis très longtemps ?

Une question qui avait tout du constat.

— Depuis qu'il vit, et bien au-delà, répondit Mohan avec un sourire.

— Comment…, demanda-t-elle d'une voix étouffée sous le poids de son malheur, comment pouvez-vous le supporter ?

Le regard de l'homme se perdit hors de la lumière de la lampe.

— Parce que m'unit à lui quelque chose qui dépasse notre insignifiance d'hommes. Vous appelleriez ça le destin, nous l'appelons le *karma*. Il est si puissant que j'ai mis en jeu mon âme immortelle d'hindou en commettant le péché impardonnable de traverser avec lui le *kala pani*, la mer. Quand vous connaîtrez l'Inde, vous connaîtrez le fond de son âme. Vous comprendrez alors bien des choses qui vous paraissent aujourd'hui inconcevables.

L'énigme que cachaient ces quelques mots lui parut insoluble et son désarroi se lut sur son visage. L'homme fut visiblement attendri.

— Soyez patiente. Je suis finalement heureux de vous savoir à ses côtés. Peut-être que vous réussirez…

Comme prenant conscience qu'il était en train de franchir une barrière dangereuse, il se tut, détournant les yeux. Une fraction de seconde plus tard, il s'était ressaisi.

— Arrêtons là pour aujourd'hui, nous avons de toute façon dépassé l'heure. M. Neville m'a demandé de vous dire de monter, au terme du cours, afin que vous puissiez vous apprêter pour ce soir.

Il se leva d'un air déterminé, laissant Helena en proie au désarroi, un poids sur la poitrine qui lui coupait le souffle.

— Merci, Ralph.

Le maître d'hôtel s'inclina puis ferma la porte du bureau derrière lui. La pièce lambrissée était plongée dans l'obscurité du début de soirée ; la faible lueur des lampadaires de la rue et la lampe sur la grande table de travail ne suffisaient pas à l'éclairer.

— Vous m'avez fait appeler, Sir, dit Margaret avec une révérence.

S'enfonçant dans son fauteuil, Ian Neville disparut presque complètement dans l'ombre. Seuls quelques papiers étaient posés sur le plateau lustré du bureau ; tout était si bien rangé qu'on avait l'impression que personne n'y avait travaillé depuis des semaines.

— J'ai besoin de votre aide, madame Brown. Avant que nous quittions Londres dans les prochains jours, j'ai encore une obligation à remplir. J'ai accepté l'invitation au bal de lord et lady Chesterton. Je veux que ma femme soit la plus belle possible et je me fie, pour cela, à votre goût, à votre savoir-faire. Jane vous assistera, bien entendu, si vous le souhaitez. Je pense que deux heures devraient suffire.

— Bien entendu, Sir. Avez-vous une idée de… ?

— La rouge.

— Mais, Sir… nous… Helena est encore en deuil !

Ian se leva et prit dans un étui d'argent une cigarette qu'il alluma.

— Je pense que ni vous ni Helena n'avez de véritable raison de pleurer M. Lawrence. Sa mort a en définitive été une libération pour vous trois, donc finissons-en avec cette comédie. Ce ne serait, sinon, qu'hypocrisie.

Margaret se figea devant un tel manque de pitié et de sensibilité, mais, refoulant les objections qui lui brûlèrent la langue, elle baissa les yeux. Un petit silence s'installa avant qu'elle osât exprimer ce qu'elle avait depuis quelque temps sur le cœur.

— Nous n'en avons pas parlé jusqu'ici, Sir, mais je… je suppose que j'accompagnerai Helena en Inde.

Ian la dévisagea à travers la fumée de sa cigarette.

— Je m'attendais à ce que vous ayez cette idée, mais il n'en est pas question.

— Je n'abandonnerai pas mon enfant…

— Madame Brown, avec tout le respect que je dois à votre sens du devoir et à votre attachement à ma femme, je pense que vous n'avez aucune notion de ce qu'est ce pays.

— Sir, j'ai accompagné, en d'autres temps, la mère d'Helena…

— L'Inde n'est ni l'Italie ni la Grèce. Si vous vous imaginez avoir connu là-bas ce qu'est la chaleur, je dois vous détromper. Darjeeling jouit d'un climat agréable, mais ce n'est pas la porte d'à côté. Vous n'avez aucune idée de la chaleur torride qui règne dans les steppes et les déserts. Même respirer est une épreuve, sans parler des insectes venimeux, des serpents et des scorpions qui y fourmillent, sans parler du choléra et des fièvres. Les cimetières de Calcutta et de Madras sont pleins d'Européens qui y sont morts avant leur quarantième année. Avec tout le respect que je vous dois, madame Brown : je connais l'Inde, j'y suis né et j'y ai passé presque toute mon existence, et vous êtes trop âgée pour ce pays, pas assez résistante.

Margaret se redressa, rouge de colère et de fierté blessée.

— Et je devrais laisser partir Helena et Jason avec confiance dans ce pays, n'est-ce pas ? Savez-vous ce que vous exigez là de moi ?

— Le voyage sera pour l'un et l'autre aussi agréable que possible. Nous quitterons Bombay pour Jaipur dans mon wagon de chemin de fer personnel. De là nous ferons, à cheval, un petit crochet par l'intérieur du Rajputana où je… voudrais rendre visite à des amis. À Jaipur, nous prendrons à nouveau le train en direction de l'est, via Agra et Allahabad, jusqu'à Siliguri. Cette ultime étape est la seule qui soit exténuante, le Darjeeling n'étant pas, depuis l'ouest, directement accessible par le chemin de fer. Comme nous devons y être début avril pour la récolte, nous reprendrons des chevaux. Mohan Tajid s'occupera de Jason. Vous connaissez Mohan, et je vous assure que personne ne connaît mieux le pays que lui. Pas même moi…, ajouta-t-il avec un léger sourire.

Fronçant les sourcils, il prit une lettre sur une des petites piles de papiers.

— Tenez, j'ai ici un écrit du recteur de l'école St. Paul à Darjeeling qui confirme l'inscription de Jason pour le trimestre prochain. On dit de cette école qu'elle dispense une éducation digne des meilleures écoles privées anglaises. J'estime opportun qu'il habite à l'école au moins dans un premier temps et ne nous rejoigne à la plantation que le week-end. Il s'adaptera ainsi plus rapidement et n'aura pas à effectuer quotidiennement le long trajet.

— Et Helena… Qu'advient-il d'Helena ? C'est une femme et…

— Ah, j'oubliais, dit Ian en riant, le sexe faible. Vous m'accorderez sans aucun doute qu'Helena est la dernière des femmes à qui s'applique ce qualificatif.

Puis, soudain sérieux :

— Un lion reconnaît une lionne au premier coup d'œil. Vous n'avez aucun souci à vous faire. Elle est avec moi entre de bonnes mains. Croyez-moi.

Il y eut dans sa voix une pointe de chaleur que Margaret entendait pour la première fois. Elle ne l'en aurait pas jugé capable et ne sut comment l'interpréter, mais elle l'amena à lui accorder foi. Et, à son corps défendant, elle s'abandonna à un soulagement honteux.

— Jamais !

— Helena, je t'en prie, il a dit que tu devais…

— Non et non ! Je suis en deuil… et je ne vais certainement pas porter cette… cette…

— Je vous dérange ?

Le regard d'Ian, nonchalamment appuyé, amusé, au chambranle de la porte, passait alternativement de Margaret à Helena qui se livraient à cet échange passionné. Jane, réfugiée muette dans un coin, s'inclina bien bas ; si Margaret avait l'air consternée et désespérée, les yeux d'Helena lançaient des éclairs. Elle était écarlate. La fureur lui faisant perdre toute retenue, elle se précipita sur Ian, dans un tourbillon de volants.

— Espèce de démon ! Tu ne peux tout de même pas exiger de moi que je revête l'exemple même du péché ! C'est épouvantable ! Et tu te moques apparemment que je sois encore en deuil, espèce de monstre froid, de sale sournois…

— Jane, madame Brown, laissez-nous seuls un instant, je vous prie, la coupa la voix cinglante d'Ian.

À peine la porte s'était-elle refermée derrière les deux femmes qu'il lui empoigna le bras sans lui laisser le temps de souffler.

— Je ne tolérerai pas que tu me parles sur ce ton en présence de domestiques ! Quand nous sommes seuls, tu peux me traiter de tous les noms que tu veux, mais, devant le personnel, tu dois te contrôler !

— Lâche-moi, siffla Helena, rouge de honte d'être grondée comme une sotte, de fureur aussi. Elle lutta frénétiquement pour se défaire de sa prise, mais il la serra plus fort encore, l'attira contre lui et, impassible, la regarda droit dans les yeux.

— Tu oublies que c'est moi qui commande dans cette maison et que tu dois m'obéir parce que tu es ma femme ! Au moins tant que tu conduiras comme une oie stupide et mal élevée, c'est moi qui décide ici !

— Oui, je suis ta femme, contrainte et forcée, mais je ne suis pas pour autant ta propriété. Tu ne peux me forcer à aller ainsi chez les gens, pas dans cette robe !

Ian la dévisagea longuement, d'un regard qui la fit taire, le souffle coupé, mais cette fois elle tint bon, conservant sa rage et son énergie.

— C'est une robe qui fait problème, finit-il par dire à voix basse, je te l'accorde. Mais tu n'es pas non plus nonne, loin de là. N'essaie donc pas de donner le change.

Relevant la tête, elle le frappa de sa main libre.

— Lâche-moi, arrête tout de suite, foutu bâtard, je…

Un coup violent projeta sa tête de côté. Une boule de douleur explosa en elle quand elle tomba sur le lit où s'étalait dans toute sa splendeur l'objet du conflit. La main sur sa joue brûlante, incrédule, elle leva les yeux vers Ian qu'elle percevait mal au travers des larmes qu'elle versait malgré elle.

— Ne me traite jamais plus de bâtard – jamais plus, dit-il d'une voix rauque qui fit courir un frisson dans le dos d'Helena.

Sur le pas de la porte, il se retourna.

— Je t'envoie Margaret et Jane. Arrange-toi pour paraître de nouveau présentable dans deux heures, ordonna-t-il avec froideur.

Richard Carter s'ennuyait. Il en avait pourtant l'habitude et n'était d'ailleurs pas ici pour son plaisir mais pour renforcer ses relations d'affaires et en nouer de nouvelles. Les joutes oratoires superficielles le rasaient tout autant que les plats bavardages des gentlemen arrogants et de leurs épouses attifées et stupides. Il venait d'effectuer un premier tour, avait serré des mains, eu des conversations sur le temps, l'actualité politique et la situation économique, et était à la recherche d'un éventuel client avec qui il vaudrait d'avoir un entretien plus sérieux qui, après quelques verres de scotch, pourrait connaître une conclusion lucrative. Depuis la galerie, il plongea le regard sur la foule d'où s'élevait comme un bourdonnement de ruche. Des vagues de rires montaient jusqu'à lui tandis qu'il laissait son regard errer sur les élégantes robes allant du mauve et du lilas jusqu'au jaune tendre et le bleu en passant par le vert émeraude, sur les décolletés ourlés de dentelle et parés de bijoux, les éventails, les fracs noir sur blanc des messieurs et, çà et là, une redingote d'uniforme rouge aux galons dorés. Son regard s'arrêta sur une silhouette à part de la foule, au bord de la salle. Instinctivement, ses mains empoignèrent la rambarde.

— Eh bien, Richard, vous venez d'apercevoir un fantôme ?

— Lord William ! Quel plaisir de vous voir !

Les deux hommes échangèrent une cordiale poignée de main.

— Tout le plaisir est pour moi. Comment vont les affaires ?

— Je ne suis pas mécontent, dit modestement Richard Carter.

Un large sourire éclaira le visage juvénile et parsemé de taches de rousseur du fils cadet du comte d'Holingbrooke.

— En d'autres termes, vous continuez à amasser des dollars ! On vous envie… On voudrait avoir votre flair ! Quoique, à vrai dire, ce soit grâce à vous que ma maigre part de la fortune familiale ait joliment prospéré.

— Alors c'est sans doute à vous que je dois d'avoir été invité dans cette société distinguée, dit Richard avec un geste de la main englobant la salle de bal et la demeure de lord Chesterton.

Lord William adressa un signe à un serveur en livrée bleu et or et ils prirent un verre de son plateau.

— Vous surestimez mon influence. Même si vous n'êtes qu'un parvenu des colonies, dit le lord avec un clin d'œil à l'adresse de Richard, il ne manque pas de lords et de ladies qui aient autant que moi de dettes envers vous. Ne serait-ce qu'en raison de ce que la moitié de toute cette soie au-dessous de nous provient de vos usines de filature et de tissage. Sans parler des bijoux taillés dans vos ateliers !

— Maintenant c'est vous qui surestimez mon influence, s'amusa Richard Carter.

Lord William contempla d'un air pensif l'agitation au-dessous d'eux.

— Les temps changent, Richard. Bien sûr les familles de la noblesse continuent à vous regarder de haut, vous les financiers, surtout quand, comme vous, ils viennent d'Amérique. Mais, derrière les titres vénérables, se cachent beaucoup moins de fortunes qu'auparavant. La tradition est chose merveilleuse, mais elle revient cher. Il n'est quasiment plus de famille prête à renoncer à une riche héritière. Ou à un homme d'affaires aisé comme vous… À moins qu'entre-temps une candidate au titre de Mme Richard Carter ne se soit fait connaître ? s'enquit le lord d'un ton enjoué mais non dénué de curiosité.

— Jusqu'à présent, non !

Sans le savoir, son interlocuteur venait de toucher un point sensible. Il ne manquait de contacts ni ici à Londres, ni à New York ou San Francisco. Son carnet de rendez-vous était surchargé d'invitations à des soirées, des excursions à cheval, des courses hippiques, des représentations théâtrales ou des concerts, à des dîners sans cérémonie chez des amis ou des clients, mais il commençait à se sentir seul. Ces dernières années, il avait consacré son temps et son énergie à tout apprendre sur les matières premières et les techniques de transformation les plus modernes, à courir de négociation en négociation, à détecter les bonnes occasions, les nouveaux marchés et les investissements lucratifs. Il y avait déployé une telle adresse que ses affaires n'avaient qu'à peine souffert de la dépression de 1873. Mais il ressentait de plus en plus un vide dans son existence quand il était assis le soir devant la cheminée de sa résidence de la place Lafayette, un verre de son propre vin de Californie à côté de lui, un bon livre ou le *New York Times* à la main, ou quand il assistait à un opéra dans une des loges de l'Academy of Music, ou encore quand il parcourait à cheval les collines de son immense propriété de la côte occidentale.

Des deux côtés de l'Atlantique il ne manquait pas de demoiselles de bonne famille pour lui lancer pardessus leur éventail de timides regards engageants, de femmes d'âge mûr pour lui présenter incidemment ou avec fierté, voire lui pousser dans les bras, qui une fille, qui une nièce, qui une petite-fille. Et Richard Carter n'était pas de marbre. Mais cela n'était jamais allé plus loin que des rencontres fugitives, de véritables flirts ou de brèves liaisons. Il lui fallait plus qu'un joli minois, qu'un corps séduisant, qu'un caractère vertueux, il recherchait une compagne qui sût tout à la fois charmer ses sens, émouvoir son cœur et nourrir son esprit.

Involontairement, il abaissa à nouveau le regard vers la tache de couleur qui l'avait déjà attiré parmi la foule. Lord William suivit le mouvement de ses yeux.

— Quelqu'un a éveillé votre intérêt ?

— Là en bas, près de la porte menant à l'orangerie, répondit Richard après une brève hésitation. La jeune dame en rouge.

— Vous ne parlez pas sérieusement, Richard !

— Pourquoi ?

— Dites donc, le principal sujet de discussion de la soirée vous a apparemment échappé. Cette jeune lady est la sensation du bal, la femme qui a récemment réussi à harponner l'éternel célibataire Ian Neville. Les gentlemen envient ce dernier, et les ladies la haïssent.

— Neville ? répéta Carter en fronçant les sourcils. Le nom ne me dit rien.

— Effectivement, vous ne travaillez pas dans le thé... Pour des motifs patriotiques ?

Lord William faisait par là allusion à la légendaire Boston Tea Party, quelque cent ans plus tôt. Quand fut signé, en 1763, le traité de Paris mettant fin à la guerre de Sept Ans entre l'Angleterre et la France, les caisses du roi d'Angleterre étaient vides. Le Stamp Act de 1765 frappa de lourdes taxes les marchandises livrées par l'Angleterre aux colonies américaines. Les Américains boycottèrent alors ces produits. Les taxes furent ensuite abolies, à l'exception de celle sur le thé, trois pence la livre. Le sentiment d'injustice ressenti à l'idée que les colonies payaient des impôts mais n'avaient pas de représentants au Parlement favorisa l'essor de la contrebande de thé hollandais. Ayant perdu son principal client, la Compagnie des Indes orientales exerça des pressions sur le Parlement jusqu'à ce que celui-ci eût promulgué ce qu'on a appelé le Tea Act : la Compagnie obtenait le monopole des livraisons de thé en Amérique ; toute importation de thé d'autres provenances était désormais illégale et sanctionnée, mesure que les Américains ressentirent comme une agression contre leurs libertés. En décembre 1773, les trois premiers navires de la Compagnie firent escale à Boston, mais la cargaison ne fut pas débarquée : des hommes déguisés en Indiens se faufilèrent sur les navires à la faveur de l'obscurité et jetèrent à la mer trois cent quarante-deux caisses de thé, soit la valeur de dix mille livres, sous les acclamations de nombreux spectateurs de la scène. Cette opération, ironiquement baptisée la Boston Tea Party, fut le déclencheur d'une évolution qui déboucha quelques années plus tard sur la guerre d'Indépendance américaine où le thé était le symbole de l'oppression.

Les deux hommes se regardèrent en souriant.

— Ça aussi. Mais, à parler franchement, je préfère faire du commerce avec des produits plus consistants que des caisses pleines de feuilles sèches.

— Neville s'est en tout cas constitué une fortune avec ces feuilles sèches. Si le thé du Darjeeling est le champagne des thés, celui de ses plantations est alors le Moët & Chandon.

Darjeeling… Le son indien laissa un goût métallique dans le palais de Richard. Il le fit rapidement disparaître en avalant une grande gorgée.

Lord William gratta pensivement une de ses tempes qui grisonnaient déjà un peu alors qu'il venait à peine de dépasser la cinquantaine.

— Je ne voudrais pas m'immiscer, mais… vous seriez bien avisé de ne pas contrecarrer les projets de Neville.

— En quoi cet homme est-il si dangereux ?

— En tout. Il fait rouler sous la table un buveur invétéré sans laisser personnellement paraître le moindre trouble, il ne tire jamais la mauvaise carte au jeu et tous ceux qui l'ont défié l'ont payé cher. Personne ne sait exactement d'où il sort. Un jour, il a surgi comme du néant dans la bonne société de Calcutta, avec une fortune immense ainsi que le thé le meilleur qui ait jamais été vendu dans la Mincing Lane. Il est froid, lisse et insaisissable et, dit le lord en montrant la salle de bal au-dessous d'eux, il n'y a guère ici de gentleman qui ne le soupçonne de lui faire porter les cornes sans avoir pourtant, ne serait-ce qu'une fois, pu concrétiser ses soupçons.

— Et on le reçoit néanmoins ?

— C'est bien ça l'étonnant. Il semble exercer sur le genre humain un pouvoir qui ne leur laisse pas le choix. Un peu comme s'ils le craignaient… Effrayant, n'est-ce pas ?

— On a l'impression qu'ils ont affaire à Satan en personne, s'amusa Richard.

— Certains le pensent, en effet, répondit lord William, songeur.

Richard éclata de rire.

— Seigneur ! Une telle superstition ici, dans le Vieux Monde ! s'exclama-t-il en se retournant, disposé à partir.

— Richard, qu'avez-vous en tête ?

— Je présume que vous n'avez pas l'intention de me présenter Mme Neville, je vais donc le faire moi-même.

Lord William le regarda, stupéfait.

— Vous êtes fou !

— Il faut parfois tout simplement faire ce qu'on doit faire, même si c'est une entreprise risquée.

Avec un clin d'œil pour son interlocuteur, Richard disparut entre les couples qui s'attardaient sur la galerie.

Helena se pressait contre le mur, avec l'espoir de devenir invisible. Mais elle ne l'était pas : sa tenue voyante n'échappait à personne, même dans l'arc-en-ciel des autres robes de bal.

La soie écarlate l'enveloppait tel un calice ; un corselet très serré et se terminant en pointe lui donnait une taille d'apparence fragile ; son décolleté profond et en forme de cœur mettait en valeur la naissance de ses seins. Un soupçon de manches lui laissait les bras libres. La jupe tombait droit, jusqu'au sol, et se terminait par une petite traîne. Les lés de tissu, froncés sur le devant, rejoignaient l'arrière en un drapé bouffant qui évoquait une rose épanouie. Un bouquet de vraies roses ornait ses cheveux rabattus sur la nuque et ruisselant le long de son dos en un flot de boucles souples. Elle portait un lourd collier de rubis qu'Ian, sans un mot, lui avait mis autour du cou quand il était venu la chercher dans sa chambre, avec autant de froideur et d'indifférence que si elle n'avait été qu'un accessoire inerte.

Ian… Elle ferma les yeux un bref instant et serra les dents. Elle fut saisie de honte en repensant à la gifle et à ce qui l'avait précédée. Elle avait dit à Margaret et à Jane qu'elle avait trébuché et fait une mauvaise chute, mais elle avait lu dans leurs yeux qu'elles n'en croyaient rien. On voyait d'ailleurs encore sur sa joue la marque des doigts d'Ian. Une poche de glace avait été efficace et seule une légère rougeur sur son visage et ses yeux un peu plus ouverts qu'à l'ordinaire témoignaient de la déplorable scène. On aurait tout aussi bien pu interpréter ces signes comme le témoignage de sa joie à l'idée du bal.

Sentiment qui était en réalité à l'opposé de ce qu'elle ressentait. Dans ses gants de soie rouge, ses mains étaient glacées alors qu'elle les croyait humides de peur. Depuis que, au bras d'Ian, elle avait franchi le seuil de la demeure des Chesterton, des dizaines de paires d'yeux ne la quittaient pas. Même lorsque, comme présentement, elle se tenait à l'écart de l'agitation, elle était la cible, de temps à autre, d'un regard ne cachant rien de sa curiosité. Elle avait été présentée à un grand nombre de gentlemen et de ladies aux politesses desquels elle avait répondu par un sourire figé. Elle n'avait enregistré aucun visage, à l'exception d'une dame qu'Ian lui avait présentée comme étant lady Irene Fitzwilliam. Elle était venue à elle escortée d'un groupe de femmes élégantes, avait, roucoulante, couvert Ian de minauderies et l'avait toisée avec mépris de ses yeux noirs avant de lui adresser la parole.

— Voici donc le petit joyau que vous nous aviez caché jusqu'ici, Ian. Eh bien, madame Neville, vous plaisez-vous dans notre merveilleuse société londonienne ?

— Je…, avait commencé à bégayer Helena, incapable de trouver une réponse.

Elle avait imploré Ian du regard, mais il concentrait son attention sur un point éloigné, au beau milieu de la cohue.

— Je n'en ai jusqu'ici pas vu grand-chose, je le crains, dit-elle se sentant maladroite et stupide.

— Vraiment ? s'indigna Irene, agitant son éventail de plumes d'autruche noires. Ian, mauvais garçon, aviez-vous une raison particulière de cacher votre délicieuse petite femme dans vos appartements ? Cela doit représenter pour vous un grand changement de sortir de vos... d'où donc déjà ? demanda-t-elle en penchant son beau visage aux boucles noires parsemées d'éclats de diamant.

— Des Cornouailles, murmura Helena, fixant du regard l'ourlet de sa robe.

— Ah oui, les Cornouailles... Vous n'avez pas parlé d'une ferme, Ian ? Comme c'est pittoresque !

La suite d'Irene pouffa complaisamment. Celle-ci, d'un air enjoué, tapa de son éventail replié le bras d'Ian.

— Vous entendez ? Ils jouent notre valse... Nous ne pouvons la refuser ! dit-elle en prenant Ian par le bras et en l'entraînant vers la piste de danse. Vous permettez, madame Neville ? Vous l'aurez en définitive le reste de votre vie...

L'estomac d'Helena se contracta en voyant la bouche d'Ian se rapprocher, pendant leur danse, de l'oreille de lady Fitzwilliam qui, rejetant la tête en arrière, éclata de rire avant de se serrer à nouveau contre le corps de son cavalier. Ensuite, tandis qu'Ian changeait de partenaire à chaque danse, les larmes lui montèrent aux yeux à l'idée de toutes les humiliations qu'elle devait supporter. Elle se mordit la lèvre pour les retenir.

Sentant que quelqu'un l'observait, elle leva les yeux. Au milieu des ladies et des gentlemen d'un âge mûr se contentant d'admirer les danseurs tout en échangeant les dernières rumeurs sur les couples virevoltant, un gentleman ne la quittait pas des yeux. Un regard ni curieux ni possessif, intrigué plutôt. Une interrogation muette. Il dépassait ses voisins d'une bonne tête, large d'épaules, vigoureux sans être massif. Il émanait de lui la force et la sérénité, la force d'un homme rompu aux durs travaux physiques, la sérénité que confère une vie riche et pleine. Bien que sachant qu'il n'était pas convenable de répondre à ce regard, Helena ne put s'en empêcher. Il eut un léger mouvement, comme pour se détourner, puis vint directement à elle, manœuvrant avec adresse parmi l'assistance, les rires et les bavardages.

Elle se figea. Bien que peu versée dans les usages de la bonne société, elle en connaissait toutefois le principal : deux personnes devaient être présentées l'une à l'autre, surtout s'il s'agissait de deux personnes de sexe opposé, ne jamais en prendre personnellement l'initiative. L'inconnu paraissait ne pas s'en soucier. Elle chercha autour d'elle une issue à cette situation, mais il lui sembla se retrouver enfermée à l'intérieur d'un mur impénétrable de soie, d'organdi et de velours subitement surgi du sol. Son cœur se mit à battre la chamade et elle s'absorba désespérément dans la contemplation du bout de ses chaussures dépassant l'ourlet de sa robe.

L'air détaché, il s'appuya au mur, à côté d'elle, les mains croisées dans le dos, observant l'agitation de la salle. Helena le regarda de côté, à la dérobée. Rasé de près, les cheveux bruns peignés en arrière, il avait un visage anguleux exprimant la détermination et le courage. Il n'avait pas la finesse de traits d'un noble :

le front haut et large, le bas du visage massif avec un nez puissant, peut-être un peu trop camus, légèrement recourbé, comme la trace d'une très ancienne rixe. De près, il paraissait d'un certain âge ; une profonde ride entre les sourcils et deux autres descendant jusqu'aux commissures de lèvres trahissaient l'approche de la quarantaine. Il avait un visage taillé à la serpe, ferme, solide, mais l'expression de ses yeux et ses lèvres minces mais sans dureté montraient que cet homme avait du cœur et de la sensibilité.

— Je croyais être le seul à ne pas s'amuser ici ce soir, dit-il au bout d'un instant.

Helena secoua la tête sans le regarder.

— Non.

— Bien que je sois étonné de ne pas voir danser une jeune lady comme vous.

Helena resta muette, ayant honte d'avouer qu'elle n'avait jamais appris. Du coin de l'œil, elle vit qu'il l'observait avec insistance.

— Vous devriez boire un peu, dit-il en appelant un serveur et en prenant deux verres de champagne.

La boisson glacée lui picota la langue et provoqua une agréable chaleur dans son estomac. Elle sentit son embarras refluer.

— Ça va mieux ?

Elle acquiesça et eut sans le vouloir un petit sourire.

— Permettez que je me présente : Richard Carter, poursuivit-il en lui tendant sa main droite.

Quand ses lèvres effleurèrent la soie de son gant, elle fut envahie d'une chaleur bienfaisante. Quand il se releva, il semblait avoir lu dans ses yeux ce qu'elle avait ressenti.

— Helena L... Neville.

Si elle broncha au moment de citer son nom d'épouse, ce ne fut pas en raison de son étrangeté pour elle, mais parce qu'elle avait devant les yeux cet homme qu'elle haïssait et qui le lui avait donné contre son gré.

Richard Carter la regarda, songeur.

— La belle Hélène, enlevée par Thésée, mariée à Ménélas, le roi de Sparte, aimée de Pâris et à l'origine de la cruelle guerre de Troie… De combien de troubles êtes-vous déjà à l'origine ?

— D'aucun.

Une mélancolie inexplicable l'envahit. Sa vie lui sembla soudain s'être déjà déroulée, ennuyeuse et grise.

— Alors vous en créerez peut-être… chez moi, en tout cas, vous y êtes parvenue.

— Comment ça ? s'étonna Helena.

— Eh bien, je me demande pourquoi une jeune dame aussi charmante reste seule dans son coin lors d'un bal au lieu de s'amuser. Je me demande comment votre époux pourra se justifier d'ainsi vous délaisser au lieu de profiter de chaque minute en votre compagnie.

De joie et d'embarras devant de si inhabituels compliments, les joues d'Helena se colorèrent.

— Eh bien, commença-t-elle hésitante, ne sachant comment réagir, avant d'exploser de colère : il ne se soucie pas trop de moi.

— Il le devrait, répondit à voix basse Richard en lui touchant légèrement l'épaule. Pourquoi, sinon, vous a-t-il épousée ? Pour l'argent ? Pour un nom, un titre ?

— Non, certainement pas, non ! rétorqua-t-elle avec un rire amer.

— Alors pourquoi ? Excusez-moi…, s'interrompit-il de lui-même, je ne voudrais pas être indiscret. C'est juste…

— Non, vous n'avez pas à vous excuser. J'ignore pourquoi, vraiment.

— Et vous ? Pourquoi avez-vous accepté ?

— Moi...

Elle se tut, mais intérieurement elle hurla : *parce qu'il m'y a forcée, parce qu'il ne m'a pas laissé d'autre choix, parce qu'il a envie de me tourmenter*, mais elle se contenta d'ajouter, soulagée de pouvoir se confier à quelqu'un :

— Parce que j'y ai été obligée.

— Cette foutue coutume des mariages arrangés, grogna Richard plus pour lui-même que pour Helena. Même chez nous, en Amérique, elle est encore observée dans les meilleurs milieux, alors que nous proclamons bien haut les vertus de la démocratie, de l'égalité et de la fraternité.

— Êtes-vous... je veux dire..., balbutia-t-elle en rougissant de nouveau quand elle s'aperçut que ne n'était pas le genre de conversation à mener entre les parfaits étrangers qu'ils étaient l'un à l'autre.

Mais il comprit et se mit à rire.

— Non. Je suis un irrémédiable romantique toujours à la recherche du grand amour. Croyez-vous à l'amour ?

Le regard d'Helena se perdit dans la foule, tandis que ses pensées revenaient des années en arrière... Aux livres qu'elle avait lus, aux heures passées sur les falaises ou à galoper sur la plage en compagnie d'Achille, savourant la douleur douce-amère d'une mélancolie sans but, à ses rêves où, prisonnière d'un sortilège, elle attendait le preux chevalier qui la délivrerait. Puis Ian était venu et l'avait emmenée pour l'enfermer dans une prison encore plus oppressante. Pour la vie.

— Non, plus, finit-elle par répondre d'un ton dur, regardant cette fois Richard avec un éclat froid dans les yeux.

Il répondit à son regard, l'air pensif. C'était une jeune femme étrange, très jeune comme il dut se l'avouer à contrecœur, peut-être deux fois plus jeune que lui, mais elle paraissait plus mûre que son âge l'aurait laissé croire. Elle se tenait là, maladroite et timide, presque crispée, très différente des jeunes dames de la société qui, en dépit de la retenue vertueuse qu'exigeait leur état, étaient conscientes de leur apparence et donc de leur valeur, soucieuses de plaire, soit de manière sérieuse, soit avec coquetterie. Mais il y avait autre chose chez elle – un mouvement, un regard, une manière de froncer les sourcils, l'intonation d'une syllabe, d'un mot – qui le rendait curieux, le fascinait. Cela lui rappela les moments où un de ses agents vidait devant lui un sac rempli de pierres qui venaient d'être extraites d'un rocher, les prenant l'une après l'autre dans la main et regardait, en fait sentait, lesquelles ne méritaient que d'être fragmentées afin de servir d'ornements aux robes de bal et lesquelles, après avoir été correctement taillées et serties dans de l'or, dispenseraient leur éclat au cou d'une lady. Il voulait donc en savoir plus sur son compte : d'où elle venait, ce qu'elle avait vu et vécu, de quoi elle rêvait, ce qu'elle éprouvait, ce qu'elle pensait. Mais il n'eut pas le loisir de le lui demander.

— À ce que je vois, tu n'as pas mis longtemps à établir des contacts en mon absence.

La voix d'Ian les fit sursauter.

Les deux hommes se mesurèrent du regard en un bras de fer silencieux. La tension monta, évoquant le silence régnant avant l'orage, juste avant le premier coup de tonnerre.

Richard finit par sourire.

— Ce fut pour moi un plaisir de m'entretenir avec votre épouse. Un plaisir que j'aimerais renouveler à la première occasion. Richard Carter, dit-il en s'inclinant, tendant la main à Ian.

— Je ne crois pas que cela soit possible, répondit celui-ci en serrant si fort le bras d'Helena qu'elle ne put réprimer un petit soupir de douleur. Nous partons en voyage demain matin.

Il prit congé en s'inclinant si brièvement que son geste était presque un affront et il poussa Helena à travers la salle de bal en direction de l'entrée.

Richard les suivit des yeux longtemps après que la masse des invités les eut engloutis, comme s'il lui fallait passer en revue l'heure qui venait de s'écouler après qu'il l'avait vue pour la première fois depuis la galerie pour prendre une décision.

— Au revoir dans le Darjeeling, belle Helena, murmura-t-il enfin.

Puis il vida son verre d'un trait.

7

L'élégant navire fendait à vive allure les eaux bleu sombre de la Méditerranée. Il soulevait une écume qui giclait jusqu'au bastingage sous l'effet d'un vent d'hiver cinglant. Helena s'enfouit plus profondément encore dans le long manteau qui, bien que d'un tissu léger – de la fibre de cachemire comme Mohan le lui avait expliqué –, lui tenait chaud, la capuche fourrée lui caressant les joues. Sans se lasser, elle aspirait l'air frais et salé à s'en donner le vertige, mais c'était si bon après ces journées entières passées, à l'intérieur du navire, à tenir la tête de Jason qui ne cessait de vomir, à appliquer des chiffons humides sur son front brûlant, à veiller à ses côtés quand il finissait par sombrer dans un sommeil agité d'où le tirait une nouvelle nausée. Il n'y avait eu pour elle ni nuits ni jours et les heures où, relayée par Jane, elle s'était à son tour endormie, épuisée, avaient été trop courtes, les pleurs et les appels à l'aide de Jason ayant eu tôt fait de la réveiller en sursaut. Elle était fatiguée, mais d'une lassitude bienfaisante qui l'étourdissait et étouffait la douleur des adieux. Elle se sentait revivre, après son enfermement dans cette demeure étrangère, chaque vague l'emportant loin de l'Angleterre, de son ancienne existence et de Marge.

Marge... Des larmes brûlantes lui montèrent aux yeux. Toujours vêtue de sa robe de bal, elle avait assisté, muette et perdue dans l'entrée de leur demeure, au cyclone déclenché à leur retour par Ian qui, en pleine nuit, avait réveillé les domestiques et fait préparer les bagages. Il ne lui avait pas adressé un seul mot et elle était accablée par le sentiment que cette fuite précipitée était de sa faute. Une fuite devant quoi ? Avait-elle commis un faux pas ?

Le jour n'était pas encore levé que deux voitures les avaient emmenés au port, eux et d'innombrables caisses. Le quai était encore désert et obscur, les silhouettes des bateaux se détachaient à peine sur le noir de la nuit. Un seul bateau était éclairé, sur lequel régnait une vive agitation. Des hommes allaient et venaient en un ballet bien réglé, se lançant des ordres brefs ; puis les machines s'étaient mises à siffler et à cogner, les cheminées lançant des nuages de fumée plus épais que le brouillard londonien ; le navire avait ensuite commencé à vibrer. Helena avait vu Mohan porter Jason encore endormi ; la main de Marge avait pris la sienne, une brève et violente étreinte ; elle lui avait murmuré : *Dieu te bénisse, mon enfant !* Quelques mots étouffés par les larmes, puis une main d'acier avait empoigné le bras d'Helena et l'avait littéralement traînée jusqu'en haut de la passerelle. Comme paralysée, elle n'avait eu aucun geste. Bientôt le quai s'était éloigné, la silhouette de Margaret n'étant plus qu'une ombre qui finit par disparaître dans la nuit.

Marge, qui l'avait accompagnée dans l'existence depuis sa naissance, si bien que, petite fille, elle avait cru avoir deux mères ; Marge, qui avait comblé le vide affreux après la mort de Celia, mettant la main à la pâte et consolant, jamais ne se plaignant alors qu'au-trefois employée dans la noble maison des Chadwick elle avait été habituée à mieux que laver le linge à la main dans de l'eau glacée et qu'y regarder à deux fois avant d'acheter les choses les plus courantes ! Mile après mile, seconde après seconde, la distance les sépa-rant grandissait ! *Je me demande si je la reverrai un jour...* La douleur de l'adieu précipité, l'irréversibi-lité de la séparation avaient été pour Helena comme un coup dans l'estomac. Perdue et impuissante, elle se sentait le jouet des vagues qui l'emportaient au loin. Les larmes inondèrent son visage.

— Tiens !

Ian, surgi à ses côtés, lui tendait un mouchoir blanc avec ses initiales entrelacées et brodées au fil de soie de la même couleur. Helena lutta une seconde avec elle-même, ce geste de sa part lui rappelant leur pre-mière rencontre sur les falaises, aux conséquences si inattendues et de si ample portée. Elle lui en fut néan-moins reconnaissante, n'ayant pas honte de ses larmes, car, pour la première fois, elle ne ressentait en sa pré-sence ni inquiétude ni hostilité, réconfortée de ne plus être absolument seule. Ian donnait l'impression d'être relâché, comme libéré d'une tension agressive, et elle fut troublée que sa présence lui fût agréable.

— Jason va-t-il mieux ?

— Il dort à poings fermés.

— Bon. Nous allons veiller à ce que, dans les pro-chains jours, il se retape. Toi aussi, d'ailleurs, tu es de toute façon trop mince.

Ne sachant que répondre, elle détourna le regard avec gêne. Le dos appuyé au bastingage, il alluma une cigarette avant de reprendre la parole.

— Là-bas, dit-il avec un bref mouvement de la tête en direction de la côte qu'ils longeaient, là-bas, c'est la Grèce.

Helena cligna des yeux comme pour mieux voir.

— Déjà ? s'étonna-t-elle, sentant s'éveiller la nostalgie en elle.

Fier, presque avec tendresse, Ian caressa le bastingage aussi noir que le pont et les superstructures. Le noir était d'ailleurs la couleur dominante, à l'extérieur comme à l'intérieur où les pièces étaient lambrissées d'un bois sombre.

— Le *Kalika* est le vapeur le plus rapide qu'on ait construit ces deux dernières années. J'ai horreur de toute perte de temps.

— Le *Kalika* ?

— *Kalika*, le plus souvent appelée *Kali*, signifie *la Noire*, l'épouse de Shiva, une des représentations de la grande déesse Dourga. Elle symbolise la mort et la destruction. Les escaliers qui, dans le Sud-Est, mènent au Gange, les *ghâts*, ont été baptisées *kali ghâts* en raison des fréquentes épidémies de choléra. De là vient le nom de Calcutta.

Helena ne put réprimer un frisson de peur.

— C'est horrible de nommer ainsi un bateau. Cela a tout du mauvais présage.

— Les hindous pensent différemment. Toutes choses finissent par être englouties par le grand destructeur, comme il est dit dans un de leurs écrits sacrés. La mort et la destruction font partie intégrante de la vie. Là où il n'y a pas destruction, il ne peut y avoir de vie nouvelle. Nier la mort serait ne pas reconnaître la réalité. Tu devrais, toi, le comprendre : le destin t'a fait recommencer une nouvelle existence après chaque décès, jadis dans les Cornouailles et maintenant à mes côtés.

— Oui, répondit-elle, amère. Contre ma volonté.

— C'est l'essence du *karma*. On ne peut agir qu'avec lui, pas contre lui.

Helena revit avec douleur son enfance en Grèce, elle-même, petite encore, dévalant la pente d'une colline ensoleillée avec des rires et des cris de joie, s'accroupissant sur la terre chaude devant chez elle et jouant avec les grillons du foyer ainsi qu'elle l'avait vu faire aux enfants de la ville. La vie était légère et insouciante, pleine d'amour et de chaleur. Puis était venu le froid, un froid glacial, intérieur et extérieur, quand Celia les avait quittés. Tous les coups du sort intervenus ensuite restaient flous et sans couleur, simple conséquence de cette première perte que rien n'avait pu réparer. Et le fait que, trois ans après leur départ de l'île, un tremblement de terre l'avait en partie ravagée, détruisant routes et bâtiments, lui était apparu comme le signe que cette époque de sa vie était perdue à jamais.

— Crois-moi, je sais ce que signifie perdre son pays et sa famille, lui dit Ian qui semblait avoir deviné ses pensées.

Elle l'interrogea du regard.

— Je suis né et j'ai grandi dans les montagnes, dans une vallée perdue de l'Himalaya. Certains disent que c'est la vallée la plus belle au monde. Nous avons dû la quitter quand j'avais douze ans, une fuite de plusieurs semaines qui a finalement conduit ma famille à la mort.

— Je… je ne le savais pas.

— Tu ne me l'as jamais demandé, dit-il en jetant négligemment à la mer son mégot.

Sans un mot de plus, sans un regard, il disparut dans le pont inférieur, laissant une nouvelle fois Helena en plein désarroi.

À mesure que le *Kalika* progressait en direction du sud, la chaleur augmentait. Pour profiter du soleil sur le pont, Helena finit par mettre les habits légers et de couleur claire que Jane lui sortit des caisses, confectionnés par les meilleurs tailleurs de Savile Row. Début décembre, ils arrivèrent en vue de l'Égypte. Elle observa la vive agitation de Port-Saïd, étonnée par les riches coloris des tenues et des diverses marchandises et par l'extraordinaire mélange des idiomes étrangers à ses oreilles. Elle serait volontiers descendue à terre, mais Ian fit approvisionner rapidement le navire, comme si chaque heure lui était comptée. Puis le *Kalika* traversa le canal de Suez, ouvert depuis sept ans, longea ensuite les côtes de la mer Rouge où, entre des falaises aux couleurs terreuses, se montraient de loin en loin des bourgades grises, couleur de sable, et des palmeraies, avant de déboucher dans l'océan Indien d'un bleu sombre, où, dans un silence inquiétant, ne se voyaient plus ni rives ni côtes.

Souvent Helena rêvassait sur une chaise longue ou bien jouait avec Jason, à chat perché, au ballon. Ce furent des journées sereines, à peine se demandait-elle ce qu'elle faisait sur ce navire et quel sort l'attendait au terme de ce voyage. Ian ne se montrait que rarement, ce qui était pour elle un soulagement. La faible odeur de fumée de tabac flottant autour de la porte de sa cabine, à l'autre bout de l'entrepont, lui signalait qu'il s'y cachait, mais elle n'avait aucune idée de ce qui l'y retenait des heures entières. À peine paraissait-il aux repas.

Mohan Tajid, lui, était omniprésent. Il continuait à lui enseigner l'hindoustani et à contrôler que Jason fît bien la montagne des devoirs donnés par Mr Bryce. Peu à peu, elle risquait des questions sur le pays qui l'accueillerait et dont elle ignorait tout. Mohan la renseignait volontiers, le soir, au salon.

— L'Inde s'étend des sommets et des glaciers de l'Himalaya, au nord, avec leurs montagnes boisées et leurs vallées verdoyantes jusqu'aux forêts tropicales, aux plages du sud-ouest et aux terres rizicoles du delta du Gange au sud-est, en passant par les déserts de l'ouest, les steppes et la brousse et les fertiles terres fluviales. C'est un pays très vieux, immensément riche et, en même temps, immensément pauvre ; son histoire remonte à près de trois mille ans avant Jésus-Christ : le pays a connu maintes invasions et ses peuples ont subi bien souvent la domination de peuples venus d'ailleurs. Mais cette domination a enrichi le pays, lui a apporté une grande diversité ; il est difficile de dénombrer ses peuples, ses langues et ses religions. Ce sont les Moghols qui ont importé l'islam dans le pays, mais je ne peux parler que de mon Inde, celle d'où je viens, et de ce que j'ai vu.

» De par notre naissance, nous les hindous sommes rangés dans l'une des quatre castes, ou *varnas*, le mot signifiant la couleur. Il y a, tout en haut, les brahmanes, les prêtres, puis les *kshatriyas*, les rois, les guerriers qui protègent le pays. Ça, là, dit-il en montrant le cordon doré allant de son épaule gauche à sa hanche droite, c'est le signe distinctif des deux castes supérieures. Au-dessous d'eux, les *vaishyas*, les paysans et les commerçants, plus bas encore les *shudras*, les serviteurs de tous les précédents. En dehors de ces quatre *varnas* se trouvent les *harijans* ou parias, les intouchables. Celui qui les touche devient impur car ils ne connaissent aucun des tabous de notre croyance. La caste dans laquelle on est né relève du *karma*, le destin, c'est lui qui détermine la fonction qu'on doit assumer dans cette existence.

» J'ignore comment vivent les brahmanes ou les *vaishyas*, je ne peux parler que de moi. Je suis né *kshatriya*, dans une très vieille famille de Rajputs. Leur nom vient de *rajputas* qui signifie fils de prince. C'est ce que nous sommes, fils de princes, de souverains et de guerriers. Chez nous, on dit qu'un Rajput vénère son cheval, son épée et le soleil, qu'il écoute plus volontiers les chants guerriers que les litanies du brahmane.

» Le caractère sacré de la parole donnée et le respect qu'on lui doit sont chez nous au-dessus de tout, au-dessus de sa propre vie et de celle de sa famille. Celui qui, délibérément, ne respecte pas ou enfreint les rites des ancêtres termine aux enfers. Pour un *kshatriya*, il n'existe rien de plus méritoire que de mener la guerre que son *karma* lui prescrit. Nos ancêtres étaient des héros, c'est notre héritage, notre *dharma*.

— *Dharma*?

— C'est la loi fondamentale de l'univers, le fondement de toute chose. Il s'exprime dans l'ordre du cosmos et dans l'action juste, c'est une loi morale qu'on doit suivre en harmonie avec son *karma*. Le *karma* détermine le destin de chacun de nous et notre *karma*, dans cette existence, est déterminé par notre manière d'agir dans notre existence précédente. Celui qui se rebelle contre son *karma*, celui qui le combat, renaît, vie contre vie, dans le cycle éternel de la renaissance, le *samsara*. En revanche, celui qui accepte son *karma*, qui agit avec et non contre lui, qui emprunte le chemin menant au *brahman*, l'absolu divin, celui-là obtiendra la libération, *moksha*, du cycle de la renaissance. Seule la reconnaissance du *karma*, sa véritable compréhension, peut représenter le salut. Dans les anciens écrits, les textes védiques, il est dit : « Et quand bien même serais-tu le pire des pécheurs, cette connaissance te transporterait, tel un radeau, au-delà du péché. » Le feu de la connaissance transforme le *karma* en cendres.

Helena avait la tête qui tournait, les joues brûlantes, et tout en elle se révoltait contre ce qu'elle venait d'entendre, contre le destin qui l'avait conduite ici. Les pensées que le récit de Mohan venait de réveiller en elle, sa peur de son destin, lui étaient désagréables : elle ne voulait pas penser à ça. Elle voulait retrouver son existence antérieure mais, tout en se rebellant contre le destin qui lui était opposé, elle sentait que ce combat serait vain. Elle se leva d'un bond, marcha sans but, mais d'un pas décidé, dans la pièce et s'arrêta devant une statue en bronze qui l'avait d'emblée repoussée et fascinée tout à la fois : une grande figure féminine, avec huit bras, dansant, les yeux écarquillés, tirant la langue, une chaînette de crânes autour du cou. Les reflets changeants des flammes la faisaient paraître vivante, terrifiante. Helena ne put cependant détourner le regard.

— C'est Kali, la déesse noire, dit Mohan dans son dos.

— Celle qui a donné son nom au navire, ajouta Helena, la déesse de la mort et de la destruction.

— Pour beaucoup, elle est aussi la déesse de la vengeance. Elle apparaît pour frapper les ennemis de Shiva et se pare de leurs crânes. Mais elle est aussi la déesse de la résurrection car elle dispose d'une grande force dans sa lutte contre les démons : quand elle les a vaincus, elle ramène à la vie les êtres qu'ils avaient avalés.

Helena se retourna à demi.

— La vengeance n'est-elle pas une rébellion contre le destin ?

— Pas quand la vengeance est le *karma*, parce que c'est la seule manière de rétablir le *dharma*. Dans la *Bhagavad-Gita*, le « chant du Bienheureux », certainement le plus important de nos écrits sacrés, le guerrier Arjuna, avant le grand combat, est envahi par le doute. Krishna, qui s'est déguisé en conducteur de sa voiture, le persuade néanmoins, au cours d'un long dialogue, qu'il est de son devoir de participer au combat, pas pour la gloire ou l'honneur, mais parce que cela correspond à son *karma*.

S'étant approché d'elle, Mohan lui toucha le bras et lui montra le coin opposé du salon où, dans l'ombre, se trouvait une autre statue : un homme à quatre bras, dansant lui aussi, entouré d'une couronne de flammes.

— C'est Shiva, l'époux de Kali, le principe masculin. Kali est le côté noir de la *shatki*, la puissance féminine. Shiva signifie le bienveillant, l'amical et, comme Kali, il est le dieu de la destruction et de la dissolution. Il est souvent représenté sous la forme d'un danseur qui écrase la création sous ses pieds.

— Comment peut-il alors être bienveillant ?

— Comme il détruit l'ancien, le nouveau peut naître, grâce au pouvoir de Brahma, le créateur. Shiva est le dieu le plus plein de contradictions, le dieu des oppositions, de la fertilité comme de l'ascèse, mais c'est grâce à ce caractère contradictoire qu'il fait tourner la roue du temps. Sans lui, ce serait l'immobilité éternelle, la mort éternelle.

— Et vous adorez ce dieu ?

— Non. J'ai pour *karma* d'avoir le dieu Vishnou comme *ishta*, comme idéal. Vishnou est le protecteur du *dharma* ; chaque fois que le monde va à vau-l'eau, il accourt à l'aide. Il prend forme humaine pour aider les hommes en leur montrant de nouveaux chemins et comment ils peuvent grandir sur ces chemins. Il est apparu pour la huitième fois dans le monde en incarnant le dieu Krishna, le héros de nombreuses légendes. Et Krishna, dans une de ces légendes, porte le prénom de Mohan. C'est ainsi que se referme le cycle : c'est son nom qui m'a été donné et je l'ai élu pour être celui à qui je consacrerai mon existence.

— J'aimerais savoir quel est mon *karma*, murmura Helena, oubliant presque la présence de Mohan.

— Votre *karma*, c'est que vous soyez ici, répondit-il à voix basse lui aussi. C'était inévitable, et cela a un sens.

— Quel sens ? explosa Helena. Tout ça me paraît insensé.

— Vous avez lutté comme une lionne, dit-il d'un ton compatissant, et vous avez apparemment perdu. Mais je sais que votre présence ici a une raison précise, aucune existence n'est dépourvue de sens. Quand on a compris comment toutes les choses de ce monde sont en relation les unes avec les autres, on ne pleure plus. Il n'y a pas de chagrin pour qui contemple le monde avec compréhension, c'est écrit.

— Et vous, avez-vous lutté contre votre *karma* ?

— Oh oui, très souvent même, répondit Mohan avec un rire bienveillant. Mais à quoi bon ? Le *karma* est le *karma*. Lutter ne mène qu'à souffrir, dans cette vie comme dans la suivante.

Un combat se déroula alors en elle. Se résigner à sa situation lui semblait infiniment humiliant. Tout son être s'y refusait. Mais elle sentait bien qu'elle n'avait pas d'autre choix. Elle n'y pouvait rien changer, elle était mariée, en route pour un pays étranger, pour un lieu inconnu qui serait son chez-soi pour le reste de sa vie, aux côtés d'un homme dont elle ignorait presque tout.

Mohan, devinant ses pensées, la prit doucement par le bras.

— Vous n'êtes pas seule. Je peux vous aider si vous le désirez.

Au bout d'un instant d'hésitation, elle le regarda. La chaleur et l'affection qu'elle lut dans ses yeux lui donnèrent une fois de plus le sentiment d'être en sécurité.

Elle finit par acquiescer.

Mohan lui apprit ainsi très vite à s'exprimer en hindoustani, au moins pour des choses simples, mais lui enseigna aussi le monde divin des hindous, monde complexe dont la symbolique imprégnait leur quotidien, qu'il s'agît de leur tenue vestimentaire, de leurs coutumes ou des nombreuses fêtes de leur année lunaire aux treize mois. Il lui raconta l'histoire tumultueuse du pays et de ses régions, les luttes entre les seigneurs moghols et les maharajas, la conquête des côtes par les Portugais et les Français au XVIIe siècle, au XVIIIe par les Britanniques qui, à partir du Bengale, conquirent presque tout le sous-continent indien. Souvent, le soir, il narrait à Helena et à Jason les anciens contes, les anciennes légendes, par exemple celle de

Rama qui délivra avec l'aide du dieu-singe Hanuman, sa compagne, la belle Sita, enlevée par Ravana, le roi des démons, ou celle du vieux héros Indra qui vainquit le démon géant Vritra qui, ayant asservi le monde, le livrait au chaos, à l'ignorance et à l'obscurité. Pour Helena, peu instruite en matière de religion chrétienne, ces histoires ressemblaient à celles des mythes grecs qui avaient accompagné son enfance. Elle ne se sentait donc pas dépaysée et, parfois, les soirées qu'elle passait ainsi avec Mohan, Jason blotti contre elle, se confondaient dans son souvenir avec les nuits de son enfance durant lesquelles son père lui racontait à voix basse, parmi les odeurs de thym et de laurier-rose, les histoires antiques. Étrangement, elle en éprouvait du réconfort.

Bien qu'on approchât de la mi-décembre, les nuits devenaient plus chaudes. Le silence était tombé entre Mohan et Helena assis sur le pont. Le *Kalika* glissait à vive allure sur une mer d'encre. Des photophores dispensaient une lumière tamisée mais, en dehors de leur halo, régnait une nuit noire. Helena but une gorgée de son thé au goût de fruits mûrs relevé par une tranche d'orange. Elle savait que ce thé avait la couleur du cuivre à la lumière du jour. Rien à voir avec le gris brunâtre de celui de World's End.

— Il est bon ?
— Très bon.
— C'est du thé *second flush*, de la seconde récolte entre juin et août, qui a mûri au soleil et durant la mousson d'été. Il provient de Shikhara.

Shikhara... La manière dont Mohan avait prononcé ce nom attira son attention. Shikhara...

— La plantation d'Ian, au nord-est de Darjeeling, expliqua-t-il.

— Que signifie Shikhara ?

Elle avait appris que l'hindoustani – comme le sanscrit, la langue de l'ancienne Inde sacrée, vieille de plusieurs millénaires – était une langue dans laquelle les mots avaient des significations plus profondes, souvent cachées, qu'ils étaient porteurs d'images et de symboles.

— Il n'est pas possible de donner une traduction précise de ce nom. En hindoustani, *shikar* et *shikari* signifient «chasse» et «chasseur». Dans l'Himalaya, les temples de pierre qui sont souvent construits dans des vallées désertes ont une forme singulière, évoquant un pic montagneux et ce style architectural s'appelle aussi *shikhara*. Ce nom signifie tout cela à la fois, cime, temple, chasse, chasseur.

Des temples ? Pour quoi faire ? Chasser ? Chasser quoi ? s'interrogea Helena qui se garda de formuler cette question, préférant demander :

— Comment est-ce là-bas ?

— Ah ! s'exclama Mohan avec un large sourire. Shikhara est aussi proche du paradis qu'un lieu terrestre peut l'être. Au nord s'étirent les sommets et les crêtes enneigés de l'Himalaya au-dessus d'un vallonnement de forêts et de champs de théiers. L'air y est pur et frais, rempli de l'odeur des arbres. Il y règne une paix incroyable, comme si les dieux dont nous, les hindous de l'Himalaya, sommes si proches avaient béni cet endroit. La demeure est bâtie à moitié dans le style montagnard traditionnel, à moitié dans le style anglais. Des bois précieux, des tapis, de l'artisanat d'art. Vous connaissez le bon goût d'Ian.

— Oui.

La vague envie de connaître cet endroit qu'avait suscitée en elle la sonorité du nom et que la description de Mohan venait de renforcer laissa soudain la place au sentiment de culpabilité qui s'était emparé d'elle ces derniers jours. Une fois Jason remis de son mal de mer, elle avait accepté presque comme allant de soi le luxe qui l'entourait, ne se souciant dans un premier temps que de manger, de dormir, de profiter du grand air et du soleil sur le pont et d'apprendre. Peu à peu pourtant, elle prit conscience du nombre de domestiques veillant à son bien-être, sans même parler des hommes qui trimaient dans la salle des machines, dans la cuisine et Dieu sait où encore dans le ventre du navire. Elle n'avait qu'une vague idée de ce que pouvaient coûter l'équipement du navire, sa confortable cabine aux taies et housses garnies de dentelle, ses robes, les plantureux repas quotidiens, mais elle devinait que cela devait représenter des sommes colossales.

— Il a beaucoup d'argent, n'est-ce pas ?

— Oui, beaucoup. Mais vous aussi désormais. Ce qui est à lui est également à vous.

Les yeux écarquillés d'effroi, elle refusa de la tête.

— Je n'en veux pas !

— Il en est pourtant ainsi, s'amusa Mohan. Aux yeux de la loi comme à ceux d'Ian. Ian est prêt, je le sais, à déposer à vos pieds ce que bon vous semblera. Il le fait déjà.

Helena, sans pouvoir dire pourquoi, se sentit misérable.

— Pourquoi moi ? dit-elle, posant enfin la question qui la dévorait depuis des semaines.

— Je ne sais pas, avoua-t-il après un court silence. Je ne peux que supposer qu'il devait vous avoir, à n'importe quel prix, quelles qu'en pussent être les conséquences. Je crois qu'il ne sait même pas encore ce qu'il doit faire de vous.

Shikari, le chasseur… Elle rougit violemment en repensant à la première soirée à Londres quand il avait été près d'elle, à la chaleur qu'elle avait sentie dans tout son corps. Elle pria le ciel que Mohan ne vît pas sa rougeur.

Ayant manifestement mal interprété son silence, il adoucit sa voix :

— Ne pensez pas du mal de lui. Il n'a pas de mauvaises intentions. Il est né sous le signe du Verseau, mais il y a beaucoup du Scorpion en lui : comme un scorpion, il ne pique que si on le blesse. Alors, sa piqûre est mortelle. Et il n'oublie jamais.

Un grand froid parcourut Helena. Elle pressentit que, dans son accès de fureur, le soir avant le bal, elle lui avait lancé quelque chose qui l'avait profondément blessé. Si seulement, elle se rappelait quoi… Ian lui parut plus imprévisible que jamais et sa future vie à ses côtés comme une tâche accablante, quasi impossible. Sa raison n'était pas en mesure de l'aider à en venir à bout et une maladresse de sa part pouvait se révéler néfaste.

Un éclat de rire la tira de ses pensées. Jason, traversant le pont en courant, la héla avant de se jeter sur elle, mouillé de sueur, et de l'enlacer.

— Nela, figure-toi que je suis descendu à la salle des machines ! Les hommes avaient le visage noir de charbon et Ian m'a montré comment les pistons, poussés par la vapeur, font avancer le navire !

Enthousiaste, il regarda par-dessus son épaule Ian qui arrivait près d'eux.

Un instant, Helena observa comme une spectatrice la scène qui se jouait là, sur le pont. *Une famille…*, songea-t-elle. Tout ce qui, des années durant, n'avait été qu'un pressentiment prenait forme et clarté : elle était pour Jason une mère plus qu'une sœur aînée, elle avait cherché à occuper auprès de lui la place de Celia depuis le jour où, rentrant à la maison, petite fille encore, elle avait dit un dernier adieu à sa mère, déjà froide, rigide et au visage de cire, avant de se tourner, étonnée et intimidée, vers le berceau du minuscule et fragile nourrisson. Elle regarda Ian et vit, à la manière dont il se comportait, à la douceur et à la fragilité émanant de lui, qu'en cet instant il ressentait les choses comme elle. *Une famille, la famille à laquelle nous avons dû, lui et moi, renoncer si tôt…* Une fraction de seconde, Ian sembla vouloir s'approcher avant de faire demi-tour et de disparaître dans l'obscurité.

Pensive, Helena serra contre elle le corps de l'enfant, en partie pour se réchauffer, en partie pour sentir sa vivacité, tandis que Jason, débordant d'énergie, faisait des projets.

— Quand je serai grand, je serai ingénieur et je construirai des bateaux, encore plus gros et plus rapides. Ian dit qu'il me faut apprendre l'arithmétique et la géométrie et que je devrai beaucoup travailler…

— Arrive, jeune homme, c'est l'heure, dit Mohan et elle entendit Jason protester sans grande conviction :

— Uniquement si tu me racontes une histoire !

— Promis !

Tiraillé entre Mohan et sa sœur, il serra celle-ci si fort qu'elle en perdit le souffle.

— J'aime bien Ian, lui chuchota-t-il dans l'oreille, je suis si content que tu l'aies épousé !

Puis, bondissant sur ses pieds, il tira Mohan de sa chaise.

— Je voudrais entendre l'histoire dans laquelle Krishna a tué… ah, déjà, comment il s'appelle, celui qui, ensuite…

Les voix de Jason et de Mohan s'éloignèrent tandis qu'ils descendaient dans l'entrepont.

Helena regardait droit devant elle, dans la nuit. Jason, lui au moins, était heureux… la paix l'envahit.

— Tiens !

Elle tressaillit en entendant la voix d'Ian derrière elle. Quelque chose de chaud se posa sur ses épaules. Elle eut l'impression que ses mains, à travers l'épaisseur du châle, lui brûlaient la peau quand elles s'y attardèrent une seconde de plus que nécessaire. Quand il les enleva, une sensation de froid gagna tout son corps.

— Merci, dit-elle en resserrant autour de son cou la fine étoffe qu'elle caressa de la main, embarrassée, désorientée. Quelle douceur, ce tissu !

Ian prit place sur la chaise à côté d'elle. Un steward zélé lui servit un verre de vin, en offrit également à Helena qui refusa, puis disparut aussitôt dans la nuit. Ian alluma une de ses inévitables cigarettes.

— C'est ce qu'on appelle du *pashmina*, tissé à partir de la laine des chèvres *pashmina*, au Cachemire. Je voulais te le donner plus tard, mais je me suis dit que tu en avais sûrement besoin ce soir.

— Merci.

Bien que honteuse d'un cadeau aussi onéreux, Helena se sentit heureuse. Heureuse du cadeau et surtout de cette marque d'attention.

Le fracas des vagues heurtant la coque du navire et le bruit sourd et régulier des machines envahirent le silence qui s'ensuivit au point qu'Helena les trouva intolérables. Elle examina Ian à la dérobée. Il était assis, pleinement décontracté, les jambes croisées, à son habitude. La légère brise jouait avec le col ouvert de sa chemise blanche et ses cheveux noirs, mais il ne semblait pas avoir froid. À contrecœur, Helena dut s'avouer qu'il était beau. Elle souhaita presque avoir pu le rencontrer dans d'autres circonstances.

— Il y a longtemps que tu ne t'étais pas montré, lui dit-elle pour mettre fin au silence.

— J'avais du travail.

Sa présence sur le pont, la nuit, à la lueur des lampes à huile dont certaines étaient déjà éteintes, lui inspira un sentiment de proximité, presque d'intimité, qui la mit mal à l'aise. Elle éprouva néanmoins un certain bien-être.

— C'est sans doute idiot, mais je n'imaginais pas que les plantations te donnent un tel travail sur le bateau.

— Ta question n'est pas idiote du tout, au contraire. Non, j'ai d'autres projets, et, à Port-Saïd, j'ai reçu des télégrammes et des lettres dont je dois m'occuper.

Il rejeta la fumée de sa cigarette d'une manière qui indiqua à Helena qu'il ne souhaitait pas en dire plus sur ce sujet. Du moins pas pour l'instant.

— Mohan m'a parlé de… (Pour une raison quelconque elle éprouva de la répugnance à prononcer le nom de la plantation comme si cela représentait un sacrilège.) … de chez toi dans les montagnes. Cela a éveillé ma curiosité.

— Chez moi, murmura Ian, pensif. Je n'ai pas de chez-moi. Depuis bien longtemps. Il n'y a plus que quelques endroits où je supporte de rester plus long-temps qu'ailleurs. Shikhara est l'un d'eux.

Helena, à nouveau saisie d'un frisson, se leva.

— J'ai froid. Je vais au lit.

Elle se rendit compte qu'Ian pouvait interpréter ces mots comme une invitation. Elle sentit ses joues brûler. Mais il resta assis, comme s'il ne l'avait pas entendue, trop absorbé par ses propres pensées. Il émanait de lui une telle impression de solitude, de tristesse qu'Helena éprouva le besoin de le toucher. Elle tendit la main pour la poser sur son épaule, mais n'osa pas terminer son geste. Comme s'il l'avait senti, il la prit dans la sienne, une main chaude, douce et vigoureuse. Il serra ses doigts avec délicatesse mais fermement.

— Bonne nuit, Helena.

— Bonne nuit, Ian.

Leurs mains se séparèrent et Helena traversa le pont en direction de sa cabine dans laquelle Jason dormait certainement déjà à poings fermés. Elle ne put s'empêcher d'adopter un pas vif et léger.

8

Sept îles, en mer d'Arabie, autour d'une presqu'île couverte de palmiers – marécageuse, infectée par le paludisme, menacée d'inondation – et bordée, du côté de la terre, de plaines se relevant pour former des collines vertes, telle était Bom Bahia, la «Bonne Baie», dont les Portugais avaient pris possession au début du XVIᵉ siècle. Quelques villages de pêcheurs seulement, mais un port naturel qui deviendrait vite la porte de l'Inde occidentale. Faisant partie de la dot de la princesse portugaise Catherine de Bragance épousant Charles II d'Angleterre, elle revint à la Couronne britannique en 1662. Pour le prix symbolique de dix livres par an, la Compagnie des Indes orientales loua ce qu'on appelait désormais Bombay.

Les marais furent asséchés au prix d'une lutte acharnée contre la malaria et la menace de la mer et, sur les murs des anciennes fortifications portugaises, naquit et se développa une ville entièrement vouée au transport et au négoce de marchandises. Bombay, plaque tournante du commerce entre l'Ouest et l'Est, était une promesse de travail et d'argent. Toutes les différences s'effaçant devant Mammon, des gens d'origines les plus diverses affluèrent alors : des Gujaratis, venus du nord, qui dominaient autrefois l'Ouest, jusqu'à leur défaite contre les Anglais en 1817; des jaïns, adeptes d'une secte ascétique du Rajasthan; des Parsis ayant fui la Perse en raison de persécutions religieuses, puis des Juifs, des Arméniens, des sikhs, des Chinois et, finalement, des hindous et des musulmans venus de tout le pays. Bombay, derrière le large front des docks, se développa en un véritable labyrinthe d'entrepôts, de comptoirs et d'abris de fortune pour ses innombrables pauvres, ravagé par des incendies puis reconstruit à la hâte, une ville hideuse, mal aimée, mais le point d'appui de l'empire commercial de la Compagnie des Indes orientales. L'argent afflua avec la demande de coton croissant dans le monde, notamment quand, dans la lointaine Amérique, le Nord mena contre le Sud une guerre sanglante qui entraîna l'arrêt de l'exportation de coton en Angleterre. On bâtit dans l'arrière-pays, plus frais, de magnifiques maisons de maître, des églises anglicanes dressèrent fièrement leurs clochers vers le ciel des tropiques, tandis que, dans le centre, s'élevaient des façades victoriennes de style pompier.

Avec un soupir, Jane referma les serrures des dernières caisses que deux garçons maigres et à la peau sombre emportèrent. Elle se tourna vers Helena.

— Voilà. Désirez-vous autre chose, madame ?

— Non merci, Jane, répondit Helena après un regard circulaire dans la cabine.

— Vous devriez gagner le pont, madame. M. Neville vous y attend certainement, dit la jeune domestique.

Helena se secoua. Elle pouvait peut-être retarder le saut dans l'inconnu, mais pas l'éviter.

— Vous avez raison, allons-y !

— Je vais alors prendre congé de vous et vous souhaiter bonne chance, dit alors Jane avec une profonde révérence.

— Vous… vous ne nous accompagnez pas ?

— Oh non, madame ! s'amusa Jane. Il faudrait plus de dix chevaux pour m'emporter de force dans ce pays ! M. Neville m'a généreusement payée pour cette traversée, mais ma place est et reste dans la demeure de Grosvenor Square. Mon retour est déjà réservé. Je vais mettre un peu d'ordre dans cette cabine, puis ne rien faire durant les trois semaines à venir. Une fois rentrée, je ne manquerai pas de besogne, car la maison doit toujours être dans un état impeccable : nous ne savons en effet jamais exactement quand M. Neville revient. Mais ne vous faites pas de soucis, il a certainement déjà tout préparé pour vous. M. Neville ne s'en remet jamais au hasard.

— Évidemment, murmura Helena.

Le fait qu'Ian entretînt une demeure à Londres avec tout un personnel, qu'il pût revenir à tout instant comme s'il était juste parti pour une soirée mondaine dépassait de loin la vague idée qu'elle s'était forgée de sa richesse. Elle s'obligea à sourire.

— Je vous souhaite également bonne chance, Jane. Et merci beaucoup !

Pourquoi lui fallait-il perpétuellement se séparer de tout ce qui lui était devenu familier ?

Après le demi-jour de l'entrepont, la lumière éblouissante, la foule et les bousculades agressèrent les yeux d'Helena. À droite et à gauche du *Kalika* mouillaient des rangées d'autres vapeurs ainsi que quelques voiliers d'une époque quasi révolue. Des ordres retentissaient, des machines vrombissaient, des coolies charriaient des caisses et de lourds ballots ; elle vit des Chinois aux longues nattes, des juifs portant kippa et papillotes, elle vit des turbans de toutes les couleurs ; le teint des gens allait de l'ivoire à l'ébène ; il y avait des uniformes rouges, bleus et noirs ; l'air était rempli de bavardages, de cris, de rires, de palabres ; des mots anglais, français ou espagnols parvenaient à ses oreilles parmi la mélopée de l'hindoustani, du chinois et de l'arabe.

Une voiture découverte, attelée de deux chevaux noirs, attendait au pied de la passerelle, un Indien en livrée blanche sur le siège du cocher. Ian patientait, tenant la portière ouverte, tandis que Jason, s'agitant sur les sièges en cuir, lui faisait signe de se dépêcher sous l'œil débonnaire de Mohan. Elle pressa le pas.

— Excuse-moi, lança-t-elle à Ian.

— Tu n'as pas à t'excuser, répondit-il en lui tendant la main pour l'aider à monter. Il n'y a que quelques pâtés de maisons jusqu'à la gare, mais il est impossible d'y aller à pied. La voiture avec les bagages est déjà partie.

D'un claquement de doigts, il donna l'ordre au cocher de se mettre en route.

— Serons-nous à l'heure pour le train ? s'inquiéta-t-elle.

— J'espère bien ! Ne te fais pas de souci, il ne partira qu'une fois que nous serons montés. Il m'appartient, après tout !

— Un train t'appartient ? s'exclama Helena, pantoise.

Ian, amusé, hocha la tête.

— Au moins le wagon. La locomotive, son chauffeur et son conducteur, l'utilisation des voies sont loués moyennant une somme, disons, raisonnable. Tout s'achète, tu devrais le savoir. Presque tout, ajouta-t-il, une ombre passant sur son visage.

Fugitivement, ses yeux pâlirent avant de retrouver leur noir habituel. Gardant un silence embarrassé, Helena se retourna et regarda une dernière fois la coque noire du *Kalika* se détachant sur le fouillis de couleurs des autres navires. Elle se figea en apercevant ce qu'elle n'avait pas vu, ni lors de leur départ ni durant la traversée : un cobra dressé, gueule ouverte, prêt à mordre, décorait la proue du navire !

La voiture se fraya un chemin à travers les rues de la ville. Ils croisaient d'autres voitures ainsi que des pousse-pousse qui, tirés par des coolies, allaient dans tous les sens, freinaient n'importe comment et bloquaient le passage. Des enfants mal nourris, courant à côté de la voiture et passant la main par la fenêtre tiraient Helena par la manche.

— *Memsahib, memsahib*, roupies, roupies, criaient-ils.

Helena regarda Ian, l'air effrayé et suppliant, mais il secoua la tête et chassa les enfants à grand renfort de jurons en hindoustani.

— *Djaoo ! Djeldii*, fichez le camp ! criait pour sa part Mohan, frappant à coups redoublés les petits bras qui se tendaient de son côté, tandis que Jason, horrifié, se serrait contre Helena.

— Mais pourquoi ? s'indigna celle-ci. Ce n'est pas l'argent qui te manque !

— C'est justement pour ça. Si je leur donnais quelque chose, le bruit se répandrait alentour avec la vitesse de l'éclair qu'il y a là un *sahib* généreux. Nous serions, en moins de temps qu'il n'en faut pour le dire, entourés d'une populace qui n'hésiterait pas à nous briser le crâne en pleine rue pour dérober tout ce qui lui tomberait sous la main et le revendre. Crois-moi, ajouta-t-il devant son regard incrédule, il existe d'autres moyens d'aider ces gens, et sans les humilier.

— À savoir ?

— En les faisant travailler pour moi contre un bon salaire. Et ils sont nombreux dans ce cas.

Helena s'aperçut soudain qu'il lui tenait toujours la main, la lui caressant du pouce. Elle aurait voulu la lui retirer, mais la douceur du contact provoqua en elle un frisson de bien-être. Comme s'il en avait pris conscience, il eut un petit sourire.

— Tes yeux sont charmants quand tu es en colère.

Rougissante, elle retira vivement sa main, mais elle garda longtemps encore la brûlure de ce contact tandis qu'elle s'obstinait à regarder dehors tout en sentant que, un sourire mi-amusé mi-moqueur aux lèvres, il ne la quittait pas des yeux.

La voiture n'avançait qu'au pas. Le spectacle était impressionnant : marchands étalant leurs marchandises dans la rue, bijoux étincelants, condiments et épices jaunes, orange et verts, ballots d'étoffes roses et bleues, écarlates, vertes ou violettes, couleurs que l'on retrouvait sur la tenue des femmes, des *saris*, comme le lui expliqua Mohan, sortes de pans de tissu très longs qu'elles enroulaient autour de leur corps, beaucoup se recouvrant la tête de l'une des extrémités ; mendiants en haillons, estropiés, accroupis dans l'ombre des murs ; vaches efflanquées, ruminant avec indifférence et errant parmi la foule innombrable, hommes, femmes, enfants, vieillards de toutes couleurs de peau et de poil.

Central Station, un bâtiment de pierre au toit de verre tel qu'on pouvait en voir dans une ville anglaise, était le lieu de destination de leur équipée. La voiture était toujours engloutie dans une marée humaine, mais trois Indiens, uniforme blanc et turban écarlate, les conduisirent à l'abri, à l'intérieur de la gare où l'accès à l'un des quais était barré par un cordon rouge. Un wagon, accroché à une locomotive crachant déjà des jets de vapeur, les attendait : long d'une bonne dizaine de mètres, en bois rougeâtre, de larges fenêtres laissant apercevoir un étroit couloir donnant accès aux divers compartiments.

L'un des Indiens était en train d'aider Helena à monter dans le wagon quand un cri les stoppa.

— *Huzoor, huzoor !*

Un petit homme mince venait vers eux, hors d'haleine, agitant une enveloppe qu'il remit à Ian en s'inclinant bien bas, débitant un flot de paroles en hindoustani. Ian fronça les sourcils et l'ouvrit d'un geste impatient, le messager attendant une réaction de son maître.

— De mauvaises nouvelles ?

Ian sursauta et, une fraction de seconde, regarda Helena avec désarroi avant de se reprendre.

— Non.

La manière dont il froissa la lettre dans son poing trahit sa colère.

— Il faut que je m'absente immédiatement. Partez, je vous rattraperai plus tard.

— Mais...

Sans prêter plus d'attention à la timide protestation d'Helena, Ian était déjà parti à grands pas en compagnie du messager. Helena, figée, le suivit du regard.

— Montez ! dit Mohan à Helena. Ne vous faites pas de soucis, il sera bientôt de retour.

Elle obéit à regret. Mohan, une nouvelle fois, avait deviné ses pensées. Cela n'avait duré qu'une fraction de seconde, mais ce qu'elle avait lu sur le visage d'Ian lui avait fait peur. *Que deviendrons-nous s'il lui arrive quelque chose?* Elle s'en voulut de ses craintes irrationnelles et, plus encore, de se sentir soudain si vulnérable sans Ian.

Quelqu'un ferma la porte de l'extérieur, la locomotive émit un bref coup de sifflet puis se mit lentement en marche, pesamment, avant d'accélérer et, quittant la semi-obscurité de la gare, de plonger dans la lumière éblouissante. Le train franchit quelques aiguillages, traversant la ville et sa banlieue à vitesse réduite, et ne roula à pleine vapeur qu'une fois atteints des champs brun-vert parsemés de rares arbres, en direction des collines bleues et brumeuses à l'horizon, en route pour l'Inde immense.

9

Le soleil dardait dans la voiture salon des rayons déjà obliques ayant gardé leur lumière dorée sans encore le cuivre du soir. Fatiguée d'avoir contemplé le paysage pendant des heures, Helena ferma les yeux. Le bruit des roues et le balancement du wagon l'assoupirent. Dans son demi-sommeil elle vit défiler d'épaisses forêts, de vastes champs inondés où, en dépit de l'hiver indien, des femmes habillées de *saris* colorés et accompagnées d'enfants se courbaient, les pieds dans l'eau jusqu'aux chevilles, au-dessus de délicates tiges de riz ; elle vit passer des paysans derrière des attelages de bœufs ; au loin, à l'horizon, des collines d'un bleu fumé et des formations rocheuses en forme d'escalier émergeaient des plaines ; plus rarement des villes, des villages, des rivières que le train franchissait avec fracas. Helena suivit paresseusement des yeux des volées de canards et d'oies se dispersant au passage du train. Un paysage qui ne se distinguait en rien de celui de la veille après leur départ de Bombay.

Elle posa la tête sur le dossier du canapé de velours marron qui occupait presque toute la longueur du compartiment, face à deux fauteuils de même couleur. Sur la nappe rouge, sa tasse de thé tintait dans sa soucoupe au rythme du train, en phase avec les vitrines de la bibliothèque. Dans le coin opposé à cette dernière, il y avait une chaise longue rouge flanquée, à sa tête, d'une petite table ronde avec un échiquier. On ne voyait que des bouts du parquet en chêne dissimulé sous des tapis. Un wagon conçu pour meubler, dans le confort et le luxe, l'oisiveté d'un long voyage. Le premier compartiment derrière la locomotive, domaine des domestiques, comportait les couchettes de ces derniers, une cuisine et une réserve ; dans le second dormaient Helena et Jason ; puis venaient le salon et, en queue de voiture, un dernier compartiment, certainement prévu pour Ian, car, Helena n'ayant pu refréner sa curiosité en avait trouvé la porte fermée à clé quand elle avait voulu y jeter un œil.

Un froissement de soie lui fit lever les yeux. Shushila s'inclina avec grâce.

— Encore un peu de thé, *memsahib* ? demanda-t-elle en hindoustani, s'efforçant de parler lentement et distinctement.

Ayant refusé, Helena la suivit des yeux quand, de sa démarche souple, elle alla resservir Mohan et Jason de l'autre côté de la table. Helena fut saisie d'angoisse et de jalousie à la vue de la jeune Indienne. Ses cheveux d'un noir brillant étaient noués en un simple chignon ; des yeux en forme d'amandes aux cils noirs eux aussi et très fournis qui ombrageaient les pommettes hautes. Bien que petite et svelte, elle ne manquait ni de poitrine ni de hanches que son *sari* bleu clair à bordure d'argent mettait en valeur plus qu'il ne les dissimulait. Avec des gestes vifs et adroits, elle remplaça l'assiette de biscuits vide par une pleine sur laquelle Jason se précipita. Son élégance n'avait pas la raideur de celle des ladies anglaises, mais une sensualité féminine devant laquelle Helena se trouva l'air godiche et maladroit. Ian la trouvait-il désirable ? La question lui traversa la tête mais elle la chassa aussitôt, n'en gardant pas moins un léger malaise.

— Et si tu poursuis ton opération, qu'est-ce que tu trouves ?

Jason considéra son papier en fronçant le sourcil. Puis son visage s'éclaira et il écrivit rapidement la solution.

— Très bien, tu y es arrivé ! s'exclama Mohan.

Radieux, Jason porta le papier à sa sœur en courant, se jeta sur le canapé et, triomphant, le lui mit si près des yeux qu'elle ne vit que des chiffres noirs et flous.

— Regarde, Nela, j'ai compris !

Elle se fit expliquer chaque stade de l'opération même si c'était pour elle de l'hébreu. Puis, levant la tête :

— D'où savez-vous tout cela, Mohan ?

— J'ai eu la chance de grandir entouré des traditions de mon peuple, mais aussi d'avoir eu longtemps un tuteur anglais. Ma famille était très attachée à la culture et aux connaissances de la puissance coloniale anglaise.

Feignant de comprendre, Helena opina, mais elle ne comprenait vraiment pas. Comment un homme issu à l'évidence d'une famille fortunée pouvait-il être au service d'Ian ? Il était officiellement son secrétaire, certainement davantage encore, un familier, et néanmoins un domestique comme Shushila et les autochtones qui, le pistolet à la ceinture et de longues épées à leur côté, guettaient le paysage défilant sous leurs yeux, à l'avant et à l'arrière du wagon.

Le train ralentit, eut une secousse quand les freins entrèrent en action et finit par s'immobiliser.

— C'est un accident ? demanda Jason en appuyant le nez contre la vitre et en examinant d'un air suspicieux des buissons de bambous aux feuilles luisantes, des tecks et les santals poussant contre le mur à demi écroulé d'une fortification, le recouvrant en partie, puis se transformant en une épaisse forêt qui s'étirait jusqu'aux collines à l'horizon.

Mohan sortit de son gousset une petite montre.

— C'est certainement l'heure de faire provision de charbon. Nous avons déjà bien avancé. Nous avons laissé Indore derrière nous !

— Il y a deux cavaliers qui arrivent ! cria Jason.

Helena se redressa. Les chevaux s'approchaient au grand galop, zigzaguant entre les arbres et les buissons, leurs sabots soulevant des mottes de terre noire. Les cavaliers, malgré l'allure, montaient avec agilité et souplesse.

— Ian, c'est Ian ! s'exclama avec enthousiasme Jason qui se rua hors du wagon.

Le cœur battant, Helena se laissa retomber sur le canapé. Malgré elle, elle ôta de son visage des mèches de cheveux qui n'y étaient pas, tira sur les manches de sa robe blanche, lissa sa jupe étroite.

L'instant d'après, Ian était là, riant et plaisantant avec Jason, ses bottes couvertes de poussière, sa chemise trempée de sueur. Le compartiment, à l'instant encore silencieux, comme assoupi, vibrait de l'énergie irrésistible qu'Ian traînait dans son sillage. Il s'assit en soupirant. Aussitôt Shushila lui apporta une tasse de thé.

— Fais-moi couler un bain, dit-il en hindoustani.

Que ce fût ou non dû à la manière dont l'Indienne le regarda, lui tendit la tasse et quitta ensuite le salon,

Helena eut en tout cas le sentiment qu'il y avait entre eux deux une proximité plus grande qu'il n'en existait habituellement entre maître et domestique. Cela fut pour elle un choc. Une étincelle dans les yeux d'Ian et un rictus ironique de ses lèvres lui prouvèrent qu'il avait deviné ses pensées et qu'il en tirait plaisir. Elle le détesta.

Cette nuit-là elle dormit mal, même le bruit monotone des roues ne réussit pas à dissiper ses pensées. Elle ne cessait de s'agiter, imaginant Ian dans sa baignoire tandis que Shushila lui pétrissait les épaules pour les reposer de la longue chevauchée. Lui l'embrassait, ses lèvres parcourant son cou mince, ses mains enserrant des seins opulents, avant de la mener à son lit et de défaire son *sari*. Elle eut beau faire, ces images ne la laissèrent pas en paix. Sans bruit, pour ne pas réveiller Jason, elle sortit de sa couverture, chercha à tâtons l'écharpe *pashmina* et prit la lampe sur la table de nuit.

Pieds nus, elle suivit le couloir et referma avec précaution la porte du salon derrière elle. Sa lampe n'éclairait que faiblement quand elle avança à l'aveuglette vers le canapé, mais elle n'osa pas faire plus de lumière.

Le sifflement d'une allumette s'enflammant soudain la fit se retourner en sursaut avec un petit cri. Elle parvint juste à temps à rattraper la lampe qui lui avait échappé.

— Ne va pas mettre le feu au wagon. Il m'a coûté cher et il y a encore une bonne trotte jusqu'à Jaipur !

La flamme de l'allumette éclaira un bref instant le visage d'Ian avant de s'éteindre. Elle ne vit plus, alors, que le bout incandescent de la cigarette.

— Que fais-tu ici ? demanda Helena en direction de la chaise longue.

— Je pourrais te retourner la question, s'amusa Ian. C'est mon train après tout.

— Je... je n'arrivais pas à dormir et je ne voulais pas réveiller Jason.

— Alors, c'est comme pour moi. Mohan a le sommeil léger, la vigilance innée du guerrier, je présume. Sois gentille, veux-tu, et pose cette lampe avant de provoquer une catastrophe.

Elle l'entendit se lever. Une nouvelle allumette alluma une des lampes contre une des parois. Obéissante, elle posa sa lampe et l'éteignit. Ian baissa la mèche de manière que seule une faible lueur éclairât la pièce jusqu'au pied de la chaise longue.

Sans crier gare, les freins crissèrent et le train subit une telle secousse qu'Helena perdit l'équilibre et tomba sur Ian. Le frottement du fer contre le fer dura une petite éternité avant l'arrêt total du train.

La chaise longue avait plus ou moins amorti la chute de la jeune femme. Le silence soudain était assourdissant, comme si le monde entier avait été immobilisé. Cela ne dura que quelques secondes, mais Helena eut l'impression que cela avait duré des heures. Elle s'aperçut qu'Ian était à demi allongé sur elle. Ses bras la serraient si fort qu'à travers l'étoffe elle sentit la chaleur de sa peau, la fermeté de ses muscles. Elle fut envahie d'une incroyable chaleur. Quelque chose en elle se libéra qui n'avait été jusqu'ici que resserrement et contracture et qui, soudain, devint presque fluide. Ian était si proche qu'elle distingua avec une étrange netteté la courbure sensuelle de ses lèvres sous la moustache, les petites rides sous les yeux ; elle perçut la fraîcheur et la propreté de sa chemise, l'odeur du tabac et celle, âpre, de son savon et sentit son corps dur, chaud et viril. Son regard tomba sur la cicatrice de sa joue, au tracé irrégulier, anguleux, allant presque de l'os malaire jusqu'au menton. Quelle que fût l'origine de cette blessure, il avait dû atrocement souffrir. Elle ne put s'en empêcher : il lui fallut la toucher, la caresser du bout des doigts. Les larmes lui montèrent aux yeux.

On entendit des voix d'hommes hurler en hindoustani, à l'intérieur du train ainsi qu'à l'extérieur, les lourdes bottes des gardes frapper le sol devant la porte du salon, des chevaux effrayés hennir, puis il y eut des coups de feu, deux, trois, plusieurs, et des cris dans la nuit.

Ian se libéra vivement de l'étreinte.

— Il faut que j'aille voir ce qu'il se passe.

— Non !

La main d'Helena s'agrippa à sa chemise. Peu importait ce qui s'était passé dehors : tant qu'ils étaient ensemble, ils étaient en sécurité. Elle ne supportait pas de le voir s'exposer au danger.

— Je suis heureux de te voir soudain aussi câline. Ce contretemps n'aura pas été inutile.

Il eut dans les yeux un sourire dont la chaleur contredisait son ton ironique. Il la repoussa avec détermination et se leva.

— Occupe-toi de Jason, il a certainement besoin de toi.

Comme s'il n'attendait que ce signal, Jason ouvrit la porte et se jeta dans les bras de sa sœur. Ian leur lança un bref regard qu'Helena ne parvint pas à interpréter, puis il sortit en toute hâte.

Le temps semblait s'être arrêté. Elle entendit au loin des voix masculines assourdies, mais ne réussit pas à deviner pour autant de quoi il retournait. Elle tranquillisa Jason à voix basse, le berçant dans ses bras, alors que la peur la tenaillait. Combien de temps s'écoula-t-il ? Des minutes, des heures ? Elle aurait été incapable de le dire, ayant perdu la notion du temps. Elle attendit… attendit…

Engloutie dans un profond sommeil, elle sentit qu'on la soulevait. Elle entendit, comme venant de très loin, la locomotive siffler, puis elle sentit à nouveau les vibrations du wagon ayant redémarré. Elle ouvrit péniblement les yeux et vit ceux d'Ian.

— Que… ? murmura-t-elle, ivre de sommeil.

— Chut, répondit-il avec un sourire imperceptible. Ne te fais pas de soucis, tout est en ordre. Tu t'es endormie dans le salon.

Elle avait la tête lourde. Elle la posa sur l'épaule d'Ian, ses paupières se fermèrent.

— Jason ?

— Mohan vient de le porter dans son lit, lui chuchota-t-il, la bouche enfouie dans ses cheveux, suscitant en elle un tel sentiment de sécurité qu'elle sourit dans son demi-sommeil.

Elle sentit les draps sur ses jambes, sentit qu'on la recouvrait d'une couverture, sentit un souffle sur son front sans qu'elle pût dire si c'était une main ou des lèvres qui l'avaient provoqué. Puis le sommeil s'empara à nouveau d'elle.

Si elle était restée éveillée et avait regardé par la fenêtre, elle aurait vu, à côté de la voie, les cadavres de cinq hommes masqués.

— Bonjour, *memsahib*.

Helena cligna des yeux, aveuglée par la lumière du jour quand Shushila écarta les lourds rideaux. Elle eut un léger soupir, tous les muscles de son corps douloureux, sa tête tout autant.

— Souhaitez-vous prendre le petit-déjeuner au lit ou tenir compagnie au *huzoor* dans le salon ?

Un vif plaisir s'empara d'Helena. Au souvenir de leur proximité durant la nuit, de sa caresse, elle fut parcourue d'un agréable frisson.

— Je… je crois que je vais passer au salon.

Derrière le paravent, elle quitta sa chemise de nuit, se lava rapidement, enfila sa culotte qui lui arrivait aux chevilles et le caraco orné de dentelle. Elle aurait été gênée de se montrer nue à Shushila ; ensuite seulement, elle se fit aider pour mettre le corset et fermer les nombreux petits crochets de la robe en mousseline blanche. Shushila étant partie préparer le petit-déjeuner, elle jeta un coup d'œil critique dans le miroir, lissa une nouvelle fois ses mèches rebelles, fronça les sourcils et soupira. Tout cela ne servait à rien : elle n'était pas une beauté et ne le serait jamais. Ian le voyait-il aussi ? Elle hocha la tête, se moquant d'elle-même, avança le menton et abandonna au miroir cette image si insatisfaisante.

Son cœur battait fort quand elle ouvrit la porte du salon où Ian était assis à la table du petit-déjeuner, une tasse de thé fumant devant lui, le nez dans le journal.

— Bonjour, le salua-t-elle joyeusement.

— Bonjour, répondit-il, glacial, sans lever la tête.

Shushila, après avoir posé devant elle une tasse de chocolat chaud, s'était retirée. Helena sourit à Ian et, s'efforçant d'adopter un ton léger, lui demanda :

144

— Où sont Mohan et Jason ?

— Devant, avec le mécanicien de la locomotive, se contenta-t-il de répondre.

— Que s'est-il passé cette nuit ?

Il tourna une page de son journal sans lever les yeux.

— J'ignore de quoi tu parles.

Elle le regarda, incrédule.

— Ce bruit, cet arrêt brutal, les coups de feu…

— Tu as dû rêver.

Elle laissa tomber son couteau sur son assiette.

— Je n'ai pas rêvé ! Je sais parfaitement ce que j'ai entendu !

Ian lui lança un bref regard avant de se replonger dans sa lecture.

— Je t'en prie, ne passe pas ta mauvaise humeur sur nos couverts.

— Mais je ne suis pas… Bon Dieu, Ian, je suis ta femme, j'ai le droit de savoir ce qui s'est passé dehors !

Ian replia le journal d'un geste énergique et le balança derrière lui sur la chaise longue.

— Tu es ma femme pour la loi anglaise, oui, mais, autant qu'il m'en souvienne, cette union n'a pas encore été consommée. À moins que cela n'ait pas non plus valu de s'en souvenir.

Helena resta pétrifiée, les joues en feu. Ses yeux s'emplirent de larmes et elle baissa la tête pour les cacher. Elle le vit pourtant vider sa tasse et se lever. Le claquement de la porte la fit sursauter et ses larmes, qu'elle ne retint plus, tombèrent dans son chocolat désormais tiède.

10

Jaipur, construite en 1727 par le maharaja Jai Singh
II selon ses propres plans, était la porte d'accès à la
vaste Rajputana orientale. Les façades, imbriquées les
unes dans les autres au-dessus des rues rectilignes et
formant comme un damier, étaient d'un rose intense,
la couleur de la bienvenue pour les Rajpoutes. Elles
venaient d'être, la même année, repeintes par le maharaja Man Singh en l'honneur du prince de Galles en
visite. C'est ce que Mohan expliqua à Helena qui avait
eu le temps de jeter un œil sur la ville par une fente
entre les rideaux du fiacre avant qu'Ian ne l'eût énergiquement tirée en arrière.

— Ici est en vigueur la loi du *purdah*, lui expliqua
Mohan en guise d'excuse pour son maître, peut-être
pour prévenir une réplique furieuse qu'elle avait certainement sur le bout de la langue, qui impose une
stricte séparation des hommes et des femmes. Les
femmes, du moins les femmes honorables et fortunées,
ne doivent pas se montrer en public. Cela vaut malheureusement aussi pour les *memsahibs*, ajouta-t-il en
s'inclinant avec un sourire.

Helena fixa Ian d'un air furibond, mais il évita son
regard. La voiture tourna, une fois, deux fois, puis,
ayant roulé tout droit sur une bonne distance, prit

un nouveau virage. Un dernier encore. Elle stoppa. Helena entendit le cocher parler à deux hommes. La voiture redémarra, roulant avec prudence sur un sol glissant, décrivit un léger demi-cercle et s'immobilisa en douceur. La porte fut ouverte de l'extérieur, laissant entrer un soleil éblouissant, puis un Indien coiffé d'un turban rouge, vêtu d'une culotte de cheval blanche et d'une longue veste noire, s'inclina si bas que son front touchait presque le sol.

— *Khushámdi!* murmura-t-il respectueusement sans cesser une seconde de fixer le bout de ses bottes.

Mohan aida Helena à sortir de la voiture et, une fois de plus, elle maudit l'étroitesse de ses habits qui menaçaient en permanence de se prendre dans les talons de ses chaussures. Elle regarda autour d'elle avec curiosité : elle se trouvait dans une vaste cour intérieure recouverte de grandes plaques de pierre, couleur coquille d'œuf, la couleur aussi de la façade de l'entrée voûtée au-dessus de laquelle s'élevaient trois étages de grès rose, aux fenêtres grillagées ; l'étage supérieur était couronné de tourelles surmontées de coupoles métalliques. Le bâtiment entourait la cour sur trois côtés. Le quatrième était fermé par un mur de la hauteur de deux étages, avec une porte cochère massive par laquelle ils étaient sans doute entrés, mais maintenant fermée. On entendait au loin, assourdies, les voix et l'agitation des rues.

Un Indien de haute taille, avec une tendance à l'embonpoint, sortit précipitamment de la porte de l'immeuble en bois d'ébène. Il portait lui aussi un turban rouge et un pantalon de cheval blanc, ainsi que le cordon doré. Sa longue veste au petit col droit avait en revanche des broderies dorées et rouges ressortant sur le blanc. Son visage rondelet et amical était orné d'une moustache broussailleuse. Il ouvrit les bras en un geste de cordiale bienvenue.

— Rajiv – *khushámdi*, s'écria-t-il d'une voix sonore en allant à la rencontre d'Ian qu'il salua d'une brève inclination du tronc, les mains jointes. *Namasté!* dit-il de manière cérémonieuse et chaleureuse.

Ian lui répondit de la même façon, avant que les deux hommes, s'étant regardés une seconde ou deux, n'éclatent de rire, se serrent les mains et s'embrassent cordialement.

— *Tum kaise ho?* — *Main kaise huuñ!* se lancèrent-ils d'une même voix pour marquer leur contentement avant que le maître de maison ne saluât pareillement Mohan.

— Et voici ma femme, annonça alors Ian en anglais.

— A-ha! fit l'Indien, l'air heureux, joignant à nouveau les mains et s'inclinant. *Namasté, shriimatii Cha* – puis, jetant un regard en coin à Ian, rectifia: Neville. Je suis Ajit Jai Chand. C'est un honneur pour moi de vous accueillir dans ma modeste demeure, ajouta-t-il en anglais, avec un fort accent, mais sans faute.

Helena, désemparée, esquissa une révérence.

— Et voici le petit *sahib*.

Chand, se penchant vers Jason, lui tendit la main.

— *Khushámdi* à Jaipur, lui dit-il tout aussi chaleureusement, Jason en rougissant de fierté. *Tjárhnaa, tjárhnaa*, entrez, entrez, ajouta-t-il avec un large geste d'invitation, vous aurez certainement envie de vous rafraîchir après un si long voyage. Faites comme chez vous!

En dépit de sa fatigue, Helena ne trouvait pas le repos entre les draps du vaste lit. Elle était marquée par trop d'impressions variées et nouvelles, trop de couleurs. Une armée de femmes en train de bavarder, toutes plus petites qu'elle, en *saris* lumineux, l'avaient accueillie dans la grande entrée en marbre avant de la conduire au *zenana*, la partie de la maison réservée aux femmes. Elle avait d'abord protesté quand deux d'entre elles avaient entrepris d'ouvrir les crochets et les cordons de sa robe et de son corset ; mais, sa résistance tombant dans le vide, elle s'était résignée. Elle avait pris un bain bienfaisant dans une eau où flottaient des pétales de roses, puis les deux jeunes femmes l'avaient massée et frottée d'huiles odorantes ; elle sentait encore sur sa peau le mélange anesthésiant. Ses cheveux tombaient en souples ondulations soyeuses sur ses épaules depuis le moment où une des femmes les avait enduits d'une espèce de pommade. On lui avait mis un maillot moulant n'arrivant qu'à la taille, en soie vert bouteille, à manches courtes et boutonné sur le devant, un *choli*, avant de l'envelopper avec adresse dans un très long pan de soie turquoise et vert, un *sari*, pareil à ceux qu'elle avait déjà admirés sur les femmes du pays. C'était, sur sa peau, une sensation étrange mais merveilleuse, un vêtement qui lui laissait une plus grande liberté que les habits rigides de son pays.

Une des femmes l'avait conduite au travers de plusieurs pièces en enfilade – elle avait aperçu du marbre, des bois précieux, des tapis aux motifs colorés, des tissus de soie, des chandeliers en argent – jusqu'à une grande pièce au parquet couvert de coussins de soie. Une Indienne d'une cinquantaine d'années, au *sari* rouge orangé avec un large ourlet en or, semblait l'attendre. Helena devina que ce devait être la maîtresse de maison. Paniquée à l'idée que son hindoustani ne lui permettrait pas d'entretenir avec son hôtesse une conversation, elle s'était résolue à au moins essayer, joignant les mains et s'inclinant légèrement.

— *Namasté.*

La femme l'avait imitée, ses yeux noirs rayonnant de joie.

— *Namasté, shrïïmatii* Neville. Vous avez très vite appris les usages de ce pays, à ce que je vois, dit-elle dans le même anglais que son époux. Je suis Lakshmi Chand et je vous tiendrai un peu compagnie ce soir.

— Dieu merci, vous parlez anglais !

Lakshmi Chand s'était inclinée à nouveau brièvement avec un sourire modeste.

— Pas si bien que ça. Venez, prenez place. J'ai fait apporter deux ou trois petites choses afin que vous appreniez à connaître notre cuisine.

Sur un plateau d'argent aussi grand que la table basse étaient disposées de petites assiettes à motifs remplies de riz basmati pur ou coloré au safran, de *chapatis*, des galettes de pain croustillantes, de poulet au curry, de crevettes grillées, de *pakoras*, des beignets aux légumes accompagnés de sauce à la menthe, de *chana dal*, des lentilles jaunes à la noix de coco, de canapés à base d'agneau ou de porc, de divers chutneys et mélanges de légumes. Pour boire, il y avait du *lassi* à la mangue et du thé noir dans de petits verres. Lakshmi Chand encouragea Helena à goûter de tout, lui expliquant de quelle région provenait chacun des mets et sa composition. Helena se régala même si tout était étrange pour elle, parfois épicé à la limite du supportable.

— Et ça, qu'est-ce que c'est ? demanda-t-elle en montrant une sorte de pâte épicée rouge où elle venait de plonger un morceau d'agneau et qui lui plaisait beaucoup.

— C'est de la *masala bata*, confectionnée avec des oignons, du gingembre, de l'ail, des tomates et du chili. Elle provient du pays de ton mari, de l'Himalaya.

Helena se sentit rougir, ce n'était pas dû au goût relevé de ce qu'elle avait mangé mais à l'évocation d'Ian et au regard d'attente que lui jeta Lakshmi Chand. Elle ne put s'empêcher de penser que l'esprit d'hospitalité n'avait pas été la seule explication de ce repas.

— Il serait à coup sûr très heureux si vous le lui prépariez un jour, dit l'Indienne à voix basse.

— Oh oui, c'est certain, répliqua Helena amère, une pointe d'âpreté dans le ton qui l'effraya elle-même.

— Nous avons tous été surpris d'apprendre qu'il s'était marié. Jusqu'ici, il avait eu des liaisons plutôt superficielles.

Comme avec Shushila ? se demanda Helena, l'idée lui donnant une nouvelle fois un coup au cœur.

— J'ai très peur pour lui, dit Lakshmi avec un regard attristé, semblant parler plus pour elle que pour Helena. Il combat les démons qui le harcèlent et ne voit pas qu'ils lui volent son âme. Elle prit de manière impulsive la main d'Helena. Sauvez-le, avant qu'il ne soit trop tard.

— Comment le pourrais-je ?

— En l'aimant, *bétii*. C'est la seule chose qui puisse le sauver. Et la seule chose qu'il redoute. Et vous le pouvez, je le sais, car vous avez du cœur, dit-elle encore en serrant la main d'Helena avant de se lever. Je vous fais mes adieux car vous partirez demain matin de très bonne heure. Gita va vous ramener à votre chambre.

151

Avant de franchir la porte, elle s'était retournée.

— Quoi qu'il fasse ou dise, n'oubliez pas que c'est vous la plus forte. Je vous le confie comme si c'était mon propre fils.

C'étaient ces dernières paroles qui ne sortaient plus de l'esprit d'Helena tandis qu'elle se retournait dans son lit sans parvenir à s'endormir. Elle avait, en dépit de la fraîcheur de la vaste pièce bien aérée, l'impression d'étouffer. Se glissant dans ses sandales en cuir et jetant sur ses épaules son écharpe *pashmina*, elle sortit sur la terrasse devant sa chambre. La nuit était fraîche et l'air lui fit du bien, un air d'une lourdeur particulière, comme imbibé de résine et d'odeur du bois. Respirant profondément, elle fit quelques pas jusqu'à la rambarde. Un arbre aux feuilles duveteuses étendait ses branches vers elle. Un ciel soyeux recouvrait la ville, des étoiles y brillant tels des diamants éparpillés. Certains semblaient être tombés sur la terre, illuminant le damier des rues avant de se perdre peu à peu dans les prolongements de la ville toujours animée. Dans quelques heures, ils partiraient là-bas, là où le ciel et la terre se rejoignaient dans l'obscurité...

Elle entendit, au-dessous d'elle, deux voix masculines qui se rapprochaient. Elle voulut regagner sa chambre pour ne pas se montrer indiscrète, mais elle fut comme paralysée. Il y eut un bruit de chaises reculées, le grattement d'une allumette avant que l'odeur de la fumée d'un cigare ne montât jusqu'à elle.

L'un des hommes poussa un profond soupir de satisfaction.

— Les Anglais nous ont apporté beaucoup de bienfaits.

Helena reconnut la voix d'Ajit Chai Chand. Dans le silence, elle arriva à comprendre les paroles prononcées en hindoustani. L'autre homme se taisait.

— Tu ne l'as donc toujours pas trouvé ?

Le craquement du cannage indiqua à Helena que son interlocuteur bougeait puis se laissait retomber.

— Non.

Helena retint son souffle quand elle reconnut la voix d'Ian répondant en un parfait hindoustani :

— Mais j'ai reçu à Bombay un message qui m'a mis sur une piste sérieuse. Nous le découvrirons, ce n'est plus qu'une question de temps.

— Ne devrais-tu pas finir par le laisser tranquille ?

— Jamais !

— Et que vas-tu faire alors ? Depuis des années, la meilleure part de ton existence, tu es à leur poursuite. L'un t'a échappé, seuls les dieux savent pourquoi. Quand tu auras atteint ton objectif, que feras-tu ensuite ?

— On verra bien. Peut-être trouverai-je enfin la paix ?

— Rajiv, Rajiv, soupira Ajit Jai Chand, n'oublie pas que tu n'es plus seul ! Est-ce une bonne idée de l'amener dans ce pays ?

Ian ne répondant pas, il continua, d'une voix un peu étouffée :

— Es-tu certain que l'assaut contre ton train n'était qu'une attaque de brigands, que quelqu'un ne t'a pas démasqué ?

— Absolument certain.

— Outre le courage et la combativité, ne t'ai-je pas aussi enseigné la prudence ? soupira Ajit Jai. Tu as maintenant une famille dont tu es responsable.

— Je sais, répondit Ian d'un ton renfrogné.

— Te rends-tu bien compte de ce que tu exiges d'elle. Ce simple voyage déjà ! Tout ce trajet jusque là-bas, bonté divine…

— Je ne l'aurais pas épousée si je n'avais pas été certain de pouvoir exiger cela d'elle, Ajitji.

— Cela ne peut être l'unique raison.

Une seconde ou deux s'écoulèrent avant la réponse d'Ian :

— Non.

— C'est bien ce que je me suis dit, gloussa joyeusement Ajit Jai. Même toi, tu n'es pas capable de me raconter durablement des histoires. Rajiv, le caméléon ; c'est comme ça que t'appelaient autrefois les enfants, n'est-ce pas ? Je crois que tu as bien choisi. Lui diras-tu un jour la vérité ?

— Un jour, oui, dit Ian en rejetant bruyamment la fumée de son cigare.

— Quand ?

— Quand ce sera le moment.

Une chaise fut brutalement repoussée.

— Je retourne aux écuries, je ne veux pas être retardé demain. Merci pour tout, Ajitji.

— Tu n'as pas à me remercier. Tu as toujours été comme un fils pour moi, depuis…

Les voix devinrent indistinctes quand les hommes rentrèrent dans la maison. Helena resta quelques instants encore à sonder la nuit des yeux. *Rajiv, le caméléon.*

Rajiv ?

11

Il faisait encore nuit quand on la réveilla. À la lueur d'une lanterne, elle enfila sa chemise à manches longues et la longue culotte de cheval qui lui avait été apportée conformément au souhait exprès du *huzoor*, comme le lui déclara Gita. Ses bottes résonnèrent sur le sol de marbre de la maison et son haleine forma de petits nuages quand elle sortit dans la cour mal éclairée par des flambeaux fixés aux murs. Elle se serra dans la veste de cavalière sur laquelle elle avait enroulé son écharpe rouge. Ils gagnèrent les écuries groupées autour d'une petite cour entourée de hauts murs. Elle fut accueillie par l'odeur chaude de chevaux et de paille qui lui communiqua un sentiment de sécurité. Plusieurs montures étaient déjà sellées, s'ébrouant sans bruit, nerveuses, désireuses de se mettre en route. Des palefreniers s'affairaient, contrôlant ici une sangle de selle, là un harnais, attachant les bagages derrière les selles. Avec soulagement, Helena constata qu'ils n'emportaient que le strict nécessaire, sans les nombreuses caisses avec leurs effets élégants et coûteux guère de son goût. Les trois guerriers rajpoutes qui avaient assuré leur sécurité durant le voyage sautèrent en selle, de même que quatre Indiens dont les chevaux portaient les plus lourdes charges. Ian déposa

Jason, encore assoupi, devant Mohan déjà en selle, tandis qu'un palefrenier amenait une jument à Helena. Il s'inclina bien bas. La jument la renifla précautionneusement, tandis qu'elle lui caressait le front et le cou tout en lui chuchotant des mots tendres. Quand elle fut certaine que la jument lui faisait confiance, elle sauta lestement en selle à son tour. Heureuse de chevaucher à nouveau un cheval. Monté sur un étalon de couleur sombre, Ian la rejoignit au moment où elle enfilait ses gants en cuir.

— Es-tu prête ?

— En ce qui me concerne, on peut partir.

— Bien. Nous devons avoir quitté la ville avant le jour.

Par une porte étroite ils empruntèrent une ruelle où ils ne pouvaient avancer qu'à la queue leu leu, avant de tourner dans une des rues principales, vide et silencieuse à cette heure. Seul le claquement des sabots sur le sol se répercutait contre les façades. Ils bifurquèrent une fois, deux fois encore, et parvinrent à une porte de la ville. Le pavé des rues céda la place à du gravier, puis à de la terre. Le froid de la pleine campagne et le noir de la nuit les enveloppèrent.

L'obscurité était telle qu'Helena avait du mal à apercevoir sa main devant ses yeux, mais la jument se mit sans problème au pas des autres chevaux si bien que sa cavalière put lui lâcher les rênes. Elle observa le ciel avec intérêt, les étoiles qui semblaient si proches, véritable dais artistique déployé au-dessus d'eux jusqu'à l'horizon vers lequel ils se dirigeaient. Le silence les enveloppait, un silence incroyable.

Les mouvements réguliers du cheval plongèrent Helena dans un état de somnolence qui lui fit perdre toute notion du temps. La nuit ne se levait que de manière imperceptible, elle vit de premiers contours voilés d'un bleu trouble : la terre sèche, couverte de cailloux, de l'herbe et des buissons bas, de loin en loin des arbres noueux, les formes planes des plateaux à l'horizon. Le ciel s'éclaircit, blanc d'abord, bleuissant peu à peu. Une lumière dorée se leva dans son dos, prenant vite une teinte orangée, puis rouge. En se retournant, Helena vit la boule éblouissante du soleil monter dans le ciel, semblant faire fondre au loin, dans un intense scintillement, la silhouette de Jaipur et de ses hautes murailles. Comme d'eux-mêmes, les chevaux adoptèrent un trot léger.

Ian, en tête du cortège, se laissa rattraper par la jument d'Helena.

— Tout va bien ?

Helena acquiesça. Ils chevauchèrent un instant côte à côte, puis Helena osa lui adresser la parole.

— Il semble qu'ici, en dehors de la ville, tu ne sois pas préoccupé par la loi du *purdah*, ne put-elle s'empêcher de lui demander.

— Bien vu, dit Ian en éclatant de rire. Mais, en définitive, le problème est de savoir quand il convient de suivre les lois et quand il faut les contourner.

Il la regarda avec amusement avant de tirer sur les rênes et de reprendre la tête.

Rajiv, le caméléon.

Le soleil, déjà haut dans le ciel, chauffait la plaine et faisait vibrer la lumière au ras du sol, quand Helena, sans quitter sa selle, se débarrassa de son écharpe et de sa veste, ouvrit les premiers boutons de sa chemise et offrit son visage au soleil. Combien de temps avait-elle dû se priver de tout cela, de la chaleur, de la lumière qui, maintenant, semblaient pénétrer en elle par tous les pores de sa peau ?

À part une brève halte toutes les deux ou trois heures, au cours desquelles ils descendaient de leur monture pour boire de l'eau et prendre un repas léger – *chapatis*, viande froide et légumes –, ils avancèrent sans s'arrêter jusqu'au moment où le soleil se coucha derrière les montagnes dans un flamboiement.

On attacha les chevaux aux branches d'un arbre ; d'une main exercée, les hommes déployèrent des pans de toile de voile, plantèrent des piquets en terre et dressèrent deux tentes. Ils allumèrent ensuite un feu, préparèrent du thé et, alors que les Indiens armés de bâtons cherchaient, à grand renfort de sifflements et de claquements de langue, à chasser scorpions et serpents, Helena, dans l'une des tentes, avait déjà sombré dans un sommeil profond, brisée de fatigue, allongée sur une simple couche de couvertures et de draps, Jason blotti entre ses bras.

Les jours passèrent, réguliers et toujours semblables. Ce n'était pas tant l'effort physique qui rendait ces journées harassantes que leur monotonie : le trot des chevaux, le silence et le vide du paysage, interrompus de loin en loin par l'envol d'un oiseau ou la fuite d'un serpent, le mutisme des cavaliers. Elle ne parvenait même plus à calculer depuis combien de jours ils étaient en chemin, trois, quatre ? Les couleurs enivrantes des levers de soleil et des crépuscules se diluaient, elles aussi, dans le gris des heures creuses. Parallèlement, le corps d'Helena s'habituait au rythme des efforts, si bien que, le soir, elle ne s'écroulait plus sur sa couche. Elle réussit alors à décontracter ses muscles en faisant quelques pas aux alentours du campement, absorbant avec délices l'air frais de la nuit, caresse bienfaisante pour la peau de son visage et de ses bras brûlés par le soleil.

Un vent léger, froissant les feuilles des buissons, parcourait la plaine et lui ébouriffait les cheveux. Serrant son écharpe autour de ses épaules, elle examina, du haut de la petite éminence où elle avait installé sa couche pour la nuit, la Rajputana apparemment infinie s'étendant à ses pieds sous le ciel étoilé. Elle entendit quelque lézard ou quelque gecko s'enfuir dans la poussière. Au loin, un animal hurla, une fois, deux fois, Helena frissonna à l'écoute de sa plainte. Pourtant, à proximité des tentes, sous la garde des guerriers rajpoutes, elle se sentait en sécurité.

Elle revint lentement ; le sable et les cailloux grinçaient sous ses bottes. Les chevaux hennirent à son passage, faisant tinter leur harnachement. Helena donna une tape affectueuse ici sur une croupe, là sur un cou, les calmant de la voix. C'étaient de belles bêtes, vigoureuses, trapues, au tempérament calme et endurant. Une fois de plus elle s'étonna du soin avec lequel le moindre détail avait été prévu, comme si Ian avait préparé ce voyage de longue date. Ou comme s'il l'avait souvent effectué… La soudaine montée du désir de quelque chose qu'elle n'aurait su nommer, la poussa à entourer de ses bras le cou d'un des chevaux, le visage collé contre le chaud pelage sentant la terre, le soleil et la vie.

— Ils t'aiment bien.

Son cœur bondit, mais il lui fallut quelques secondes pour relever la tête et regarder Ian. Elle lâcha le cheval et, embarrassée, lui caressa les naseaux. L'étalon noir, à côté d'elle, pencha la tête et donna de petits coups à Ian qui le gratta entre les oreilles, du bout des doigts.

— Les chevaux sentent si quelqu'un est bon ou mauvais, a dit un jour mon père, confia-t-elle.

— Alors je ne peux pas être totalement mauvais, répondit Ian en riant tout bas.

Dans l'obscurité, elle vit une étincelle dans ses yeux qui redevinrent aussitôt sérieux.

— Il te manque ?

Haussant les épaules, elle se força à regarder au loin, par-dessus la tête du cheval.

— Il n'a plus été le même après… après la mort de ma mère. Depuis ce jour, il a vécu dans son propre monde, et, en dépit de tout ce que j'ai tenté, je n'ai plus réussi à retrouver avec lui une quelconque intimité. Je crois qu'il est mort en même temps qu'elle, longtemps, bien longtemps avant qu'il nous ait définitivement quittés. Pour Jason, c'est plus simple, il ne l'a jamais connu autrement…

Sa voix se brisa.

Elle se mit à pleurer, mais elle ne s'en aperçut qu'au moment où Ian essuya les larmes sur ses joues. Elle se laissa attirer contre lui sans résistance, accepta qu'il la prît dans ses bras. Désemparée, se sentant abandonnée, elle se cramponna à lui, pleura contre son épaule les larmes qu'elle n'avait pas versées jusqu'ici. Il embrassa avec douceur ses cheveux, ses tempes, ses joues. Ils se regardèrent, un instant seulement, et Helena lut alors, reflétée dans ses yeux, sa propre douleur. Puis ils s'assombrirent et elle crut tomber dans les abîmes de son regard. Elle ne fut pas surprise de sentir ses lèvres sur les siennes, chaudes et douces. De nouveau ses yeux s'emplirent de larmes, des larmes de bonheur et de délivrance cette fois, qui perlèrent sous ses paupières closes quand elle lui rendit son baiser, un baiser sans désir mais plein d'une infinie tendresse. Ian la tenait comme si elle allait se briser à son contact et pourtant si fermement qu'elle sentait son cœur battre sur sa peau. Il avait le goût du tabac, du thé et du sel et ses lèvres s'ouvrirent comme d'elles-mêmes. Elle fut traversée d'un flux de lave quand sa langue toucha la sienne. Sa bouche s'égara sur ses joues, y laissant des brûlures sur lesquelles il souffla des «Helena, ma douce petite Helena», avant de revenir à ses lèvres. Un instant, elle crut qu'elle se dissolvait en lui, comme si elle était tout à la fois la terre, le ciel et Ian. Puis elle ressentit une espèce de déchirure; elle le repoussa et recula de quelques pas en vacillant, en direction du feu; elle chercha refuge dans sa tente, contre le corps de son frère endormi.

Lorsque, le lendemain matin, ils démontèrent les tentes et se mirent en route, elle évita de répondre aux regards d'Ian. Elle fut soulagée de le voir, sans lui adresser un seul mot, reprendre la tête du groupe. Elle en fut simultanément vexée. Cela n'a pas été pour lui quelque chose d'important – je ne représente rien de plus que celles avec qui il a jusqu'ici pris son plaisir… Rétive, elle garda la tête haute et prit un air hautain. Derrière ses paupières pourtant, saisie de détresse, elle sentit la brûlure des larmes.

Ce ne fut qu'une journée de plus dans la steppe, semblable aux précédentes; elle fut néanmoins, pour elle, plus pénible encore. Elle eut un soupir d'aise quand, le soir, ils s'arrêtèrent enfin et installèrent leur campement.

À peine descendue de cheval, elle se hâta, dans l'obscurité naissante, de chercher une place derrière des buissons, à l'écart du camp. Assise par terre, la tête entre les mains, elle chercha à mettre de l'ordre dans ses idées et ses émotions contradictoires, mais en vain. Elle sursauta en entendant crisser les cailloux et la terre sèche sous le poids de bottes. Muet, Ian lui tendait un thé bouillant dans un simple gobelet en émail.

— Merci.

Les mots faillirent lui rester dans la gorge. Mystérieusement, il semblait à tout instant savoir ce dont elle avait le plus besoin. Il hésita, puis s'assit à côté d'elle, sur une pierre.

— J'espère que ce voyage, sans aucun confort, n'est pas trop éprouvant pour toi, dit-il d'un ton neutre.

— Non, répondit-elle en soufflant sur son thé et en buvant avec précaution une première gorgée, puis, avec un regard en coin : Tu n'as pas non plus l'air d'en souffrir beaucoup !

— Je ne suis pas né avec une cuillère d'argent dans la bouche, si c'est ce que tu penses. Nous vivions très simplement quand j'étais enfant. Nous n'avons pas souffert de la faim, mais nous ne bénéficiions pas de commodités particulières, sans même parler de luxe.

Elle essaya de s'imaginer Ian enfant : était-il joyeux et vif ou bien plutôt silencieux, replié sur lui-même ? Elle fut incapable de se prononcer ; il lui parut même inconcevable que l'homme à ses côtés eût été un enfant un jour. Cette idée la peina.

— Mais nous étions heureux, ajouta-t-il d'une voix presque inaudible.

— Comme nous, autrefois, dans l'île de Céphalonie… Tu ne l'es plus maintenant ?

Il eut un rire bref et sec.

— Le bonheur… Il y a longtemps que j'ai oublié ce que c'est.

Helena fut submergée par un sentiment de chaleur, de tendresse mais aussi de tristesse. Elle eut de nouveau envie de le toucher, de le réconforter, mais quelque chose l'en retint. Aimez-le. *C'est la seule chose qui puisse le sauver… et la seule chose qu'il redoute…* Les mots de Lakshmi Chand lui revinrent. Était-ce pour cela qu'il la repoussait sans cesse, à peine avaient-ils fait un pas l'un vers l'autre ? Était-ce pour cela qu'il la blessait sans cesse ? Parce qu'elle l'approchait de trop près ? *N'oubliez jamais que c'est vous la plus forte.*

Elle tendit la main vers lui avec prudence, la passant, doigts écartés, au travers de ses cheveux aussi noirs que la nuit les entourant. Elle eut presque peur de les sentir aussi soyeux, tout comme elle eut peur de son audace. Elle retint son souffle. Mais rien ne se produisit, un bref instant mais long comme une éternité, jusqu'au moment où il blottit sa tête contre la paume de sa main. Elle sentit son plaisir qui le fit se détendre, comme si, sous sa main, un mur s'était écroulé pareil à un château de cartes, elle sentit aussi l'arête de sa cicatrice, qui, une nouvelle fois, suscita la douleur en elle. Pourquoi avait-elle toujours besoin de la protection de l'obscurité pour l'approcher ?

Elle prit conscience du crépitement du feu avant d'entendre les appels des hommes. Ian lui prit la main dont il effleura la paume d'un baiser qui la brûla pourtant. Il la serra un bref instant avant de la lâcher.

— Ils nous cherchent, dit-il tout bas, d'une voix voilée. Rejoignons-les avant que notre absence déclenche une panique. Ce n'est pas un pays qui permette de passer la nuit dehors en toute intimité.

Son sourire qu'elle aperçut à la lueur des étoiles, la chaleur de sa voix étaient neufs pour elle. Elle fut touchée.

Il se releva et elle le suivit. Tandis que, côte à côte, ils avançaient en direction du cercle de lumière dessiné par le feu, leurs mains se trouvèrent sans que ni l'un ni l'autre ne l'eût voulu ou recherché, et l'espoir naquit en Helena. *Peut-être que tout finira par s'arranger – peut-être que tout n'est pas encore perdu.*

Le soleil venait de dépasser son zénith quand les chevaux prirent une allure paisible et que le cortège s'immobilisa. Helena fut brusquement tirée de ses pensées. Pressant les flancs de sa jument entre ses talons, elle la fit avancer entre les chevaux qui la précédaient et parvint à la hauteur d'Ian.

— Que se passe-t-il ?

— Nous sommes arrivés, se contenta-t-il de dire, mais son visage bronzé s'éclaira, ses yeux brillèrent.

Elle suivit son regard. Le vent torride de la plaine agitait sa chemise trempée de sueur et ses cheveux décolorés par le soleil. Ils se tenaient au bord d'un plateau rocheux, au-dessus d'un talus abrupt qui débouchait dans une vaste vallée où, au loin, des murs couleur de sable et des toits émergeaient du sol karstique, doré sous le soleil. Clignant des yeux, Helena se crut victime d'un mirage, mais l'apparition ne disparut pas. La distance ne l'empêchait même pas de distinguer les colonnades, les arceaux et les grillages des fenêtres, les ciselures des tours et des créneaux, des encorbellements et des balcons, dentelle de pierre surmontant les puissantes murailles.

— Qu'est-ce que c'est ? demanda-t-elle, incrédule, tapotant le cou de sa jument qui piaffait nerveusement.

— Ça ? C'est Surya Mahal ! s'exclama-t-il en éperonnant son étalon qui se cabra en hennissant avant de dévaler la pente.

Surya, le soleil, *mahal*, le palais, se dit Helena, répétant les mots que lui avait appris Mohan. Le palais du soleil... Sa jument voulant suivre l'étalon, Helena la lança à sa poursuite, une joie inexplicable au fond du cœur.

On était le 27 décembre et, à Liverpool, Richard Carter montait à bord du *Pride of India* qui avait Calcutta comme destination.

12

Pleine d'étonnement, Helena traversait des pièces, hautes et vastes, parcourues par un courant d'air chaud sentant le sable et le soleil et se mêlant à l'odeur de santal et de roses que les murs semblaient exhaler en permanence. À chacun de ses pas, son *sari* bleu sombre aux broderies vertes et dorées bruissait. Elle ne se lassait pas de la magnificence qui l'entourait, même au bout de trois jours, et elle était persuadée que la reine Victoria en personne aurait été impressionnée par pareil luxe : des sols en marbre blanc, jaune et rose, frais sous ses sandales aux fines semelles, murs, en marbre eux aussi, décorés de motifs peints en forme de méandres, représentant des paons, des éléphants, des tigres, des forêts et des bouquets de fleurs ; des ornements en verre coloré enchâssés dans les murs, des plafonds voûtés semblables à des baldaquins à miroirs ; des portraits de guerriers barbus sous leurs turbans ornés de bijoux, à cheval sur de nobles montures, et de leurs dames en *saris* chatoyants, parfois de bayadères peu vêtues. Des tables, des armoires et des chaises richement ciselées, des fauteuils rembourrés et des lits pareils à celui qui avait accueilli Helena les deux nuits précédentes, avec des marqueteries en ivoire, en onyx, en malachite et en argent ; de puissantes statues de divinités en marbre blanc, en bronze ou en bois noir ; de larges tentures de soie – rouge pavot, bleu améthyste, vert de mer, jaune citron, bleu cobalt – tombant du plafond et divisant les pièces ; des coussins brodés vert pomme, couleur de pêche, rouge vif, bleu saphir, jaune safran.

Elle entendit de loin des femmes rire et bavarder. Elle accéléra le pas. Elle ne s'était toujours pas habituée à être en permanence entourée par cinq ou six d'entre elles qui l'assaillaient d'un flot de paroles en hindoustani avec l'accent du Rajputana. Leurs dents blanches luisaient dans leur visage sombre quand, en riant, elles l'incitaient à prendre plus de dattes et de figues, plus de riz et de légumes et caressaient avec admiration sa peau et ses cheveux.

Ils étaient arrivés, las et poussiéreux, devant la porte massive qui s'était ouverte comme par enchantement. Une petite foule était venue à leur rencontre, hommes, femmes et enfants, riant et criant. Helena était descendue de selle les muscles rompus. Les couleurs se fondaient devant ses yeux en une espèce de tourbillon, mais elle vit pourtant très clairement la foule se scinder en deux pour laisser passer une Indienne qui, en dépit de sa petite taille rondelette, traversa la cour d'un pas majestueux. Elle portait un *sari* bleu prune bordé d'un mince ourlet rouge ; elle avait les cheveux rejetés en arrière et un visage avenant ayant gardé sa beauté, strié d'une multitude de rides d'un blanc argenté. Elle regarda Ian avec des larmes dans les yeux ; il s'inclina devant elle très bas : jamais Helena, connaissant sa fierté, ne l'en aurait cru capable. Elle posa ensuite sur la joue d'Ian une main couverte de lourdes bagues et l'étreignit. Des bras chargés de bracelets s'emparèrent d'Helena, la conduisirent à travers de vastes pièces vers un lit, et la dernière chose dont elle se souvint fut que des toiles de lin blanches se refermèrent très haut au-dessus d'elle quand, trébuchant, elle s'abattit sur les coussins et les draps et s'endormit sur-le-champ.

Elle passa les deux journées suivantes sous la garde des femmes, prenant des bains agrémentés de massages à l'huile, mangeant et dormant. Entendant de temps en temps Jason rire dans le labyrinthe des couloirs, elle savait qu'il allait bien et qu'elle n'avait donc pas à se soucier de lui. Les pommades, les huiles et les lotions sentant bon les essences florales rafraîchirent sa peau brûlée par le soleil, lui rendirent sa délicatesse et assouplirent ses cheveux. Dès qu'elle bougeait, elle exhalait des effluves de patchouli, de bois de rose, de jasmin et de cannelle.

Par un large porche elle pénétra dans une cour intérieure où des cèdres noueux et des rosiers s'appuyaient à des façades en bois rougeâtre sculpté, tranchant sur la pierre plus claire. Des marches menaient à une galerie, de bois elle aussi. Helena la suivit. Elle avait perdu toute orientation, se contentant de marcher devant elle. Les pièces grandes comme des halls se succédaient, magnifiques. Mais elles étaient vides ! Elles paraissaient pourtant être quotidiennement entretenues par des dizaines de mains ; on n'y voyait pas le moindre grain de poussière, il semblait que la soie et le velours venaient d'être époussetés. Son chemin la mena, après qu'elle eut tourné un coin puis un autre, dans un long passage dont les colonnades laissaient apercevoir un ciel irréellement bleu et le désert. Puis il y eut une rangée de fenêtres dont le grillage se dessinait sur le sol si lisse qu'on avait peine à croire qu'il fût en pierre. Il faisait presque froid en ce lieu. Helena frissonna et se couvrit le cou de l'extrémité libre de son *sari*.

Ce passage semblait sans fin. Il décrivit un quart de tour, suivi d'un second. Un mur de soleil se dressa soudain devant Helena, douloureux après le frais demi-jour du passage voûté. Ayant fermé un instant les yeux, elle perdit le souffle de surprise quand elle les rouvrit. Des feuilles charnues d'un vert foncé brillaient au soleil, tandis que des branches emplumées en forme de lancettes dansaient dans la brise légère ; des feuillages luxuriants proliféraient dans tous les coins et recoins de la cour ne laissant apparaître que de petits morceaux de son carrelage d'un blanc bleuté. Des fleurs jaunes, rouges, blanches et roses émergeaient de la masse végétale verte, exhalant un parfum envoûtant. Au-dessus d'elles, des palmiers s'élevaient avec grâce ; les bras d'une plante grimpante aux fleurs blanches et pourpres s'agrippaient aux colonnes. Au milieu de ce paradis, une fontaine murmurait dans sa vasque de marbre, tandis que, invisibles, des oiseaux chantaient. La splendeur de ces fleurs et de ces plantes, en plein désert, relégua au second plan la richesse dispendieuse du palais. Helena suivit le sentier carrelé qui faisait le tour du carré de la cour. Elle s'immobilisa en apercevant un arbre à l'ample houppier. Ce n'était pas possible ! Pas ici, pas à cette saison ! Elle s'approcha, n'en croyant pas ses yeux, examinant les fruits rouges à la peau luisante qu'elle toucha avec précaution. Elle regarda furtivement autour d'elle et, n'apercevant personne, elle en cueillit un avec résolution, presque avec défi, et mordit dedans. Le jus acide et sucré coula sur son menton et elle ne put s'empêcher de rire : un pommier dans une cour intérieure, en plein désert du Rajputana !

Elle rentra dans la fraîcheur du bâtiment, de l'autre côté de la cour, franchit une arche portée par des colonnes et, poursuivant son chemin, tomba sur un étroit escalier en colimaçon en marbre blanc. Elle avait déjà posé le pied sur la première marche quand elle hésita. Son esprit de découverte sembla soudain paralysé, comme si une voix intérieure l'avait mise en garde. Elle se sentit pourtant attirée par cet escalier, comme sous l'effet d'une force magnétique. Prenant une profonde inspiration, elle rejeta loin d'elle cette prémonition et monta.

Elle put ainsi jeter un œil dans les pièces groupées autour de l'escalier, toutes vides et silencieuses ; des linges blancs recouvrant des meubles à peine discernables, agités par un souffle d'air pénétrant par les fenêtres grillagées, donnaient la désagréable impression d'être vivants ; si le soleil n'avait pas dessiné des ombres sur les planchers, Helena se serait crue dans l'une des maisons hantées des récits de Marge.

L'escalier se rétrécissant à mesure qu'elle montait, les pièces se raréfièrent et rapetissèrent. Helena eut l'impression que les murs se rapprochaient les uns des autres. Le souffle vint à lui manquer bien qu'elle eût ralenti le pas. Elle poursuivit néanmoins son ascension, serrant les dents. La dernière marche franchie, elle se trouva dans un espace vide où elle put enfin reprendre son souffle.

Un espace tout de marbre blanc, le sol, les colonnes cannelées supportant des arches. Un grand espace carré – vide. Helena alla d'une arche à une autre, toutes donnant sur l'extérieur par une ouverture, carrée elle aussi, à hauteur d'yeux, avec un grillage à motifs d'étoiles. Ce devait être la tour la plus élevée du palais car, sur l'un des côtés, Helena aperçut au-dessous d'elle le labyrinthe des toits et des créneaux, avec, de loin en loin, l'angle de l'une des nombreuses cours, alors qu'en face s'offrait à la vue l'immensité du désert du Rajputana, une immensité telle que, sous un ciel infiniment bleu, elle était douloureuse pour les yeux. Trop difficile d'accès, trop éloignée des principales pièces du palais, trop richement ornée, ce ne pouvait être une tour de guet. Mais à quoi pouvait-elle servir ? *À tenir quelqu'un à l'écart du reste du palais, à le bannir de la vie de la maison*, lui passa-t-il par l'esprit. Une boule douloureuse se forma dans sa poitrine. Une tristesse inexplicable la submergea, plus forte que toutes les douleurs qu'elle avait jusqu'ici connues, une tristesse d'autant plus étrange qu'elle savait qu'elle ne lui appartenait pas alors qu'elle la sentait pourtant sienne. Un poids énorme s'abattit sur ses épaules, la forçant à s'agenouiller. La pomme entamée lui glissa des doigts et roula par terre. *Mon Dieu, que m'arrive-t-il… ?* À travers ses larmes, elle vit qu'à cet endroit le sol était luisant, comme usé, à croire que quelqu'un l'avait interminablement foulé pendant des jours, des semaines, des mois… Elle aperçut son reflet, pâle et flou, sur le marbre poli, l'effroi dans ses yeux, quand, soudain, son visage fut recouvert par un autre, par les traits délicats d'une jeune Indienne, d'abord déformés, comme reflétés par une eau agitée, puis plus distincts. Une peau claire, presque blanche, de grands yeux en amande, plus sombres encore par contraste. Pareils à une eau noire, ses longs cheveux épais encadraient un visage mince aux lèvres pleines et joliment dessinées, couleur bois de rose foncé. Une larme coula sur sa pommette. L'Indienne ouvrit les lèvres, semblant appeler, puis elle se mit à frapper la pierre de ses deux poings, comme si seule une mince paroi de verre la séparait d'Helena, frappant de plus en plus fort. Helena, sentant qu'elle allait étouffer là-dessous si elle ne l'aidait pas, entreprit en sanglotant de gratter la pierre avec les ongles, comme une folle, afin de libérer la jeune femme, bien que sachant que c'était vain. Elle s'effondra en pleurant sur le sol, pleurant comme jamais encore elle n'avait pleuré.

Elle sentit qu'on la prenait doucement par les épaules. C'était la femme qu'elle avait vue saluer Ian avec tant de chaleur lors de leur arrivée. Celle-ci s'agenouilla à côté d'elle, la prit dans ses bras et la berça.

— *Aiiii, mujhé bilkul máaluum*, je le sais, *bétii*…, murmura-t-elle. Ce fut terrible, terrible…

Les sanglots d'Helena s'apaisant, elle l'aida à se relever et la conduisit avec précaution en direction de l'escalier.

— *Áao*, viens, ce n'est pas un endroit pour toi, tu es encore si pleine de vie, tu n'as rien perdu dans *Ánsú Berdj*.

Durant le chemin du retour au reste du palais, ces derniers mots ne cessèrent de retentir dans la tête d'Helena : *Ánsú Berdj – la tour des larmes*.

Privée de toute volonté, Helena se laissa accueillir par les Indiennes à l'entrée du *zenana*, porter dans sa chambre, dépouiller de son *sari* et mettre au lit. Bien qu'épuisée, elle était pleinement éveillée. Aussi le sérieux inhabituel des femmes d'ordinaire si joyeuses l'inquiéta-t-il. Avait-elle brisé un tabou, découvert un

172

dangereux secret ? Un froissement de soie lui fit lever les yeux. Son hôtesse venait d'entrer dans la chambre et ses servantes s'inclinèrent avec respect. D'un geste de la main elle les renvoya et ferma la porte derrière elles. Elle avait l'air sérieuse mais ses yeux sombres exprimaient la chaleur quand elle s'assit sur le bord du lit en tendant à Helena un verre de thé fumant.

— Bois, *bétii*, cela te fera du bien.

Obéissante, Helena trempa les lèvres dans le liquide à l'odeur de plantes aromatiques. Elle répondit avec timidité, par-dessus le verre, au regard de la femme qui l'examinait avec insistance mais aussi affection.

Elle pouvait avoir la soixantaine et Helena put enfin la dévisager en détail, notant les petites rides autour des yeux et au coin des lèvres, le nez accusé, sur l'aile gauche duquel brillait un diamant serti en or, les lourds pendants d'oreilles, dont le filigrane qui leur servait de motif se retrouvait dans le collier. Helena fut sensible à la grâce avec laquelle elle se mouvait dans son *sari*, à la petitesse de ses mains pourtant vigou-reuses, ornées de bagues et de bracelets aux innom-brables pierres précieuses, jointes sur ses genoux. Elle sentit qu'elle pouvait se fier à cette femme.

— Vous... vous savez ce que j'ai vu là-haut ? finit-elle par demander à voix basse, ajoutant le titre res-pectueux que l'on devait aux femmes d'un certain âge : *Maatáadjii*.

— Appelle-moi Djanahara. Oui, soupira-t-elle, je le sais. Ce palais est vieux, très vieux. Ses fondations remontent à plusieurs siècles et il a beaucoup vu : la joie et la souffrance, la naissance et la mort sont, dans ce pays, plus proches les unes des autres que dans celui d'où tu viens. La vie est ici aussi colorée que nos *saris* et aussi impitoyable que le désert, le soleil et la mousson. D'innombrables générations de notre clan ont vécu dans ce palais ; les destins agités des Surya et des Chand y ont convergé, sont inscrits à jamais dans ces murs.

Helena eut un regard interrogateur. Djanahara sourit.

— Nous, les *kshatriyas*, ne sommes pas un *varna* homogène ; nous sommes subdivisés en clans incluant les familles, aussi distincts entre eux que le sont les *varnas*. Deux de ces clans sont les plus anciens et les plus puissants, depuis toujours : les Chandravanshi qui, d'après la légende, sont les enfants de la lune et les Suryavanchi qui descendent du soleil. Le dieu Krishna est lui aussi né Chand. Les deux clans régnaient sur ce pays avant que les clans plus récents se fussent installés ici et, de même que le soleil et la lune ne coexistent pas de manière harmonieuse dans le ciel, il n'y a jamais eu de longue paix entre les Chand et les Surya. Mais l'intrusion des Anglais dominateurs a changé bien des choses et un sage prince de la lignée des Chand a marié son fils aîné, au terme de longues et difficiles négociations, avec la fille d'un prince Surya afin d'établir une paix durable entre les deux clans, dans l'espoir d'opposer un front uni aux appétits des *sahibs*. La dot de Kamala était Surya Mahal et, pour Dheeraj Chand, ce fut son palais favori jusqu'à son dernier jour, en souvenir notamment de sa femme qu'il chérissait et qui mourut bien avant lui. Dheeraj Chand fut le dernier Taja à régner sur Surya Mahal et les terres qui en font partie. C'est pour moi un honneur d'avoir dans mes veines le sang des deux lignées. J'espère toujours revoir un jour un héritier sur le trône. Mais, soupira-t-elle, je suis une vieille femme qui a perdu la tête et n'arrive pas à concevoir que l'ancienne splendeur des Chand a pâli. Jusqu'ici, nous avons fièrement défendu notre empire, avec nos épées et notre sang, souvent aussi grâce à notre intelligence, mais la présence des *Angrezi* est un poison insidieux pour l'Inde. J'ai beau savoir qu'ils ne pourront indéfiniment dominer ce pays indomptable, je sais aussi que le vieil empire des Chand périclitera et finira par périr sous l'effet de ce poison. Je prie tous les jours Krishna, notre aïeul, de m'épargner de vivre cela.

Helena s'était enfoncée dans les coussins et ne gardait qu'à grand-peine les yeux ouverts.

— Je suis moi aussi une *Angrezi*.

Djanahara se pencha et, d'une main, resserra le drap autour d'elle.

— Tu n'es pas une *Angrezi*, même si leur sang coule dans tes veines. Tu portes déjà l'Inde dans ton cœur.

— Comme Ian ? voulut demander Helena, mais la fatigue fut la plus forte.

Dans la demi-obscurité elle sentit, avant de glisser dans un profond sommeil, Djanahara l'embrasser tendrement sur le front.

13

Quand Helena ouvrit les yeux, le soleil traversant le grillage de la fenêtre dessinait sur le sol un fin réseau de dentelle. Elle s'étira avec volupté et, coinçant un oreiller sous son ventre, profita quelques instants encore de la douceur d'un réveil progressif. La brise gonflait doucement les longs rideaux de la porte ouverte, tandis que, sur les carreaux de la cour intérieure, un paon, tête haute, se pavanait. Elle entendait, au loin, les rires et les bavardages des femmes et elle eut un sourire comblé. Elle n'aurait su dire combien de temps elle avait dormi, si c'était une nuit seulement ou deux, mais elle se sentait fraîche et légère, comme si, dans son sommeil, elle avait évacué les ombres noires qui l'oppressaient jusqu'ici.

Un léger souffle d'air lui parvint et lui fit lever les yeux. Un visage noir passa la tête par l'entrebâillement de la porte. La femme lui sourit puis entra. Djanahara entra portant un plateau avec du *chai* chaud et des gâteaux aux amandes qui semblaient délicieux.

— Avez-vous bien dormi ? demanda Djanahara d'un ton affectueux tout en s'asseyant sur le rebord du lit.

— Très bien, répondit Helena qui, maintenant assise, se jeta sur un croissant, buvant son thé à longs traits.

Des bruits plus lointains encore se firent alors entendre, des coups de marteau, des raclements, des frottements, des ordres criés par des hommes, des pas pressés, des cascades de rires féminins. Toute la maison était apparemment en vive mais joyeuse effervescence.

— Que se passe-t-il dehors ?

— On prépare tout pour le mariage.

— Le mariage de qui ? s'enquit Helena.

Djanahara la dévisagea un instant d'un regard attendri mais vigilant avant de répondre :

— C'est aujourd'hui *solah shringar*, ton mariage, *bétii*.

Le morceau qu'Helena était en train d'avaler faillit lui rester dans la gorge. Elle regarda Djanahara avec de grands yeux.

— Mon quoi ? Mais je… je suis mariée depuis longtemps !

Djanahara se pencha vers elle et lui posa sa main baguée sur la joue.

— Pas devant Shiva et les autres dieux.

Helena mangea ce qui restait du deuxième croissant qui lui parut soudain gluant.

C'est d'un pas hésitant que, peu après, elle suivit Djanahara aux bains du *zenana* où les femmes s'emparèrent d'elle. Sous l'œil vigilant de Djanahara, elles lui appliquèrent sous les aisselles et sur le ventre une masse compacte et résineuse qu'elles lui arrachèrent brutalement une fois séchée. Helena, sous l'effet de la peur et de la douleur, se mit à crier, mais serra ensuite les dents. De l'huile légère et odorante apaisa la brûlure et l'irritation. Après un bain, on la frotta des pieds à la tête d'une huile épaisse à l'odeur de jasmin, de santal et de bois de rose. Un peigne à dents larges démêla ses cheveux que le sommeil avait noués, une pommade les rendit soyeux et brillants. Enveloppée d'un *sari* blanc, elle suivit les femmes dans une cour cachée du *zenana* où des gradins étaient recouverts de coussins entre lesquels couraient des guirlandes de soucis. Une des femmes lui demanda de prendre place, de tendre les mains et de disposer confortablement ses jambes sur les coussins. On lui appliqua sur la peau, en lignes fines, une pâte rouge sombre à l'odeur d'herbes et de feuilles séchées, traçant des fioritures, des arabesques et des fleurs sur la paume et le dos de ses mains, doigts y compris, motifs qui s'étendirent jusqu'aux poignets, puis de la plante des pieds jusqu'aux chevilles. Quelques femmes entonnèrent un chant, accompagnées par un tambourin, puis les autres se joignirent à elles. Ensemble, tour à tour, en chœur, elles chantèrent la beauté octroyée par Dieu, célébrant les yeux brillants, les joues fraîches et les lèvres rouges des femmes, la souplesse de leurs hanches et la ferme courbure de leurs seins, la décence et la chasteté, l'humilité et l'obéissance, toutes vertus de l'épouse indienne. Elles vantèrent aussi les jouissances terrestres et les joies célestes, évocation qui fit monter le rouge aux joues d'Helena. Quand bien même la langue fleurie lui était souvent incompréhensible, quand bien même nombre des mots de cette langue archaïque lui échappaient, elle saisissait parfaitement que ces chants avaient servi à préparer des générations de femmes avant elle à ce qui allait succéder à cette nuit ; ainsi passait de femme à femme, au travers des chants, le savoir immémorial : de mères à filles, entre sœurs et cousines, entre tantes et nièces. Ces femmes ne parlaient pas la langue d'Helena, le même sang ne coulait pas dans leurs veines, elle se sentait néanmoins à l'abri dans leur cercle, toutes unies par les liens de leur sexe, union symbolisée par les lignes rouges dessinées sur les mains et les pieds de toutes.

Elle prêtait une oreille attentive aux paroles, aux voix autour d'elle, chaudes et claires, au son du tambourin, tantôt lent, tantôt rapide, tandis que les heures s'écoulaient. Djanahara, en tant qu'aînée et maîtresse de maison, la nourrissait de mangues, de bananes, de noix de coco, lui portait aux lèvres un verre de thé parfumé à la cannelle et à la coriandre en attendant que la pâte, séchant sur sa peau, eût formé une mince croûte. Le soleil nimba d'or, puis d'étain et de cuivre les têtes des femmes et leurs *saris* chatoyants, mais Helena ne s'aperçut que le jour tirait à sa fin qu'au moment où l'on alluma les flambeaux.

On essuya la pâte sèche de ses mains et de ses pieds avec une essence à l'odeur de citron et, dans le demi-jour, Helena contempla avec stupéfaction les motifs en filigrane qui les ornaient.

Djanahara et trois femmes la conduisirent dans sa chambre, éclairées, sur leur chemin, par des lanternes à facettes qui projetaient des taches de lumière dorée sur le sol et les parois.

Sans un mot, elles enlevèrent à Helena son *sari* uni. Elles boutonnèrent sur le devant l'étroit *choli* d'un rouge lumineux qui laissait le ventre libre et déployèrent sur plusieurs mètres le *sari* de cérémonie. Helena faillit perdre le souffle en découvrant cette splendeur d'un rouge intense, ourlée d'une large bordure dorée, entremêlée de fils d'or s'unissant pour former ensemble les gouttes incurvées qu'elle avait déjà vues sur son écharpe *pashmina*, des arabesques de fleurs, des feuilles, des paons, des losanges, des soleils stylisés. De minuscules miroirs à bordure d'or et des éclats de pierres rouges avaient été cousus dans l'étoffe. Partant des hanches, on enroula autour d'elle la soie chatoyante, l'extrémité, retenue par son épaule gauche, lui tombant le long du dos.

Djanahara l'examina avec attention avant de sourire avec chaleur.

— Il y a bien longtemps qu'on n'avait plus vu de mariée à Surya Mahal, murmura-t-elle, visiblement émue, en prenant Helena par la main. Le rituel *solah shringar* veut que la fiancée ait sur elle tous les bijoux qu'elle apporte en dot. Tu es venue les mains vides dans cette maison, mais je sais que ce n'est pas sans d'autres richesses que je vais te remettre à ton mari.

Elle se servit de l'extrémité du *sari* afin de disposer comme un voile autour de la tête d'Helena qu'elle prit ensuite par les épaules.

— Il est l'heure, lui souffla-t-elle en l'embrassant sur le front.

Des battements de tambour sourds et réguliers, solennels et joyeux à la fois, les accompagnèrent tout au long des galeries et des salles brillamment illuminées. Accrochée au bras de Djanahara, Helena, pieds nus, tête baissée et genoux tremblants, n'avançait qu'à pas comptés.

La grande cour qui les avait accueillis à leur arrivée au palais était éclairée par d'innombrables flambeaux et lanternes à huile, le sol était recouvert d'un épais tapis de pétales de roses. Aux murs étaient suspendues des guirlandes de soucis, de roses et de fleurs de jasmin. Au milieu de la cour brûlait un feu autour duquel courait un étroit tapis rouge équipé de coussins blancs et rouges. Sur un côté se pressaient les habitants et les domestiques du palais, en habits de fête, parés de bijoux. Silencieux et pleins d'attente, ils avaient les yeux fixés sur elle. Involontairement, elle s'appuya contre Djanahara qui l'encouragea en serrant sa main dans la sienne.

Le tambour se tut et il se fit un lourd silence dans la cour, sous le ciel nocturne. Helena sursauta en entendant frapper trois fois contre la porte fermée.

— *Kyaa tjaahí*, que désirez-vous ? cria le portier, un Rajpoute de haute taille en longue veste blanche, un turban rouge sur la tête, une épée étincelante au côté.

— *Maiñ mérii dulhin tjáahtaa*, je réclame ma fiancée, lui fut-il répondu d'une voix forte et assurée de l'autre côté du mur, à peine assourdie par la porte en bois massif.

Il y eut à nouveau trois coups, la même question et la même réponse ; la scène se déroula une troisième fois. Le Rajpoute fit alors signe d'ouvrir la porte.

S'écartant lentement, les battants permirent de voir un groupe de cavaliers éclairé par des flambeaux. Les chevaux entrèrent au pas dans la cour. Tous les cavaliers étaient des Rajpoutes habillés de blanc, enturbannés de rouge, l'air martial, inspirant le respect. À leur tête un Rajpoute sur un cheval blanc, le seul à porter un turban blanc orné d'une pierre étincelante. Sa culotte de cheval blanche était enfoncée dans des bottes et la longue veste à col droit était recouverte d'une fine résille en fil d'or qui scintillait à chaque pas. D'une main il tenait fermement les rênes, l'autre fièrement et négligemment posée sur la hanche.

Un Indien... Grands dieux, ils veulent me marier avec un Indien... L'horreur paralysa Helena jusqu'à ce qu'elle finît par reconnaître Ian. Sa peur fit place à l'étonnement, à l'incrédulité. Dans sa tenue typique des Rajpoutes, à la lueur vacillante des flambeaux, il donnait l'impression d'être un des leurs, sa peau paraissait plus sombre, ses traits accusés plus exotiques. Et pourtant c'était lui, cela ne faisait pas de doute, elle le reconnaissait à sa manière de monter, à son sourire moqueur.

Les chevaux s'immobilisèrent dans l'air vif du désert entrant par la porte ouverte. Les battants se refermèrent. Les cavaliers mirent pied à terre, laissant les rênes aux valets, puis firent face à Helena et à Djanahara.

Celle-ci, menant Helena par la main, contourna lentement le feu qui brûlait maintenant avec de hautes flammes. Elle s'arrêta devant Ian et les Rajpoutes.

— *Maiñ dénaataa mérii bétii huuñ*, je te donne ma fille, dit-elle haut et fort.

Comme Djanahara le lui avait indiqué, Helena mit autour du cou d'Ian un collier de fleurs qui lui donna un aspect étrange avec sa veste aux broderies magnifiques et son pendentif ciselé au bout d'une longue chaîne. Les mains jointes, il s'inclina, devant Djanahara d'abord, puis devant Helena qu'il prit par la main et mena de l'autre côté du feu, en direction des coussins surmontés d'un baldaquin en soie blanche.

Un prêtre entonna en une étrange mélopée les antiques paroles de la sainteté nuptiale. L'air était chargé d'encens, odeur douceâtre et étourdissante. Tremblant de tout son corps, Helena sentit durant la cérémonie la main d'Ian qui serrait ses doigts engourdis.

Des heures semblèrent s'écouler avant que le prêtre ne s'avançât vers eux et entourât Ian, qui s'inclina bien bas, d'une longue écharpe brodée dont il noua une extrémité avec le bout du *sari* d'Helena. Ainsi symboliquement unis devant les dieux, ils firent lentement le tour du feu, une fois, deux fois, sept fois au total, pendant que le prêtre continuait à psalmodier, la foule, muette, se devinant plus qu'elle ne se voyait dans l'obscurité. Le prêtre tendit ensuite à Ian une coupe contenant de la poudre de cannelle. Celui-ci y enfonça l'anneau de son annulaire et marqua de rouge le front d'Helena.

À cet instant éclatèrent des cris de joie assourdissants ; hommes, femmes et enfants se ruèrent sur eux pour les féliciter ; ils furent arrosés par une pluie de grains de riz et de pétales de roses, puis commença la musique : du tambour, un instrument à cordes à tonalité aiguë, des chants sensuels, joyeux, entonnés par des femmes. Helena était assise sur un coussin, raide, acceptant, distraite, les embrassades et les exclamations d'enthousiasme des femmes et même le bref baiser sur la joue de Jason qui, dans son costume blanc inspiré de ceux des Rajpoutes, s'empressa de retourner se joindre aux autres enfants jouant et criant entre les gens assis par terre. Des femmes, dans un tourbillon de soie multicolore, dansaient avec entrain, leurs bracelets et leurs colliers tintant en mesure ; même les Rajpoutes d'ordinaire si sérieux se laissaient gagner par l'ambiance, frappant dans leurs mains et entonnant les chants.

Helena regardait Ian nonchalamment assis sur son coussin, lui tournant à demi le dos, échangeant en hindoustani des propos animés avec quelques hommes, éclatant de rire avec eux sans arrêt. Il s'inscrivait si parfaitement dans cette scène et ce décor étrangers pour lui qu'on aurait pu penser qu'il avait passé sa vie avec ces gens, qu'il était l'un des leurs… *Rajiv, le caméléon.*

Prenant son verre, il rencontra son regard. Son visage s'éclaira d'un sourire chaud et doux, et Helena trembla devant l'abîme de ses yeux. Il se pencha vers elle et lui prit la main.

— Fatiguée ?

Elle acquiesça mais n'aurait su dire si elle avait effectivement sommeil ou bien si sa tête était si lourde à cause de l'odeur envoûtante d'encens, de bois et de fleurs. Pressant ses lèvres contre la paume de sa main, il se leva.

— Allons-y !

Ils se retirèrent sous les rires et les plaisanteries salaces des hommes qui tapaient Ian sur l'épaule, se frayant un chemin entre les gens avachis sur les coussins dispersés dans toute la cour ou assis en tailleur sur le sol nu, tous plongés dans des discussions animées et se régalant des friandises disposées un peu partout dans des assiettes d'argent.

À l'intérieur du palais, ils furent accueillis par le silence et presque par le froid après la chaleur dispensée par le feu. Plusieurs servantes les doublèrent sans bruit. Tenant Ian par la main, Helena parcourut des couloirs qu'elle n'avait encore jamais vus, avant d'arriver à une pièce dont la porte à deux battants était ouverte. Les jeunes filles, rangées de part et d'autre de la porte, s'inclinèrent, regardant le sol.

C'était une vaste pièce, haute de plafond, à peine éclairée. Il y avait dans l'air une odeur de roses, lourde et douce, des pétales étaient répandus sur le sol de pierre, sur les coussins et les draps du large lit aux montants sculptés supportant un ciel de lit blanc.

À la vue du lit, l'angoisse monta en Helena. S'efforçant d'éviter le regard d'Ian, elle chercha des yeux quelque chose susceptible de détourner son attention, mais la pièce était vide. Du coin de l'œil, elle vit Ian prendre place sur l'unique fauteuil tandis qu'une servante lui ôtait ses bottes. Il eut un signe de la main, on entendit un froissement de soie, un bijou tinter, la porte se refermer doucement. Sentant qu'Ian s'était levé, elle s'obligea à le regarder.

Il avait enlevé son turban et sa veste brodée ; il se tenait là, dans une simple chemise blanche, pieds nus, et il répondit à son regard avant de s'avancer lentement vers elle. Helena comprit que, cette nuit, elle n'aurait pas d'échappatoire, mais, étrangement, elle n'éprouva aucune envie de fuir ce qui allait arriver.

Précautionneusement, il fit glisser le bout du *sari* de sa tête et elle frémit à ce contact. Il caressa sa joue avec le dos de la main, elle leva son visage vers lui. Il la regarda au fond des yeux, les siens brillant d'une sourde ardeur. Elle sentit ses genoux céder quand ses lèvres se posèrent sur les siennes, comme si s'assouvissait une envie longtemps retenue. Elle laissa échapper un petit soupir et sut que son mari souriait.

— Petite Helena... Tu t'es longtemps défendue, mais même toi tu ne pourras échapper à l'enchantement de cette nuit...

Il l'embrassa plus fort, tout en faisant glisser le *sari* de son épaule. Ses mains caressèrent ses hanches et il l'attira contre lui. Helena poussa un léger gémissement. Sa bouche parcourut son visage, descendit le long de son cou, tandis que, lentement, la soie qui entourait son corps se déroulait et finit par tomber à terre. Il ouvrit un à un les boutons du *choli*. Elle sentit sur sa peau la fraîcheur de l'air de la pièce. Elle eut l'impression qu'une partie d'elle-même qui se défendait jusqu'ici de ses contacts et de sa proximité était anesthésiée par les parfums, les couleurs et les sons de cette nuit qui, en revanche, éveillaient la part sensuelle de son être. Ses mains, sous la chemise, partirent à la découverte des épaules d'Ian. Elle sentit la chaleur de sa peau, la dureté des muscles, et, impatiente, elle se mit à tirer sur le tissu mince mais encore trop épais pour elle. Il s'en débarrassa. Pour leurs peaux échauffées, la fraîcheur et la douceur des coussins furent comme une caresse quand ils s'affalèrent sur le lit.

Les doigts d'Helena se prirent dans un collier d'argent et, bien que ne l'ayant encore jamais remarqué, elle sut instinctivement qu'il le portait toujours.

— Qu'est-ce que c'est ? demanda-t-elle en examinant le pendentif.

— La canine d'un tigre que j'ai abattu un jour, murmura-t-il entre deux baisers tout en repoussant sans violence Helena dans les coussins.

Mais, lui échappant, elle tourna dans tous les sens la dent sertie dans de l'argent.

— Que signifie-t-elle ?

— Défense et invincibilité, chuchota-t-il dans ses cheveux.

Il arrosa son visage de son souffle brûlant, la mordit délicatement dans le cou. Elle fut parcourue de frissons glacés et brûlants. Quand il essaya de l'attirer contre lui, elle sentit sous sa main, à l'épaule, quelque chose de rêche et d'irrégulier. Horrifiée, elle suivit du doigt la cicatrice s'étirant de la clavicule au bras, en passant par l'épaule, du même côté que la cicatrice de la joue.

— Ian, que s'est-il… ?

Il lui ferma la bouche d'un baiser pressant, exigeant. Sous ses mains à la fois douces et impérieuses, elle se cabra de plaisir et de désir. Ensuite, quelque chose de dur et de chaud pénétra en elle en même temps qu'elle sentait le visage d'Ian au-dessus d'elle ; ce fut une douleur vive, une brûlure. Elle poussa un cri, repoussa Ian tout en s'agrippant à lui, avant d'être submergée par une chaleur indicible, son corps et son âme vibrant à l'unisson, prise d'ivresse et de vertige. Les vagues de l'oubli s'abattirent sur elle.

Le soleil éblouissant de midi la réveilla. Un sentiment de fade abandon s'empara d'elle quand, se retournant, elle découvrit les draps froissés, vides et froids.

14

Helena était assise, oisive, sur les coussins des marches de la cour intérieure où le soleil de fin d'après-midi franchissait encore les murs. L'air embaumait les fleurs et la pierre chaude. Son *sari* bleu paon au large ourlet turquoise et aux broderies en fil doré lui tenait frais. Elle ramena les jambes et posa le menton sur ses genoux, l'air pensif. Elle regarda Jason s'amuser comme un fou avec quelques enfants. Le temps semblait ici ne pas avoir d'importance : telle une île impérissable, Surya Mahal vivait au cœur de l'océan de pierre et de sable de la lointaine Rajputana. Helena ne s'était ainsi pas aperçue que, dans le reste du pays et conformément à la datation imposée par les colonisateurs anglais, l'année 1877 avait commencé. Et pourtant, ses jours et ses nuits se traînaient interminablement. Dans cette maison, elle n'avait rien d'autre à faire que rester assise au soleil et assister aux progrès de Jason qui, grâce à la compagnie des enfants à la peau sombre qui le considéraient comme l'un des leurs, parlait de plus en plus couramment l'hindoustani. Il prospérait à vue d'œil et prenait des couleurs.

Le repos auquel elle était contrainte – entre la somnolence dans la cour ensoleillée du *zenana* et le rythme invariable de la vie quotidienne où chacun de ses désirs était exaucé avant même qu'elle les eût exprimés – et la nourriture copieuse avaient commencé à exercer leurs effets : ses hanches s'arrondissaient et sa poitrine tendait les étroits *cholis*. Mais elle était en proie à une agitation intérieure ; elle avait peine à s'avouer qu'elle attendait avec impatience le retour d'Ian.

Ses lèvres gardaient la brûlure de ses baisers, sa peau les traces que ses mains y avaient laissées. Le bouillonnement de son bas-ventre, tantôt douloureux, tantôt agréable, qui se manifestait à nouveau de temps à autre lui rappelait le bonheur de cette nuit. Chaque fibre de son corps vibrait encore de la jouissance qu'elle avait ressentie.

Huzoor était parti à cheval au petit matin, avait complaisamment raconté la servante qui, venue changer les draps, considérait avec satisfaction les gouttes de sang laissées entre les pétales de roses par la perte de la virginité d'Helena. Personne ne savait quand lui et Mohan Tajid reviendraient. Le petit-déjeuner, pourtant composé de *chapatis* et d'un chutney de mangue, de noix de coco, de pommes et de cannelle, avait semblé fade à Helena. L'idée que, cette nuit, il s'était contenté d'accomplir son devoir et qu'elle lui était apparue comme trop inexpérimentée, trop raide, lui serrait l'estomac. Elle se haïssait de vouloir lui plaire, être désirée ; plus elle luttait contre cette envie, plus celle-ci la brûlait. Comme si Ian avait pris possession non seulement de son corps mais aussi de son âme.

Un froissement de soie et le tintement de bijoux la firent sursauter. Nazreen, une des servantes les plus âgées, s'avançait vers elle. Elle lui fit signe de loin.

— *Huzoor* est de retour, *memsahib* !

Le cœur d'Helena se mit à cogner douloureusement contre ses côtes et elle bondit sur ses pieds, avec une sensation agréable au niveau de l'estomac. Elle voulut aller à sa rencontre. Mais elle fut arrêtée par Nazreen.

— Il veut que vous l'attendiez dans votre chambre jusqu'à ce qu'il envoie quelqu'un vous chercher, *memsahib*.

Helena crut un instant que le sol allait s'écrouler sous ses pieds. Elle regarda la femme d'un air incrédule.

— C'est l'ordre qu'il a donné, confirma celle-ci, un éclair de pitié dans les yeux.

Helena tiqua et fit lentement demi-tour, chaque pas lui étant une épreuve. Une pareille humiliation !

Les derniers rayons du soleil avaient depuis longtemps disparu derrière les murs du palais. Les chauves-souris glissaient d'un vol furtif au-dessus de la cour puis disparaissaient silencieusement. Déjà brillaient les premières étoiles dans l'obscurité et Helena attendait toujours, seule, dans la chambre où elle avait vécu sa nuit de noces et dont le vide, depuis, lui avait gâché le sommeil. C'est à peine si elle remarqua une servante qui traversa la pièce sans bruit, éteignit les lanternes et s'éloigna tout aussi discrètement.

L'air frais de la nuit inondant la pièce fut impuissant à adoucir la brûlure de honte sur les joues d'Helena. Il la trouvait donc inintéressante, laide, cela ne faisait plus aucun doute. Mais alors, pourquoi avait-il voulu à tout prix l'épouser ?

Furieuse, elle s'extirpa de son *sari* et faillit arracher les boutons de son *choli* avant d'enfiler sa chemise de nuit. Puis elle se laissa tomber sur le tabouret devant sa coiffeuse en marbre veiné. Sous la douce lumière d'une lanterne, le miroir renvoya à Helena une image floue. D'un geste mécanique, elle passa dans ses cheveux une brosse en argent ciselé. Ses boucles drues et souples flattaient un visage moins anguleux que naguère. La flamme se reflétait avec éclat dans ses yeux. Elle resta un petit moment absorbée dans ses pensées, contemplant son image, puis, soudain, elle jeta la brosse sur la coiffeuse et se leva d'un bond.

Son écharpe *pashmina* sur les épaules, elle parcourut à grands pas les couloirs faiblement éclairés et d'un vide cauchemardesque. Au premier angle, elle croisa une jeune servante qui, effrayée à sa vue, serra contre son corps un plateau d'argent avec les restes d'un dîner.

— *Huzoor kaháan hai ?* lui lança Helena.

La jeune fille la regarda avec de grands yeux effarouchés tout en montrant la porte en bois sombre derrière elle.

Helena ouvrit la porte avec brusquerie et entra. Lambrissée de bois entre des rayonnages pleins de livres, la pièce, avec ses tapis épais, était plongée dans une obscurité que ni les lanternes ni le feu dans la cheminée n'arrivaient à vaincre. Ian la regardait, effaré, derrière un bureau massif occupant une grande partie de la pièce. Un garçon de courses en veste et pantalon blancs à qui il venait de remettre plusieurs enveloppes la fixait, bouche bée.

— *Tjelo !* ordonna Ian avec un signe de tête en direction de la porte.

Le garçon, se ressaisissant, s'inclina bien bas devant lui, puis devant Helena, non sans lui lancer sous ses paupières baissées un regard plein de curiosité qui la fit rougir, avant de s'éclipser. Ian se laissa retomber dans son fauteuil et alluma une cigarette.

— Toutes mes félicitations ! Tu viens de bouleverser sa vision du monde. À ce qu'on pense généralement ici, les *memsahibs* n'ont pas de jambes. Que veux-tu donc ?

Attendant une réponse, Ian la contemplait à travers un nuage de fumée. Helena lui rendit son regard, le défiant du menton.

— Tu m'as laissée attendre toute la journée !

— J'avais plus important à faire.

Elle rejeta la tête en arrière, les yeux étincelant de colère.

— Je ne suis pas une de tes filles *nauj* que tu peux faire venir et repartir à ta guise, juste parce que tu les payes.

Les coins de ses lèvres se plissèrent légèrement tandis qu'il se penchait en avant pour écraser sa cigarette dans un cendrier.

— Je devrais accorder un peu plus d'attention au vocabulaire que t'enseigne Mohan Tajid. Mais ta comparaison n'est pas si inexacte que ça, car, en définitive, tu t'es toi aussi vendue à moi. Du reste, tu étais un peu chère, si on te compare avec les bayadères qui ont été éduquées, toute leur vie, afin de plaire aux hommes.

Helena trembla de colère retenue, la jalousie à l'évocation d'Ian se divertissant avec une fille gracile et à la peau sombre la mettant au supplice.

— Ça, je ne suis pas obligée de le supporter, lui cracha-t-elle au visage, des larmes de fureur dans les yeux. Pas de ta part !

Elle tourna les talons, mais, avant qu'elle eût pu atteindre la porte, Ian l'avait attrapée par le bras et retournée vers lui. Elle lutta pour se dégager. Il l'attrapa par le menton, la forçant à le regarder.

— Oh si, que tu es obligée ! Cette partie du Rajputana est libre, hors du contrôle anglais. Ici, seule la loi de l'hindouisme est en vigueur. Nous avons été mariés selon le rite hindouiste, et tu es par conséquent ma propriété !

Helena eut peur du feu de ses yeux, mais la haine montant en elle lui donna de la force. D'une secousse elle libéra sa tête et une main. Elle avait déjà pris de l'élan pour frapper quand Ian parvint à lui tordre le bras dans le dos. Elle poussa un cri de douleur. Il eut un petit rire.

— Ne prends donc pas cette peine, je serai toujours plus rapide que toi.

Il la serrait si fort contre lui qu'elle sentait ses muscles sous son habit. Sans relâcher le moins du monde sa prise, il caressa son visage de ses lèvres. Elle frissonna.

— Avoue que je t'ai manqué, chuchota-t-il avant de plonger ses yeux dans les siens.

Muette, elle le défia du regard, mais il appuya ses lèvres contre sa bouche avec tant de force que c'en était presque douloureux. Elle poussa un cri étouffé quand ses genoux cédèrent, sachant qu'elle venait de se trahir. Le souffle court, elle répondit à ses baisers, les buvant comme une morte de soif, enragée de désir, se serrant contre lui, insatiable. Pantelante, elle ouvrit les yeux. Mais il la repoussa soudain et la tint à bout de bras, souriant, l'air méchant.

— Oh non, ma petite Helena, murmura-t-il d'une voix rauque, tu ne vas pas t'en tirer si aisément.

Il lui souhaita une bonne nuit en effleurant sa joue de ses lèvres, puis il l'abandonna, abasourdie, et referma la porte derrière lui.

Helena se réveilla en sursaut. Son cœur battait à se rompre, des mèches de cheveux étaient collées contre ses joues humides. Hébétée, elle regarda autour d'elle. Elle fut incapable de se rappeler comment elle avait regagné son lit, mais un regard sur l'autre côté du lit, où les draps n'étaient pas froissés, lui confirma qu'elle avait de nouveau dormi seule. L'humiliation de la nuit lui revint alors en mémoire. La colère se mêla au malaise et à l'inquiétude qui l'avaient tirée du sommeil. Il ne lui restait plus en tête que de vagues souvenirs de son rêve : elle courait éperdument, fuyant une menace palpable, restée pourtant nébuleuse et donc d'autant plus inquiétante. Elle crut se rappeler qu'elle avait voulu mettre Ian en garde, mais elle était incapable de dire contre quoi. Ou bien était-ce quelqu'un qui avait voulu la mettre en garde contre Ian ? Elle ne se souvenait plus…

Elle se laissa retomber dans les oreillers en soupirant, s'abandonnant au sentiment de malaise qui l'habitait. C'est à contrecœur qu'elle leva les yeux quand la porte s'ouvrit : une servante entra, portant le plateau du petit-déjeuner et suivie de Nazreen qui portait, elle, soigneusement pliées, la culotte de cheval et la chemise dans lesquelles Helena était arrivée au palais.

— *Huzoor* souhaite faire une sortie à cheval avec vous, *memsahib*, annonça celle-ci, rayonnante de joie.

Qu'il aille au diable, lui et ses chevaux, se dit Helena, mais l'idée d'une chevauchée en plein air fut pour elle comme un signal magique, irrésistible : au bout de quelques secondes de lutte intérieure, elle ravala sa fierté.

Aussi, peu après, traversait-elle à grands pas la cour derrière l'entrée du palais, partagée entre colère et excitation joyeuse. Ian attendait déjà, bavardant et plaisantant avec un palefrenier. Il se retourna. Son pantalon moulant, enfoncé dans ses bottes, et son étroite veste d'équitation brune sur laquelle tranchait sa chemise blanche soulignaient la fierté en même temps que la souplesse de son maintien ; un léger souffle de vent agita ses cheveux ondulés. Ses traits rudes s'adoucirent dans un sourire. Helena sentit le désir et la nostalgie courir dans ses veines. La mine hautaine, elle rejeta ses cheveux en arrière en lui lançant un « bonjour » glacial quand il vint à elle.

— Bonjour, Helena, répondit-il d'un ton chaleureux en se penchant pour l'embrasser, mais elle détourna vivement la tête.

Son odeur musquée faillit la faire défaillir. Elle vit une étincelle amusée briller dans ses yeux tandis qu'il ajoutait :

— As-tu bien dormi ?

— J'espère que toi aussi, où que tu aies passé le reste de la nuit !

Son sourire grandit encore.

— Oh oui, certainement, rétorqua-t-il, l'air réjoui.

Helena ressentit un coup au cœur.

Deux palefreniers amenèrent les deux chevaux, un étalon noir et une jument blanche. Époustouflée par leur beauté, Helena oublia un moment son mécontentement et son humiliation. Fins et élancés, tout en muscles, chargés d'énergie, ils n'avaient rien à voir avec les chevaux de bât, massifs et bonne pâte, qui les avaient amenés jusqu'ici. La courbure des têtes hautes et fières, la finesse des articulations et le brillant de leur robe trahissaient le sang arabe coulant dans leurs veines.

— Que tu es belle! chuchota involontairement Helena en passant une main précautionneuse sur les naseaux de la jument.

L'animal la regarda de ses grands yeux intelligents, avec prudence mais confiance aussi, la bourrant amicalement de la tête. Ian, de son côté, prit les rênes des mains du palefrenier et caressa les flancs de l'étalon avec tendresse, une expression d'affection dans les yeux. *J'aimerais qu'il me regarde comme ça...*

— Il est dit, dans les histoires de l'émir Abd el-Kader que Dieu s'adressa ainsi au vent du sud: «Prends un peu de consistance! Je veux faire de toi un être nouveau», commença Ian comme se parlant à lui-même. Il prit une poignée de la matière ainsi obtenue, créa le premier cheval et dit: «Je t'appelle cheval. Tu es un Arabe et je te donne le châtain des fourmis. Tu seras le roi des animaux.» Il créa ensuite d'autres chevaux auxquels il donna le noir des corbeaux, la rouille des renards et le blanc des ours polaires. Il laissa ensuite partir le troupeau qui se dispersa sur la terre. Et jusqu'à aujourd'hui chaque cheval a en lui le souvenir du vent du sud dont il descend.

Ian tendit les rênes de la jument à Helena avec un sourire difficilement déchiffrable.

— Elle s'appelle Shakti, comme le côté lumineux de l'épouse de Shiva, le principe féminin. Elle est née dans les écuries de Shikhara et y a passé ses deux premiers étés dans les prairies.

L'haleine chaude d'Ian sur sa joue fit courir un frisson le long du dos d'Helena qui se hâta de monter en selle. Elle le haïssait de pouvoir ainsi, par quelques phrases, un sourire, sa présence, faire fondre comme neige au soleil sa colère.

Un violent hennissement la fit se retourner. Sans raison visible, l'étalon avait pris peur et s'était cabré. Le garçon d'écurie qui le menait par la bride se baissa, effrayé. Ian sans hésiter lui prit le harnais des mains, attrapa avec adresse les étriers et bondit sur le cheval récalcitrant, les palefreniers se tenant à distance respectueuse des sabots. L'animal se cabra, se secoua violemment avant de finir par se calmer en s'ébrouant, sensible aux paroles d'apaisement de son cavalier.

— Et lui s'appelle donc Shiva, remarqua Helena, sarcastique.

Ian éclata de rire.

— Exactement. Et c'est un diable authentique comme tu peux le voir !

Exactement comme toi, songea Helena, les sourcils froncés. Le regard moqueur que lui lança Ian lui révéla qu'il avait deviné ses pensées. Elle le fixa, furieuse, mais, une lueur dans les yeux, il fit se tourner sa monture.

Helena fut soulagée, les gardes omniprésents ayant ouvert la porte, de pouvoir se concentrer sur les rênes et de s'occuper de conduire la jument par la seule pression de ses cuisses. Elle constata avec surprise que Shakti semblait deviner ce qu'elle voulait d'elle avant même qu'elle eût pu le lui signifier à l'aide des rênes. Et pourtant, elle le sentait, un tempérament de feu se cachait sous le calme et l'apparente douceur de la jument.

Le choc des sabots sur le sol de pierre uni se transforma en un sourd crissement quand ils arrivèrent sur le sol caillouteux du désert et, aussitôt, les chevaux adoptèrent un trot léger. Le soleil luisait, pâle en ce matin d'hiver, dans un ciel bleu-gris. Il n'y avait que silence sur cette terre jaune et grise, poussiéreuse, aux buissons épineux délavés et aux rares arbres noueux. Il faisait frais et Helena fut reconnaissante à Nazreen de lui avoir fait mettre sa veste d'équitation à manches longues. Elle-même avait sous-estimé l'hiver dans cette région. Aussi loin que portait la vue, le paysage était vide, inhospitalier ; seule une buse qui, ailes déployées, décrivait des cercles au-dessus de leurs têtes donnait un signe de vie. Comme d'eux-mêmes Shakti et Shiva accélérèrent l'allure, poussant de temps à autre un hennissement joyeux. Helena était elle aussi de meilleure humeur, s'emplissant les poumons d'un air pur sentant la poussière et la terre sèche, les feuilles sèches et le bois.

Le soleil, plus haut dans le ciel maintenant, la réchauffait. Du coin de l'œil, elle vit Ian se faufiler hors de sa veste, tenant les rênes d'une seule main. Son regard tomba sur deux pistolets dans leur étui, qu'il portait par-dessus sa chemise, l'un à sa gauche, l'autre à sa droite.

— Sont-ils vraiment nécessaires ?

— Dans bien des régions de ce pays, les gens souffrent de la faim en cet hiver, du Bengale au Pendjab, parce qu'il a trop plu l'année passée. Des troubles ont éclaté çà et là, notamment pas très loin d'ici. Je ne veux pas courir le moindre risque, même si la situation s'est un peu détendue, ce dont Mohan et moi avons pu nous persuader de nos propres yeux. J'ai eu des occupations plus sensées que de me traîner d'un lit à l'autre.

Helena rougit, honteuse et mécontente.

— En quoi cela te regarde-t-il ? N'est-ce pas le problème du gouvernement anglais ?

— Certainement, répondit Ian, tout à fait sérieux, sauf que les colonisateurs anglais se soucient peu du bien-être de la population indienne : les *niggers* ne manquent pas, ils sont des millions, et que des dizaines de milliers d'entre eux meurent de faim, du choléra, de la malaria ou de la dysenterie, ils s'en moquent. Et moins nombreux ils sont, plus il est facile de contrôler le pays. La stabilité et la pérennité de la domination anglaise ne sont que façade, illusion. Les soldats et les fonctionnaires de la Couronne ne comprendront jamais que l'Inde est un pays sauvage, indomptable qu'on peut aimer ou haïr, mais jamais dominer.

Helena eut l'impression qu'Ian tremblait d'une haine froide contre leurs compatriotes. Elle en eut la chair de poule.

— Tout ce que le pays et ses habitants produisent de richesses, sous forme de jute et de coton, de thé et de graines oléagineuses, de cuir, de céréales et d'impôts aussi, est investi dans des parades, des bals et des maisons de maître quand il ne part pas tout simplement en Europe, mais n'est pas investi dans des biens de consommation ou la construction d'un réseau ferré dans des régions éloignées des principaux sites militaires ou économiques. En outre, les Anglais sont partisans du *laissez-faire*[1] : tout finira bien par s'arranger ! Au plus grand profit de la Couronne britannique, bien sûr !

Il fronça les sourcils, mi-furieux, mi-songeur.

— Eh bien non. Ce sont *mes* gens, je suis responsable d'eux. En définitive, poursuivit-il, en adoptant un ton apparemment léger mais non dénué d'une

---

1. En français dans le texte.

certaine âpreté, en définitive je dois tout simplement aussi me préoccuper de vous emmener sains et saufs au Darjeeling. Des gens affamés sont plus dangereux et imprévisibles que des tigres sanguinaires. Je n'ai pas envie de tomber en route entre les mains de pillards.

— Comme sur la route de Jaipur ?

Semblant ne pas remarquer son regard insistant, Ian ne réagit pas à la virulence de la question, mais, imperturbable, regarda droit devant lui, scrutant l'immense étendue de pierres et de terre. Un fennec, du sommet d'une butte, regardait avec curiosité passer les deux cavaliers. Au bout de quelques secondes, il déguerpit d'un pied léger.

— Tu n'as plus besoin de penser à ça !

— Mais j'y pense ! cria-t-elle. Finalement, ça me regarde aussi, moi et Jason, on l'a bien vu !

Elle avait sans le vouloir tiré sur les rênes, si bien que Shakti ralentit l'allure avant de s'arrêter. Ian stoppa également Shiva et fixa Helena.

— Crois-moi, ni toi ni Jason n'avez jamais été en danger. Et vous ne le serez pas. Je te donne ma parole.

Concentrée, plissant les yeux, elle le regarda. Elle n'aurait pu dire ce qui, chez lui, suscita en elle cette soudaine inspiration, mais elle lui lança :

— Que me caches-tu ?

Elle crut voir tressaillir la commissure de ses lèvres. Il baissa les yeux d'un air pensif avant de la regarder à nouveau, la dureté inscrite sur le visage.

— Non, Helena, savoir est parfois dangereux. Je vais mon chemin et je le suivrai seul.

— Tu oublies que tu as fait de moi, contre mon gré, une partie de ta vie !

S'appuyant d'un bras sur le pommeau de sa selle, Ian opina d'un air soucieux.

— Je sais et, crois-moi, il y a bien des moments où je le regrette.

Ce fut pour elle comme une gifle. Aveuglée de fureur et de douleur, elle fit faire demi-tour à Shakti et lui planta les talons dans les flancs, la jument se cabra avec un hennissement de protestation, fit quelques bonds sur place avant d'emporter Helena en un galop farouche.

Le vent froid mordit Helena au visage, lui fit pleurer les yeux; les sabots de la jument soulevaient des jets de poussière et de pierres; ses halètements se confondaient avec les ébrouements de sa monture. Le bruit des sabots redoubla soudain. Un rapide coup d'œil par-dessus l'épaule lui permit de voir qu'Ian, lancé à sa poursuite, l'avait rattrapée. Ne faisant qu'un avec son cheval, il semblait voler, concentré, tendu, animé d'une violence primitive. Il profita de ce bref moment d'inattention pour saisir les rênes de la jument. Les deux montures, galopant de concert, ralentirent l'allure, tremblant, soufflant, couverts de sueur. Sautant de son cheval sans attendre qu'il fût à l'arrêt, Ian arracha Helena à sa selle.

— Tu as perdu la tête? l'admonesta-t-il, la secouant si fort qu'elle se baissa pour se protéger. Si tu tiens absolument à te rompre le cou, c'est ton affaire, mais je n'admettrai pas que tu abîmes un cheval de ce prix!

Les doigts d'Ian s'incrustèrent douloureusement dans son bras; frappant et donnant des coups de pied, elle tenta d'échapper à sa poigne de fer. Sa colère devant son impuissance et son infériorité physique la brûla soudain intérieurement, lui ôtant toute force.

Elle abandonna la lutte. Le souffle court, elle était collée à sa poitrine qui se soulevait et s'abaissait précipitamment elle aussi. D'un instant à l'autre, l'étreinte violente se mua en une proximité enivrante. Comme d'elles-mêmes, leurs lèvres entamèrent un dialogue muet. Question et réponse, nouvelle question, nouvelle réponse, un rythme endiablé auquel leurs sens ne résistèrent pas.

Aime-moi, se dit-elle avec désespoir quand il l'entraîna à terre, qu'ils s'arrachèrent l'un à l'autre leurs vêtements du corps, *aime-moi comme tu aimes ce pays, pas plus et pas moins…*

15

Lentement, la brume matinale se leva, dévoilant l'immense delta du Gange, ses terres alluviales fertiles recouvertes de palmiers dont on distinguait presque les silhouettes. De petits vapeurs et des voiliers ainsi que de minuscules embarcations se tenaient à distance respectueuse du *Pride of India*, tanguant violemment dans son sillage. En dépit de la distance, Richard Carter aperçut le long et rectiligne mur de pierre, sur la rive du Hooghly, le puissant affluent du Gange sacré, mur sur lequel s'élevait, provocant, Fort William. C'est autour de ce fort que la ville s'était développée, symbole de la ténacité de la domination anglaise sur le sous-continent. Bâtie sur la boue du Gange, sans fondations solides, à quelques pieds seulement au-dessus des eaux du fleuve, la deuxième ville de l'Empire britannique, la Londres orientale, la ville des palais, riche du commerce de ses innombrables docks, fière d'être le siège administratif de la colonie anglaise dont elle était la capitale, ville célèbre pour sa magnificence et son éclat, mais abritant des multitudes humaines, connue pour son bruit, sa saleté et sa misère : le pire endroit de l'univers, comme l'avait qualifiée le siècle précédent Robert Clive, gouverneur du Bengale.

Derrière le fort s'étendait le Maidan, le grand parc de la ville, rendez-vous des flâneurs, propice aux flirts et aux contacts sociaux, de même que le champ de courses qui le bordait et sur lequel plus d'un lieutenant avait dilapidé sa solde, voire la fortune famililiale. La Chowringhee Road, principale artère de la ville, bordée d'hôtels de luxe, de restaurants, d'entrepôts, de comptoirs et de clubs très fermés, n'avait rien à envier aux boulevards des métropoles européennes. Des boutiques d'horlogers, de bijoutiers et de modistes cherchaient à attirer la riche clientèle. La cathédrale St. Paul, avec son clocher carré, son transept au pignon délicat, ses ogives en pierre presque blanche, se dressait au-dessus des pelouses toujours vertes. Les *ghâts*, les escaliers au bord de l'Hooghly qui avaient donné son nom à la ville, étaient flanqués de nombreux temples hindouistes, voués à la déesse Kali, couverts du sang des chèvres sacrifiées et des hommes qui avaient donné leur vie pour la protectrice de la ville. Il y avait aussi d'élégantes demeures, des villas et des hôtels particuliers au beau milieu de ruelles à la propreté douteuse, de bordels et de bouges, sans compter les bazars colorés ou les fourmilières qu'étaient les quartiers chinois et arménien. Telle était Calcutta.

Richard Carter, malgré lui, serrait entre ses mains le bastingage. Qu'est-ce qui l'avait donc poussé à entreprendre ce voyage ? Bien que s'étant juré de ne plus jamais remettre le pied dans ce maudit pays, il avait réglé ses dernières affaires dans sa filiale londonienne, donné des directives pour le temps indéterminé de son absence et réservé une place pour sa traversée, fiévreusement, pris d'une impatience dont il n'était pas coutumier. Mais pourquoi donc ?

Il connaissait la raison de ce comportement, aussi irrationnelle, extravagante fût-elle. Cela n'avait duré qu'un instant mais il en gardait le souvenir dans son cœur où s'était allumé un feu qui brûlait de plus en plus fort à mesure que le temps passait. Il ne disposait d'aucun indice susceptible de l'assurer qu'elle éprouvait les mêmes sentiments que lui, et pourtant, durant toutes ces semaines, il n'avait pas hésité une seconde à entreprendre ce voyage ou à le différer. À considérer froidement les choses, c'était de la démence pure : elle était mariée et l'Inde un pays immensément grand. Même s'il parvenait à ce qu'ils se revoient, qui pouvait lui garantir qu'il gagnerait son cœur ? De garanties, il n'en avait aucune. Il n'y avait que le risque de tout miser sur une carte. Mais il savait qu'il ne trouverait jamais le repos s'il n'essayait pas.

Le vent fraîchit, frôlant ses cheveux, pareil à une tendre caresse venue de loin. Il ferma les yeux, évoquant en pensée son image, sa silhouette si mince dans sa robe voyante, demi-enfant encore, demi-femme déjà, ses yeux iridescents bleu et vert qui lui rappelaient l'opale qu'il importait d'Australie, la crainte qu'il y avait lue, ces yeux qui le poursuivaient jusque dans le sommeil. Il devait les revoir, ne serait-ce qu'une fois.

— Houhou, monsieur Carter.

Une voix aiguë, à l'aménité affectée, le tira de sa songerie. À pas aussi rapides que le lui permettait un embonpoint que cachaient mal une robe de soie noire et un corset gémissant sous l'effort, une dame d'un certain âge venait à sa rencontre en agitant les bras, un visage rond de plaisir au-dessous de petites boucles d'un brun passe-partout surmontées d'un coquin petit chapeau noir. Richard Carter gémit intérieurement mais s'inclina dans les formes, arborant une mine ravie.

— Bonjour, madame Driscoll. Qu'est-ce qui vous amène de si bonne heure sur le pont ?

— Ah, souffla-t-elle, une main gantée de noir serrée sous son opulente poitrine, nous avons suffoqué toute la nuit là-dessous et nous avons absolument voulu profiter de l'air frais du matin. N'est-ce pas, les filles ? dit-elle, se tournant vers deux jeunes filles qui la suivaient à quelques pas.

La plus âgée, Florence, vivant portrait de sa mère, scrutait le large, mécontente et à demi endormie encore, tandis que sa cadette dévorait des yeux Richard. Lequel Richard ne put se défendre d'un soupçon d'amusement. Peu après que le vapeur avait quitté le port, le quai étant encore en vue, il avait décelé que les trois ladies Driscoll étaient membres d'une redoutable « flottille de pêche » : dames de toutes origines et de tous âges partant pour l'Inde afin d'y trouver un époux, si possible un des nababs ayant réussi et fait fortune à l'étranger ; ou bien des soldats de tout rang, voire des fonctionnaires de l'Empire. Mme Driscoll s'était présentée, elle et ses filles, à tous les passagers, se tamponnant les yeux avec un petit mouchoir bordé de dentelle, quand elle parlait du décès soudain de son cher Hartley dont les économies leur permettaient maintenant, Dieu soit loué, de rendre visite à une lointaine cousine à Calcutta, mariée à un missionnaire qui, à la sueur de son front, évangélisait les sauvages.

— C'est surtout ma petite Daisy qui supporte mal l'air qui règne là-dessous. Elle est tellement délicate !

Ce que Richard trouva fort exagéré, même s'il devait avouer que les fermes rondeurs que le tissu raide et noir de son habit laissait deviner ne manquaient pas d'un certain attrait, ainsi que le rond visage de poupée au nez retroussé, à la peau fraîche et rose et à la cascade de boucles d'or sous un petit capuchon effronté.

Scrutant tour à tour de ses petits yeux d'un bleu translucide l'homme et sa fille, Mme Driscoll interpréta mal l'attention que le gentleman américain accordait à celle-ci. Elle avait d'emblée remarqué ce passager de haute stature, notamment parce qu'il restait sur son quant-à-soi, entretenant avec les autres passagers des relations certes aimables, mais ne l'engageant à rien. Pourtant, toutes ses petites ruses pour faire apprécier les avantages de sa Daisy à cet homme tout aussi sympathique que manifestement fortuné, digne de confiance en raison de la simplicité de son attitude, s'étaient heurtées à sa réserve ainsi qu'à une certaine tendance à la distraction que, chez un homme visiblement aussi important, elle ne trouvait que fort naturelles.

Les livres sterling qu'elle avait glissées en douce à un steward n'avaient rien révélé d'autre que ce qu'elle avait déjà appris par les bavardages à bord : ce monsieur voyageait seul, en première classe, ne portait pas d'alliance mais des costumes sobres quoique d'excellente qualité et n'écrivait pas de lettres de caractère personnel à des destinataires femmes.

Ce fut seulement la veille au soir, alors que, assise, au salon de seconde classe, en compagnie d'un couple assez âgé et fort sympathique, Harriet et Joseph Barnes, se rendant à Delhi pour le mariage de leur fils, elle s'enthousiasmait une nouvelle fois pour cet Américain si modeste et si distingué, que M. Barnes, négociant en gros de textiles à la retraite, avait brusquement abaissé l'édition du *London Illustrated* et l'avait considérée, sourcils froncés, à travers ses verres de lunette ronds.

— Carter, disiez-vous ? Vous ne parlez tout de même pas de *ce* M. Carter ?

Son bref exposé sur Carter Industries and Finance à New York, San Francisco et Londres, un véritable empire réunissant des tissages, des filatures, des ateliers de taille des diamants, des aciéries, des forges, des sociétés de construction et d'investissement, laissa Mme Driscoll pantoise. Il lui fallut appeler Florence et réclamer des sels.

Avec le courage du désespoir, elle avait décidé de tout miser sur une carte avant que leurs chemins ne se séparent à Calcutta. Elle s'était donc extirpée de sa cabine dès potron-minet et avait délogé ses filles de la leur afin de mettre à profit les toutes premières heures matinales.

L'instant étant favorable, elle prit énergiquement la main de son aînée et saisit le taureau par les cornes.

— Oh Florence, mon pauvre cœur... Vous nous excuserez, monsieur Carter, mais j'ai absolument besoin d'une tasse de thé avant que revienne ce voile noir devant mes yeux. Ma petite Daisy sera certainement avec vous entre de bonnes mains, n'est-ce pas ?

Richard la suivit des yeux avec amusement tandis qu'elle s'éloignait, pareille à un navire de guerre naviguant sur des eaux agitées, remorquant une Florence bougonne. Puis il se retourna vers Daisy qui lui était ainsi offerte sur un plateau et qui s'était approchée de lui à distance convenable.

Elle avait agrippé au bastingage ses petites mains dans des gants au crochet et les rubans en satin de son chapeau volaient au vent.

— Êtes-vous… êtes-vous déjà venu en Inde, monsieur Carter ? demanda-t-elle, battant des paupières, la lèvre inférieure tremblant légèrement, sans le regarder en face.

Sentant combien elle s'efforçait de ne pas commettre d'erreur afin de ne pas avoir à affronter sa mère avec la honte d'avoir gâché sa chance, il fut pris d'une vraie pitié pour la jeune fille.

— Non.

Le mensonge lui vint aux lèvres avec tant de facilité qu'il n'eut pas l'impression d'avoir menti. C'était en effet un autre Richard qui avait été en Inde, dans une autre vie, et il n'avait plus rien de commun avec lui, même pas le nom. Comme s'il n'avait jamais existé. Il n'avait aucune raison de s'effrayer, mais, en cet instant, il ressentit comme de la peur.

Ce qu'il craignait le plus, c'était le souvenir.

16

Perdue dans ses pensées, Helena mordilla le bout de son porte-plume avant de froisser la feuille à demi écrite et de la jeter sur le tapis parmi les autres papiers froissés dispersés autour de son bureau. Elle s'appuya en soupirant dans le fauteuil, sa tête reposant sur le cuir frais du dossier.

Même en plein jour, comme c'était le cas, la pièce était plongée dans la pénombre. Le soleil qui entrait par les fenêtres dont les portières étaient écartées n'éclairait que de petits rectangles du sol. On ne voyait que vaguement les tableaux, paysages ou portraits de fiers princes rajpoutes, accrochés aux murs entre les lambris et les bibliothèques. Les corps d'animaux empaillés émergeaient de l'ombre, une buse, une panthère montrant ses dents, des têtes de cerfs et de chevreuils avec leurs bois, la puissante défense d'un éléphant dressée vers le plafond sur son socle en bronze ciselé.

Elle était assise là depuis des heures, recommençant sans cesse une lettre à Margaret, lettre en souffrance, la première depuis un petit mot envoyé de Bombay et annonçant qu'ils étaient bien arrivés. Elle n'y parvenait pas : il y avait tant à raconter, tout ce qu'elle avait vu en ces quelques semaines : le voyage en chemin de fer et à cheval, le palais, les chevauchées en compagnie d'Ian, parfois aussi de Mohan et de Jason, qui lui avaient permis de découvrir les environs. Elle voulait parler des *chattis*, ces baldaquins en marbre entourant le lieu où les princes rajpoutes défunts étaient brûlés au cours d'une cérémonie, parler des empreintes des mains, immortalisées en couleur rouge sur de la pierre, de leurs *ranis* qui les avaient suivis dans la mort en grimpant sur le bûcher, selon la coutume du *sati*, s'unissant ainsi avec eux dans la mort, une coutume perdurant malgré son interdiction par les Anglais cinquante ans plus tôt. Parler aussi des villages qu'ils avaient visités, de l'amabilité des habitants qui venaient à leur rencontre, les priant de partager avec eux leurs *chapatis* et leur riz, leur offrant des cadeaux, *saris* multicolores, cruches peintes, bracelets d'argent martelé, sandalettes finement brodées et pantoufles au cuir aussi souple que du velours. Il était à peine croyable que la terre morte autour de ces villages très éloignés les uns des autres pût offrir assez de pâturages aux centaines et centaines de moutons et de chèvres qu'on voyait rassemblés dans les enclos ; à peine croyable encore que, sous ce sol à la croûte dure, fussent cachés l'argent et l'émeraude, le fer et le zinc. Et pourtant, les gens vivant dans l'environnement du palais semblaient ne souffrir ni de la faim ni de la misère. Tout au plus demandaient-ils conseil à Ian ou Mohan lors de conflits familiaux par exemple.

Mohan Tajid racontait l'histoire des Rajpoutes, depuis leurs débuts aux VIe et VIIe siècles de l'ère chrétienne, quand ils avaient établi leur domination sur les steppes, les forêts et les déserts situés de part et d'autre de la chaîne de montagnes des Aravalli. Ils prélevaient l'impôt sur les paysans, les commerçants et les artisans, leur garantissant en échange la protection de leurs épées. D'où venaient-ils ? Les savants se disputaient sur ce point. Afin de ne pas laisser percer le moindre doute quant à la légitimité de leur domination, les Rajpoutes disaient d'eux qu'ils étaient les fils de rois, s'attribuant une descendance mythique du soleil et de la lune.

Après l'an mille, des envahisseurs musulmans n'avaient cessé d'arriver par le nord, avides de mettre la main sur les richesses de l'Inde, tel Mahmoud de Ghaznî qui, au cours d'une seule expédition, pilla six tonnes et demie d'or. Autour de 1200 fut créé le sultanat de Delhi et l'empire musulman ne cessa de s'étendre les trois siècles suivants, de Bombay jusqu'aux contreforts de l'Himalaya, de l'Indus jusqu'au delta du Gange. Mais le Rajputana ne se soumit pas : durant trois cent cinquante années, le sultanat de Delhi et les souverains rajpoutes furent en guerre, se livrant de furieux combats occasionnant de grandes pertes sans qu'un des deux côtés remportât de victoire décisive.

Il en était né des légendes, transmises à la lueur des feux, telle celle de la forteresse de Chittor, symbole de l'honneur et de l'invincibilité des Rajpoutes au-delà de la mort. En 1303, Alâ ud-Dîn Kahljî, le sultan de Delhi, assiégea la forteresse avec des forces supérieures, mais il ne connut pas le triomphe escompté. Vêtues de leurs *saris* de mariage, parées de tous leurs bijoux, les femmes de Chittor, accompagnées de leurs enfants, montèrent, chantant des hymnes anciens, sur le bûcher qui avait été dressé sous la voûte du fort et se livrèrent aux flammes au cours d'un *jauhâr*. Leurs maris regardèrent, impassibles, puis, vêtus d'habits jaune safran, s'étant frotté le front des cendres sacrées de leurs familles, ils ouvrirent les portes du fort et, dévalant la pente, se ruèrent vers une mort assurée.

Avec Zahir ud-Dîn Muhammad Babur, descendant de Gengis Khan et de Tamerlan le Grand, qui, au début du XVIe siècle, vainquit l'armée du sultan de Delhi, commença le règne des Moghols, mais cela n'apporta pas pour autant la paix au Rajputana. C'est à Babur lui-même que sont attribués ces mots : « Les Rajpoutes savent certes mourir au combat, mais ils ne savent pas gagner une bataille. » Les principautés résistèrent néanmoins vaillamment aux Moghols, même s'ils durent payer leur résistance d'un lourd tribut de sang. Des générations de Rajpoutes sacrifièrent ainsi leur pouvoir, leurs terres et leur vie pour défendre leur liberté et leur foi face aux musulmans.

Après la mort de l'empereur moghol Aurangzeb, la puissance des Moghols commença à décliner, en même temps que celle des Rajpoutes, dans leur lutte acharnée pour la suprématie. Mohan évoqua des intrigues, la trahison, des conjurations et des empoisonnements entre ou à l'intérieur des clans. Les Marathes du sud et le maharaja de Gwalior à l'est profitèrent de ces hostilités pour envahir les principautés, les piller et les soumettre à verser de forts tributs. Plus d'un prince perdit ainsi les derniers rubis et les dernières émeraudes de sa chambre du trésor.

Le pays se décomposa au fil des guerres et des conflits entre Moghols et maharajas, Rajpoutes et Marathes et, telle de la limaille de fer autour des deux pôles d'un aimant, les belligérants opposés entre eux se regroupèrent autour des Britanniques et des Français qui disputaient désormais sur le sous-continent leur vieille lutte pour la suprématie mondiale. Lutte que les Britanniques finirent par remporter au XVIIIe siècle.

Aux abois, les Rajpoutes appelèrent à l'aide les Anglais supérieurs sur le plan militaire. Plusieurs principautés conclurent des accords avec eux, s'assurant leur protection moyennant le paiement d'impôts ; mais bien souvent, le prix à payer fut l'intervention des maîtres colonialistes dans les affaires des États rajpoutes. C'est à cette époque que fut interdit le *sati*, ainsi que l'assassinat des filles nouveau-nées afin de n'avoir plus tard pas de dot à payer, et que fut aboli le servage. Cette dépendance de quelques principautés eut pour conséquence, lors de la révolte de la population indienne en 1857, césure sanglante dans l'histoire de l'Empire britannique, que les Rajpoutes se solidarisèrent avec les Britanniques ou au moins restèrent neutres.

Mais le Rajputana, fragmenté de tout temps, fut loin de se comporter de manière uniforme au sein de l'Inde coloniale. Quelques principautés s'opposèrent plus ou moins ouvertement à la domination anglaise, notamment celle des Chand. Surya Mahal avait gardé sa souveraineté grâce à la valeur de ses guerriers et au talent diplomatique de ses rajas, en particulier le dernier, Dheeraj Chand. Il était donc l'une des dernières principautés indépendantes, en dépit de tout ce qu'il avait perdu en taille et en importance durant ces années troublées.

Jason avait écouté bouche bée et les yeux brillants les récits de batailles et de luttes pour le pouvoir, les légendes évoquant de fiers guerriers et des héros courageux. Helena elle-même n'avait pas échappé à leur charme, commençant à comprendre que l'austère et pourtant si beau paysage qu'ils parcouraient à cheval était abreuvé du sang de nombreuses générations ayant lutté sans ménagement pour leur liberté et leur indépendance. C'était un pays dur et fier, comme les gens qui l'habitaient. Involontairement, son regard n'avait cessé de se porter vers Ian sur qui les descriptions de Mohan semblaient glisser, comme s'il les avait déjà entendues un nombre de fois incalculable.

Helena aurait eu tant de choses à raconter à Margaret : la fête somptueuse donnée fin janvier pour le douzième anniversaire de Jason et le hongre – « pas un poney, un véritable cheval ! » – que lui avait offert Ian et sur lequel il recevait des leçons d'équitation, d'abord dans la grande cour du palais, puis de plus en plus loin de ses murs, dans la steppe hivernale. Elle aurait pu raconter comment elle apprenait, sous la direction de Djanahara, à effectuer les points de la broderie traditionnelle sur soie ou à préparer les chutneys et les mélanges d'épices, les *masalas*, de la cuisine du Rajputana, décrire les longues soirées auprès de la cheminée, Mohan et Ian assis, silencieux, devant un échiquier, tandis que Jason était plongé dans un des énormes bouquins de la bibliothèque et que ses propres doigts encore inexperts luttaient avec les fils fins comme des cheveux qui refusaient d'entrer dans la trame du tissu. Parfois Mohan lisait à haute voix les mythes anciens et les épopées : la *Bhagavad-Gita* ou le *Mahâbhârata*, les Upanishad et le *Râmâyana* où les dieux et les démons se combattaient, où, en vers ciselés, des guerriers et des rois, des familles nobles souffraient et aimaient, haïssaient et mouraient.

Cela aurait été la vérité, et pourtant cette description d'une idylle sans nuage aurait été trompeuse. Car il y avait les moments où son regard et celui d'Ian se croisaient, où le feu dans ses yeux lui coupait le souffle, les nuits où elle s'embrasait sous ses caresses et ses baisers et trouvait le drap vide à son côté, le lendemain matin, plus glacial encore. Les moments où il riait et plaisantait avec elle, devenait loquace, racontait l'histoire du palais, évoquait les familles des Chand et des Surya, rappelait qu'il avait passé près de dix ans de son existence à Surya Mahal, pour, la seconde d'après, se taire quand elle lui en demandait la raison. Ses yeux devenaient alors aussi froids et lisses que de l'onyx, son visage un masque impénétrable. Il y avait des moments de bonheur durant lesquels leur proximité était si grande qu'Helena avait de la peine à la supporter et d'autres, aussi nombreux, durant lesquels Ian n'était que froideur et dureté, la tenant tellement à distance qu'elle se mettait à grelotter.

Comment aurait-elle pu exprimer par des mots ce qui lui était incompréhensible ? Comment faire comprendre à Marge qu'elle aspirait à partager sa vie, ses émotions, ses préoccupations, quand cette aspiration, si nouvelle, était pour elle-même inexplicable ? Et se plaindre aurait été une trahison car elle n'avait aucun motif de le faire. Elle ne se trouvait néanmoins pas heureuse. Elle avait le sentiment de sentir le bonheur à portée de main mais de ne pas savoir comment le saisir et le garder.

Elle reposa le porte-plume et se concentra sur l'élancement qu'elle sentait dans son bas-ventre. Elle avait toujours été indisposée de manière irrégulière, sporadique, entre de longs intervalles, et ses règles avaient commencé deux jours plus tôt, sans avance ni retard, ce qui, compte tenu du voyage éprouvant, l'avait rassurée. Rouge de honte, elle s'était fait montrer par Nazreen le coussin de mousse destiné à retenir le sang à l'intérieur de son corps. Si le procédé lui avait d'abord paru étrange, voire repoussant, elle s'était vite habituée à la liberté de mouvement que ne lui auraient pas laissée les gros et incommodes tampons de tissu attachés à une ceinture sous les longs jupons. Elle n'aurait pas dû se trouver ici : pendant les règles, les femmes devaient rester seules dans le *zenana*, selon les prescriptions hindouistes, afin de préserver les hommes de leur impureté. Était-ce pour cette raison qu'Ian l'avait évitée ces derniers jours ? À ses questions, elle n'avait obtenu que des réponses évasives, voire embarrassées. Il semblait avoir quitté Surya Mahal. Mais pour quelle destination et pour combien de temps ? Sans qu'elle voulût se l'avouer, son absence laissait dans le palais un vide que rien ne comblait.

Elle se redressa, reprit la plume et, après quelques mots d'introduction, entreprit une description colorée des étapes de son voyage et de la vie en Inde, se méprisant pour son ton faussement insouciant.

Long, court, long, court… le signal convenu retentit contre la porte de la chambre d'hôtel. La pendulette, sur la cheminée, confirma la ponctualité du visiteur. Richard Carter prit une profonde inspiration afin de maîtriser l'impatience qui l'habitait depuis deux ou trois heures et ouvrit la porte. La silhouette maigre, vêtue de simples *jodhpurs* et d'une longue veste, s'inclina et se faufila dans la pièce, aussi souple et silencieuse qu'un serpent. Vigilant, Richard vérifia des deux côtés du couloir qu'il n'y avait pas de témoins indésirables avant de refermer la porte derrière eux.

Sans préambule, le visiteur à la face grise comme tant d'Eurasiens tira une épaisse enveloppe d'une poche dissimulée sur sa poitrine.

— Tenez, *sahib*.

Après avoir rapidement survolé les lignes serrées de la lettre, Richard leva les yeux.

— On m'a dit que je pouvais compter sur votre discrétion.

L'Eurasien s'inclina avec empressement.

— Certainement, *sahib*.

La lueur avide dans les yeux du visiteur n'échappa pas à Richard quand il prit une enveloppe posée contre la pendulette de la cheminée. Dès la première seconde, il avait ressenti de l'aversion, confinant au dégoût, envers cet homme qui, visiblement, était prêt à tout pour de l'argent. Mais son expérience d'homme d'affaires lui avait appris à faire passer les émotions personnelles après l'intérêt commercial.

— Tenez-moi au courant, dit-il en remettant sa récompense à l'Eurasien.

— Très bien, *sahib*, remercia l'homme avec une révérence servile. Les choses seront plus difficiles à l'avenir. Les hommes qui vous accompagneront sont des gens que je connais, des guerriers rajpoutes, éduqués depuis leur enfance à enregistrer le moindre mouvement dans le désert. Nous n'avons pas réussi à introduire clandestinement un de nos hommes.

Richard, sans hésitation, sortit de sa vareuse une épaisse liasse de billets.

— Je suis certain que vous trouverez un moyen.

Le visage hâve du visiteur s'éclaira, un visage si insignifiant qu'il ne restait en mémoire que quelques minutes.

— Je ferai mon possible, *sahib*.

L'Eurasien, après une nouvelle courbette, sortit, fermant la porte sans bruit derrière lui.

Ayant poussé un siège devant la cheminée, Richard se mit à lire attentivement les pages, s'imprégnant de leur contenu, jetant les feuilles dans le feu les unes après les autres. Un verre de sherry dans une main, un cigare dans l'autre, il contempla le papier se tordre et brunir dans les flammes qui le dévorèrent avant qu'il ne tombât en cendres.

17

Les sabots crissaient sur le sable et les cailloux, laissant derrière eux de petits voiles de poussière. Si les nuits, sous un ciel étoilé, étaient froides, le soleil réchauffait le sol, annonçant la fin du bref hiver. Helena regrettait la fraîcheur des cours intérieures et des vastes pièces de Surya Mahal tout autant que les feux crépitant dans la cheminée lors des soirées. Elle aimait pourtant sentir le soleil sur sa peau, le vent poussant devant lui des nids abandonnés, faits d'herbe séchée, l'odeur de terre sèche et de pierre poussiéreuse, la clarté du ciel d'un bleu soyeux.

Leur départ avait été soigneusement préparé, les bagages bouclés et chargés sur des chevaux, sans la hâte qu'avait jusqu'ici déployée Ian quand il s'était agi d'entreprendre un voyage. On aurait dit que lui aussi, comme Helena, avait de la peine à quitter Surya Mahal. Elle ne l'avait pourtant que peu vu, se sentant aussi peu importante que l'un des nombreux ballots prêts à être chargés. Il y avait quatre jours déjà que Djanahara, en larmes, l'avait une dernière fois prise dans ses bras, accompagnée des lamentations des femmes et des hommes, et que la petite caravane s'était ébranlée en direction du désert. Après l'existence dans le palais, la chevauchée dans ce paysage désolé avait été plus monotone, plus épuisante encore que la première fois. Helena était en outre tendue à l'idée qu'elle partait pour ce qui serait son futur pays. Irritée par le pas paisible des chevaux, elle avait certes hâte d'arriver à Shikhara, mais c'est avec appréhension qu'elle pensait à ce qui l'attendait là-bas : un nouveau chez-soi, un chez-soi définitif qu'elle avait peine à imaginer.

Ayant lâché les rênes pour retrousser les manches de sa chemise, elle se retrouva déséquilibrée un bref instant quand Mohan, qui la précédait, arrêta soudain son hongre et que sa jument s'immobilisa à son tour. Fronçant ses sourcils poivre et sel, il scruta l'horizon, autour d'eux, tous les sens en éveil.

— Il y a quelque chose ? demanda Ian revenu vers eux.

Sans perdre son expression de concentration et de tension, Mohan fit un signe de la tête en direction du haut plateau sur leur gauche.

— Quelqu'un nous suit.

La main sur ses yeux pour se protéger du soleil, Helena regarda dans la même direction. Bien que ne voyant rien d'autre que de la caillasse, des éboulis et de la terre brûlée, elle sentit son estomac se nouer.

— Prends le garçon, ordonna Ian à Mohan, avant de descendre de cheval et d'enlever Helena de sa selle.

Elle voulut protester, mais céda en même temps qu'elle fut submergée par une vague d'angoisse. Elle monta sur le hongre d'Ian, tandis que l'un des guerriers rajpoutes qui les accompagnaient installait Jason sur la selle de Mohan.

Quand Ian sauta en selle derrière elle, Helena sentit une vague de chaleur la traverser. Ses cuisses enserrant les siennes, la chaleur de son corps contre son dos, sa poitrine qui se soulevait et s'abaissait au rythme de sa respiration, tout renouvelait en elle cette sensation.

La somnolence paisible qui avait marqué les premiers jours de leur équipée avait maintenant fait place à un silence tendu. Helena sentait que leurs accompagnateurs rajpoutes étaient sur leurs gardes, observant inlassablement la plaine et les contreforts des montagnes, à l'écoute du moindre bruit.

— Tes cheveux sentent bon, murmura Ian.

Elle tourna la tête vers lui. Il souriait et avait les yeux brillants. On aurait dit qu'il savourait l'atmosphère menaçante qui les entourait. Il dut lire la peur dans son regard car il lâcha les rênes d'une main pour la serrer contre lui.

— Ne sois pas inquiète, chuchota-t-il. Il ne va rien nous arriver.

Et, autant Helena se sentait livrée sans défense à ce paysage sans abri et à ses dangers, autant elle se sentit en sécurité dans ses bras, un sentiment rare et étrange chez elle en sa présence, sentiment d'autant plus précieux.

Tel un bout des Champs-Élysées transplanté à Calcutta, la Chowringhee Road brillait de tous ses feux, la nuit tombée. Les lanternes des fiacres passaient en un flot ininterrompu de lumière, illuminant par instants des robes luxueuses, des plumes d'autruche et des bijoux. Inlassablement, les fiacres circulaient en ville avant que fût venue l'heure de se rendre aux dîners et à leurs tables étincelant de tout leur argent et de tout leur cristal.

Le tapis moelleux étouffait le bruit des pas et des conversations; les uniformes, d'élégants costumes et même, de loin en loin, le tissu en soie d'une robe à la dernière mode se reflétaient dans le laiton et les bois polis. Un piano, discret, jouait dans un coin. Une atmosphère de bon goût, au luxe sans ostentation. Richard Carter sirotait son whisky dans le bar du Grand Hôtel, absorbé dans la lecture de la dernière édition de *Punch*. Il n'avait rien d'autre à faire, durant ces journées, que d'attendre. Aussi s'efforçait-il de passer ces longues heures le plus agréablement possible.

Il évitait les plaisirs de la ville, les bals, les soirées, les nobles clubs et les courses sur le Maidan. Il connaissait pourtant assez de noms illustres qu'il lui aurait suffi de prononcer pour avoir partout ses entrées. Il évitait aussi le bazar éclatant de vie et les maisons closes discrètes. Il attendait de pouvoir prendre la direction du nord, de l'Himalaya dès qu'une certaine troupe, partant du cœur du Rajputana, s'y dirigerait. Des télégrammes lui parvenaient de ses divers comptoirs. Il les lisait attentivement et y répondait mais, sinon, il passait ses journées, entre la toilette matinale et le dîner à l'hôtel, à lire les quotidiens au bar, notamment les nouvelles du marché boursier qui l'amenaient, de temps à autre, à câbler un ordre au-delà des mers.

En février, presque quotidiennement, des enveloppes blanches sans adresse étaient arrivées au Grand Hôtel, apportées par des messagers sans nom et sans visage. Elles contenaient les informations qu'il payait si cher. Il semblait que rien ne manquait au casier judiciaire d'Ian Neville : chantage, jeux de hasard clandestins, corruption, duel et forte probabilité que de l'argent sortît de ses poches en faveur de groupes conspirant en vue de mettre fin à la domination anglaise sur l'Inde. Rien, pourtant, ne pouvait être prouvé à son encontre, il n'y avait que des présomptions, de vagues indices. Richard se demandait si chacun était vénal dans ce pays, à moins qu'Ian Neville ne fût le premier responsable de la haine de tant de gens à son égard. Les raisons n'en auraient pas manqué : hommes d'affaires chassés de leurs entreprises, aventuriers perdant tous leurs biens en une seule nuit de parties de cartes, maris trompés, ladies blessées dans leur honneur et leur fierté, Indiens trahis, planteurs de thé ravagés par la jalousie devant la qualité inimitable du thé de Shikhara…

Richard éprouvait presque de l'admiration, du respect en tout cas, pour cet homme capable de louvoyer avec autant d'adresse entre les autochtones et les colonisateurs tout en suivant son propre chemin, sans se mettre un des deux camps à dos. Il s'étonnait de son habileté en matière d'affaires comme en société, de sa rudesse pour ne pas dire brutalité. Morceau par morceau, le tableau s'assemblait et, secrètement, Richard donnait *a posteriori* raison à Holingbrooke : Ian Neville était un homme dont il valait mieux ne pas se faire un ennemi. Mais il avait beau en apprendre de plus en plus sur le compte de son rival, il ne savait toujours rien sur ses origines. Cet homme, voici une bonne dizaine d'années, avait surgi du néant, avec assez d'argent en poche pour acquérir sept cents arpents de terre boisée dans les collines dominant le Darjeeling, payer des centaines d'ouvriers, défricher la jungle et planter des théiers ; assez d'argent pour faire construire la demeure de loin la plus prestigieuse des lieux, sans commune mesure avec les bungalows rudimentaires des autres planteurs. D'où venait-il ? D'où provenaient les capitaux ? Personne ne le savait, d'où une floraison de spéculations.

Richard n'aurait pu dire ce qu'il comptait faire de tous ces renseignements. Il détruisait soigneusement toute preuve écrite, de la même façon que, jadis, il avait effacé la moindre trace de son existence antérieure. Pourtant le souvenir de cette vie qu'il avait crue oubliée depuis longtemps et qui ne réapparaissait que de loin en loin dans les brumes d'un cauchemar ne le quittait pas d'un pas dans les rues de Calcutta. Il avait presque été tenté de repartir mais l'image d'Helena avait été la plus forte. Elle avait eu l'air si malheureuse, perdue au milieu de tous ces lords et ladies péremptoires et prétentieux ! Il supportait mal l'idée qu'elle fût aux mains de cet homme à la réputation de faune lubrique et impitoyable.

— Dick ? Dick Deacon ? Quel incroyable hasard, après tant d'années… Hé, Dick !

Il fallut qu'une lourde main le secouât par l'épaule pour que Richard levât la tête.

— En quoi puis-je vous être utile, monsieur ? demanda-t-il aimablement.

— Mais c'est bien toi !

Râblé, vêtu d'un costume de bonne coupe mais un peu râpé, l'homme partit d'un éclat de rire et, enthousiaste, tapota la large épaule de Richard avant de, soupirant, s'affaler sur un fauteuil proche. Quand il étendit les jambes devant lui, il exhala une puissante odeur d'alcool et de sueur.

Il avait des yeux d'un bleu translucide qui, à la vue de Richard, s'étaient illuminés dans un visage mou et bouffi, sous des cheveux clairsemés.

— Dieu du ciel! Qu'il m'ait encore été donné de vivre ça! Qu'il y ait au moins un de nous qui n'ait pas été frappé par la malédiction!

Soudain inquiet, il se pencha vers Richard en fronçant les sourcils.

— Parce que tu vas bien, hein, Dick?

Richard lui sourit par-dessus son journal et opina.

— Merci de votre sollicitude, monsieur, je me porte très bien.

Son interlocuteur soupira et se laissa retomber dans son siège.

— Dick, je ne peux te dire combien je suis soulagé! Le drill chez ce vieux Claydon, les carnages cet été-là, tout ça n'était rien, comparé à ce qui nous est arrivé ensuite, à nous autres! Jimmy Haldane, trouvé mort dans une fumerie d'opium, Tom Cripps qui s'est pendu, Bob Franklin qui a tué sa traînée de femme et s'est ensuite suicidé. Toby Bingham qui végète dans un asile de fous, Eddie Fow, perforation des poumons au cours d'un duel, Sam Greenwood, pris de folie furieuse dans un bordel, qui a abattu non seulement quelques putains mais aussi un officier, ce qui lui a valu la corde, le vieux Claydon lui-même... bon, tu l'auras lu dans un journal. Et moi..., dit-il en pointant un index sur sa poitrine, j'ai tout perdu, tout sans exception, au cours d'une partie de cartes contre Satan en personne. Je suis déshérité et rejeté, je n'ai plus que la minuscule retraite que l'armée me verse pour services rendus jadis.

— Je suis navré d'entendre ce que vous me racontez, eut le temps de répondre Richard avant que l'autre ne poursuivît.

— C'est ce fils de pute, ce traître, tu te rappelles? Ce type fort comme un chêne que nous avons chassé des mois entiers, celui qui, avec les Noirs, a tué quelques-uns d'entre nous dans une embuscade et s'est ensuite caché ! Kâla Nandi, c'est comme ça qu'ils l'appelaient. Nous n'avons jamais su qui il était en réalité, sans doute un renégat de l'armée qui s'était rangé de leur côté. Il avait du sang anglais sur les mains, notre sang. Jusqu'au bout, il a refusé de livrer son identité, rien n'y a fait, ni les coups de fouet, ni les interrogatoires durant des nuits entières auxquels tu l'as soumis. Toi et moi, c'est nous qui l'avons attrapé alors, en plein désert, tu te rappelles ? Tu te rappelles comment, sur le gibet, il a craché à nos pieds en jurant vengeance, vengeance pour sa femme et ses enfants ? Je te le dis, c'est lui qui nous a rattrapés, nous tous, le régiment au complet…

Il saisit Richard par le bras.

— Sois sur tes gardes, Dick, il va te dénicher ! Nous l'avons enterré dans le sol aride de ce maudit pays, mais il erre un peu partout, je te le dis, et il t'attrapera toi aussi !

Sa voix, à ces derniers mots, d'angoisse était devenue suraiguë.

— Excusez-nous, monsieur, intervint un serveur en veste rayée, se penchant sur l'hôte encombrant. Mais, au nom de notre maison, je voudrais vous prier de vous modérer. Il n'est pas habituel, au Grand Hôtel de…

L'homme se leva d'un bond, titubant.

— Fous-moi la paix, espèce de gommeux ! Qu'est-ce que vous connaissez, vous, tordus de civils ? Nous, par contre, c'est nous qui avons réprimé le soulève-ment, nous qui avons ramené la paix dans ce pays, cette paix dont vous jouissez aujourd'hui avec tant de suf-fisance. Mais c'est nous qui avons jadis rampé dans la poussière, évité les balles lors des embuscades, nous qui avons enterré nos camarades et les cadavres de Kampur, et tout ça pour que vous, avec vos foutues vestes de soie, vous puissiez à présent vous conduire comme des *sahibs* !

Sur un signe du serveur, deux de ses collègues vinrent se saisir de l'hôte indésirable et le conduire, sans ménagement, vers la grande porte vitrée.

— Lâchez-moi, tas de fils de putes, je suis le lieutenant Leslie Mallory du 33ᵉ, oui, c'est moi, alors foutez-moi la paix, espèces de…

Ses braillements se perdirent derrière la porte refermée, recouverts par la musique et les bavardages qui avaient repris.

— Je regrette profondément cet incident, monsieur Carter, dit le serveur en s'inclinant. J'espère que vous n'en tiendrez pas notre maison pour responsable. Puis-je vous offrir en réparation un whisky ? Nous avons là un whisky écossais, pur malt, de vingt ans, qui vous plaira certainement.

— Très volontiers, merci, répondit Richard et quand, peu après, il leva son verre, la surface du liquide ambré resta aussi lisse qu'un miroir.

18

Un gazouillis d'oiseaux réveilla Helena d'un sommeil profond et sans rêve. La lumière bleu acier qui entrait dans la pièce l'obligea à cligner des yeux; l'air du matin passant par la fenêtre ouverte sentait la pierre et le feuillage mouillé par la rosée. Elle s'étira jusqu'à ce qu'une douleur cuisante, dans ses muscles, la fît sursauter. Elle se tourna avec peine sur le côté, s'enfonça dans les oreillers et chercha à se remémorer les fatigues du voyage.

Trois jours durant, ils avaient traversé en biais le sous-continent dans le confortable wagon du chemin de fer. Quittant les murs roses de Jaipur que le soleil couchant colorait de pourpre et de bronze, ils s'étaient retrouvés dans la nuit, sans même avoir revu la maison des Chand. Depuis le jour où Mohan avait cru qu'ils étaient observés, les hommes semblaient avoir été pris de frénésie, s'efforçant de la mettre en sécurité en sortant au plus vite d'un paysage n'offrant pas de protection. Rien n'avait été dit à ce sujet, mais Helena l'avait bien senti et elle l'avait lu dans les yeux d'Ian et de Mohan qui, de ce point de vue, se ressemblaient étonnamment, des yeux pareils à des pierres noires et lustrées, des yeux durs et impénétrables. Et, à peine étaient-ils montés dans le wagon qui les attendait qu'Ian avait disparu dans son compartiment, seule l'odeur de sa cigarette trahissant sa présence.

Le jour suivant, elle avait découvert un nouveau paysage, bien différent du désert qui lui était devenu familier. Sur sa gauche le ruban sinueux et brillant du Gange l'accompagnait, l'argent se teintant de vert là où le courant s'accélérait ; le fleuve était en revanche sombre et boueux là où il paressait. De minuscules bateaux de pêcheurs dansaient autour de lourds vapeurs ; des buffles et des vaches se baignaient dans ses eaux, des animaux sauvages fuyaient à toute allure le long de ses berges. Des cigognes et des grues étaient plantées, immobiles, dans les basses eaux, des oies s'envolaient des rives. Les troncs puissants et entre-mêlés des banians, avec leurs racines aériennes sem-blables à des doigts, des bosquets de bambous, des tamariniers majestueux, des palmiers, des platanes et des cotonniers sauvages alternaient avec des prai-ries où paissaient des troupeaux de bœufs, des champs où travaillaient des paysans et de petits villages où les femmes en *saris* éclatants lavaient le linge et les enfants pataugeaient dans l'eau. De temps en temps se montrait une grande ville avec ses palais et ses temples ainsi que les omniprésents escaliers de pierre, les *ghâts*, témoins d'une histoire millénaire.

— *Ganga ma ki jai*, bénie soit la mère Gange, lui avait dit Mohan devant ce spectacle. C'est là que bat le cœur de l'Inde, c'est là le berceau de notre culture. Ce fleuve éternel prend sa source tout là-haut, dans l'Himalaya, au centre de l'univers. C'est sur ordre de Shiva que Ganga, la fille du roi des neiges, laissa couler ses flots sur la terre brûlée par le soleil. Shiva recueillit l'eau dans ses cheveux et la répartit entre sept fleuves afin de nourrir les nécessiteux et de purifier les morts. Se baigner dans les eaux du Gange, c'est laver le *karma* de l'existence antérieure et de la présente. Et celui qui meurt à Bénarès, la ville sainte entre toutes, est libéré du cycle des renaissances.

À Siliguri, des chevaux de bât les attendaient ainsi que deux serviteurs qui les prirent en charge, eux et leurs bagages. Ils avaient effectué la dernière portion du trajet sans la protection des guerriers rajpoutes. Seule Shushila les accompagnait. Elle avait revêtu un étroit pantalon bleu, une tunique seyante, serrée à la taille par une ceinture et des bottes, une tenue appropriée mais élégante aussi, dut s'avouer Helena qui, une fois encore, se sentit pataude à côté d'elle.

La route gravissait des roches abruptes surplombant la plaine, une route sinueuse longeant des gorges et des ravins. Ils avaient grimpé au pas la côte raide, passant auprès de bois de sals, de plantations de théiers, de forêts de bambous et de champs de riz, traversant des sous-bois de pins, de châtaigniers et de bouleaux, des fourrés de rhododendrons et d'hortensias entre lesquels on voyait encore quelques plaques de neige car on n'était qu'au début mars.

La nuit était tombée quand ils étaient arrivés à Darjeeling, les cimes de l'Himalaya ayant déjà disparu dans l'obscurité. Entre les silhouettes des résineux, Helena était parvenue à distinguer les maisons blotties contre les pentes avec leurs balustrades en bois sculpté. La montée avait été rude et Helena avait eu du mal à s'adapter à l'air raréfié. Elle avait envie d'un lit, mais Ian ne cessait d'avancer, impitoyable. Jason dormait déjà depuis longtemps en selle, appuyé contre la large poitrine de Mohan, sous une légère couverture en cachemire. Elle l'aurait volontiers imité, mais sa fierté lui ordonnait de serrer les dents et de se tenir droite en selle.

Le contact d'un cheval contre sa botte l'avait réveillée en sursaut d'une seconde de somnolence. Ian, ayant ralenti l'allure, avait serré sa monture contre la sienne et tendu le bras dans sa direction. Elle avait voulu résister, mais son corps réclamait son dû : se laissant tirer sur la selle d'Ian, elle s'était endormie sur-le-champ.

Elle se redressa avec précaution. Encore ensommeillée, elle détailla la pièce en clignant des yeux. Un ciel de lit en mousseline brodée recouvrait le lit en bois presque noir d'où semblait émaner une lueur rougeâtre. La couverture, brodée elle aussi, présentait toutes les nuances du rouge, de l'orange et du pourpre. À l'autre bout de la pièce, il y avait une large coiffeuse, aux sculptures artistiques, dont le miroir renvoya à Helena son visage. Elle vit, sur le sol recouvert de tapis, des sièges au rembourrage blanc, des coussins en soie, des petites tables portant des statuettes de dieux en argent et en bronze, des livres richement reliés, un vase en cristal contenant un bouquet de roses rouge foncé. L'air matinal était empli de l'odeur des fleurs, du bois huilé et du linge propre. La féminité caractérisait chaque détail, si bien qu'Helena se posa la désagréable question de savoir s'il y avait eu un jour une femme dont les goûts avaient inspiré l'aménagement de cette pièce. Troublée par cette idée, elle sauta du lit, désireuse de profiter du grand air, du chant des oiseaux. Elle ouvrit la porte donnant sur un balcon.

Au-dessous d'elle ondulaient, telle une mer verte, les collines des plantées de théiers qui se prolongeaient par des prairies mouchetées de jaune et de blanc, premières fleurs du printemps, et bordées de forêts épaisses. Elle resta fascinée devant la chaîne de l'Himalaya, d'une splendeur à couper le souffle, couverte d'une glace bleuâtre, fière, puissante et inspirant le respect, pareille à un fleuve venant de se figer, légèrement teintée de rose par le soleil levant.

— Impressionnant, n'est-ce pas ?

Se retournant, Helena serra instinctivement sa robe de chambre sur sa poitrine, geste qui n'échappa pas à Ian. Il s'approcha d'elle avec un sourire amusé.

— Bonjour, j'espère que tu as bien dormi et que tu es reposée, dit-il, effleurant sa joue de ses lèvres.

Un bref instant, ils se regardèrent dans les yeux, si proches l'un de l'autre qu'Helena sentit sa respiration sur sa peau. Puis Ian se redressa et porta son regard vers les montagnes.

— Celle-là, là-bas, c'est le Kangchenjunga, dit-il montrant le plus haut sommet de la longue chaîne. Dans la langue du peuple tibétain, ce nom signifie : « les cinq joyaux de la neige éternelle ». À en croire la tradition, le dieu tibétain de la richesse y détient ses trésors : l'or, l'argent, le cuivre, le blé et les écrits sacrés. Les Hindous croient qu'il est le mont Kailash, la montagne d'argent sur laquelle vit Shiva. Tous les dieux et les démons résident dans cette montagne. Aussi les hommes la considèrent-ils comme sacrée. Il est dit que les péchés des hommes disparaissent à la vue de l'Himalaya de la même manière que la rosée s'évapore avant le lever du soleil. Il ne doit pas y avoir grand monde à qui cela s'applique moins qu'à toi, mon innocente petite Helena, ajouta-t-il à voix basse en passant le dos de son index le long de sa joue, avant de l'embrasser.

Il y avait eu dans sa voix une profonde tristesse, presque du désespoir, qui l'émut et, simultanément, la glaça. Pendant qu'il l'embrassait, quelque chose de sombre s'empara d'elle, une angoisse, à laquelle elle voulut se dérober mais à laquelle elle se sentit livrée sans défense.

Il détacha ses lèvres des siennes, son humeur ayant soudainement changé : il donnait l'impression de la décontraction, de la sérénité, presque de l'exubérance.

— Allons prendre le petit-déjeuner, puis je te montrerai ton nouveau chez-toi.

Helena n'avala presque rien. Et pourtant que de choses délicieuses sur la table : petits pains blancs encore chauds, beurre crémeux, confitures de toutes sortes, œufs au jaune foncé, omelette fourrée au chutney aux fruits, thé épicé et chocolat chaud bien épais. Un sentiment d'oppression, un cercle de fer lui serrant la poitrine, lui coupait l'appétit, mais aussi la vue grandiose s'offrant à elle depuis le balcon.

Après un brin de toilette, ayant revêtu une chemise et une culotte de cheval, elle suivit peu après Ian à travers la demeure. En comparaison de la splendeur de Surya Mahal et de l'élégance de la maison de Grosvenor Square, Shikhara était la simplicité même, mais une simplicité recherchée. Les murs badigeonnés de blanc alternaient avec des bois précieux ; les pièces, avec de larges fenêtres, étaient claires et spacieuses tout en donnant le sentiment de l'intimité. La maison, à deux étages comme les bungalows des planteurs de thé, différait profondément d'elles en raison de ses dimensions. Au rez-de-chaussée, le vaste vestibule, au carrelage blanc et marron, était entouré du salon, de la salle à manger et de la bibliothèque attenante à un bureau. Une large véranda à colonnades ouvrant sur un jardin luxuriant faisait le tour de la maison. Du vestibule, un escalier conduisait à l'étage où toutes les chambres se succédaient, chacune disposant d'une salle de bains et donnant sur une galerie qui faisait elle aussi le tour de la maison. Les chaises, les tables, les lits, les canapés et les armoires avaient visiblement été l'œuvre d'artistes plus que d'artisans. Les candélabres et les lampes, les trophées de chasse, les tableaux représentant des scènes de la mythologie indienne, la porcelaine, les pendulettes, les couvre-lits et les oreillers brodés, tout était d'une simplicité qui n'avait rien à voir avec la sobriété puritaine.

Dans la partie arrière de la maison se trouvaient la cuisine et les réserves remplies de fruits et de légumes, de bocaux d'épices, de sacs de farine, de riz et de grains de café, de sucre et de sel, ainsi que de la viande, du poisson et des volailles qui étaient livrés frais, quotidiennement, et attendaient, sur un lit de glace, d'être préparés. Une foule de serviteurs peuplait la demeure, la plupart étant des femmes de tous âges, en coquets *saris* de coton, mais il y avait aussi quelques hommes, du maître d'hôtel en veste blanche sans col et en *dhoti* traditionnelle jusqu'aux domestiques vêtus simplement qui faisaient le ménage et cultivaient le jardin. Ian leur présenta Helena sans façon comme étant leur nouvelle *memsahib*. S'inclinant respectueusement, ils la toisèrent sous leurs paupières baissées, sans doute parce qu'elle était très différente des *memsahibs* qu'ils avaient vues jusqu'ici ou dont ils avaient entendu parler.

Non loin de la demeure, Ian et Helena visitèrent ensuite les écuries derrière lesquelles s'étendait un vaste pâturage. Une bonne douzaine de chevaux à fière allure s'y tenaient. Helena faillit perdre le souffle quand elle reconnut Shiva et Shakti dans les deux chevaux que leur amenaient des palefreniers.

La jument blanche hennit doucement et lui donna de petits coups de tête quand elle la prit par la bride et elle lui rendit son bonjour en lui caressant les flancs et en lui murmurant des mots tendres.

— Oh Ian, comment t'y es-tu pris pour les amener ici aussi rapidement ? s'exclama-t-elle, radieuse, sans remarquer avec quelle expression affectueuse il l'observait dans ses rapports amicaux avec la jument.

— Cela restera mon secret, dit-il en posant la main sur le pelage blanc de Shakti, tout à côté de celle d'Helena.

Un parmi tant d'autres, songea Helena, un peu mécontente que chaque instant d'insouciance avec lui fût si éphémère.

Côte à côte, ils suivirent l'allée de gravier, entre des buissons de rhododendrons, des touffes de bambous, des chênes et des cèdres, le long de plates-bandes fleuries. Un authentique parc, bien entretenu, des jardiniers vêtus de blanc, armés de râteaux et de cisailles, les saluant, çà et là, avec autant d'amabilité que de respect. Le sentier devint pentu quand il traversa les champs plantés à perte de vue de théiers aux feuilles lisses et brillantes, d'un vert bouteille. Ils aperçurent au loin un long bâtiment blanc, en forme de L, entouré de nombreuses maisonnettes.

— La manufacture, expliqua Ian, où l'on traite les feuilles une fois cueillies. C'est là qu'habitent une grande partie de mes ouvriers et leurs familles, sauf, bien entendu, les travailleuses saisonnières qui viennent des vallées de l'Himalaya proches. Pour l'instant, tout est paisible, mais, dans deux ou trois semaines, des centaines de gens vont y travailler du lever du soleil jusque tard dans la nuit. On dit que l'histoire du thé remonte à quatre mille cinq cents ans, quand le dernier dieu-empereur, Shennong, à qui l'humanité doit l'agriculture et la médecine, ordonna à ses sujets de boire l'eau bouillie. Un jour de canicule, à l'ombre d'un arbuste, il faisait bouillir de l'eau pour se désaltérer. Une légère brise fit tomber trois feuilles de l'arbuste dans l'eau qu'elles colorèrent légèrement. L'empereur attendit quelques instants avant de goûter le breuvage qu'il trouva délicieux, rafraîchissant et revigorant. Ainsi, selon la légende, serait né le thé.

Fascinée, Helena écoutait Ian tandis que Shiva et Shakti continuaient à grimper allègrement.

— Le thé a effectivement une longue tradition en Chine, en Corée et au Japon. Les témoignages écrits les plus anciens datent du VIIIe siècle avant Jésus-Christ et, ensuite, les rituels de la préparation du thé sont devenus toujours plus stricts, plus compliqués. Des commerçants portugais, puis anglais, ont rapporté en Europe le thé de Chine au XVIIe siècle. Les négociants chinois remportant l'essentiel des bénéfices, l'East India Company a essayé, vers la fin du même siècle, de cultiver elle-même le thé. Les conditions climatiques de la colonie anglaise de l'Inde ont plaidé en faveur du choix de cette dernière : les premières tentatives d'y implanter les théiers s'avérèrent concluantes. En 1826, la Couronne conquit Assam et, les frères Bruce y ayant découvert des théiers sauvages, on entreprit de les cultiver en expérimentant diverses localisations. En 1839, fut finalement fondée l'Assam Company. On cultive désormais le thé non seulement en Assam, mais aussi dans certaines régions du Bengale et dans l'Himalaya occidental. Mais aucun n'égale le thé du Darjeeling. Cette plante a besoin d'une chaleur et d'une humidité régulières, d'une alternance équilibrée de soleil et de pluie, de la proximité des montagnes. Pourquoi le sol et le climat d'ici sont à l'origine du meilleur thé du monde, cela demeure le mystère des collines du Darjeeling.

Ils avaient atteint une hauteur donnant sur les pentes de théiers aux douces ondulations. Derrière eux s'étiraient le long des chaînes montagneuses d'épaisses forêts. Appuyé sur le pommeau de sa selle, Ian, songeur, laissa courir son regard sur le paysage.

Ici, en altitude, tout était tranquille ; seuls des chants d'oiseaux et un léger vent soufflant dans les branches des théiers et des arbres troublaient le silence. L'âme d'Helena vibrait au spectacle de cette paix incroyable régnant sur les collines et les vallons. Elle comprenait que Mohan eût qualifié Shikhara de paradis et que le cœur d'Ian fût attaché à cet endroit, plus encore qu'au désert du Rajputana. Elle n'en éprouvait pas de jalousie, car son cœur, à elle aussi, s'épanouissait, charmé par la sérénité et la beauté des montagnes, des prairies et des forêts.

Ian descendit de cheval et entra dans la plantation des théiers qui lui arrivaient à peine à la taille, signifiant à Helena de le suivre. Caressant des deux mains les feuilles luisantes, il cueillit une des jeunes pousses vert clair puis, prenant la main d'Helena, il y posa la branche comme il y aurait déposé un bijou. Elle sentit la fermeté juteuse des feuilles dont elle savoura l'odeur de muscade quand, d'une pression légère de sa main qui tenait la sienne, il referma ses doigts sur elles.

— C'est l'or vert de l'Inde, Helena.

Elle leva la tête. Les yeux d'Ian brillaient avec chaleur, laissant, pour la première fois depuis qu'elle connaissait cet homme, voir en lui. Son regard et la chaleur de sa main l'émurent jusqu'au tréfonds de son être.

La journée avait été longue et dure, sa première journée à Shikhara, une journée qu'elle avait tant redoutée. Mais la gentillesse des gens travaillant dans et autour de la demeure avait eu tôt fait de lui ôter ses craintes et ses inhibitions. Elle avait constaté que la tenue de la maison était parfaitement rodée, qu'elle serait une *memsahib* bienvenue et qu'on attendait seulement d'elle qu'elle exprimât ce qu'elle désirait. Elle avait passé plusieurs heures dans le domaine de la corpulente cuisinière que sa présence n'avait pas empêchée de se déplacer vivement, de houspiller d'une voix rude mais chaleureuse les marmitons et les filles de cuisine. Elle avait mis sous le nez d'Helena des dizaines d'épices différentes, l'avait forcée à goûter les mets tous plus délicieux les uns que les autres, attendant qu'Helena choisît ceux qu'elle désirait pour le déjeuner et le dîner, avant de se plaindre des prix exorbitants du poissonnier, insistant pour que la *memsahib* lui montrât dès le lendemain de quel bois elle se chauffait. Une bonne avait soudain surgi, demandant si la *memsahib* voulait, ce soir, le service à bordure blanche ou bleue et combien de chandeliers. Helena avait donc compris que la tenue de la maison n'avait pas besoin d'elle pour être irréprochable, mais que les gens qui travaillaient pour Ian étaient disposés à lui laisser prendre les décisions. Elle examina, admirative, le contenu des armoires à linge, à vaisselle et à couverts et décida, en l'absence d'indications concrètes d'Ian, de choisir elle-même. Elle constata que cela lui plaisait; après avoir pris un bain et revêtu un *sari* turquoise, elle alla au jardin peu avant le dîner afin d'y cueillir une brassée de branches aux fleurs blanches qu'elle disposa dans un vase au milieu de la table, trouvant que cela s'accordait parfaitement avec la porcelaine blanc et bleu et les bougies blanches. Elle lut l'approbation d'Ian dans son regard.

Chacun de ses muscles était encore douloureux, elle avait les paupières lourdes, mais l'air de la nuit l'avait attirée sur le balcon. Elle serra son écharpe *pashmina* sur sa chemise de nuit et la fraîche humidité montant des collines fut pour elle comme une caresse. Elle ressentit une satisfaction encore inconnue.

— Tu n'es pas fatiguée ?

Elle sourit. Elle avait espéré qu'Ian la rejoindrait. Elle se tourna à demi. Assis dans un fauteuil de rotin, il la regardait à travers la fumée de son cigare.

— Si, très.

Écrasant son mégot, il se leva, la rejoignit contre la balustrade et regarda dans la nuit.

— Je me suis souvent demandé si t'amener ici était une bonne chose, finit-il par dire à voix basse, mais je crois que oui.

— Je crois aussi, oui, répliqua-t-elle un peu déroutée.

Il enroula une mèche d'Helena autour de ses doigts et parut hésiter avant de l'embrasser avec une tendresse surprenante. Elle passa les bras autour de son cou, se blottit contre lui et elle eut la perception que son contact physique lui avait cruellement manqué ces dernières semaines alors qu'ils n'avaient pourtant jamais été très éloignés l'un de l'autre. Elle répondit à son baiser avec avidité et sentit comme un rire traverser le corps de son mari. Il lui prit le visage entre les mains et repoussa tendrement sa tête en arrière.

— J'ai su d'emblée qu'un chat sauvage sommeillait en toi, murmura-t-il, la voix rauque de désir, avant de l'embrasser à nouveau, avec passion et violence cette fois.

Elle soupira d'aise. Il la prit dans ses bras, la porta dans la chambre, la couvrit de caresses et de baisers brûlants, cachant la nudité de son corps sous le sien. À l'instant de l'accomplissement, elle poussa un petit cri.

Le soleil matinal rayait les draps, les oreillers et le corps nu d'Helena. Elle regarda Ian qui dormait tout contre elle, détaillant ses cheveux noirs lui tombant sur le front et son visage qui paraissait jeune, détendu et vulnérable, puis sa poitrine à l'épaisse toison noire et enfin la cicatrice de son épaule gauche. Avec la douceur d'une aile de papillon, soucieuse de ne pas le réveiller, elle caressa, émue, la cicatrice dure et irrégulière.

— Je t'aime, Ian, chuchota-t-elle d'une voix quasi inaudible, la gorge serrée de larmes de bonheur qu'elle retenait. Je t'aime.

19

Elle devait s'être rendormie car, dès qu'elle rouvrit les yeux, Ian n'était plus là. Les draps avaient gardé les contours de son corps et sa chaleur et Helena pouvait même encore sentir son odeur. Elle l'entendit alors marcher dans la pièce d'à côté, fredonnant joyeusement, et elle sourit de bonheur. Un sourire qui s'évanouit quand elle l'entendit ensuite rire et plaisanter en hindoustani, tandis que la voix féminine qui lui répondait et riait à son tour était celle de Shushila.

Prise de colère et de honte, Helena, se sentant misérable, enfonça la tête dans un oreiller et serra les dents pour ne pas pleurer et ne plus rien entendre. Une main, soudain, lui toucha l'épaule et elle tressaillit. C'était Yasmina qui la regardait d'un air coupable, croyant l'avoir tirée du sommeil.

— J'ai fait couler un bain, *memsahib*. Dépêchez-vous, s'il vous plaît, *huzoor* vous attend sur la véranda pour le petit-déjeuner.

Helena traînant manifestement, Yasmina dut la pousser avec insistance vers le bain. À son habitude, elle prit sa chemise et sa culotte de cheval, mais Yasmina, embarrassée, secoua la tête.

— *Huzoor* souhaite que vous portiez aujourd'hui autre chose.

Helena aperçut alors la robe d'un blanc crème sur le lit que Yasmina venait de refaire. Un instant, elle fut tentée de contredire l'ordre d'Ian, mais elle se contenta de hausser les épaules avec indifférence.

— Bon, d'accord.

Malgré tous les efforts de Yasmina pour serrer son corset, elle eut de la peine à fermer les crochets de la robe dans son dos et, se contemplant dans le miroir, elle dut s'avouer que la robe était effectivement devenue trop étroite. Il n'y avait pas de doute : depuis l'essayage de Londres, elle avait grossi. Elle tiqua et ne put s'empêcher d'évoquer intérieurement l'image d'une Shushila belle et séduisante dans son *sari*. Elle avança en direction de son reflet un menton provocateur. Bon, se dit-elle, je suis en train de devenir une bonne femme laide et sans charme ! Mais qui s'en soucie ? Sans un regard de plus pour son miroir, elle se laissa brosser les cheveux par Yasmina qui les lui releva en un chignon lâche orné de petites fleurs blanches en soie et de feuilles vertes artificielles.

Quand, un peu plus tard, chaussée de mules en cuir clair, elle entra dans la véranda, aveugle à la beauté matinale du jardin et à la table mise avec soin, elle tenta d'ignorer les regards d'Ian... qu'elle sentait néanmoins sur sa peau.

— Bonjour, la salua-t-il joyeusement en tendant la main vers elle, mais, muette, elle s'assit de l'autre côté de la table, le nez dans son assiette. Un serviteur lui ayant tendu la corbeille des petits pains, elle refusa de la tête, se contentant de tremper les lèvres dans son thé.

— Tu devrais manger quelque chose, nous avons une longue journée devant nous.

— Merci, je n'ai pas faim, répondit-elle d'un ton hargneux, remarquant toutefois, du coin de l'œil un large sourire s'épanouir sur le visage de son compagnon.

— Après cette nuit ? Tu peux me raconter ce que tu veux, mais je ne te crois pas !

Elle s'empourpra et, fronçant les sourcils, répliqua :

— Si je ne fais pas attention, plus aucune robe ne m'ira !

— Tu étais de toute façon trop mince, dit-il avec flegme, puis il s'arrêta, comme pris d'une idée soudaine : Serais-tu... ?

Helena secoua la tête, l'air gêné. Le soir où, à Surya Mahal, dans la cour intérieure, on lui avait peint les motifs rouges sur les paumes des mains et la plante des pieds, elle avait compris, au travers des chants et des vers anciens, ce qui attirait tant les femmes et les hommes les uns vers les autres, de quelle manière l'union des deux sexes et les règles mensuelles avaient à voir avec la conception des enfants. Mais elle avait gardé en elle un petit démon de la colère qui refusait de se calmer. Frappée d'une soudaine révélation, elle releva la tête, ses yeux froids et durs ressemblant à des diamants bleus.

— C'était donc pour ça, n'est-ce pas ? Voilà la raison de ta hâte... C'est pour cela que tu as si vite voulu m'épouser : afin d'avoir le plus tôt possible un héritier, un héritier légitime, pas un bâtard à la peau foncée ! Je ne suis pour toi qu'une... qu'une poulinière, rien de plus !

Emportée par son accès de colère, Helena ne vit pas la physionomie d'Ian s'assombrir, ses yeux se noircir de menace. C'est en entendant un bruit de vaisselle cassée qu'elle s'arrêta, soudain effrayée. Ian avait frappé la table d'un violent coup de serviette, faisant tomber sa tasse par terre où elle s'éparpilla en minuscules éclats blancs.

— Ça suffit comme ça ! Si j'avais su que tu parlais sans réfléchir, comme une oie stupide, je ne t'aurais certainement pas épousée ! J'avais l'intention de passer la journée en ville, avec toi, mais, franchement, l'envie m'en a passé !

Furieux, il s'en alla à grands pas. La colère d'Helena s'était dissipée. Elle ne ressentait plus que de la honte. Affalée sur son siège, elle contemplait d'un œil vide son assiette. Le serveur s'étant prudemment replié dans la maison, elle resta ainsi, de longs instants seule, en pleurs. Comme à travers un voile, elle vit Jason et Mohan entrer dans la véranda, de retour d'une excursion matinale à cheval, d'excellente humeur. Mohan n'eut pas besoin d'un second regard pour comprendre et, aussitôt, il ordonna à Jason de rentrer dans la maison. Bien qu'hésitant car il voyait sa sœur effrayée, le garçon finit par obéir quand Mohan, d'une petite tape, le pressa de s'exécuter. Helena s'adressa à ce dernier :

— J'ai tout gâché, sanglota-t-elle, appuyée sur son épaule quand il se fut assis à côté d'elle, lui racontant ses difficultés, sa jalousie, son chagrin de voir sa robe ne plus lui aller, la dispute qui venait de se produire. Mohan l'écoutait en silence.

Elle s'écarta enfin de lui et s'essuya les joues.

— Il me déteste maintenant, à coup sûr.

— Non, certainement pas. Pour qu'il déteste quelqu'un, il faut plus qu'une petite querelle. Il va se calmer, je vous en donne ma parole.

Reniflant, elle se leva.

— Il faut que j'aille le voir. Savez-vous où il est ?

— Non, mais même si je le savais, je vous le déconseillerais. Attendez que sa colère soit calmée. Avant, c'est inutile.

— Et que vais-je faire en attendant ?

Il esquissa un sourire.

— Montez, je vous enverrai quelqu'un qui s'occupera de vous. Reposez-vous, je dirai que vous ne vous sentez pas bien. Et je trouverai une occupation pour Jason.

Elle grimpa l'escalier telle une élève grondée. Elle savait qu'elle s'était comportée comme une sotte et elle aurait tout fait pour que cela n'eût jamais eu lieu. Elle se laissa tomber sur le tabouret de sa coiffeuse, mais évita de se regarder dans le miroir.

Un léger coup à la porte la fit sursauter. Elle enleva des mèches de son visage et essuya ses larmes. Elle se figea en voyant Shushila entrer avec précaution dans la chambre. N'ayant plus la force de se fâcher, elle se contenta de regarder la jeune femme sans rien dire, juste humiliée que ce fût justement elle que Mohan lui eût envoyée. Shushila ne semblait pas non plus à son aise, regardant Helena sous ses paupières à demi baissées. Il fallut quelques secondes à celle-ci pour comprendre que la jeune femme avait peur d'elle, peur d'un accès de colère, de coups, d'un renvoi de la maison. Mais elle fut incapable de prononcer un seul mot, baissant la tête et se remettant à pleurer.

— Ne pleurez pas, *memsahib*, dit Shushila à voix basse en se plaçant derrière Helena.

Elle retira les fleurs et les feuilles du chignon et entreprit de démêler et de lisser les cheveux. Au bout d'un long silence, Helena l'entendit, dans son dos, se mettre à parler lentement et nettement afin qu'elle comprît chaque mot.

— Il ne faut pas penser du mal d'*huzoor*. Parfois, il peut se mettre fort en colère, mais ça ne dure pas. C'est un maître juste et il nous traite tous bien. Il ne nous frappe jamais, et nous donne beaucoup d'argent pour notre travail. Presque chacun, ici, dans cette maison, lui doit de pouvoir travailler pour lui. Moi en particulier.

Elle garda un instant le silence comme s'il lui était pénible de poursuivre.

— Mes parents m'ont vendue quand j'étais petite, il n'y avait pas assez à manger pour nous, les enfants. J'ai grandi dans un des *lal bazaars* de Calcutta et, quand j'ai été assez âgée et que j'avais appris tout ce que j'avais besoin de savoir, je suis devenue une fille *nauj*. J'étais souvent battue et les hommes étaient méchants envers moi. Un jour, cela s'est mal passé et *huzoor*, qui était là avec d'autres *sahibs*, s'en aperçut. Il donna à la vieille bonne femme beaucoup d'argent, beaucoup plus que ce que je valais et il m'a emmenée dans sa maison, à Calcutta. Il m'a donné à manger et de nouveaux habits et n'a rien exigé d'autre de moi que d'aider à la cuisine. Et il m'a emmenée quand il est revenu ici. Il n'a jamais rien demandé... mais un jour c'est moi qui ai voulu. Ce n'est pas difficile avec un homme comme *huzoor*.

Elle se tut à nouveau. Tout, en Helena, se contracta. La pitié pour le destin de Shushila, un zeste de fierté envers Ian pour avoir tiré la jeune fille du bordel, une vive jalousie en pensant aux nuits où il avait aimé Shushila, tout cela forma un nœud inextricable dans son estomac. Sans s'en apercevoir, elle s'était, sur son tabouret, tournée vers le miroir et, ayant levé les yeux, son regard y croisa celui de Shushila. Celle-ci, gênée, s'occupa de nouveau des boucles de sa maîtresse et reprit son récit.

— Je n'ai jamais espéré plus que ce que j'ai reçu, car c'était déjà plus que tout ce que j'aurais pu rêver. Il m'a promis de me laisser partir si je trouvais un homme qui voudrait de moi et qu'il me donnerait même une belle dot. Bien sûr, j'ai entendu dire bien des choses d'*huzoor* – qu'il préférait les *memsahibs* à la peau claire quand il était à Calcutta ou en Angleterre. Mais je n'en ai jamais vu une seule. Je... je lui ai demandé un jour pourquoi il était sans *memsahib*. Il a ri et dit qu'il n'y en avait aucune qui le supportait et aucune dont il n'avait très vite assez. Mais quand arriva le télégramme où il donnait ses ordres sur l'aménagement de cette chambre, je sus qu'il avait trouvé sa *memsahib*. Et quand je vous ai vue à Bombay, j'ai su qu'il avait bien choisi et aussi qu'il ne passerait plus aucune nuit avec moi. Et c'est ce qui s'est passé.

Elle reposa le peigne et la brosse.

— Dois-je vous aider à vous changer ? demanda-t-elle avec autant de naturel que si elle ne venait pas de livrer de détails intimes.

Helena secoua la tête. Shushila s'inclina brièvement et se dirigea vers la porte, avant de se retourner une dernière fois.

— *Huzoor* a toujours veillé à ne pas engendrer de... d'enfant du plaisir. Bien que j'aie souvent souhaité avoir conçu.

Elle avait déjà ouvert la porte quand Helena l'appela par son nom.

— Shushila !

Les deux femmes se dévisagèrent et la seule chose qu'Helena réussit à dire fut :

— *Shukriya*, merci !

L'Indienne serra les paumes de ses mains l'une contre l'autre et s'inclina. La porte se referma derrière elle.

Helena se regarda dans le miroir avec lassitude. Elle avait le visage gonflé d'avoir pleuré, les yeux rouges. Elle avait été émue par le destin de Shushila et elle avait honte d'avoir vu en elle une rivale. En réalité, c'était elle-même qui avait chassé la jeune femme des nuits d'Ian. Or celle-ci semblait ne pas lui en vouloir, acceptant ce rejet sans se plaindre. Helena s'était bien entendu doutée qu'il y avait eu, avant elle, d'autres femmes dans la vie d'Ian. Cela ne l'empêchait pas d'envier chacune d'elles pour les moments où Ian les avait regardées et cajolées. Et pourtant c'était elle qu'il avait épousée, elle, la fille dépourvue de charme et récalcitrante qui n'avait rien à lui offrir dont pût s'enorgueillir ce bel homme fortuné et mondain. Mais alors, pourquoi ?

Son regard descendit jusqu'à son décolleté carré, bordé de dentelle, qui avait peine à dissimuler sa poitrine devenue opulente. Se levant, elle se jaugea dans le miroir, se tournant et se retournant, posant les mains sur sa taille, s'examinant par-dessus l'épaule. Jamais encore elle n'avait accordé autant d'attention à son image. S'approchant de la glace, elle enleva ses cheveux de son visage, les tordit derrière elle pour en faire une grosse tresse qu'elle disposa au-dessus de sa tête.

Était-elle jolie ? Elle ne le savait pas. Plaisait-elle à Ian ? Cela aussi, elle l'ignorait. Alastair Claydon lui avait dit un jour que ses cheveux étaient comme un champ de blé au soleil couchant et que ses yeux évoquaient la mer par une belle journée d'été. Elle s'était moquée de lui parce que ces paroles lui avaient paru stupides. Avaient-elles pourtant eu quelque chose de réel dans le fond ? Elle examina son visage avec une attention grandissante jusqu'à toucher la glace du nez. Effrayée de tant de vanité, elle se détourna et parcourut la pièce du regard. Ian l'avait-il réellement fait aménager spécialement pour elle ? Juste pour elle ? Songeuse, elle sentit monter en elle la mauvaise conscience : elle avait cru que la chambre reflétait le goût d'une autre femme. Elle n'arriva pourtant pas à se réjouir... Elle revint à son miroir.

Pourquoi Ian l'avait-il épousée ? Et pas Amelia Claydon pourtant beaucoup plus jolie ? Ou une lady de Londres, de Calcutta ? Peut-être lui plaisait-elle tout de même un petit peu ? Partagée entre l'envie d'être jolie et la crainte de jouer les bécasses endimanchées et prétentieuses comme l'était Amelia Claydon, il lui fallut un bon bout de temps avant d'appeler Yasmina.

Embarrassée, elle chercha ses mots :

— Je voudrais me faire belle... pour... pour *huzoor*. Sais-tu ce qui lui plaît ?

Enthousiasmée, Yasmina fit aussitôt venir une troupe de filles qui s'affairèrent, qui à faire couler un bain, qui à mélanger des huiles et des essences, qui à aller chercher à la cuisine de petits récipients contenant des herbes pilées. On la frotta et on la tapota, on la peigna et on l'épila, une demi-journée durant. Yasmina finit par prendre un *choli* rouge orangé et un pan de tissu de soie approprié, bordé de rouge et brodé d'or, qu'elle enroula autour d'Helena. Elle sortit d'un tiroir de la coiffeuse une petite cassette en bois de rose et, quand elle l'ouvrit, Helena en perdit le souffle. Elle contenait, en vrac, une foule de colliers, d'anneaux et de bracelets en or et en argent, certains ornés de pierres étincelantes, de toutes les couleurs.

— Mais d'où tout cela vient-il ?

— D'*huzoor*, bien sûr ! s'exclama Yasmina.

Quand elle lut l'étonnement dans les yeux d'Helena, elle s'empressa d'ajouter :

— Il a certainement voulu vous en faire la surprise, *memsahib* !

Helena se décida pour un collier simple où étaient sertis des rubis avec une monture en or, quelques bracelets en or et une fine chaînette de cheville. La prenant par les épaules, Yasmina la poussa devant le miroir.

C'est à peine si elle se reconnut. Elle ne vit même pas Yasmina se retirer de chez elle avec un sourire satisfait. Sa peau avait des reflets de velours, ses yeux brillaient et ses cheveux lui tombaient sur les épaules en boucles luisantes. Le *choli* moulant mettait en valeur les nouvelles rondeurs de son corps. Belle et séduisante, elle n'était plus la même. Elle n'arrêtait pas de se contempler dans le miroir, de près, de loin, de tous les côtés. Déambulant avec excitation dans la pièce, elle revenait sans cesse au miroir, lissant de la main la soie, jouissant de la sensation du tissu sur sa peau. Elle se sentait souple, sensuelle, féminine.

Mais les heures passant, elle perdit son enthousiasme. La nuit tomba et la maison devint silencieuse. Ian n'était toujours pas revenu.

Enfin, au beau milieu de la nuit, elle entendit des pas monter lourdement l'escalier. Elle se rua vers la porte et sortit sur le palier.

— Ian ?

Il se tenait devant elle, droit comme un i, mais elle vit qu'il avait bu… beaucoup bu. Et elle le sentit même à trois pas de distance. Sa chemise bâillait, il était décoiffé, les bottes couvertes de poussière. Il tenait sa veste sur l'épaule, négligemment.

— Mais où étais-tu ? dit-elle d'une voix hésitante. Je t'ai attendu toute la journée.

Il la regarda, mais elle se demanda s'il avait remarqué ce qu'elle portait, ce qui avait changé en elle. Elle s'efforça de sourire, mais ne put que grimacer devant son silence obstiné.

— Où j'ai bien pu aller ? finit-il par grincer d'une voix éraillée. Concevoir quelques bâtards, bien sûr !

Le claquement de la porte de sa chambre fit sursauter Helena. Lentement, tête basse, elle regagna la sienne. Pleurant à chaudes larmes, elle se débarrassa en hâte de ses habits de soie et, frissonnante, se glissa dans sa chemise de nuit. Recroquevillée sous une légère couverture, elle se sentit infiniment petite, laide et humiliée.

Elle n'avait dormi que quelques heures quand des voix et des pas précipités la réveillèrent. Elle resta quelques instants hébétée avant de se lever et d'ouvrir sa porte. Une des bonnes passait justement dans le couloir, les yeux pleins de sommeil.

— *Kyaa húaa*, que se passe-t-il ? chuchota Helena.

La jeune fille hésita, amorça un geste de la main comme pour dire à la *memsahib* de se recoucher, puis, se ravisant, elle lança à Helena un flot de paroles d'où celle-ci n'enregistra que quelques mots : *huzoor*, *jument*, *poulain*, avant de dévaler l'escalier quatre à quatre.

Helena voulut d'abord se recoucher, mais, bien qu'ayant peu dormi, elle se sentit pleinement éveillée.

Enfilant précipitamment chemise, pantalon et bottes, elle descendit à son tour.

La nuit était fraîche; il bruinait à peine. Pourtant, fatiguée, Helena se mit à claquer des dents. S'entourant le corps des bras, elle se dirigea vers les écuries où, de loin, elle vit de la lumière ainsi que deux ombres s'agitant devant un arrière-plan de lumière. Un palefrenier la regarda avec étonnement et la salua d'un murmure à son entrée. Il faisait bon ici; les chevaux arrachés à leur sommeil la regardaient par-dessus le rebord de leurs box, curieux, presque interrogateurs. Le box du milieu, du côté droit de l'allée, était mieux éclairé que les autres. Elle aperçut Mohan debout devant la porte ouverte. La situation devait être grave car il n'avait pas pris le temps de s'enturbanner. Elle le voyait pour la première fois tête nue : ses cheveux coupés court, presque totalement gris, étaient bien fournis encore. Il la regarda et elle resta un moment là, redoutant que, d'un geste, il ne la renvoyât. Mais il se contenta d'opiner et elle crut le voir ébaucher un sourire. Elle s'approcha avec précaution.

Ian était agenouillé devant une jument noire couchée sur la paille, les flancs gonflés, près d'éclater. Helena se demanda s'il avait eu le temps de dormir, car il portait la même chemise que quelques heures plus tôt. Il avait en revanche l'air bien éveillé et dessoûlé. Tout en palpant le corps de l'animal apeuré, il lui parlait d'une voix apaisante. Les yeux et les naseaux écarquillés, la jument regardait dans la direction d'Helena, sans sembler la voir. Helena se sentit impuissante. Elle savait peu de choses sur les chevaux, juste comment monter et comment les nourrir, mais n'avait encore jamais vu une jument pouliner.

— Sarasvati, chuchota Mohan. C'est son premier poulain. C'est Shiva le père. Jusqu'à cette nuit, tout semblait se présenter bien, mais à présent…

Il haussa les épaules.

— Un vétérinaire ? chuchota Helena en retour.

— Le plus proche est un boucher. Jamais Ian ne lui confierait un de ses chevaux. Heureusement, un des garçons d'ici nous a réveillés dès qu'il s'en est aperçu.

Après avoir hésité quelques secondes, Helena entra lentement dans le box afin de ne pas effrayer la jument. Elle s'agenouilla, lui caressant doucement le front et les naseaux. Les sabots de Sarasvati tressaillirent sous l'effet d'une violente contraction. Elle leva vers Helena des yeux pleins de douleur et de panique, puis posa avec lassitude sa tête sur ses genoux. La jeune femme gratouilla le pelage mouillé de sueur, murmurant des mots doux. Elle regarda à la dérobée Ian qui paraissait ne pas même avoir remarqué sa présence. Son visage non rasé exprimait le désespoir et la colère tandis qu'il se comportait avec l'animal de manière si affectueuse que cela lui réchauffa le cœur.

La nuit fut longue pour eux tous et, a posteriori, Helena n'aurait pu dire comment ils avaient réussi à tenir, elle, Ian, Mohan, Sarasvati et les deux palefreniers. Elle avait l'impression que tout s'était déroulé dans un monde fantomatique entre rêve et réalité. Mais quand le jour pointa, le poulain était là, bien réel, noir comme sa mère, enveloppé dans une membrane gluante. Ils l'en libérèrent, puis frottèrent le petit corps humide avec des bouchons de paille. Les jambes flageolantes, les paupières lourdes, Sarasvati ne quittait pas des yeux son petit qui l'avait tant fait souffrir. La pouliche était sonnée, presque inanimée, puis, traversée d'une secousse, elle renifla, leva la tête et agita nerveusement ses sabots, comme impatiente de découvrir le monde. Ils éclatèrent de rire, soulagés et hors d'haleine. Ian s'adressa à Helena :

— Comment s'appellera-t-elle ?

— Lakshmi, répondit-elle sans hésiter. La déesse du bonheur a sans aucun doute étendu la main sur elle cette nuit.

Ian la dévisagea un instant, dans les yeux une expression qu'elle ne sut interpréter, si bien qu'elle crut avoir dit une bêtise. Mais il opina en souriant.

— C'est exactement ce que je m'étais dit.

Helena entendit Mohan annoncer en s'éloignant qu'il allait faire préparer un petit-déjeuner dans la cuisine, mais elle n'y prit pas garde, car elle regardait, prise sous le charme, Lakshmi se redresser à grand-peine, ses jambes minces et interminables se pliant sans cesse, glisser et paraître mécontente de ne pas y arriver du premier coup. Elle voulut l'aider, mais Ian lui posa la main sur le bras.

— Laisse, il faut qu'elle y arrive seule.

La pouliche finit par se tenir sur ses quatre jambes, malhabile encore, et poussa un frêle hennissement, véritable cri de triomphe. Sa mère la poussa précautionneusement du nez et, tournant la tête vers elle, Lakshmi répondit à son salut avec tant de vivacité que ses jambes de derrière plièrent à nouveau. Obstinée, elle les déplia avant d'avancer avec raideur mais détermination vers le corps de sa mère. Peu après, ils l'entendirent téter goulûment.

Helena ne put retenir quelques larmes de joie et elle fut heureuse de sentir Ian, derrière elle, l'entourer de ses bras et la serrer contre lui. Elle sentit battre son cœur et elle eut l'impression qu'il battait à l'unisson avec le sien.

— Elle est à toi, murmura-t-il dans sa nuque, son souffle chaud déclenchant un frisson qui lui descendit le long du dos, car elle est aussi volontaire et obstinée que toi.

Puis, après une fraction de seconde d'hésitation :

— Après le petit-déjeuner, nous irons en ville.

Ce n'était pas ce qu'elle aurait aimé l'entendre dire après leur dispute, et les mots blessants qu'il avait eus à son endroit quelques heures plus tôt, mais elle sentit qu'il effectuait de la sorte les premiers pas. Cela lui suffit.

20

Chacune des métropoles des Indes britanniques avait sur les hauteurs, au grand air et dans la fraîcheur, une *hill station*, un lieu de repli face aux canicules estivales : Delhi avait Shimla, Mussoorie et Dehradun à l'ouest de l'Himalaya ; Bombay, Mahabaleshwar et Poona ; Madras, Ooty dans les collines bleues des Nilgiris. D'abord conçues comme sanatoriums pour les subalternes civils ou militaires de la Compagnie des Indes orientales qui n'avaient pas les moyens de payer le voyage en Afrique du Sud, en Australie ou en Angleterre pour changer d'air, elles ne tardèrent pas à être fréquentées aussi par des gouverneurs et des gouverneurs généraux qui, même au grand air, n'entendaient pas renoncer à l'exercice de leur pouvoir. On y construisit, avec des fonds publics, des routes, des bungalows, transformant ces lieux de cure en quartiers généraux politiques et militaires, centres décisionnels semblant disposer de la toute-puissance olympienne.

La vie sociale suivit cette évolution militaire et les *hill stations* devinrent des copies de Bath ou de Brighton, choisies par les femmes pour y mettre leurs enfants au monde et les élever, par de jeunes cavaliers et de jeunes et vertueuses ladies pour se rencontrer dans toutes les règles de l'étiquette, se faire la cour et

se marier, par des fonctionnaires ambitieux et désireux de nouer les contacts indispensables à une fruc-
tueuse carrière, par des retraités qui, exténués par
des années de travail dans ce pays impitoyable, voulaient s'y reposer dans le calme, par les invalides et les
malades pour reprendre des forces ou mourir en paix.
Des officiers fringants, des *femmes fatales*[1], des bureau-
crates ambitieux et des femmes au foyer pleines d'en-
nui s'y rencontraient dans une ronde incessante de
visites officielles, de thés distingués et de longues pro-
menades, de parties de chasse et de pique-niques dans
les forêts environnantes, de dîners, de bals, de courses
de chevaux, de représentations théâtrales, sources iné-
puisables de commérages et de bavardages. Les rues et
les chemins sinueux étaient bordés de haies soigneusement entretenues ; des rosiers, des fuchsias, des lis, des
dahlias, des campanules ornaient les jardins des villas
de style gothique, des cottages à colombage et des cha-
lets suisses avec leurs airs de maison en pain d'épice.
Entourées de forêts et de prairies, ces *hill stations*
étaient un bout d'Angleterre, un hommage à la patrie
si amèrement regrettée, plus anglaises même que leurs
modèles, à l'abri de la saleté et de la misère de l'Inde
exotique et païenne.

Seule Calcutta ne disposait pas, jusque dans les
années 1830, de pareil refuge. Aussi le gouvernement
colonial rechercha-t-il dans l'Himalaya occidental un
endroit susceptible de le devenir. On se mit d'accord
sur *Dorje-ling*, le «jardin de la foudre», un poste de
guet perdu du peuple guerrier des Gurkhas, entre le
Bengale et les frontières des royaumes du Népal, du

---

1. En français dans le texte.

Tibet, du Bhoutan et du Sikkim. On entama de discrètes négociations avec le raja du Sikkim à qui appartenait le territoire du Darjeeling comme l'appelaient les Anglais. Le bras de fer diplomatique dura cinq ans. En 1835 enfin, Darjeeling entra dans la Couronne britannique. Il fallut pourtant quatre années supplémentaires pour entreprendre la construction de la route reliant le Darjeeling aux plaines du Bengale. Naquit une minuscule et rudimentaire colonie, avec des chemins pavés entre les cabanes en treillis et en pierres non crépies, peuplée de centaines d'hommes qui, fourmis infatigables, défrichèrent la jungle pour délimiter des parcelles de terrains à construire.

Quand la voiture ouverte descendit la Mall, la rue principale de Darjeeling, avec Helena, Ian, Mohan et Jason, il était difficile de deviner ce qu'avaient été les misérables débuts de la ville. Pourtant, la présence de beaucoup plus de cent plantations de thé sur les collines et les vallées environnantes se faisait sentir. Bien que cossue, Darjeeling n'avait pas le côté mondain, élégant des autres *hill stations*. Elle avait gardé son aspect simple et rustique, reflétant la dure vie des planteurs, le folklore coloré des peuples montagnards. Partant de la place Chowrasta, point culminant de la ville, la Mall s'étirait le long de la colline d'où la vue portait jusqu'aux montagnes enneigées par-dessus une mer de jardins et des étendues de rhododendrons. Les hôtels, le bureau de poste et de télégraphe, les banques et d'innombrables petits commerces étaient regroupés de part et d'autre de la rue ainsi que devant l'église Saint-André. La saison d'été n'ayant pas commencé, Calcutta restait vivable pour les *memsahibs*, leurs enfants et leurs domestiques, si bien que les rues de

Darjeeling étaient presque vides, les visages européens minoritaires. Helena, vêtue de la robe qui, la veille, l'avait tant chagrinée, coiffée d'un chapeau seyant et munie d'une gracieuse ombrelle, ne manqua pas de remarquer que les femmes en simples robes d'indienne lui lançaient des regards hostiles et que les hommes qui passaient sur leurs chevaux, en typique tenue de planteur – chemise blanche, pantalon blanc et casque colonial –, ne les saluaient qu'avec une sobriété délibérée. Ian, dans un élégant costume gris clair, tête nue, un bras négligemment posé sur le dossier de la voiture, paraissait y prendre plaisir.

— Tu ne sembles pas être particulièrement aimé ici, observa-t-elle.

— Ça, on peut le dire, répondit-il, en parcourant la rue d'un air amusé, répondant aux regards des passants avec un tel air provocateur que ceux-ci baissaient les yeux, furieux. Mais je n'y accorde pas non plus d'importance particulière. Je préfère être respecté. Et ici, on me respecte profondément, en réalité !

— Les deux ne vont-ils pas ensemble, le respect et l'estime ?

— Non, Helena, pas dans la position qui est la mienne. Je possède l'une des plus grandes plantations de la région et mon thé est le meilleur. Je n'en ai pas honte, j'en suis fier et je le montre. Ils oublient que j'ai commencé comme eux, poursuivit-il, une pointe d'âpreté dans la voix, que j'ai moi aussi défriché la jungle, avec mes hommes, sous la menace moi aussi des tigres, des serpents et des insectes, que moi aussi j'ai planté de mes propres mains les premiers plants. Mais ils n'ont pas oublié que je fus l'un des premiers particuliers à posséder ici de la terre, alors que seules des sociétés publiques avaient d'abord pu établir des plantations expérimentales. Ils n'ont pas oublié que j'ai pu acheter beaucoup de terres et rétribuer beaucoup d'ouvriers qui les ont rendues cultivables. Et ce qu'ils me pardonnent le moins, c'est que mes plantes sont plus résistantes et fournissent du thé de meilleure qualité. J'ai commis le péché d'avoir fait bâtir une grande maison au lieu d'un minable bungalow de deux pièces, le péché de jouir aussi ostensiblement des fruits que me vaut aujourd'hui le dur labeur d'hier. Je leur suis suspect parce que chacun sait que les travailleurs de Shikhara sont mieux payés et que je les traite bien. On dit que je fraternise avec les indigènes, un péché mortel pour un *sahib* ! Ils n'attendent qu'une chose : que mes gens, croyant que seule une main dure est une main juste, incendient ma maison une nuit. Ils guettent une mauvaise récolte, une invasion de parasites et, s'ils le pouvaient ou trouvaient quelque chose dont je me serais rendu coupable, ils me chasseraient plutôt aujourd'hui que demain. Mais ils ne trouveront rien, car je ne commets pas d'erreur. Ils croient certainement que j'ai vendu mon âme au diable.

— Et… tu l'as vendue ? le provoqua-t-elle.

— Peut-être, s'amusa-t-il, son visage devenant sérieux, presque sombre, la seconde suivante. Tu sais bien que… tout a un prix.

La voiture s'arrêta et le cocher descendit abaisser le marchepied et leur ouvrir la portière. Jason, en pantalon gris, bretelles rouges et chemise rayée, sortit d'un bond.

— Nous vous rejoindrons, lança Mohan à Ian qui aidait Helena à sortir de la voiture, puis lui et Jason mirent le cap sur la papeterie où ses livres scolaires avaient été préparés suivant la liste fournie par l'école St. Paul.

Helena les suivit des yeux avec un peu de nostalgie. Jason lui était devenu un peu étranger. Long comme un jour sans pain, vigoureux et bronzé, elle avait de la peine à le reconnaître. Comme si, coupant toujours davantage le cordon ombilical, il avait entrepris de mener sa propre vie, d'abord à Surya Mahal et maintenant à Shikhara. Elle était néanmoins heureuse, car elle ne l'avait jamais vu aussi insouciant.

— Tu viens ?

La voix d'Ian la tira de ses pensées. Il lui prit le bras et ils empruntèrent une rue menant au bazar. Ils étaient ici les seuls Européens, entourés d'une foule de visages bruns, cuivrés, dorés, des visages bengalis, asiatiques, mongols, des gens qui riaient, bavardaient, marchandaient, se disputaient. Des Tibétaines vêtues de bleu et de rouge, parées de turquoises serties dans de l'argent, des Népalaises aux visages tannés, deux moines bouddhistes au crâne rasé, plongés dans une conversation animée.

Montrant sur la rue et sur les murs des maisons des traces de peinture bleues, roses, rouges et jaunes, Helena demanda de quoi il s'agissait.

— Ce sont les vestiges de la fête *Holi*. Nous l'avons malheureusement manquée de quelques jours. L'Inde entière la fête au printemps, pour célébrer la crémation de la démone *Holika*. Le premier soir, on allume dans les rues des feux de joie. Dans l'un d'eux, on brûle au milieu des cris d'allégresse une *Holika* en bambou et en paille. Le deuxième jour, c'est la fête proprement dite : sans se soucier des castes, les gens se lancent à pleines mains de la poudre de couleur, le soir on s'offre des sucreries et des gâteaux. Mais la prochaine fête est pour bientôt, en Inde on la fait pour un oui ou pour un non.

Des orfèvres veillaient sur leurs bagues et bracelets exposés sur des étoffes bariolées ; des marchands d'épices pesaient de petits cornets d'une poudre précieuse, jaune, rouge et vert, et de gros morceaux de racines de gingembre ; un apprenti cordonnier assis en tailleur coupait avec son alène un bout de cuir en deux tandis que son maître réparait une chaussure sur son enclume. Des dindons, des poules et des cailles étaient suspendus, la tête en bas, à un échafaudage en bois. Un boucher musulman attaquait à coups de hache un quartier de bœuf, pendant que son collègue hindouiste découpait un mouton. Un marchand de fruits s'égosillait à vanter sa marchandise. Une délicieuse odeur de cannelle et de cardamome parvint aux narines d'Helena qui ne put s'empêcher de renifler dans la direction d'où elle provenait.

— Tu en veux ? demanda Ian en indiquant l'étalage où un homme barbu, les manches retroussées, pêchait des beignets dans une casserole où bouillonnait de la graisse, sa femme en confectionnant d'autres à ses côtés.

Helena sentit son estomac crier famine alors qu'elle avait pourtant pris un copieux petit-déjeuner ; elle allait refuser, mais Ian, bondissant jusqu'à l'étalage, avait déjà sorti une pièce de sa poche. Il revint avec deux beignets enveloppés dans du papier. Il en tendit un à Helena qui eut un geste d'hésitation.

— Vas-y, n'aie pas peur, il est si rare qu'une *memsahib* s'égare jusqu'ici que les gens ne s'émouvront pas de te voir manger en public.

S'enhardissant, Helena mordit à belles dents et poussa un cri de plaisir : la mince croûte saupoudrée de sucre, chaude et croustillante, contenait une pâte aux fruits aigre-douce, tiède, presque fraîche, une caresse pour la bouche.

— Ce sont des *phaler boras*, du Bengale, je savais que tu les aimerais.

— Où allons-nous ? demanda Helena entre deux bouchées.

— Chez mon tailleur chinois. Presque tous les Anglais s'habillent sur mesure sur la Mall, mais ni le tissu ni la coupe ne m'y plaisent. Je n'apprécie pas particulièrement le côté anglais de Darjeeling. La ville, pour moi, n'a d'âme qu'ici, dans le quartier asiatique.

À l'écart de la cohue du bazar, ils entrèrent dans une maison, étroite et haute, d'aspect modeste, à la façade partiellement recouverte de bois, au toit en bardeaux. Ils n'avaient pas encore franchi le seuil qu'un Chinois, petit et maigre, jaillit d'une pièce latérale, serra cordialement la main d'Ian, le saluant d'une voix suraiguë. Mais, subjuguée par le spectacle des ballots de tissu entassés jusqu'au plafond sur des étagères ou empilés sur le sol, voire étalés sur la grande table au milieu de la pièce, elle ne lui prêta pas attention. Elle ne se lassait pas de ce fouillis inextricable de couleurs et de motifs, de la luminosité des tissus et des imprimés. Ces étoffes étaient très différentes des échantillons qu'on lui avait montrés à Londres, plus claires, plus légères, plus colorées.

Une petite Chinoise accourut, se présenta à Helena comme étant Mme Wang, lui serra la main avec enthousiasme et la conduisit dans une minuscule pièce annexe où elle la fit se placer derrière un paravent.

Avant qu'Helena eût pu se rendre compte de quoi que ce soit, elle se retrouva sans chapeau ni ombrelle, et tous crochets lestement défaits, sans robe. Elle s'empourpra en se retrouvant en sous-vêtements devant une inconnue qui, pour sa part, n'avait pas le moins du monde l'air gênée. Après avoir examiné sa cliente un bref instant, elle frappa joyeusement dans ses mains, s'écriant avec son accent ravissant :

— Oh, la belle lady !

— Vous trouvez ? s'étonna Helena en contemplant, perplexe, son corsage, son corselet qui affinait sa taille et sa longue culotte lui descendant à mi-mollet par-dessus ses bas blancs se terminant par une ruche bordée d'une dentelle.

— Naturellement, confirma la couturière en notant les mesures d'Helena sur un bout de papier froissé. Femme doit ressembler à sablier, pas à planche !

Helena n'eut pas le temps de réfléchir à cette remarque, car elle s'entendit aussitôt demander de réintégrer sa robe. À peine le dernier crochet fermé, la Chinoise la reconduisit à la pièce principale. Elle ordonna à deux jeunes Indiens de grimper sur des échelles pour lui présenter des ballots dont elle déroulait des pans en cascade sur la table, sans cesser une seconde de parler, tantôt louant une étoffe, tantôt une couleur ou un motif, sortant de leur cadre en bois des rubans et des dentelles qu'elle posait sur le tissu en question.

Helena ne savait plus où donner du regard. Elle tendit la main vers un tissu chatoyant, des rayures bleues et turquoise alternant sur un fond blanc, mais sans oser le toucher tant il lui parut précieux. Elle leva les yeux quand elle sentit Ian s'approcher d'elle.

— N'hésite pas, dit-il, choisis ce qui te plaît !

— Ils me plaisent tous, lui murmura-t-elle en plaisantant, mais il se contenta de hausser les épaules.

— Alors, prends-les tous !

Puis, voyant sa mine ébahie :

— Ne fais pas cette tête ! Choisis ce qui te plaît et prends-le ! Ne t'occupe pas de ce que cela coûte et ne te demande pas si tu en as vraiment besoin.

Helena entreprit alors de fouiller parmi les pans de tissu, s'en faisant montrer d'autres, discutant avec Mme Wang d'une coupe, d'une bordure de dentelle, de la forme d'un décolleté ou d'un col, disposant parfois en travers de son corps un tissu tout en consultant du regard Ian. Il exprimait alors son avis d'un signe de tête, affirmatif ou négatif. Helena s'enticha d'un tissu de soie bleu ciel, avec des dragons or rouge brodés, dont elle envisagea de se faire confectionner une robe de chambre ; elle choisit encore des étoffes fines, le plus souvent blanches ou crème avec de délicats imprimés, divers tons de vert et de bleu, un gris clair que Mme Wang lui proposa de combiner avec un rouge lumineux. Elle choisit des mètres de dentelle, parfois un ruban seulement pour le contraste qu'il permettait. Elle acquiesça avec enthousiasme quand celle-ci lui présenta un patron pour une broderie en lui recommandant certains fils.

S'affairant, courant çà et là, la couturière exhiba comme par magie des fleurs de soie, des perles, des gants en soie ou en cuir d'une finesse incroyable, voire confectionnés au crochet. Elle les présentait devant les tissus pour montrer à Helena l'effet qu'ils auraient ; elle esquissa en quelques coups de crayon l'idée qu'elle se faisait de la robe, modifiant ou reprenant quand

Helena tiquait. Elle proposa d'envoyer des échantillons de tissus à sa belle-sœur de Calcutta afin que celle-ci pût créer des chapeaux assortis. Helena avait la tête qui tournait devant cette multitude de couleurs, de motifs, de patrons. Un ballot, au milieu d'une étagère, attira soudain son attention.

— Comme c'est beau, murmura-t-elle, songeuse, en passant la main sur la soie brillante au motif Paisley avec toutes les nuances du vert au brun.

— Pas tissu pour ladies, regretta Mme Wang, tissu pour gentlemen !

Helena n'en resta pas moins scotchée devant ce tissu lui rappelant Shikhara, les couleurs des champs de thé, les forêts et les pentes boisées, le brun de la terre. Elle regarda Ian à la dérobée. Il était en train de feuilleter un catalogue en écoutant les explications de M. Wang. Cela lui irait bien. Mais cela lui plairait-il ? Il lui parut prétentieux de choisir quelque chose pour un homme ayant si bon goût, et pourtant ce tissu semblait fait pour lui.

— Pourriez-vous en confectionner un gilet pour mon mari ? chuchota-t-elle. Je voudrais lui en faire la surprise.

Lui tapotant le bras, la couturière opina d'un air complice, avec un sourire si large que ses yeux se réduisirent à deux fentes.

— Mais bien sûr que nous pouvons ! Avec de la soie brun foncé pour le dos !

— Je présume que tu as trouvé ton bonheur.

Helena se retourna vers Ian et posa sa main sur son estomac.

— Oh, Ian, je me sens mal ! Tant de choses m'ont plu… il est impossible que je prenne tout !

— Mais bien sûr que si ! Je peux facilement imaginer des investissements bien pires ! Je veux que tu disposes de mon argent comme si c'était le tien.

Confuse, elle détourna le regard. Elle aurait dû se réjouir de sa générosité, mais elle en était incapable ; elle trouvait cette générosité suspecte, comme s'il essayait par là de la consoler de quelque chose qui aurait été plus important pour elle. Le tumulte et les rires qui accompagnèrent l'irruption dans la boutique de Jason suivi de Mohan la tirèrent d'embarras, la dispensant d'une réponse.

— Nela, figure-toi qu'ils avaient tous les livres ! Et Mohan m'en a acheté d'autres. Je les trouve captivants. Et puis un compas, une règle et des tas d'autres trucs. La voiture va sûrement pencher en arrière, les paquets sont drôlement lourds. Et toi, tu as trouvé quelque chose ? s'enquit-il en dévorant des yeux le fouillis d'étoffes, de rubans et d'esquisses. Ça me plaît, ça aussi et ça, bof…

Fronçant d'un air critique son nez couvert de taches de rousseur, il lança à sa sœur un regard espiègle :

— Mais par chance je ne suis pas obligé de le porter.

Puis il se baissa comme dans l'attente d'un coup, mais ce fut Ian qui le prit en plaisantant par la nuque et le poussa vers M. Wang.

— À ton tour maintenant, jeune homme. Nous ne pouvons te laisser aller à l'école dans cette tenue.

Tandis que le tailleur prenait les mesures du garçon pour son uniforme, Helena sentit monter l'angoisse en elle : plus que trois semaines et elle ne verrait Jason que les week-ends. Elle savait que l'heure était venue de se détacher de lui, car il était sur le point de sortir de l'enfance, mais cela lui était infiniment pénible. Elle éprouvait parfois un soupçon de jalousie à voir son intimité avec Mohan, son admiration pour Ian, tout en étant soulagée de ne plus avoir seule cette responsabilité sur les épaules. De tout temps, elle avait été là pour Jason, seule et, souvent, quand tout était devenu intolérable pour elle : leur pauvreté, les crises de colère de leur père, son indifférence, le spectacle de sa déchéance, il lui avait suffi de penser à Jason pour serrer les dents, montrer un visage heureux afin que lui n'eût pas trop à en souffrir. Pour la première fois lui vint l'idée qu'elle aussi avait une vie à elle, une vie dont elle devait se soucier.

Peu après, ils retraversèrent ensemble le bazar en direction de la Mall où le cocher les attendait, Helena s'arrêta devant l'étal d'un orfèvre.

— Tu veux t'acheter quelque chose ?

— Non, pas pour moi, dit-elle en osant à peine regarder Ian. J'aimerais offrir quelque chose à Shushila.

Elle en avait déjà eu l'idée à l'aller, mais elle se sentait à présent assez de courage pour l'exprimer.

— Sais-tu ce qui lui ferait plaisir ?

Ian la regarda, stupéfait, et elle rougit. Elle attendit une réaction de sa part, mais rien ne venant, elle l'observa du coin de l'œil. Elle eut l'impression, un instant, qu'il était mal dans sa peau et, en un éclair, elle comprit qu'il n'avait jusque-là rien su de leur conversation entre femmes. Lui qui savait tout, sinon. Ce fut pour elle un petit triomphe ; elle se sentit soudain plus forte qu'avant et, pour la première fois, peut-être à sa hauteur.

— Des rubis, elle aime les rubis, murmura-t-il, l'air d'un écolier pris sur le fait.

Elle se fit montrer diverses pièces, se fiant à son propre goût et en même temps à ce qu'elle croyait être celui de Shushila. Elle était trop absorbée pour remarquer la curiosité admirative avec laquelle Ian l'observait. Elle se décida pour deux bracelets aux motifs en relief, un autre avec des éclats de rubis ainsi qu'une paire de boucles d'oreilles assortie. Cette *memsahib* qui ne l'avait pas regardé de haut et qui parlait l'hindoustani lui ayant plu, le marchand lui consentit un rabais. Quand elle prit le petit paquet qu'Ian régla, elle entendit ce dernier lui glisser par-derrière à l'oreille :

— Tu es parfois un mystère pour moi.

Elle le regarda d'un air malicieux.

— Parfois seulement ? Vu le nombre de fois où j'ai pensé la même chose de toi, j'ai encore quelque retard !

Il ne répondit rien, mais à le voir plisser les lèvres de plaisir et ses yeux briller, son cœur bondit de joie.

21

Le temps passa comme un éclair. Les premiers paquets expédiés par l'atelier Wang étaient arrivés et Helena portait durant la journée, dans la maison, les habits en calicot, simples mais beaux. Pour les excursions à cheval ou le travail dans le jardin, elle préférait la chemise, les culottes et les bottes : jamais elle ne s'habituerait à monter en amazone. Et le soir, durant les rares heures libres, elle portait le *sari* qui lui laissait la liberté de mouvement et, contrairement aux habits plus moulants, lui apportait féminité et sensualité.

Elle s'activait entre la cuisine, la laverie, et le cellier car, avant la récolte, elle voulait que la maison fût propre comme un sou neuf. Elle vérifiait le linge, l'argenterie, les couverts, remplaçant ce qui manquait ou était abîmé, ôtant les taches, sans oublier, de loin en loin, de faire un tour au jardin où, avec le chef jardinier, elle établissait des plans, choisissait des boutures ou de jeunes pousses dans la serre, compulsait des catalogues de semences, se disputant plus d'une fois avec lui parce qu'il estimait irréalisables ses désirs.

— Des roses, ronchonnait-il. *Memsahib*, avec tout le respect que je vous dois… des roses ! Des rhododendrons, oui, mais des roses !

271

— Eh oui, des roses, Vikram ! Si elles prospèrent en Angleterre, à plus forte raison ici ! Les rhododendrons, on en a plus qu'il n'en faut. Et ici, je voudrais des pavots, fulminait-elle, montrant un endroit proche de la véranda.

— Des pavots ? *Memsahib*, le pavot est une mauvaise herbe !

— Pas pour moi. Il y aura ici des pavots. Assez discuté ! concluait-elle en grimpant les marches quatre à quatre avant de disparaître dans la maison.

Appuyé sur sa bêche, Vikram se grattait la barbe en rigolant. Une sacrée *memsahib* que son maître avait ramenée là de son Angleterre ! Elle savait ce qu'elle voulait et l'obtenait sans se laisser détourner de son objectif, mais sans se montrer hautaine ou offensante. Il se pavanait quand, accompagnant sa nouvelle patronne pour des courses en ville, il rencontrait des connaissances travaillant chez un autre planteur. La jalousie qu'il lisait sur leurs visages quand ils pensaient à leurs propres *memsahibs*, acariâtres et lunatiques, le mettait d'excellente humeur. Bien sûr qu'elle les aurait, ses roses et ses pavots. Négocier et se disputer étaient partie intégrante de son travail tout autant que sarcler, planter ou arroser. Gaiement, il enfonçait sa bêche dans la terre grasse, enlevant la première pelletée de la future plate-bande.

Helena était en train de vérifier l'état du linge bien plié et empilé dans son armoire quand le léger craquement de l'escalier lui fit dresser l'oreille. Ce n'était pas le pas lourd des bottes d'Ian et de Mohan, ni le vif frottement des sandales d'une bonne, mais un glissement las, irrégulier. Agitée d'un mauvais pressentiment, elle courut voir qui cela pouvait être.

— Jason ? Pourquoi es-tu déjà revenu ?

On était à la mi-avril ; depuis deux semaines, Jason quittait la maison le dimanche soir et n'y rentrait que le vendredi en fin d'après-midi. Radieux, il avait, le premier week-end, parlé de ses professeurs, des matières d'enseignement, de ses camarades de classe. Helena avait été soulagée que sa scolarité eût débuté sous d'aussi heureux auspices. Mais on était un jeudi et la manière dont il se tenait au sommet de l'escalier, évitant ses regards interrogateurs, l'inquiéta au plus haut point.

— Je n'y retournerai plus, dit-il d'une voix sans timbre avant de grimper les deux dernières marches et de claquer la porte de sa chambre derrière lui. Il s'était efforcé de prendre un pas régulier, mais il n'avait pas échappé à Helena qu'il posait un pied par terre avec prudence. Après une brève hésitation, elle le suivit.

Il était allongé sur le ventre, sur son lit, le visage enfoui dans ses bras. Helena s'assit sur le rebord du lit et lui posa une main sur le dos.

— Que s'est-il passé ?

Il était immobile, mais n'arrivait pas à retenir les sanglots qui le traversaient. Helena, avec douceur, le retourna et prit peur en apercevant, à côté de son œil gauche, une blessure sur laquelle s'était formée une croûte et, sur sa pommette, une enflure tournant au bleu.

— Je suis tombé, déclara-t-il, mais d'une voix tremblante, de grosses larmes coulant de ses yeux.

— Je ne te crois pas, répondit-elle en le secouant. Que s'est-il passé ?

Jason s'efforça sans conviction de lui échapper, mais il n'avait plus de force et les mots jaillirent de sa bouche, tel un torrent. Par petits bouts incohérents, il raconta s'être ridiculisé en jouant au cricket et au rugby car il était le seul à ne pas connaître les règles; il parla de remarques désobligeantes à l'égard d'Ian qu'il avait vainement tenté de défendre, de la disparition de ses livres et d'une règle qui lui avait valu des mauvais points, de bourrades et de bousculades qu'il avait dû subir, accompagnées de cris haineux: «fayot! fayot!», d'un vase de nuit déversé sur lui pendant qu'il dormait, si bien que le surveillant général lui avait adressé des réprimandes écrites, tandis que les autres élèves, depuis deux jours, l'appelaient en ricanant le «pisse-au-lit». Le sommet avait été atteint le jour même lors d'une bagarre où il avait clairement eu le dessous face aux meneurs de la bande, Hugh Jackson et Frank Bennett son second. Sans rien emporter, il avait couru jusqu'à l'écurie, aveuglé par la colère et l'humiliation, avait pris un cheval et une selle et s'était enfui. Bien que honteux de sa lâcheté, il était résolu à ne pas retourner à St. Paul.

Helena, sans piper mot, le laissa raconter et donner des coups de poing dans son oreiller. Elle ne savait que dire, que conseiller. Quand, épuisé, il se calma, elle lui essuya le visage et comprit qu'ayant vidé son sac il avait besoin d'être seul.

— Je te le promets: tu n'iras plus à l'école si tu ne le veux pas.

Il opina, peu convaincu, essuyant son nez avec sa manche d'un air provocant. Helena referma doucement la porte derrière elle. Elle essaya de se calmer avant de se diriger vers la cuisine où elle demanda à une bonne de monter à Jason une poche de glace et un chocolat chaud. Puis elle sortit de la maison sans attendre, ayant besoin d'un peu de temps et de recul pour réfléchir.

Le soleil était déjà bas, rosissant les parois crevassées de l'Himalaya, quand Helena se dirigea à grands pas vers l'enclos aux chevaux, tempêtant contre les garnements qui avaient ainsi martyrisé son frère, contre l'indifférence des enseignants, incriminant le sort qui s'acharnait, ici aussi, à le contraindre à la marginalité.

C'était toujours là qu'elle venait quand elle avait la tête trop pleine de chiffres, de listes d'achats, de roulements de lessives, de nettoyage des couverts, de compositions de repas. Elle avait l'impression de trouver repos et sérénité à contempler les chevaux brouter, paisibles, avant, pris d'une soudaine impulsion, de secouer leur crinière et de se lancer dans une galopade, d'effectuer un tour de l'enclos, puis de reprendre un train plus lent, de s'arrêter pour se chamailler avec un congénère ou de se frotter l'un l'autre le cou en toute familiarité. Croisant les bras sur la latte supérieure de la clôture, elle y posa la tête, cherchant fébrilement que faire, comment venir au mieux en aide à Jason. Effectivement, le spectacle des chevaux lui permit de se décontracter et de retrouver de l'énergie. Sa raison, à l'instant encore prise dans un tourbillon, reprit le dessus.

Sarasvati s'était bien remise de sa difficile mise bas et Lakshmi, copie réduite de sa mère, trottant fièrement sur ses pattes démesurées, emplie de curiosité, reniflait dans le vent descendant des montagnes tout en continuant à rechercher la proximité de sa mère. Les chevaux de Shikhara étaient singuliers, Helena n'en avait encore jamais vu de semblables. Leur sang arabe était incontestable, mais ils paraissaient moins nerveux que les autres pur-sang, sans pour autant manquer de tempérament, comme si s'alliaient en eux la force éternelle des montagnes, la vitesse du vent et le feu du soleil. La pluie qui donnait aux forêts et aux prairies leur verte luxuriance semblait conférer à leur pelage un éclat particulier.

Entendant un bruit d'herbe foulée derrière elle, elle releva la tête. Son cœur bondit en voyant Ian arriver au petit trot. Il passait en ce moment des journées entières dans les plantations et à la manufacture, car l'heure de la récolte allait sonner. Il commençait à régner une intense activité dans et autour du long bâtiment jusqu'ici en sommeil. Une fois encore, elle fut émue par la beauté d'Ian, une beauté sombre et farouche, étonnée de le voir faire un avec sa monture, à croire qu'il était venu au monde sur une selle. Dans de pareils moments, son amour pour lui était si violent qu'elle en avait le souffle coupé. Et pourtant, comme toujours, le fait qu'il lui restait étranger, que leurs moments d'intimité étaient si fugitifs et si instables, lui donna un coup au cœur.

Il attacha Shiva à la clôture.

— Qu'est-ce qui t'inquiète ?

Mécontente et heureuse à la fois qu'il la connût si bien, elle ne répondit qu'au bout de quelques secondes :

— Jason. L'école.

En quelques phrases, elle lui raconta ce qui s'était passé.

Quand elle eut terminé, il resta muet, regardant un des chevaux se cabrer en hennissant, parcourir au grand galop l'enclos sur toute sa longueur, puis s'immobiliser en s'ébrouant. Il montrait un visage impénétrable, rien ne se lisait dans ses yeux, comme s'il prêtait l'oreille à un écho de ce qu'elle venait de dire, un écho inaudible pour elle. Elle eut deux ou trois secondes l'impression que quelque chose venait de l'emporter dans un autre monde, loin d'elle, dans un autre temps. Elle n'eut pas le courage de le toucher, de s'assurer qu'il était encore là, à côté d'elle, que sa présence n'était pas une illusion des sens. Mais il la regarda alors et le cauchemar fut dissipé. Seul un rien dans sa voix, une infime dissonance, le rappelait.

— Es-tu d'accord pour que j'aille le voir ? Je pense que c'est une affaire à régler entre hommes.

Elle hésita et le regarda, l'air dérouté. Il éclata de rire.

— Bien sûr que tu n'es pas d'accord, s'amusa-t-il, la prenant par le menton et caressant du pouce sa fossette. Sais-tu à quel point nous nous ressemblons au fond ? Tu te soucies aussi peu que moi de ce que les ladies et les gentlemen jugent convenable ou non. Tu aimes autant que moi avoir les rênes en main, tu regimbes aussitôt que quelqu'un essaie de te les enlever et tu veux toujours imposer ton point de vue, exactement comme moi.

Il la lâcha et remonta sur Shiva. Helena le regarda s'en aller, sans se presser, vers la maison.

Durant les deux jours qui suivirent, Helena eut beaucoup de mal à regarder Ian et Mohan enseigner à Jason, pendant des heures, à donner des coups de poing, des coups de pied, à porter des prises et à opérer des esquives, à voir les deux adultes coincer impitoyablement le jeune garçon au cours de simulacres de combat. Au début, Jason éclata en sanglots de fureur. Fureur parce qu'il n'était pas à leur hauteur, fureur accumulée après tant d'humiliations à l'école. Mais c'est cette fureur qui lui donna l'énergie nécessaire et, après avoir frappé un peu au hasard et souvent dans le vide, il commença à intérioriser les gestes qui lui étaient montrés et, tous muscles bandés, à cogner sans manquer la cible. Il apprit à éviter les coups, à se libérer d'une prise. Helena finit donc par réoccuper la véranda, encourageant son frère de la voix, en compagnie de Vikram et de quelques bonnes, spectateurs enthousiastes de ce spectacle, surtout lorsqu'il se terminait par une mêlée inextricable des trois protagonistes, bras et jambes enchevêtrés sur le gazon.

Helena fut étonnée par l'agilité et la souplesse avec laquelle Ian et Mohan se mouvaient, alors qu'il était visible qu'ils se donnaient peu de peine afin de rester au niveau d'un adolescent débutant. Leurs gestes n'étaient pas donnés au petit bonheur la chance comme dans les rixes de tripots, ils étaient élégants, étudiés. Comme si, un jour, on les leur avait appris de A à Z, se dit-elle…

Bien que n'ayant pas rattrapé son retard sur ses aînés, Jason avait réussi à leur flanquer deux ou trois fois de douloureux coups de pied dans les tibias, à l'occasion une violente bourrade dans les côtes. L'essentiel fut pourtant que ces combats lui donnèrent le courage de se gendarmer, un courage tel qu'il décida de lui-même de retourner à l'école le lundi après-midi, une lettre d'Ian, son tuteur, dans ses bagages, expliquant et excusant son absence injustifiée, sans ajouter inutilement à son humiliation.

Avant de partir, il se bourra, sur la véranda, à l'heure du thé, de montagnes de scones à la confiture et de sandwichs, la nourriture de l'internat ne sortant pas, au mieux, d'une honnête moyenne. Mohan s'était attardé. Quand il se mit à table, il glissa sous la soucoupe de Jason quelques sachets de papier.

— C'est quoi ? demanda Jason, intrigué.

— De la poudre à gratter, répondit Mohan d'un ton neutre.

Seul un observateur attentif aurait pu apercevoir, au coin de ses lèvres, sous la moustache, un tressaillement trahissant une jouissance anticipée.

— Dans les chemises, les pantalons et les pyjamas d'armoires laissées sans surveillance, elle peut réaliser d'authentiques miracles.

22

Les coiffes blanches de l'Himalaya luisaient sous le soleil matinal qui dissipait le voile de brume enveloppant les collines. D'un pas alerte mais gracieux, les femmes grimpaient à la queue leu leu les sentiers étroits. De loin, avec leurs tenues bariolées – rouge rubis, turquoise, bleu cobalt, vert mousse, jaune safran – elles évoquaient un collier de perles en verre. On voyait, à leur petite silhouette trapue, à leurs yeux noirs bridés et à leurs visages anguleux, qu'elles étaient des montagnardes. Puis elles s'affairèrent à leur tâche quotidienne : cueillir sur chaque jeune pousse le bourgeon supérieur et les deux feuilles lui appartenant, jeter d'un geste vif dans la corbeille sur leur dos cette récolte insignifiante au premier coup d'œil et pourtant si précieuse. Elles travaillaient vite, ce qui dissimulait le côté accablant de cette cueillette interminable sous un soleil ardent. Elles paraissaient néanmoins s'activer d'un cœur léger, fredonnant leurs chants populaires, bavardant dans leurs dialectes montagnards, riant à la brise qui chuchotait dans les feuillages.

Seul un observateur au courant des pratiques en usage sur les autres plantations aurait remarqué l'absence des contremaîtres vêtus de blanc veillant au travail des femmes, les pressant d'une voix rude, les incitant à se montrer plus soigneuses et les accompagnant en direction de la manufacture. La plantation de Shikhara semblait fonctionner sans ces contrôleurs. Quelques-uns des planteurs voisins n'avaient pour un tel laxisme qu'un œil suspicieux. Et, à plusieurs miles à la ronde, il n'y avait pas une seconde plantation dans laquelle la *memsahib* en personne, en chemise et culotte de cheval, accompagnée de son personnel de cuisine, apportait à ses ouvrières, avant qu'elles n'eussent repris le chemin des plantations, du *madra*, pois chiches cuits dans du yaourt et du *ghee*, une espèce de beurre, du *palda*, légumes cuits à l'étuvée dans du yaourt, et du *chai*, thé noir très sucré, désaltérant grâce à ses feuilles de menthe fraîches.

De loin, on entendait vrombir et crépiter des machines ; à l'intérieur de la manufacture régnait un bruit infernal. Dans la pénombre, sous une chaleur suffocante et entre les monstres d'acier, les ouvriers s'affairaient ; conformément au vieux dicton selon lequel l'âme du thé repose entre les mains des cueilleuses mais que c'est la manufacture qui représente son cœur et son cerveau, les longs bâtiments étaient le domaine exclusif des hommes. Aux étages supérieurs, on procédait au « flétrissage », étalant les feuilles en une couche mince sur des claies tendues de jute entre lesquelles l'air chaud circulait de manière à leur enlever la moitié de leur eau. Elles restaient si souples et tendres qu'elles ne se brisaient pas quand, ensuite, on les passait au rouleau. En règle générale, on laissait les feuilles sécher une journée entière, mais Ian contrôlait personnellement l'état de la récolte et c'est lui qui, sans regarder sa montre, indiquait quand il fallait commencer le roulage.

Des rouleaux métalliques impressionnants broyaient alors les parois des cellules, libérant ainsi les huiles essentielles qu'elles contenaient, emplissant les alentours d'une odeur anesthésiante semblable à celle du camphre. Une fois roulées, les feuilles étaient déversées sur de longs tamis où, à la main, on triait les feuilles intactes et les autres.

Au début, Helena avait eu le vertige devant le nombre d'appellations, telles *orange pekoe* ou *flowery orange pekoe*, qualifiant les divers grades d'une même récolte ; mais elle apprit rapidement à trier d'un seul coup d'œil les feuilles enroulées, à peine plus larges qu'un fil de fer et de la longueur d'un ongle, et à leur attribuer le grade voulu.

— Le thé de Shikhara est essentiellement du *tippy golden flowery orange pekoe*, lui avait expliqué Mohan en lui faisant visiter la manufacture. Cela veut dire que les pointes de toutes les feuilles ont une couleur dorée, qualité très rare et donc très chère. C'est ici que le thé reçoit sa couleur et surtout la finesse de son arôme.

Ils étaient ensuite entrés dans une pièce toute en longueur, aux petites fenêtres, où la chaleur humide et lourde du parfum âpre du thé avait coupé le souffle à Helena. Mohan avait baissé la voix, chuchotant presque, en passant devant des tapis rectangulaires de feuilles de thé brunes et vert poussière.

— C'est dans cette pièce que se trouve le véritable secret du thé. Dans un air saturé d'humidité à au moins quatre-vingt-dix pour cent, à chaleur constante, le thé fermente. Si la température monte trop, les feuilles brûlent ; si elle baisse, c'est la fermentation qui s'arrête. Ce qui se passe exactement à l'intérieur des cellules reste un mystère. Le thé doit reposer ici entre une et trois heures et le talent d'un planteur de thé est de savoir précisément quand la fermentation a atteint son degré optimal. J'ai entendu dire à des ouvriers ayant travaillé toute leur vie dans les plantations de thé et les manufactures qu'Ian a cela dans le sang : il semble entendre la voix du thé.

Le séchage, dans des chambres spécialement conçues à cet effet et traversées par de l'air chaud, était lui aussi délicat : s'il séchait trop peu, il risquait de moisir, s'il était trop longtemps exposé à la chaleur, il perdait son arôme. Il fallait tout ce travail pour faire des tendres feuilles vertes des collines du Darjeeling – vingt mille *two leaves and a bud*, deux feuilles et un bourgeon pour un kilogramme – le *first flush*, la première récolte de l'année, le thé le plus cher au monde.

Du lever du jour jusque tard dans la nuit régnait une intense activité dans les champs, dans les bâtiments de la manufacture et, pour ce qui était d'Helena, à l'arrière de la maison. Il fallait ne pas traîner car chaque journée écoulée pouvait être la journée de trop susceptible d'affaiblir l'arôme singulier des feuilles et d'abaisser la qualité. Nuit après nuit, Helena se mettait au lit, à bout de forces, pour quelques heures d'un sommeil de plomb avant de se relever dès le petit matin. Il fallait nourrir des centaines d'ouvriers, soigner de petites blessures, distribuer des médicaments ou envoyer des blessés chez le médecin, tandis que, malgré tout, la maison devait tourner avec la régularité d'une horloge.

Qu'elle n'eût pas de temps à lui consacrer ne semblait pas préoccuper Jason ; presque tous ses condisciples connaissaient le même sort durant les semaines de la récolte ; certains manquaient parfois durant une semaine ou deux, aucune main n'étant de trop à la maison. Les professeurs se montraient indulgents dans la mesure où les résultats ne s'en ressentaient pas trop. S'il n'était pas assis devant ses livres ou n'avait pas réussi à obtenir de Mohan de faire une promenade à cheval avec lui, il aidait à remplir et empiler des caisses de thé. Les sachets magiques de Mohan avaient par ailleurs rempli leur mission à la perfection : ses deux bourreaux, Hugh et Frank, avaient le soir, au dortoir, sauté comme des cabris dans leurs pyjamas copieusement saupoudrés. Mais son coup de maître avait été d'envoyer Hugh au tapis d'un crochet au creux de l'estomac. Cela lui avait valu un nouvel avertissement écrit, mais il le considérait plus comme une distinction que comme une punition. De surcroît, il s'était ainsi acquis la reconnaissance de camarades ayant eux aussi eu à souffrir des brimades de ce garçon. En un tournemain, un groupe d'élèves s'était rassemblé autour de lui auxquels, en cachette, il avait enseigné les principaux trucs qui leur permettraient de se défendre victorieusement contre les partisans d'Hugh. Au terme de quelques journées tumultueuses s'était instauré, entre les deux groupes, un cessez-le-feu méprisant, interrompu, à l'occasion, par de petites bagarres ou quelques mauvais tours réciproques. Cessez-le-feu qui n'avait bien entendu pas cours durant les matchs de rugby. Jason s'était d'ailleurs lié d'amitié avec quelques camarades, notamment avec Freddie Beesley qui, étant le fils d'un des enseignants de l'école, avait eu particulièrement à souffrir des perfidies d'Hugh. Freddie n'éprouvant pas de joie particulière à la perspective de passer tous ses week-ends dans la maisonnette de son père veuf, à l'intérieur de l'école, la table de thé des Neville accueillit désormais un hôte supplémentaire, avant que les deux copains ne partent en courant vers l'enclos aux chevaux ou la manufacture.

En dépit des fatigues de la période, Helena était heureuse d'en avoir sa part, d'organiser son emploi du temps quotidien entre la cuisine, la laverie et le jardin, la maison et la manufacture, de plaisanter et de bavarder avec ses employés, d'apprendre quelques mots des divers dialectes montagnards sous les rires des cueilleuses, de trouver des solutions aux problèmes dont elle était journellement assaillie : disputes entre bonnes, mauvaise qualité de la marchandise du poissonnier, souris dans le cellier, bris de porcelaines, ternissure de l'argenterie, malheurs personnels des domestiques. Au début, elle pensa souvent ne pas y arriver, tant elle se sentait inexpérimentée et peu familière de ces problèmes ; mais elle écouta, observa, posa des questions, gagnant petit à petit confiance en elle, dans ses décisions et ses entreprises. Elle était heureuse de la chaleur et de la cordialité qu'elle rencontrait.

Elle ne voyait Ian que rarement, mais ce qu'elle voyait de lui dans ces instants lui plaisait : sa tranquillité et sa concentration malgré l'urgence et l'ampleur de sa tâche, ses bons rapports avec les cueilleuses et les ouvriers : en permanence amical mais ferme, jamais impérieux ni dédaigneux, la lueur respectueuse et chaleureuse dans les yeux des hommes et des femmes quand il leur parlait. Elle rougissait de bonheur quand, passant à côté d'elle, il l'embrassait sur la joue ou lui chuchotait quelques mots de gratitude ou de félicitations. Elle avait l'impression d'avoir toujours été une partie de ce monde, de son monde, de sa vie, d'avoir trouvé sa place, une certaine forme de bonheur. Et pourtant, durant les rares moments de pause et de récupération, une angoisse sourde s'insinuait en elle : *Combien de temps cela durera-t-il... Combien de temps encore ?*

23

Dès le matin, le soleil était brûlant sur le pavé. Et pourtant l'air, à Darjeeling, était bien plus agréable qu'en bas, dans le delta du Gange. On avait l'impression d'un allègre et précoce printemps européen, alors qu'on était fin mai et que, sur Calcutta et les plaines environnantes, pesait le lourd et humide été du Bengale, ralentissant chaque geste, tout mouvement coupant le souffle et trempant les habits de sueur. Tous ceux qui en avaient les moyens avaient déjà cherché refuge en montagne. Aussi la Mall fourmillait-elle de ladies en robes d'après-midi boutonnées jusqu'au cou, coiffées d'effrontés petits chapeaux, de garçonnets en costume de marin poussant des cerceaux, de leurs sœurs ou de leurs cousines en ruchés et dentelles, tenant sagement la main d'une nounou anglaise ou, bien plus souvent, d'une *ayah*, nourrice indienne en sari ; de soldats en uniforme pimpant ou de fonctionnaires civils en complet cérémonieux et avec col dur, soulevant qui son casque colonial, qui son chapeau de paille pour saluer une connaissance de rencontre.

Autant Richard Carter avait attendu avec patience de pouvoir arriver ici, autant, à mesure qu'il approchait de Darjeeling, il avait été saisi d'une hâte fébrile. Chacun des miles du trajet, à cheval ou en train, lui avait paru interminable. Il s'était peu intéressé aux paysages, absorbé à compter les miles, les heures, les jours. Car le temps lui était compté : en route, il avait été averti qu'Ian Neville était parti pour Calcutta afin de veiller personnellement, sur le port, au chargement du thé. Il prit un bain rapide, se rasa, enfila une tenue de cavalier et sauta sur le cheval qu'il avait commandé par télégramme.

Partant de la Mall, d'étroites ruelles serpentaient à travers les collines et, entre des bosquets et des taillis de bambous, s'étageaient des maisons aux petites fenêtres, aux balustrades sculptées et aux toits de bardeaux au milieu de plantes grimpantes et de fuchsias. Étant sorti de la ville au petit trot, il talonna son hongre brun qui prit le galop entre des pentes boisées et des plantations abandonnées, la récolte étant terminée.

Il arrêta sa monture dans un nuage de poussière quand il eut atteint la dernière butte afin de contempler la vallée qui s'étalait à ses pieds. Sur des miles et des miles se déroulaient des plantations de théiers, coupées de quelques pins, de haies et de prairies parsemées de fleurs sauvages. Une imposante demeure de deux étages, qui paraissait plus grande encore en raison d'une véranda à colonnades et d'un balcon faisant le tour du premier étage, s'élevait au milieu d'un grand jardin, presque un parc, ceint de chênes et de marronniers vigoureux, avec de larges parterres fleuris. Il sut qu'il était arrivé au but. Inspirant profondément, il éperonna son cheval et dévala la colline.

Elle ne le vit pas arriver, et il eut donc le temps de bien l'examiner tandis qu'il traversait la pelouse depuis la véranda en s'approchant d'elle, le long de massifs de rhododendrons en fleurs et de jasmin. En chemise, pantalon et bottes de cavalière, elle était penchée au-dessus de rosiers qu'elle taillait en plaisantant avec un *bágbán*, un jardinier. Elle avait beaucoup changé en six mois. Toujours mince, elle avait perdu la maigreur qui l'avait frappé lors de leur rencontre au bal ; ses rondeurs se dessinaient sous ses habits. Elle avait légèrement bruni, le soleil avait donné à sa crinière récalcitrante, retenue par un simple ruban, une blondeur de cuivre clair. Elle semblait plus sûre d'elle, plus libre, presque heureuse et Richard ressentit un coup au cœur. Un instant, il se demanda s'il n'avait pas commis une erreur, s'il ne s'était pas lancé à la poursuite d'une chimère. Mais, se relevant et écartant de la main des mèches de ses tempes ruisselantes de sueur, elle l'aperçut.

Le front plissé par la surprise, elle réfléchit quelques secondes, le cœur de Richard s'arrêtant alors de battre, avant que son visage ne trahît qu'elle le reconnaissait puis s'illuminât de joie. Richard en fut profondément ému.

— Monsieur Carter !

Elle traversa la pelouse à grandes enjambées, se débarrassa de ses gants et lui tendit la main droite.

— C'est une joie pour moi de vous revoir, miss Neville, répondit-il avec une affectation ironique en se penchant sur sa main.

Helena rougit violemment sous l'effet de la surprise et du contact de ses lèvres.

— Excusez ma tenue inconvenante, mais je ne me doutais pas que…

— C'est à vous d'excuser l'audace que j'ai eue d'interdire à votre bonne de me présenter dans les règles, mais je voulais vous faire une surprise. Nous autres Américains sommes connus pour nos mauvaises manières !

Ils rirent de concert.

— Je n'avais rien remarqué de tel jusqu'ici. Mais cela peut s'expliquer aussi par le fait que ma propre éducation a laissé à désirer à cet égard. Mais si vous voulez bien m'excuser une minute, le temps que je…, dit-elle en tiraillant le col de sa chemise, retrouvant les gestes mal assurés de la jeune fille timide qu'il avait gardée en mémoire.

— Ne prenez pas cette peine pour moi. Je vous trouve charmante ainsi.

Helena, qui avait déjà pris le chemin de la véranda, fit volte-face et lui lança un regard interrogateur, caressant une mèche derrière son oreille dans un geste d'embarras.

— Bien, dit-elle alors, visiblement perplexe, et elle demanda à la bonne de mettre la table sur la véranda.

Peu après, Richard sirotait un thé léger qui rappelait l'air des montagnes, l'odeur des forêts et le goût des oranges mûres et juteuses.

— Je ne suis pas un connaisseur, mais votre thé est excellent.

— C'est le nôtre, un *first flush*, la première récolte de cette année.

Richard baissa les yeux. Plus vite qu'il ne l'aurait souhaité, l'ombre d'Ian Neville avait surgi, l'homme qui possédait cette plantation, cette demeure, ce jardin… et Helena.

— Qu'est-ce qui vous amène au Darjeeling, monsieur Carter ? l'interrompit celle-ci dans ses pensées.

Il leva les yeux en entendant Helena éclater de rire et, aussi gêné qu'amusé, il secoua la tête en se moquant de sa propre maladresse.

— Je crains de n'être pas spécialement doué pour converser de manière courtoise ! dit-il, riant lui aussi, avec chaleur et sympathie. Eh bien…

Il s'éclaircit la voix. *C'est vous qui m'avez amené ici parce que je ne vous ai pas oubliée durant ces longs mois,* faillit-il dire, au lieu de quoi il répondit :

— Je suis ici pour affaires. Et j'ai pensé que vous pourriez peut-être me montrer un peu la région.

Helena l'étudia avec attention. Il évita de croiser son regard en contemplant, peu fier de son piètre mensonge, son thé couleur de cornaline et l'auréole d'or pâle déposée sur le bord de sa tasse. Il sentit qu'elle ne l'avait pas cru une seconde. Pourtant, à sa grande surprise, il l'entendit répondre après un bref silence :

— Bien volontiers.

La maison était silencieuse. Il était déjà tard, tous étaient au lit, seule Helena veillait à son bureau, devant des papiers, des factures et des feuilles de bloc-notes étalés autour du gros livre à la reliure de cuir où elle avait l'habitude de porter toutes les dépenses du ménage et du jardin. Un timbre argenté sonnant l'heure vint interrompre le discret tic-tac de la pendule sur la cheminée. Helena sursauta. *Déjà une heure...* Déconfite, elle contempla les pages encore vides, tous les papiers qu'elle avait pris en main une bonne dizaine de fois et reposés, le porte-plume dont l'encre avait séché depuis longtemps. Elle s'adossa avec un soupir et fixa l'obscurité régnant dans une partie de la pièce.

Elle eut l'impression de distinguer néanmoins tous les détails : le globe sur son pied de bois torsadé, la peau de tigre devant la cheminée, la statue en bronze de Shiva en train de fouler aux pieds la création dans une danse sauvage, l'armoire basse dans laquelle Ian rangeait les livres de comptabilité des plantations.

Elle avait beaucoup de temps depuis que, les dernières caisses de thé fermées, Ian et Mohan avaient quitté Shikhara à cheval, assurant l'escorte des voitures et de leur précieuse cargaison jusqu'à Shiliguri, avant de la mener par le train jusqu'au port de Calcutta. Trop de temps... Des idées désagréables avaient commencé à lui trotter dans la tête.

Ian lui manquait. Ne le voir que quelques heures dans la journée mais en le sachant dans les champs ou à la manufacture n'était pas la même chose que d'être séparée de lui par des miles et des miles. Des questions toujours nouvelles l'assaillaient, questions tournant en définitive autour d'un seul mystère : qui était réellement Ian ?

Il lui avait raconté être né dans une vallée de l'Himalaya occidental, d'où sa famille avait été obligée de fuir quand il avait environ l'âge de Jason. Pourquoi avaient-ils dû s'enfuir ? Que s'était-il passé ? Sa famille : ses parents seulement ou bien avait-il des frères et des sœurs ? Comment avait-il vécu cette fuite ? Comment y avait-il survécu ? Seul survivant apparemment ? Qui étaient ses parents ? Comment était-il arrivé à Surya Mahal où il avait passé une dizaine d'années et comment avait-il quitté le cœur du Rajputana pour se retrouver ici, à Darjeeling ? Il lui avait dit qu'ils vivaient dans une extrême simplicité quand il était enfant ; d'où lui était venu le capital nécessaire à l'achat du terrain des plantations ? Plus elle y réfléchissait, plus Ian lui apparaissait plein de mystères, et plus elle était perplexe. Elle n'osait pas poser de questions à son sujet dans la maison ; elle craignait de perdre la face en avouant qu'elle ne savait quasiment rien sur son mari. Une fois cependant, peu avant qu'ils ne partent, elle avait demandé à Mohan de lui parler de la famille d'Ian, un soir au salon. Une ombre avait glissé sur son visage. Helena était incapable de dire si c'était une ombre de colère ou de chagrin.

— C'est à lui qu'il faut le demander, avait-il répondu.

Puis il s'était mis à regarder fixement le feu dans la cheminée, le visage de pierre. Elle avait compris qu'elle n'obtiendrait pas de lui un mot de plus, ce qui était en totale contradiction avec son habituel empressement à lui venir en aide dans la mesure de ses moyens. Elle en avait été plus étonnée qu'irritée.

Rajiv, le caméléon, c'est ainsi que les enfants t'appelaient autrefois… Elle avait l'impression que, dans l'entourage d'Ian, des gens savaient d'où il venait, qui il était mais que personne n'était disposé à lui en parler. Pour quelle raison ? On aurait dit qu'il dissimulait en lui un secret qui ne devait pas être divulgué. D'en être, elle sa femme, également exclue lui était douloureux.

C'est peut-être pour cela que, dans une sorte de défi, malgré de légers scrupules, elle avait si vite accepté de montrer la région à Richard Carter. Cette visite inopinée avait renforcé en elle la perplexité, l'envie de résoudre l'énigme. Qu'est-ce que cet homme venait chercher ici ? Au son de sa voix, elle avait compris qu'il n'avait pas entrepris ce voyage pour des affaires. Or l'idée qu'il serait venu pour elle lui avait paru aberrante.

Ses doigts glissèrent comme d'eux-mêmes sur l'accoudoir de son siège, se posèrent sur le bouton ciselé du tiroir, tirant ce dernier puis le refermant au rythme de ses pensées. Soudain, elle s'immobilisa, hésita, puis l'ouvrit lentement. Elle prit une serviette en cuir, fit défiler sous ses yeux les compartiments où étaient rangées des lettres portant l'écriture d'Ian, mais ce n'était apparemment qu'une correspondance concernant la culture et le négoce du thé. Elle la reposa, ouvrit un second tiroir, finit par fouiller la table de travail, cherchant du bout des doigts un logement secret, un objet qui aurait pu échapper à la vue en raison du mauvais éclairage. Quand elle referma le dernier tiroir, la honte l'envahit. Qu'était-elle en train de faire ? Ian était bien trop malin pour laisser traîner ainsi, accessible à n'importe qui, le moindre indice relatif à un secret si bien gardé.

Bien que honteuse de sa curiosité, elle ne réussit pas à se maîtriser. Sans bruit, pour ne réveiller personne, elle se leva et fit, la lampe à la main, un bref tour de la pièce, soulevant les tableaux – scènes de l'histoire et de la mythologie indiennes ainsi qu'une peinture à l'huile du Kangchenjunga – afin de vérifier si ne s'y dissimulait pas un coffre-fort. Rien. Déçue, elle eut envie de taper du pied et de jurer. Il fallait pourtant bien trouver quelque chose, il n'était pas possible qu'il n'y eût pas un seul indice, un signe.

Elle grimpa d'un pas résolu l'escalier. Elle s'arrêta devant la porte de la chambre d'Ian, sa conscience et la tentation se livrant un bref combat, car l'envie de savoir l'emportait facilement. Elle alla jusqu'à la commode du côté droit de la pièce et regarda autour d'elle. Elle était souvent passée devant la porte ouverte, mais n'avait pas osé y jeter plus qu'un coup d'œil furtif, comme en territoire interdit. Maintenant encore, elle se sentait une intruse. Les meubles, disposés comme dans sa chambre, étaient plus simples, plus masculins, avec du bois aux tons chauds et des coussins sombres, le large lit était recouvert d'un tissu de lin blanc uni. Lui et Shushila avaient-ils ici… ? Écartant cette pensée, elle entreprit d'ouvrir les tiroirs de la commode. Nécessaire de rasage, une cassette contenant des boutons de manchette et des épingles à cravate, un peigne, des mouchoirs à monogramme brodé, tout était d'une grande simplicité mais élégant. Juste l'indispensable. Agenouillée devant la petite porte de droite, elle fouillait parmi des morceaux de savon et des serviettes de toilette quand un léger bruit la fit sursauter. Effrayées, aussi effarées et figées l'une que l'autre, Shushila et elle-même se faisaient face.

— *Memsahib*, finit par murmurer Shushila en serrant sur sa poitrine sa robe de chambre, j'ai entendu du bruit et j'ai voulu voir ce que c'était.

— Je… je…, bégaya Helena, cherchant en vain une excuse crédible puis baissant la tête, honteuse.

Un sourire de compréhension glissa sur le visage de Shushila.

— Je sais ce que vous recherchez, *memsahib*. Mais vous ne trouverez rien. *Huzoor* est un homme qui a un passé, chacun ici est au courant, même si nous n'en savons pas davantage. Il ne cesse de porter en lui ce passé, dans son cœur, on peut le lire dans ses yeux.

— Et pourquoi ne m'en dit-il rien ? demanda Helena pour elle-même, sans s'apercevoir qu'elle avait parlé en hindoustani.

— Parce qu'il veut vous en protéger, *memsahib*.

— Je ne le crois pas, répliqua Helena en se relevant. Me protéger de quoi ? demanda-t-elle d'un air de défi.

La jeune Indienne resta muette un instant, comme pesant ses mots, avant de répondre :

— Certains secrets sont dangereux et je crois qu'*huzoor* est porteur d'un de ces secrets.

— Bêtises ! s'écria Helena, la jalousie de voir que Shushila connaissait Ian aussi bien lui coupant le souffle.

Avant qu'elle eût pu continuer, celle-ci reprit avec douceur :

— Alors dites-moi que ce que vous avez lu dans ses yeux ne vous fait pas peur !

Helena baissa pavillon, trop consciente qu'elle n'avait rien à répondre. Elle lutta quelques secondes avec elle-même puis demanda à voix basse :

— Mais que puis-je faire alors ?

— Vous êtes forte, *memsahib*, vous avez une âme de lutteuse. Prenez seulement garde à ce qu'il ne vous entraîne pas dans l'abîme... Bonne nuit, *memsahib*.

La jeune femme fit une légère courbette et se retira, fermant la porte derrière elle, sans bruit. Comme abasourdie, Helena resta immobile quelques secondes avant de regagner sa chambre d'un pas las, espérant que le jour ne tarderait pas à se lever.

24

Il n'y avait rien d'extraordinaire à ce que la *memsahib*, de son propre chef, partît à cheval le matin. Aucune des bonnes ni aucun des garçons d'écurie ne posa donc de question quand Helena sauta sur Shakti, se contentant de dire par-dessus son épaule qu'on ne devrait pas l'attendre pour le déjeuner, car elle n'était pas sûre de rentrer à temps, et qu'elle partit au galop, essayant de ne pas trop laisser voir sa hâte de quitter la maison.

Richard l'attendait au sud des limites de la ville, comme convenu. Bien que téméraire, elle n'entendait pas mettre sa réputation en jeu en se montrant en ville, sans chaperon, avec un homme inconnu. Sans le vouloir, quand elle l'aperçut de loin se tourner vers elle sur son massif hongre brun et lui sourire, elle fit presser le pas à Shakti.

Ils parcoururent quelques miles encore en direction du sud, suivant un chemin escarpé dans les collines. De hautes herbes folles frôlaient leurs bottes et les flancs des chevaux ; de temps à autre, le soleil matinal se reflétait dans les ruisseaux dévalant les pentes. Des oiseaux couleur de terre les accompagnaient en gazouillant, se posaient, puis reprenaient leur vol, effarouchés, dans un grand bruit d'ailes. Les plantations de thé, désertées jusqu'à la mousson, étaient nichées entre les rochers et les pentes. Ils ne parlaient presque pas, le chemin ne leur permettant guère d'avancer côte à côte. Ils arrivèrent enfin au but, le Tiger Hill, le point culminant au sud. Ils avaient à leurs pieds la ville en pierre badigeonnée de brun et en bois foncé. En arrière-plan, bouchant l'horizon, la paroi de l'Himalaya exposait ses versants et ses sillons bleuâtres et gris-violet.

Helena montra le sommet tout juste visible derrière la barrière nuageuse d'où se détachaient des lambeaux dérivant dans leur direction.

— Voilà le Kangchenjunga. D'après la légende, c'est la montagne sacrée, Kailash, derrière laquelle se cache le paradis de Shiva.

— On a l'impression qu'ici chacune des pierres porte la marque des dieux, murmura Richard d'un air songeur. L'Inde est en effet un vieux pays où, depuis des millénaires, d'innombrables peuples et cultures ont laissé leurs empreintes... Je l'ai lu quelque part, s'empressa-t-il d'ajouter en voyant qu'Helena le regardait de côté, ahurie.

— En Amérique, ce n'est pas comme ça ?

— Non, l'Amérique est un pays neuf, sans racines, immense et vide. Ce qui existe là-bas n'est en général vieux que de quelques décennies, les villes s'y développent à une vitesse énorme. Le pays est tout vibrant d'énergie, comme impatient de franchir un pas supplémentaire encore. Il n'y a pas de passé là-bas, à peine un présent, on ne pense qu'à l'avenir... à ce qui est possible, ce qui pourrait être possible. Et d'ailleurs tout y semble possible, on a l'impression qu'aucune limite n'est mise à l'ambition d'aller plus loin et plus haut.

Il parla avec enthousiasme de New York, une ville comptant près de deux millions d'habitants, de l'immense Central Park et de son lac artificiel, où on se rencontrait le dimanche pour flâner; de la première ligne du Metropolitan Elevated Railway, une voie ferrée en pleine ville sur laquelle les trains roulaient à hauteur du deuxième étage des immeubles, ouverte cinq ans auparavant; du pont de Brooklyn, une merveille architecturale devant franchir l'East River et relier Brooklyn et Manhattan. Les piliers étaient sept fois plus hauts que les maisons de Manhattan qui comptaient généralement quatre étages. Le pont lui-même, qui devait cette année être suspendu à des câbles d'acier, serait long de près d'un demi-mile. Il s'enflamma pour Broadway, le centre commercial de la ville, pour des grands magasins comme Macy's très souvent construits en fonte décorée et dans lesquels on pouvait trouver à acheter sous un seul toit tout ce qu'on pouvait imaginer.

Il décrivit San Francisco, beaucoup plus petite que New York, mais non moins ambitieuse et entreprenante, les collines de Californie, ses interminables plages de sable, les vignobles et les vergers; l'immensité de l'intérieur du pays, la rude beauté de la Prairie avec ses mustangs et ses bisons, terres qui n'attendaient que d'être exploitées et peuplées dès que trois nouvelles lignes de chemin de fer seraient achevées entre l'est et l'ouest.

Il évoqua aussi l'Australie, le continent rouge et sec d'où il importait des pierres, les élégantes rues de Paris, ville mondaine avec ses cafés, ses bars, ses théâtres et ses boîtes de nuit. Il parla de l'usine sidérurgique de Philadelphie où il avait commencé à travailler, avant de partir pour la côte Ouest tenter sa chance. Chance qui lui avait souri à force de prospecter à la recherche de minerais. Il avait pu ouvrir une première affaire, puis une deuxième, ensuite, grâce à un prêt après la guerre de Sécession, fonder sa première usine en revenant sur la côte Est d'où ses affaires continuèrent à prendre de l'expansion : acier, tissages et filatures, tailleries, immobilier.

Il lui ouvrit ainsi, de la voix et du geste, un monde inconnu, ce jour-là, puis le lendemain, puis tous les jours qui suivirent tandis qu'ils escaladaient à cheval les collines au-dessus de la vallée, traversaient à pied des prairies, restaient assis au soleil, oisifs. Helena écoutait et s'étonnait, voyant en pensée les rues, les maisons et les gens, la campagne et les villes qui ne ressemblaient en rien à ce qu'elle avait vu jusqu'ici. Au début, c'est à peine si elle osa parler d'elle : d'où elle venait, ce qu'elle avait vu et vécu. Son existence et son monde lui paraissaient si infimes, si insignifiants. Mais Richard, obstiné, ne manquait aucune occasion de lui poser des questions.

— Où avez-vous appris à si bien monter ? lui demanda-t-il un jour, alors qu'ils mettaient pied à terre, essoufflés, après un galop rapide, pendant qu'elle attachait Shakti à une énorme branche.

— Sur un âne.

Son étonnement provoqua un sourire chez Helena.

— Mon père m'a assise sur un âne quand j'étais encore toute petite. En Grèce, il n'y avait presque que des ânes comme montures et bêtes de bât. Un jour, pour s'amuser, il m'a donc assise sur un âne. Je crois que c'est le premier souvenir que j'aie gardé de lui, me hissant sur l'animal et me tenant la main pendant que l'âne, imperturbable, continuait à trotter sur le pavé.

— Et vous n'avez pas eu peur ? s'étonna Richard, la veste sur l'épaule, tandis qu'ils cheminaient à travers l'herbe haute.

— Non, mon père était là. J'étais sûre qu'avec lui il ne m'arriverait rien.

— Cela doit avoir été merveilleux de grandir dans ces conditions, dit-il, pensif, après un petit silence, libre, sans contrainte, sous le soleil du Midi.

— Oui, c'était merveilleux, dit-elle avec un profond soupir, tout en contemplant le ciel bleu coupé de légères traînées de nuages. Si seulement cela n'avait pas été si vite terminé.

Elle songea avec mélancolie que cet épisode avec Richard était lui aussi voué à se terminer un jour. Le retour d'Ian pouvait intervenir à tout moment et, même si aucun des deux ne l'exprimait, elle sentait que Richard aussi en était conscient. Elle n'arrivait pas à s'imaginer ne plus le revoir. Ces heures passées ensemble n'appartenaient qu'à elle. Elle était seule à en décider. Il lui semblait intolérable de devoir renoncer à ce sentiment de liberté, de légèreté et d'insouciance auquel elle s'était si vite habituée.

— N'est-il pas toujours cruel que l'enfance, le temps de l'innocence, connaisse une fin abrupte ? Être ainsi tiré d'un rêve qu'on croyait être la réalité ?

Elle évita de le regarder en répondant parce qu'elle eut peur de ne pas retenir ses larmes.

— Je crois parfois que je suis condamnée à expier les péchés que mes parents ont commis. Contre la bienséance, contre la société, contre les conventions et la morale. Elle eut un rire amer. N'est-ce pas ce qu'on entend par le péché originel ?

— Il ne faut pas vous laisser aller à de telles pensées, intervint Richard, mais elle l'interrompit à son tour, des larmes de colère dans les yeux.

— Il en est pourtant ainsi, il en a toujours été ainsi ! Je n'ai jamais eu le choix !

Elle se détourna avec violence, furieuse de sa réaction passionnée, de sa faiblesse, de son impuissance. Sans s'en formaliser, Richard laissa tomber sa veste sur l'herbe, la prit par la main et l'attira contre lui, avec autant de douceur que de détermination.

— Si, tu l'as. Viens avec moi, Helena !

Elle se contenta de le regarder, effrayée par la tournure que prenaient soudain les choses, tandis qu'il essuyait ses larmes de sa main droite avec précaution. Elle vit son visage anguleux et dur s'adoucir, la chaleur dans ses yeux.

— Tu n'es pas obligée de rester ici, pas obligée de rester avec lui. Il existe tant de choses en ce monde que je voudrais te montrer, des choses que je voudrais vivre avec toi.

Elle l'autorisa à la serrer contre lui, ses lèvres sur sa joue lui soufflant :

— Viens avec moi. Je te promets que tout se passera bien.

— Je... je ne peux pas, parvint-elle à dire, sentant pourtant sa résistance faiblir et se retrouvant blottie contre Richard, contre sa large poitrine qui offrait réconfort et protection.

— Si, tu le peux, murmura-t-il. Personne ne peut t'obliger à rester ici. Viens avec moi en Amérique, en Australie... où tu voudras. Je ne te contraindrai jamais à rien, je n'exigerai jamais rien de toi. Je veux juste que tu sois enfin heureuse. Tu n'es pas une femme née pour la souffrance.

Ces mots, elle avait toujours souhaité les entendre dans la bouche d'Ian. En vain. Ses lèvres cherchèrent les lèvres de Richard.

Ses baisers n'avaient rien de la passion dévorante qui habitait Ian ; ils étaient à son image, solides, réconfortants, gratifiants. Elle aurait voulu que cet instant durât éternellement. Quand ils durent se séparer, il la serra une dernière fois avec un petit rire.

— J'ai eu très envie de t'emmener tout de suite avec moi, jadis, de te sortir de cet horrible bal. Ne te presse pas. Je reste à Darjeeling jusqu'à ce que tu te sois décidée. Je t'attendrai, Helena, dit-il en repoussant tendrement sa tête en arrière de manière à pouvoir plonger ses yeux dans les siens.

— *Huzoor* vous attend dans sa chambre, *memsahib*.
— Merci, Shukriya. Dis-lui que j'arrive tout de suite, répondit Helena mécaniquement, sans même voir la bonne s'incliner et refermer la porte.

Elle avait à la fois froid et chaud. Elle se regarda dans le miroir de sa coiffeuse et il lui renvoya une image qui lui était étrangère bien qu'elle s'y reconnût : le *sari* rouge orangé, ses cheveux pommadés tombant en cascade souple sur son dos, ses grands yeux verts où brillait un feu néanmoins inhabituel.

Depuis l'après-midi où le bruit et l'agitation dans la maison, les voix et les rires avaient signalé le retour d'Ian et de Mohan après presque deux semaines, elle avait tenté de retarder ce moment, mais à présent, le soir venu, elle n'avait plus d'échappatoire. Plus sous l'effet de sa mauvaise conscience que de la joie des retrouvailles, elle avait demandé à une bonne de faire préparer de l'agneau rôti et de la *masala bata*, une pâte épicée. Elle ne cessait de porter les yeux en direction d'une boîte, sur un tabouret, qui contenait le gilet que les Wang avaient confectionné pour Ian à sa demande. Il avait été livré pendant son absence. Mais elle n'en avait pas éprouvé de joie. La beauté du tissu avait perdu de son charme, n'évoquant pour elle que des choses qu'elle avait envie de refouler.

Avait-elle été déloyale ? Elle ne le savait pas. Elle semblait avoir perdu, la semaine écoulée, tout sens du bien ou du mal. Elle avait pris congé de Richard la veille seulement, là-haut, au croisement des chemins, elle ayant tourné à gauche, en direction des plantations, lui à droite, vers la vallée, vers Darjeeling. Il l'avait embrassée une dernière fois, lui ayant arraché la promesse de le faire prévenir à son hôtel si elle avait besoin de lui. Elle était épouvantée à l'idée de paraître devant Ian. Ce n'étaient pas les baisers de Richard qui la faisaient se sentir si coupable, mais le fait qu'elle songeait à une existence nouvelle. Des idées qui ne la laissaient pas en paix depuis deux jours. Serait-elle vraiment capable de quitter Ian, de tourner le dos à l'Inde pour toujours ? D'aller une nouvelle fois dans un pays étranger, tout reprendre à zéro, avec un autre homme ? Elle était à bout, le cœur meurtri de tant d'émotions, de tant de sentiments contradictoires. Elle n'aspirait plus qu'à la tranquillité, tranquillité qu'elle trouvait auprès de Richard. Il était tellement différent d'Ian : droit, direct, sans failles obscures, sans cette déchirure qui, en présence d'Ian, la précipitait dans un tourbillon d'extrêmes. Mais ce qui la tourmentait et qui, malgré ses efforts pour le refouler, lui revenait sans cesse à l'esprit, c'était Jason : pouvait-elle lui imposer de changer à nouveau totalement de vie, de s'habituer à un nouveau pays, une nouvelle famille ? Helena, devant de telles décisions à prendre, était aux abois. Qu'est-ce qui était juste, qu'est-ce qui était faux ? Elle ne le savait plus, et, en cet instant, se sentait dans la peau d'une vieille femme.

Elle se leva à contrecœur et baissa la lampe. Quelque part dans le ciel nocturne, il y eut plusieurs brèves lueurs qui dévoilèrent des nuages cachés par l'obscurité, signes avant-coureurs de la saison des pluies arrivant par le sud. Les quelques pas entre les deux portes lui parurent interminables. Elle avait les pieds de plomb.

Ian était assis dans un fauteuil devant la cheminée, les jambes encore bottées allongées sur un tabouret, le regard fixé sur les flammes. Helena s'immobilisa sur le seuil, ne sachant quelle attitude adopter.

— Bonsoir, Ian, finit-elle par dire. Vous avez fait bon voyage ?

Ses propres paroles lui parurent sonner faux, de manière insupportable.

— Merci, répondit Ian d'un ton tranchant.

Sa froideur lui coupa le souffle. Voilà ce dont elle avait eu peur durant les semaines de la récolte : ces brusques revirements d'humeur qu'elle avait subis si souvent et devant lesquels elle se sentait démunie.

— À ce que j'ai entendu dire, tu t'es bien amusée pendant mon absence, poursuivit-il en allumant une cigarette. Étais-tu obligée de me faire porter des cornes aux yeux de toute la maison et de la moitié de la vallée ?

Ces mots furent pour elle comme un coup de fouet.

— Je n'ai rien fait de mal, chercha-t-elle à se défendre tout en sachant qu'elle n'y parviendrait pas.

Qu'elle avait été naïve de croire que ses absences prolongées passeraient inaperçues ! Même la dernière des bonnes avait été capable de faire le rapprochement entre la visite du *sahib* inconnu et les excursions interminables de la *memsahib*.

D'un bond, il fut debout, jetant sa cigarette dans le feu et la saisissant par le bras avec une telle force qu'elle poussa un cri de douleur.

— Ian...

— Si tu tiens absolument à me cocufier, ne le fais pas chez moi, pas dans mon pays, respecte au moins les convenances, siffla-t-il en serrant encore plus fort.

Il eut un geste rapide et elle se baissa pour éviter un coup qui ne vint pas. Elle leva avec prudence les yeux vers lui. Il la regarda sans relâcher sa prise et elle eut peur, peur comme jamais encore, devant la noirceur de ses yeux, devant un effroyable abîme.

— Lâche-moi, chuchota-t-elle, tentant sans conviction de se libérer.

Il l'attira contre lui avec une telle violence qu'elle en perdit le souffle, puis elle ne put retenir un cri de peur en même temps qu'elle poussait un soupir de soulagement, d'attente comblée quand il écrasa ses lèvres contre les siennes, une douleur exquise. Ses mains parcoururent son corps avec rudesse, brutales, mais allumant en elle un formidable désir, un désir flamboyant qui la fit se presser contre lui tout en essayant de le repousser, pleine de désir, de haine et de désespoir.

— Tu es à moi, Helena, à moi, chuchota-t-il, brûlant les mots avec ses lèvres, son haleine sur son cou, sa peau, la marquant de ses dents.

L'étoffe légère du *sari* se déchira et la peau incandescente d'Helena toucha l'ardeur du corps d'Ian. Elle crut qu'elle allait mourir de désir et de fureur. *À moi, à moi*, résonnaient ces mots en elle, déformés à en devenir croassement de corbeau : à moi, à moi, à moi…

— Non ! s'entendit-elle dire, tout bas, d'une voix rauque, puis plus fort. Non ! Jamais !

La rage s'empara d'elle, une rage folle qui lui donna la force de le frapper, de le rouer de coups de pied, de le repousser, ayant le sentiment qu'elle allait étouffer, de devoir lutter pour sa vie, son âme. Elle vacilla, tomba rudement par terre, mais elle était libre. Rassemblant à la hâte les restes de son *sari*, elle gagna la porte en trébuchant et l'ouvrit.

— Où comptes-tu aller ?

La voix étrangère et métallique d'Ian lui vrilla le dos.

— Cela m'est égal, pourvu que ce soit loin, loin de toi !

Quand elle se retrouva dans sa chambre, paniquée et en pleine confusion, une partie d'elle avait pourtant gardé froideur et clarté, un calme effrayant. Comme si elle avait déjà mille fois repassé sa fuite en esprit, elle monta d'une main tremblante la mèche des lampes, réveilla Yasmina pour lui demander de l'aider, enfila une chemise et une culotte de cheval et rassembla des objets de première nécessité.

— Que s'est-il passé ?

Sans que ni elle ni Yasmina l'aient entendu, Mohan se tenait dans le pas de la porte, toujours impeccable dans son costume clair et avec son turban écarlate, calme et la mine grave. Sa présence fit retomber la fièvre régnant dans la pièce. Helena le regarda par-dessus la montagne de vêtements accumulés sur le lit.

— Je fais mes bagages, dit-elle sobrement, continuant à choisir parmi l'amas de tissus ce qu'elle voulait emporter.

Il opina d'un air pensif.

— Je présume que vous avez une bonne raison, répondit-il en refermant la porte sans bruit. Où irez-vous ?

— À Darjeeling, je commencerai par y prendre une chambre.

— Et Jason ?

Elle tiqua et se figea. Son point faible. Mais il le fallait... elle ne pouvait rester, même pour Jason. Serrant les dents, elle répondit, avançant le menton.

— J'irai demain le chercher à l'école.

Mohan opina à nouveau.

— Je ne vais pas tenter de vous convaincre de rester, car vous n'y êtes visiblement pas disposée. Sans doute à bon droit. Je voudrais juste vous demander quelque chose.

— Et ce serait ?

Elle regretta aussitôt son ton impertinent. Mohan se contenta pourtant de sourire, un petit sourire chaleureux, à peine plus qu'une étincelle dans ses yeux.

— Quelques heures de votre temps. Je voudrais vous raconter une histoire.

— Une histoire ?

— Je crois qu'il n'est pas décisif que vous partiez immédiatement ou un peu plus tard. Si vous voulez toujours partir, vous le ferez dans trois ou quatre heures. Je ne vous demande rien d'autre, juste quelques heures.

Remarquant son regard sceptique, il leva les mains en un geste se voulant désarmant.

— Pas de mauvais coup ! Juste une histoire. Et une tasse de thé…

Après quelques secondes de lutte intérieure, la confiance qu'avait Helena en Mohan l'emporta.

— D'accord.

Il la fit asseoir sur un des profonds coussins, s'installa lui-même en tailleur à côté d'elle et, tandis que Yasmina leur versait un thé, il entama son récit.

ET SITARA

DEUXIÈME PARTIE

WINSTON ET SITARA

25

Rajputana, mai 1844

Du haut d'un ciel éblouissant, un soleil impitoyable faisait éclater le sol jaunâtre, réduisant la croûte terreuse en une poussière qui se liquéfiait dans l'air vibrant de chaleur. Çà et là, des brins d'herbe brûlés et des buissons morts ; seule l'ombre d'un lézard glissait de loin en loin en zigzag avant de trouver refuge sous une pierre.

Les sabots de deux chevaux résonnèrent sourdement dans la plaine, crissant sur le gravier et le sable. Trébuchant de fatigue alors qu'elles n'étaient en chemin que depuis quelques heures, les bêtes ne gardaient plus l'allure.

— *Aiiii*, râla le plus âgé des deux hommes, à quelle distance encore cela peut être, Winston *sahib* ?

Le jeune Anglais essuya du dos de la main son visage brûlé par le soleil et noyé de sueur. Sa chemise, qui avait été blanche, maintenant raide de sable séché, collait à son corps massif et musclé.

— Je ne sais pas, Bábú Sa'íd. À en croire les instructions que nous avons reçues, nous devrions être arrivés depuis longtemps. Foutu désert !

Jurant à haute voix, il tira sur les rênes et fit décrire un demi-cercle à son hongre tout en inspectant, les yeux plissés, les interminables *mesas* et l'horizon. Il ne s'était pas douté, bien que sachant que cette partie du Rajputana était mal cartographiée, que son supérieur lui fournirait un itinéraire aussi imprécis. Ils avaient quitté depuis plusieurs jours la sphère d'influence britannique et franchi les frontières d'une des principautés opposant une résistance passive à la domination anglaise.

— Qu'allons-nous faire, *sahib* ?

Bábú Sá'íd avait arrêté son hongre d'un gris sale. Il avait des yeux presque noirs dans un visage tanné qui tranchait sur la moustache chenue. Le cheval de Winston, baissant la tête avec accablement, se mit, sans conviction, à gratter du sabot parmi les cailloux pendant que son cavalier continuait à inspecter le désert. L'homme n'était pas beau. D'une taille inhabituelle, massif, il avait une peau plutôt pâle, un rien rougeâtre, et des cheveux blonds, héritage de ses ancêtres normands. Ses yeux bleu clair, mouchetés de gris, paraissaient naïfs, lançant un regard enfantin sur le monde ; derrière cette apparence se cachait pourtant une intelligence acérée. Son visage, rasé de près, était un mélange bizarre de traits doux et de parties osseuses. Il ne faisait pas ses vingt-sept ans. Quand on le voyait au repos, on pouvait le prendre pour un lourdaud paresseux et indolent. Pourtant, chaque pouce de son corps avait subi un entraînement intensif, il avait la souplesse vigoureuse d'un tigre et il inspirait le respect par sa seule apparence physique.

Son compagnon, au tressaillement d'un muscle de ses mâchoires, lut la tension sur son visage. L'officier réfléchissait, mieux valait ne pas le déranger.

— Avançons, dit enfin Winston en tirant si fort sur les rênes que son cheval se cabra. Nous trouverons ce maudit palais quand bien même il nous faudrait pour cela retourner chaque pierre du chemin !

Tandis qu'ils continuaient leur route sous le soleil implacable, Winston ferma les yeux un instant pour sentir la joue fraîche d'Edwina se coller contre la sienne. Il retrouva son parfum de muguet, songeant avec nostalgie aux baisers qu'il lui avait volés dans le jardin des Grayson. Edwina, la fille unique du colonel Grayson. Une peau douce comme de la crème, des yeux d'un bleu lavande sous des boucles brun châtain et une taille si fine dans son corselet qu'il aurait pu l'enserrer des deux mains. Vive et capricieuse, des étincelles effrontées plein les yeux, elle l'avait envoûté avec sa voix cristalline, sous les yeux bienveillants du colonel et de son épouse qui avaient un faible pour ce jeune soldat aussi fiable qu'ambitieux, qui n'était certes que le cadet de nobles campagnards sans fortune mais dont on retrouvait la trace des ancêtres jusqu'à l'époque de la guerre des Deux-Roses.

— *Sahib !*

La voix de Bábú Sa'íd l'arracha à ses pensées, et il retint son cheval.

Ils se trouvaient devant une brutale rupture de pente, un long talus conduisant à une large vallée vide au milieu de laquelle, comme créés d'un coup de baguette magique, s'élevaient les murs d'un palais dont les tours crénelées, sous le soleil flamboyant, étaient entourées d'une auréole de feu.

Winston et Edwina étaient fiancés depuis près de deux ans, secrètement, et le colonel lui avait promis la main de sa fille dès qu'il aurait franchi un nouvel échelon de la hiérarchie militaire. La mission diplomatique qui l'avait amené ici lui vaudrait à coup sûr une promotion si elle était couronnée de succès. Il hésita néanmoins.

Comme sensible à son indécision, son hongre sautillait sur place. Son compagnon le regardait d'un air d'attente. Winston avait la gorge sèche et il savait que la longue chevauchée dans la poussière et la chaleur n'en était pas l'unique cause. Son instinct lui conseillait de faire demi-tour, mais c'était impossible : il ne pouvait échapper au destin qui l'attendait là, au-dessous de lui.

Il éperonna son cheval et dévala le talus, ne quittant pas Surya Mahal des yeux.

Ils se tenaient devant l'imposante porte comme des solliciteurs, le jeune Anglais et le fluet cipaye, couverts de sueur, las et sans l'éclat de leurs uniformes, rangés dans leurs bagages derrière eux. Les gardes rajpoutes les ayant examinés avec mépris du haut de leur poste, comme s'il s'était agi de mendiants, ne les laissèrent entrer qu'à contrecœur, après remise de leurs armes, pistolets et mousquets.

Ils bénéficièrent néanmoins de l'hospitalité légendaire des Rajpoutes : ils se virent attribuer de grandes chambres luxueusement aménagées, une foule de domestiques veillant à leur bien-être. Ayant pris un bain, rasé de près et revêtu de son uniforme, Winston avait aussitôt sollicité une audience auprès du raja, mais deux jours et deux nuits s'étaient écoulés sans qu'il eût obtenu de réponse. Ni le maître d'hôtel ni personne d'autre parmi le personnel n'était en mesure de lui dire combien de temps il devrait attendre pour rencontrer le prince. Ses demandes répétées se heurtaient à un haussement d'épaules et à de courtoises formulations en hindoustani. Winston rageait intérieurement. Les bras croisés sur sa large poitrine, il allait et venait inlassablement entre son lit et les portes donnant sur la cour intérieure pavée. Une légère brise courait dans la pièce, faisant bouffer les délicats rideaux mais n'apaisait pas son courroux devant la condescendance du raja envers des envoyés de la Couronne. Bábú Sa'íd, assis en tailleur, très droit, sur un épais coussin paraissait, avec ses yeux fermés, plongé dans un demi-sommeil.

Debout sur le seuil donnant sur la cour, Winston, l'air mécontent, regardait droit devant lui, sans voir les sculptures des colonnades et des créneaux, pas plus qu'il ne voyait les bacs bleus et blancs contenant des arbustes en fleurs ou le paon qui, se pavanant sur la pierre polie, le lorgnait avec coquetterie avant de détourner la tête avec mépris devant l'indifférence de l'homme.

Six ans s'étaient écoulés depuis que, recruté par l'armée, il était arrivé sur le sol indien. Une carrière au service de l'East India Company, c'était la promesse d'une paie correcte, meilleure qu'au service de la Reine, et la perspective, grâce à l'ambition, l'obéissance, l'intelligence et un minimum de relations sociales, de faire fortune en Inde. Chacun, à la caserne, connaissait les histoires de simples soldats qui, ayant réussi à s'approprier une part des incommensurables richesses du sous-continent, étaient devenus de véritables nababs. Or Winston était ambitieux ; il avait passé son existence à avoir honte non qu'un vieux sang noble coule dans les veines, mais d'être pauvre. Il savait qu'il pouvait réussir : il reviendrait un jour en Angleterre, avec de hautes décorations et de la fortune, satisfait de sentir sur lui les regards envieux de ses anciens condisciples qui l'avaient jadis raillé parce qu'il était tributaire des aumônes attribuées par la direction de l'école aux élèves particulièrement doués. Il retrouverait avec fierté sa famille pour laquelle il avait toujours été l'insignifiant cadet. Son mariage avec Edwina, le liant à l'une des plus anciennes familles d'officiers du pays, lui aplanirait la route pour une ascension ultérieure. Il savait qu'il devait ici se montrer à la hauteur, car son avenir dépendait du succès ou de l'échec de cette mission. Il n'avait pas droit à la moindre erreur.

Il se retourna en entendant frapper à la porte. Le maître d'hôtel, en veste bleue, *dhoti* blanche et turban vert émeraude, s'inclina légèrement.

— Altesse, le noble raja vous accorde une audience.

Suivant à grands pas le majordome dans les couloirs, Bábú Sa'íd sur ses talons, il sentait son cœur battre la chamade. Le trajet jusqu'à la salle du trône lui parut interminable. Aveugle aux décors qu'ils traversaient, il concentrait ses pensées sur l'entretien avec le souverain.

Il n'avait jamais existé de plan de bataille visant à conquérir et coloniser l'Inde. Le pays était tombé plutôt accidentellement aux mains des Anglais, morceau par morceau, à la suite de petites guerres et d'affrontements limités durant les dernières décennies. Un raja ayant cherché à se soustraire aux contraintes liées au traité qu'il avait signé, un État vassal menacé par ses voisins, des raids menés sur un territoire britannique ou un souverain frontalier jouant les matamores, autant d'occasions de campagnes militaires victorieuses au terme desquelles la Compagnie se retrouvait en charge de territoires supplémentaires, de nouvelles responsabilités et de nouveaux bénéfices. Les Britanniques, habités de la croyance en la providence divine qui aurait désigné l'Angleterre pour être la puissance dominant le monde, certains que la race blanche était supérieure, se sentaient appelés à conduire par la main, tels des enfants, les peuples indiens toujours attachés à leurs coutumes barbares et à leurs formes de vie primitives, à leur octroyer les bienfaits de la civilisation anglaise, le progrès technique, la culture, la morale et surtout le christianisme : tel était le « fardeau de l'homme blanc » qu'ils se résignaient à assumer. La domination de l'Angleterre devait notamment apporter enfin la paix à l'Inde, cet État pluriethnique, ce kaléidoscope de langues et de religions, après des siècles de luttes internes et extérieures. Pour assurer une paix durable, il semblait n'y avoir qu'une solution : placer l'ensemble du sous-continent sous la domination des Britanniques, l'unir sous la Couronne. *Rule, Britannia – Pax Britannica.* Le moindre pouce de pouvoir hors des mains de l'Angleterre cachait le risque d'une guerre ou d'un soulèvement, menaçait sa souveraineté à l'intérieur du pays et affaiblissait sa défense aux frontières.

C'est dans ces conditions que Winston avait été envoyé de Calcutta dans le lointain Rajputana afin de persuader un des principaux princes de placer son territoire sous la protection de la Couronne. Mission délicate, dans la mesure où le prince en question avait jusqu'ici fait la sourde oreille aux flatteries comme aux menaces ou avait, avec ruse, évité de répondre. Peu à peu Winston commençait à entrevoir la difficulté réelle de la mission qu'on lui avait confiée.

Deux guerriers, de longues épées dans leurs fourreaux et des pistolets dans leurs étuis, ouvrirent deux battants couverts d'or au bout de la salle au sol de marbre où le maître d'hôtel avait conduit les deux hôtes. Un tapis rouge courait derrière le seuil et, sur un signe de tête du majordome, Winston s'y engagea. Son compagnon voulut le suivre mais, d'un ordre bref, le domestique l'en dissuada. Bon, je vais donc entrer seul dans la tanière du lion, songea Winston en adressant à son cipaye un geste confiant de la tête.

Les deux battants se refermèrent derrière lui.

Un court instant, il fut ébloui par la lumière d'innombrables chandelles reflétée par la pierre lisse, le bois poli, par l'argent et l'or ainsi que par les facettes de pierres précieuses colorées. Il ne ralentit pas le pas pour autant. Le tapis absorbait le bruit de ses bottes dans une vaste pièce où régnait par ailleurs un silence absolu. De part et d'autre du tapis, des servantes étaient agenouillées, les mains jointes en signe de salut, la tête tellement penchée en avant qu'il ne voyait que le sommet du crâne enveloppé dans les extrémités de leurs *saris*. À cinquante bons pas de lui, il vit une table basse entourée de coussins brodés et couverte de plateaux et de plats d'argent, de mets colorés à l'odeur alléchante. Dix autres pas derrière la table s'élevait, sur une estrade haute de plusieurs marches, le *gaddi*, le trône du prince, étincelant de rubis, d'émeraudes et de saphirs.

On avait donné à Winston des instructions précises sur la manière de s'approcher d'un souverain, mais son instinct lui conseilla de ne pas feindre l'humilité. Quand il arriva à la table, il s'immobilisa et leva les yeux.

Dheeraj Chand devait avoir la soixantaine, les tempes grisonnantes, la barbe aussi. Malgré son âge et un début d'embonpoint, on voyait encore en lui le souple guerrier qu'il avait été. Les deux hommes se mesurèrent du regard en silence. En dépit de la distance, Winston remarqua le froid et la dureté des yeux de Chand. On les aurait dits taillés dans la pierre, totalement différents de ceux du jeune homme debout à la droite du trône. Les deux portaient le même uniforme : *dhoti* blanche, longue veste blanche aux broderies dorées, écharpe écarlate de même que le turban. Une certaine ressemblance les rapprochait, même si le jeune homme, à peine plus jeune que Winston qui leur faisait face avec si peu de déférence, le fusillait du regard, à la fois curieux et amusé. Quatre guerriers rajpoutes à la mine patibulaire, les mains déjà sur la poignée de leurs épées, encadraient l'estrade.

— Je suis Dheeraj Chand, finit par annoncer le raja en levant sa main droite chargée de lourdes bagues. Mon fils cadet, Mohan Tajid Chand.

— Votre Altesse, je suis venu sur ordre de Sa Majesté la reine d'Angleterre Victoria, répondit Winston d'un ton non moins résolu, dans un hindoustani impeccable, avant de claquer les talons et de lever la main pour un salut militaire. Capitaine Winston Neville.

26

Dheeraj Chand toisa le soldat en silence. Celui-ci, impassible, lui rendit son regard sans ciller. Une petite éternité. Winston sentit une sueur glacée lui courir le long du dos. Il se demanda si le raja allait le chasser du palais ou le faire dévorer par des bêtes sauvages, mais il n'en montra rien.

— Vous êtes soit particulièrement prétentieux, soit particulièrement courageux, décréta le prince d'une voix grave, rompant enfin le silence pesant.

— Ni l'un ni l'autre, Votre Altesse. Je viens en ambassadeur d'une tête couronnée auprès du souverain d'un autre pays. Ni plus ni moins.

Dheeraj Chand appuya son menton sur sa main et considéra l'Anglais avec un intérêt visible.

— Sage réponse. En tout cas, vous paraissez connaître fort bien notre langue. Cela mérite récompense.

Sans plus de façons, il tapa dans ses mains. Winston entendit dans son dos un bruissement léger, comme produit par d'innombrables ailes. Les servantes, jusque-là accroupies immobiles et muettes, se mirent à courir en tous sens, aussi agiles que gracieuses, les unes allant chercher du thé, les autres soulevant les couvercles des plateaux et des plats sous lesquels les mets avaient gardé leur chaleur.

Majestueusement, le raja se leva et descendit de l'estrade.

— Soyez aujourd'hui mon hôte, capitaine Neville.

Ils prirent place, jambes croisées, sur les coussins autour de la table, le prince en face de Winston, son fils entre eux. Chand paraissait aussi digne et puissant que sur son trône. Ses quatre gardes du corps se postèrent à quelque distance d'eux, assez près toutefois pour intervenir en quelques secondes en cas de besoin.

— Je ne vois pas en vous un homme prolongeant les préliminaires, commença le raja. Pourquoi vous a-t-on envoyé ?

Winston réprima sa surprise tout en avalant une bouchée de *dal* aux légumes. Que le raja abordât aussi directement la raison de sa présence ici ne correspondait pas du tout à l'image du tacticien rusé et tortueux qu'on avait donnée de lui.

— Pour proposer à votre pays la protection de la Couronne anglaise.

En une fraction de seconde, il sut qu'il venait de tomber dans le piège que lui avait tendu Chand avec sa question.

— Si mon pays avait besoin de la protection d'une puissance étrangère, j'aurais perdu tout droit à le diriger et mériterais une mort honteuse.

Chand avait parlé d'une voix si dure et métallique qu'on crut entendre vibrer les verres à thé. Il fixa Winston de ses yeux sombres imperceptiblement étrécis.

— En réalité, il s'agit pour vous de dominer l'Inde de manière exclusive, jusque dans les coins les plus reculés du désert et de l'Himalaya. N'est-il pas écrit dans votre Écriture sainte : « Je suis le Seigneur, ton Dieu, tu n'auras pas d'autres dieux que moi » ?

— Votre Altesse, ce n'est plus qu'une question de temps pour que nous…

Le raja l'interrompit d'un sifflement réprobateur.

— Pas de menaces, capitaine. Le temps… Qu'est-ce que votre peuple peut bien savoir concernant le temps ? dit-il, ses yeux exprimant le mépris. Vous le mesurez avec vos horloges. De jolis jouets, j'en possède un grand nombre. De petites merveilles jusqu'au moment où, les ayant démontées, on a compris leur mécanisme. Vous comptez en durées de vie humaine, vous foncez sur des rails dans vos machines à vapeur. Mais telle n'est pas l'essence du temps. Le temps est une roue qui tourne sans cesse et se meut au travers de l'alternance de la création et de la destruction. À elle seule, une de ces successions dure un jour et une nuit de Brahma, le dieu de la création, c'est-à-dire quatre périodes ou plusieurs millions de durées de vie humaine. L'univers naît à la naissance de Brahma et est anéanti à sa mort ; alors le cycle recommence. Et, à plus petite échelle, notre âme immortelle, le *brahman*, répète ce cycle de la mort et de la renaissance jusqu'à ce que nous parvenions à atteindre le *moksha*, la libération de ce cycle éternel. C'est ça le temps, capitaine Neville.

— Vous voyez peut-être les choses ainsi, répliqua Winston d'un ton vif, mais…

— Nous vivons aujourd'hui dans le cycle du *Kali Yuga*, l'âge du vice et de la violence, de l'ignorance et de la cupidité. Et ce n'est pas seulement des richesses de l'Inde que vous voulez vous emparer, vous voulez surtout le pouvoir, pour le seul amour du pouvoir. Mais votre temps ici arrive à expiration. Vous ne connaissez pas l'histoire de la bataille de Plassey ?

La célèbre bataille de Plassey... Le 23 juin 1757, Robert Clive réalisa l'exploit militaire de vaincre, à la tête d'une troupe numériquement inférieure, Surâj ud-Daulâ, le nabab du Bengale, assurant de la sorte aux Britanniques la suprématie militaire, le début de leur domination.

— Depuis lors, il se dit que votre domination ne durera que cent ans avant de sombrer dans des flots de sang. Plus que treize ans donc... Il ne reste pas grand-chose de votre temps...

— Je n'accorde pas grand crédit aux prophéties, l'interrompit Winston. Il n'existe pas de destin inexorable, seules existent la libre volonté et les conséquences qui en résultent.

Dheeraj Chand le regarda longuement avant de reprendre la parole d'une voix effroyablement basse, accentuant chacun de ses mots :

— Vous parlez notre langue, capitaine Neville, mais vous êtes aussi ignorant de l'Inde que de la vie. Si vous n'y prenez garde, vous le paierez cher un jour, tout comme votre peuple. Je vous aurais cru plus intelligent. Vous êtes congédié pour aujourd'hui.

— Votre Altesse, je..., tenta de protester Winston, mais le raja lui coupa la parole d'un mot, un éclat de colère dans le regard :

— Sortez !

Winston se leva en chancelant et s'inclina dans un geste automatique. Comme en transe, il s'aperçut qu'il suivait le tapis rouge, que les portes s'ouvraient et se refermaient derrière lui. Toujours dans le même état d'étourdissement, il traversa les corridors où ses pas résonnaient. Il ne se demanda même pas ce qu'était devenu son compagnon. Il n'avait en tête que la défaite qu'il venait de subir.

Trop choqué pour éprouver de la colère, il ne ressentait qu'effroi et honte. Jamais encore il n'avait souffert pareille humiliation. Dheeraj Chand ne lui avait pas laissé la moindre chance, le ridiculisant et finissant par le jeter dehors, lui qui, depuis tout petit, se faisait remarquer par son savoir et sa logique impitoyable, qui était habitué à être félicité par ses maîtres et ses supérieurs pour ses résultats, son zèle et son courage.

Sa mémoire de militaire retrouva le chemin du retour parmi le labyrinthe de couloirs. Il ouvrit sans bruit, comme un chien battu, la porte de la chambre, espérant ne pas y trouver Bábú Sa'íd afin de ne pas avoir à lui raconter ce qui s'était passé et perdre la face.

Mais ses pensées cédèrent le pas à un étonnement incrédule quand il vit ce dernier et le fils du raja interrompre une conversation animée et se tourner vers lui.

— Par le diable, laissa-t-il échapper en anglais, se demandant comment le jeune Chand, à l'instant encore assis avec le prince et lui dans la salle du trône, avait pu arriver ici manifestement avant lui et sans le moindre signe d'essoufflement.

Mohan Tajid, un sourire espiègle sur son visage imberbe, s'enfonça dans son siège.

— Il n'y a pas de palais rajpoute sans passages secrets ! Quand, comme moi, on a été élevé ici, on a eu assez de temps et d'occasions pour en découvrir la plupart et se familiariser avec eux. Le Rajputana est certes le pays des miracles et de la magie, mais ce qui apparaît au premier coup d'œil comme de la sorcellerie ne l'est pas forcément au second.

Winston eut besoin de quelques secondes avant de remarquer que le jeune Chand s'exprimait en anglais, certes avec un fort accent mais presque sans faute. Il tombait de surprise en surprise.

— Où avez-vous appris à parler si bien notre langue ? – Votre Altesse, s'empressa-t-il d'ajouter, se rappelant les règles de la courtoisie.

Le sourire de Mohan Tajid s'épanouit davantage encore.

— C'est exactement ce que j'aurais, pour ma part, souhaité vous demander, capitaine Neville ! Ça et bien d'autres choses encore. Appelez-moi donc Mohan Tajid.

La méfiance du militaire s'éveilla aussitôt.

— Son Altesse le raja sait-elle que vous êtes ici ?

— Non, répondit Mohan Tajid soudain sérieux. Et il vaudrait mieux qu'il ne l'apprenne pas. Ici, les murs ont des yeux et des oreilles qui, même pour des initiés, ne sont pas faciles à découvrir, dit-il, baissant la voix. Venez !

Il alla à pas silencieux près du mur face à lui et se mit à trafiquer le revêtement de bois orné de sculptures. Sans bruit, la plaque aussi haute qu'un homme s'ouvrit vers l'intérieur, découvrant une large ouverture noire. Prenant une lanterne, le jeune Chand fit signe de la tête à Winston de le suivre.

Winston hésita. Serait-ce un piège ? Pouvait-il se fier au fils du raja ? Mohan Tajid, presque aussi grand que Winston, un corps mince et entraîné, l'attendit patiemment. Sa peau sombre comme du bois poli tranchait sur le blanc de son uniforme. La soif d'aventure brillait dans ses yeux ainsi qu'un soupçon de malice mais Winston n'y lut ni ruse ni méchanceté. Sa raison eut beau le mettre en garde, son instinct lui conseilla de faire confiance au jeune homme. Il ordonna à Bábú Sa'íd, d'un geste de la main, de l'attendre et entra dans le trou noir. Mohan Tajid rabattit la plaque derrière eux.

Ils furent saisis par un mélange de pierre froide et d'air suffocant. Winston frissonna tandis que son front se couvrait de gouttes de sueur. Le passage était si étroit qu'ils ne purent avancer de front. Ayant perdu tout sens du temps et de l'espace, Winston n'aurait pu dire s'ils avaient marché longtemps ni dans quelle direction, quand le jeune homme s'arrêta si brusquement qu'il faillit lui rentrer dedans.

Il entendit un léger déclic et, se glissant par une porte basse derrière Mohan Tajid, il se retrouva à l'air libre. Il aspira avec soulagement l'air nocturne, tiède en dépit de l'heure tardive mais léger et frais après l'odeur de moisi du passage secret. Mohan Tajid referma la porte en s'efforçant de ne pas faire le moindre bruit. Ils traversèrent à pas de loup la cour intérieure dans laquelle ils étaient arrivés, se faufilèrent jusqu'à un large escalier en bois qui, de l'autre côté, leur permit d'accéder à une galerie dotée d'une balustrade richement sculptée.

Mohan Tajid toucha légèrement la manche de l'uniforme de Winston et montra à celui-ci un couloir brillamment éclairé au-dessous d'eux. Winston le reconnut aussitôt aux deux lions en bronze encadrant la porte. Et il comprit que les quatre guerriers armés jusqu'aux dents ne devaient pas se tenir devant sa porte depuis longtemps…

Sentant sur lui le regard de son compagnon, il lui répondit par un mouvement de tête signifiant qu'il avait compris. Ils quittèrent la galerie par un couloir qui lui parut interminable. Sa chemise collait à son dos sous la lourde redingote. Un vent léger, soufflant à travers de puissants piliers de pierre, lui apporta une agréable fraîcheur.

Une seconde plus tard, Mohan Tadji le saisit par le bras et le tira à l'abri d'une des colonnes sur le côté intérieur du couloir. Instinctivement, il chercha à se libérer et dut constater avec surprise qu'il avait sous-estimé la force du jeune Indien. Celui-ci se pressa contre le pilier le plus proche en posant un index sur ses lèvres. Winston tendit l'oreille dans la nuit mais, à part le chuchotement du vent et le cri lointain d'un animal quelque part dans le désert, il n'entendit rien. Ensuite, après quelques secondes interminables, il perçut le claquement de pas énergiques et cadencés sur le sol de pierre. Il essaya de se faire le plus petit possible, guettant par-dessus son épaule : deux Rajpoutes effectuant une ronde passèrent à côté d'eux. Le bruit de leurs pas, résonnant entre les murs du palais, mit une éternité à s'éloigner. Il fallut encore un bon bout de temps avant que Mohan Tajid, d'un geste de la main, lui donnât le signal de reprendre leur route le long de couloirs faiblement éclairés, au travers de salles plongées dans une semi-obscurité, passant devant des statues jetant des ombres menaçantes. Mécaniquement, Winston enregistrait dans sa mémoire le trajet, les points marquants et les changements de direction. La voûte au-dessus d'eux céda enfin la place à un ciel plein d'étoiles. Ils étaient dans un jardin, dans la nuit.

27

Winston avait entendu maintes histoires de palais rajpoutes aux ramifications et imbrications infinies, vieux de plusieurs siècles, construits en plein désert sur des nappes d'eau souterraines. Il les avait généralement prises pour des légendes chimériques, au mieux pour des descriptions exagérées. Mais ce qu'il découvrait cette nuit dépassait les contes les plus fabuleux.

L'air était chargé du parfum de tubéreuses s'épanouissant la nuit. La cour carrée, aux vastes dimensions, était éclairée par les étoiles et le disque de la lune, si bien qu'on distinguait le motif blanc du carrelage et la vasque de marbre, en plein centre, où gargouillait un jet d'eau. Les silhouettes d'arbustes et d'arbres feuillus se découpaient, un soupçon de couleur perceptible sur le fond gris pâle des fleurs.

— Ici, nous ne serons pas dérangés.

La voix de Mohan Tajid, étrangement grave pour un homme aussi jeune, résonna entre les murs de la cour abandonnée.

— C'est ici que commence la partie interdite du palais, poursuivit-il, celle dont on prétend qu'elle est ensorcelée. Seul s'y risque Paramjeet, le jardinier sourd et muet qui s'occupe de la cour. Tout le monde le prend pour un fou. Or, ici, il peut agir à sa guise sans se sentir rejeté.

— Et s'il nous découvre ?

— Il ne nous trahira pas, assura Mohan Tajid d'un ton sans réplique.

Winston suivit son jeune compagnon sur le sentier menant au centre de la cour, considérant d'un air songeur le haut mur face à lui, surmonté d'une tour sombre.

— Pourquoi croit-on qu'il est ensorcelé ?

Mohan ne répondant pas, Winston pensa qu'il ne l'avait pas entendu. Il finit pourtant par dire d'une voix rauque :

— C'est une longue histoire.

Au ton agressif, voire menaçant, de ces quelques mots, Winston comprit que mieux valait ne pas insister, en dépit de la curiosité qu'avait éveillée en lui une ombre de tristesse perceptible dans la voix du jeune homme. Le fils du raja le conduisit vers un banc de bois massif où il s'assit, lui signifiant de faire de même.

— Pourquoi sommes-nous ici ?

— Je te l'ai déjà dit : un palais rajpoute est plein d'oreilles indiscrètes, d'observateurs attentifs. Même moi, j'ignore qui parle votre langue. Il serait fatal pour nous que le raja fût mis au courant de notre conversation.

— Mais vous êtes son fils, s'étonna Winston.

Mohan Tajid eut un sourire qui découvrit ses dents étincelantes dans l'obscurité.

— Bien sûr. Mais pour nous, *kshatriyas*, l'honneur surpasse la voix du sang. La trahison reste une trahison, peu importe qui la commet. Comparativement à mes frères et sœurs aînés, le raja se montre très indulgent à mon égard, mais il ne me pardonnerait pas que je m'allie à ses ennemis.

— Vous avez donc l'intention de vous allier avec nous ?

Le fils du raja ramassa par terre une branche qu'il tourna et retourna avant de répondre à voix basse.

— Je ne vous aiderai pas à contrôler ce pays, je l'aime trop. Le Rajputana doit rester libre. Comme l'Inde en général.

Winston fit mine de le contredire, mais Mohan Tajid ne se laissa pas interrompre.

— Je veux vous aider à sauver votre peau que vous avez mise en jeu avec autant d'arrogance que de légèreté, vous et ceux qui vous ont envoyé ici.

— Qu'est-ce qui vous fait dire ça ? Demain matin, je quitterai le palais et je rentrerai bredouille à Jaipur.

— Le raja avait raison : vous ignorez tout de l'Inde. Vous ne croyez tout de même pas que les gardes devant votre porte sont là pour préserver votre sommeil ? Vous ne sortirez pas d'ici, Winston. Le raja adore jouer au chat et à la souris, comme on dit chez vous. Il ne vous laissera pas partir, ni aujourd'hui ni demain. Il vous corrompra en vous procurant de jolies femmes, en vous offrant des bijoux et une vie si douce que vous oublierez l'Angleterre et votre mission. Il vous invitera à disputer avec lui une partie d'échecs, vous méprisera si vous perdez ou n'obtenez qu'un nul et vous haïra si vous gagnez. Il vous entraînera dans des discussions philosophiques ou politiques jusqu'à ce que, à court d'arguments, vous commettiez une erreur qu'il interprétera comme une atteinte à son honneur. Il vous demandera de l'accompagner à la chasse et prendra un geste soudain de votre part pour une attaque et une menace pour sa vie. Il n'aura de cesse de vous avoir acculé dans une impasse d'où vous ne pourrez sortir et il vous plantera alors ses griffes dans le corps avec jouissance. Il peut vous anéantir, Winston, et il ne s'en privera pas.

— C'est ridicule, s'écria Winston en se levant d'un bond. Je suis un envoyé de la Couronne et, s'il devait m'arriver ici quelque chose…

— Eh bien ? l'interrompit Mohan Tajid. Si jamais survenait une troupe de soldats anglais à votre recherche, personne ici ne vous aurait vu. Vous auriez été victime d'un accident dans le désert quelque part entre Jaipur et Surya Mahal. Vous ne seriez pas le premier à avoir connu pareil sort. Et quand bien même on aurait des soupçons… Sans faire injure à votre personne, Winston, croyez-vous vraiment que vos compatriotes entreraient en conflit, dans cette région hostile, avec Dheeraj Chand et les princes ses alliés pour les beaux yeux d'un simple capitaine ?

Winston dut bon gré mal gré reconnaître que Mohan avait raison. Il ne l'en fusilla pas moins du regard.

— Pourquoi devrais-je vous faire confiance ? Comment puis-je savoir si vous n'êtes pas en train de me tendre un piège ?

— Vous ne pouvez pas le savoir, sourit Mohan. Mais vous devez prendre une décision.

— Si vous êtes de mon côté, pourquoi ne me faites-vous pas sortir par l'un de ces passages secrets tant qu'il fait nuit ?

Le visage de Mohan se rembrunit.

— Parce que je me demande s'ils ne sont pas déjà tous surveillés. Et puis je ne suis ni de votre côté ni de celui du raja. J'estime seulement que vous ne devez pas payer de votre vie votre légèreté et votre ignorance, dit-il en fronçant les sourcils et en s'appuyant sur le dossier du banc, bras croisés. À vrai dire, votre proposition me surprend : je vous prenais pour un vrai soldat préférant se battre avec honneur que fuir lâchement.

Il leva les yeux vers Winston, l'air interrogateur. Celui-ci, pris sur le fait, sentit la colère l'envahir.

— Que proposez-vous alors ? demanda-t-il avec hargne.

— Je vous dirai tout ce que vous devez savoir pour sortir d'ici sain et sauf. En échange, vous me parlerez de l'Angleterre.

Les deux guerriers d'origine pourtant si différente se sourirent franchement.

— D'accord.

Sans barguigner, il tendit la main droite. Le prince rajpoute et le soldat anglais scellèrent leur alliance d'une vigoureuse poignée de main.

28

La cour interdite devint leur lieu de rencontre secret. Paramjeet, le vieux jardinier, apportait tous les jours à Winston un rameau en fleur ou des fruits, lui indiquant avec les doigts l'heure à laquelle il serait au jardin. Winston pouvait maintenant effectuer les yeux fermés le trajet empruntant le passage secret et les corridors tortueux ; il était désormais capable d'entendre le moindre bruit suspect.

Durant ces heures volées, peuplées, le jour, du chant des oiseaux, la nuit de celui des grillons, Mohan Tajid parlait de la tradition séculaire des *kshatriyas*, de leur vision du monde, de leur religion et de leur conception de l'honneur. Winston comprit qu'il ne savait vraiment rien de l'Inde. Insensiblement, il commença à voir le pays et ses habitants avec d'autres yeux. À son arrivée en Inde, il avait rapidement appris les principales langues, le bengali, l'ourdou et l'hindi car il apprenait sans peine et il savait que c'était là une condition indispensable pour se rendre utile à la Couronne et faciliter son avancement. Il avait toujours ressenti de la répulsion pour l'arrogance de nombre de ses camarades et supérieurs qui estimaient que, l'Inde étant un pays primitif, les Européens, notamment les Britanniques, avaient pour mission de dominer ses habitants et d'en faire de dévoués sujets de la reine ; souvent aussi il avait été choqué par la brutalité et l'arbitraire avec lesquels ils prouvaient aux « Noirs » leur force et leur supériorité. Il avait néanmoins tout aussi peu appartenu aux romantiques qui avaient de l'Inde la vision d'un paradis exotique. Il s'était toujours montré indifférent, sans la moindre émotion, envers ce pays qui, à ses yeux, était une partie de l'Empire britannique. Il ne s'était jamais interrogé sur le bien-fondé de cette situation. C'était une réalité qu'il acceptait, pas plus qu'il ne remettait en question son rôle de rouage infime au sein de cette machinerie qui, jour après jour, maintenait les choses en l'état. Il était uniquement attentif à accomplir son service de son mieux, à gravir un à un les échelons de sa carrière.

Sa conception ne changea pas d'un iota, mais il commençait à éprouver du respect pour l'histoire de ce pays, ses hommes et leur culture.

De son côté, Mohan Tajid absorbait avidement tout ce que Winston lui racontait de l'Angleterre, de la technique et de la science, de l'histoire et des croyances populaires. Il le harcelait de questions à propos de ce pays lointain dont il ne connaissait, ainsi que de ses traditions et de sa culture, que ce qu'il avait lu dans des livres ou retenu de l'enseignement de son précepteur anglais, qui, sur ordre du raja, apprenait aux fils de celui-ci la langue et les coutumes de leurs ennemis afin qu'ils fussent capables de retourner contre eux leurs propres armes.

Winston se mit à trouver qu'il ne se défendait pas mal lors des rares *durbars*, audiences que lui accordait le raja. Aux sons de la douce musique d'un *sitar*, parfois recouverte par les sourdes percussions d'un *tabla*, de gracieuses servantes offraient à leur hôte des mets épicés ou sucrés, tout en lui lançant, sous leurs cils baissés, des regards incendiaires. Il s'efforçait malgré tout de concentrer son attention sur ce que lui disait Dheeraj Chand, sur ses gestes et ses regards, commençant à développer un sixième sens pour deviner à temps les pièges et les provocations, les éviter avec élégance, esquiver les allusions ou les questions relatives à sa mission et aux intentions de la Couronne. Il apprenait à réagir avec courtoisie, sans s'engager ou compromettre l'autorité de la reine et de la Compagnie des Indes, quand le prince faisait étalage de sa puissance en le conduisant à travers les salles somptueuses de son palais et en lui montrant, du haut d'une bretèche, l'ampleur de son domaine, quand il devait assister au spectacle de l'habileté des guerriers dans les arts martiaux ou quand Chand essayait de le corrompre par des cadeaux.

Un jour, rentrant dans son appartement, il trouva Bábú Sa'íd en train de livrer une joute oratoire acharnée à une véritable furie, une jeune dame d'une beauté exceptionnelle, sommairement vêtue d'un *sari* transparent, que, comme il s'avéra rapidement, le raja avait prêtée à Winston pour la nuit. Elle déguerpit, vexée, quand Winston lui eut expliqué d'un air de regret qu'il appréciait un tel honneur à son juste prix, mais qu'il avait une fiancée à Calcutta et que, dans son milieu, avoir des relations corporelles avec d'autres femmes passait pour hautement déshonorant. Il déclina une invitation à chasser en déclarant que son cheval serait une honte pour les fiers pur-sang arabes du prince et que ses propres talents de cavalier valaient certes pour les destriers anglais mais certainement pas pour les nobles bêtes de son hôte ; il ferait de même honte à sa reine si, peu doué comme il l'était, il disputait une partie d'échecs contre le raja. Il voyait bien à la mine du prince que celui-ci ne croyait pas un mot de ce qu'il disait, mais il apercevait en même temps dans les yeux de Chand la petite étincelle de respect pour son habileté et sa rouerie. Il avait le sentiment que Chand commençait à le prendre au sérieux.

Il n'avait néanmoins pas accompli un pas de plus en direction de l'objectif de son séjour, c'est-à-dire d'avoir au moins un entretien diplomatique avec le prince, alors que la prudence et la simulation dont il devait en permanence user et la conscience du danger planant sur sa tête le minaient peu à peu.

Sachant pourtant qu'il ne rencontrerait pas Mohan Tajid cette nuit, il emprunta un soir le chemin du jardin devenu le seul endroit du palais où il pouvait respirer librement sans craindre d'être observé ou épié. Aussi avait-il pris l'habitude d'y venir assez souvent.

À peine eut-il franchi le seuil entre la dernière salle et le jardin qu'il fut sensible à l'atmosphère de paix absolue. La nuit était sans lune, les étoiles semblaient à portée de main et il faisait encore chaud. Le pays avait besoin de pluie mais la mousson tardait. Il prit une profonde inspiration et sentit la tension de la journée l'abandonner quand il avança de quelques pas sur le sol carrelé. Fidèle à son habitude, il prit le chemin du banc caché à l'arrière de la cour, savourant le calme et le sentiment de liberté.

Un craquement de branche, un léger froissement le firent se retourner, prêt à vendre sa peau, avant de rester stupéfait devant ce qui lui sembla un esprit, petit et mince, blanc et comme transpercé par la lueur des étoiles. Les murs de la cour firent écho à un léger cri de frayeur tandis que la chose, le fuyant précipitamment, trébuchait sur l'ourlet de sa robe, vacillait et tombait en heurtant durement le carrelage. Le voile laissa échapper un flot de longs cheveux noirs et les pommes qu'elle tenait roulèrent sur le sol. Il voulut l'aider à se relever, mais eut peur en la voyant tressaillir au contact de sa main sur son bras. Elle avait l'air de s'attendre à être battue. Il s'agenouilla.

— N'aie pas peur, fillette, dit-il tout bas en hindoustani, je ne vais pas te faire de mal !

Elle ne réagit pas, se contentant de sangloter sans bruit. Il lui enleva avec précaution les cheveux du visage, sentit ses larmes sur ses doigts. Elle le regarda alors et il fut frappé en plein cœur.

Elle était encore jeune, presque une enfant, mais le regard de ses grands yeux en forme d'amandes était vieux comme la nuit des temps. Elle était belle, incroyablement belle : un visage ovale, des pommettes haut placées, la peau claire, entre l'albâtre et l'or, une bouche bien dessinée, les lèvres pleines, d'un rouge doux et mat. Elle le regardait craintivement, mais avec une lueur de bonheur, comme si elle avait enfin trouvé ce qu'elle avait si longtemps cherché.

— Viens, dit-il en la relevant et en la menant au banc.

Son corps fragile tremblait sous ses grandes mains. Il s'assit maladroitement à côté d'elle, ne sachant que faire devant son silence. Poussant un soupir, il finit par lui passer la main sur les cheveux d'un geste apaisant. S'apercevant soudain que le *sari* qui lui couvrait la tête avait un peu glissé, elle sursauta, chercha, prise de panique, à retrouver du bout des doigts l'extrémité du pan de tissu afin de cacher à nouveau ses cheveux.

— Non, laisse, s'écria Winston plus rudement qu'il ne l'aurait voulu.

S'immobilisant, elle le regarda avec étonnement.

— Ils…, commença-t-il d'une voix voilée. Ils sont beaux.

Hésitant un bref instant, elle reposa les mains sur ses genoux.

— Dis donc, fillette, tu ne sais pas parler ?

Elle prit une inspiration, ses lèvres s'ouvrirent, mais aucun son n'en sortit.

— Comment t'appelles-tu ? Qui es-tu ? tenta-t-il encore.

Elle se racla la gorge et, d'une voix rauque comme si elle avait perdu l'habitude de parler, elle dit :

— Je… je suis Sitara.

Puis d'une voix d'abord hésitante mais se raffermissant étonnamment vite, mélodieuse et envoûtante soudain, elle commença à raconter.

Elle était venue au monde comme benjamine de Dheeraj Chand, de la famille des Chandravanshi, dynastie lunaire, et de son épouse bien aimée Kamala, de la famille des Surayavanshi, dynastie solaire. Comme ils avaient déjà eu quatre fils et deux filles, personne ne pensait que les dieux leur accorderaient un nouvel enfant, Kamala moins que quiconque. Et pourtant… Certes une fille seulement, mais aussi claire que la lune et aussi belle que les étoiles au-dessus du désert. Ils l'appelèrent donc Sitara, l'étoile. Quelques semaines après sa naissance, elle fut promise au fils d'un raja du voisinage afin de consolider la paix entre les deux principautés. Quand Sitara eut quelques mois, elle fut fiancée avec Biraj, son aîné de cinq ans, au cours d'une cérémonie fastueuse.

Elle eut une enfance heureuse à Surya Mahal. Sa beauté et sa grâce enchantaient le raja, le rendant indulgent pour son obstination et son exubérance. Par l'âge, elle était la plus proche de Mohan Tajid, aussi passaient-ils beaucoup de temps ensemble, à apprendre et à se promener à cheval, se battant, faisant les fous dans le palais et jouant des tours pendables. Inséparables, on les appelait les jumeaux ou les étoiles jumelles.

Mais Sitara avait aussi le sens de « destin », et le sien n'avait pas été heureux. Elle avait dix ans quand fut célébré dans la grande cour intérieure le *bal vivah*, le mariage des enfants Sitara et Biraj, trois jours et trois nuits durant. C'est le père de Biraj qui avait insisté pour que la cérémonie eût lieu ces jours-là, son astrologue ayant annoncé, au terme de longs calculs, que jamais la configuration stellaire ne serait plus favorable à un mariage. Il avait fallu de longues négociations pour que Dheeraj Chand donnât son accord à ce mariage prématuré et purement formel. Il ne céda qu'après avoir obtenu que Sitara ne soit pas réellement l'épouse de Biraj avant ses quinze ans.

Quelques mois plus tard, un messager de l'autre principauté apporta la nouvelle que Biraj avait contracté la fièvre. Au bout de quelques semaines d'inquiétude, il fut annoncé que son âme avait quitté son corps. Sitara ne fut pas attristée, n'ayant vu le jeune homme que lors de la cérémonie et n'ayant pas échangé un mot avec lui, mais elle savait ce que cela signifiait pour elle. Elle avait juré obéissance à Biraj au-delà de la mort : la coutume et l'honneur des Rajpoutes lui imposaient de le suivre par la porte des flammes. Dheeraj Chand eut l'impression qu'on lui arrachait le cœur, qu'il allait perdre la raison de douleur et de colère, mais sa fille avait un mauvais *karma*, elle avait couvert son clan d'opprobre et encourait la peine de mort. C'est à lui, en sa qualité de raja et de chef de la famille, qu'incombait le devoir de livrer sa fille aux flammes, d'ainsi la laver de la honte et lui permettre une renaissance favorable. Celle-ci vécut des journées atroces, sa mort cruelle sans cesse devant ses yeux, croyant sentir la puanteur de ses cheveux brûlés et de sa chair calcinée, s'éveillant la nuit en hurlant de terreur. Kamala pleurait et implorait que sa benjamine restât en vie, Mohan Tajid jurait et menaçait. Sitara elle-même se jetait aux pieds de son père, demandant la vie sauve.

Dheeraj Chand finit par se laisser attendrir et plaça Sitara devant le choix suivant : soit monter les marches du bûcher, soit être bannie à vie. Elle choisit la deuxième solution, sachant toutefois qu'elle n'effaçait pas entièrement la honte et devrait subir d'autres réincarnations. Le plus soulagé fut son père bien qu'il eût le cœur brisé à l'idée de se séparer de sa fille pour le restant de ses jours.

C'est lui qui décida qu'elle serait bannie dans une tour abandonnée dans une partie à l'écart du palais, plutôt que de l'envoyer dans le désert, dans une grotte, comme c'était la coutume. Quand, en pleurs, elle s'agenouilla devant lui afin d'être tondue, il fut incapable de le faire, se contentant de lui recouvrir la tête de l'extrémité du *sari*, puis, le visage pétrifié, il se détourna et quitta la pièce.

Seuls quelques habitants du palais étaient au courant, notamment Paramjeet, le jardinier muet qui avait toujours gâté les deux «jumeaux» en leur réservant les meilleurs fruits du jardin, ainsi que Sarasvati, l'*ayah* de Sitara, qui avait été volontaire pour l'accompagner comme servante dans son bannissement. Quand, après un adieu rempli de larmes, la grande porte du palais s'était refermée derrière Sitara et Sarasvati, seuls Kamala, le raja et Mohan Tajid savaient que les deux femmes ne s'en allaient pas dans le soleil éblouissant du désert mais allaient regagner le palais par un passage secret qui fut comblé derrière elles, la porte menant au jardin étant alors murée. Paramjeet apporterait quotidiennement des vivres et du linge propre dans la tour en utilisant une petite ouverture dissimulée.

Cette partie du palais étant abandonnée depuis longtemps, personne ne s'étonna, personne ne posa de questions et, quand il commença à se murmurer que la tour était hantée, chacun crut l'avoir su depuis toujours. Il suffisait en effet de tendre l'oreille, la nuit, pour entendre des pleurs et parfois, très faible, semblant venir de très loin, un chant d'une grande tristesse. On ne tarda pas à appeler la tour Ánsu Berdj, la tour des larmes…

Sitara crut devenir folle derrière les murs épais. Les heures, les semaines, les mois, les années passaient avec une lenteur désespérante. Les jours et les nuits déjà écoulés n'étaient rien en comparaison de ceux qui lui restaient à vivre. Elle marchait inlassablement dans la pièce du haut de la tour, allant d'un mur à l'autre jusqu'à ce que ses pieds nus fussent pleins d'ampoules. À d'innombrables reprises, elle avait été tentée d'appeler au secours, d'implorer son père de la délivrer, sachant pourtant que le *sati* l'attendait alors. La mort dans les flammes lui apparaissait beaucoup plus clémente qu'un enfermement le restant de ses jours.

S'il n'y avait eu Sarasvati, elle se serait livrée au bûcher, Sarasvati, sa très dévouée *ayah*. Et Mohan son frère. Car, dès la nuit suivant son bannissement, Mohan Tajid et Paramjeet avaient entrepris, en cachette, de déblayer le passage secret, le rendant ainsi plus ou moins praticable. Dès qu'il pouvait disparaître sans se faire remarquer, Mohan rejoignait sa sœur et, bientôt, celle-ci se risqua à son tour à gagner la cour intérieure, généralement en profitant de l'obscurité, certaine que personne n'approcherait l'Ánsu Berdj hanté. Ils n'osaient pas penser à ce qui les attendait si on les découvrait. Mais Vishnou était de leur côté et, jusqu'à ce jour, leur secret n'avait pas été éventé. Sept interminables années.

Les étoiles pâlissaient déjà et le ciel était maintenant d'un gris terne quand Sitara se tut. Bien qu'épuisée et enrouée d'avoir si longtemps parlé, elle était encore belle malgré ses yeux rougis d'avoir trop pleuré, si belle que Winston eut le cœur serré.

— Je ne trahirai pas votre secret, dit-il.

Le visage de Sitara s'éclaira d'un pâle sourire, mais Winston eut l'impression que le soleil venait de transpercer une épaisse couche de nuages.

— Je sais, répondit-elle en montrant une balustrade de la tour. Je vous ai vus et entendus tous les deux, la nuit. Et aussi le jour. Mon frère a confiance en toi. Moi aussi donc.

Embarrassé, Winston opina et se releva vivement.

— Il vaut mieux que je m'en aille à présent.

Il avança d'un pas et se retourna.

— Pourquoi étais-tu dans le jardin cette nuit ? Ce n'était tout de même pas la première fois que je venais seul…

Sitara devint rouge comme une pivoine et baissa la tête.

— Les... les pommes, finit-elle par dire en montrant les fruits toujours répandus sur le carrelage.

Elle se releva à son tour pour les ramasser et en tendit une à Winston. Quand il la prit, leurs doigts se touchèrent et leurs regards se croisèrent. Il oublia tout le reste. Il en oublia de respirer. Un bref instant, il n'y eut plus qu'elle et lui, il crut se fondre dans ses yeux noirs et y rester prisonnier. Mais il se força à se détacher de ce regard.

— Tu... tu reviendras ? demanda-t-elle timidement quand il s'éloigna.

Il se retourna à nouveau.

— Je te le promets.

29

Comme envoûté, Winston revint nuit après nuit au jardin pour revoir Sitara, repoussant dans la journée ses rencontres avec Mohan Tajid ou les annulant tout simplement. Il était sous le charme de sa manière de parler, de se tenir et de se mouvoir. L'effroi devant la cruauté de son destin cédait peu à peu place à la joie de la voir enfin sourire ou partir d'un rire plein de chaleur. Il parlait de l'Angleterre, de son pays natal, le Yorkshire aux sombres marais et au ciel brumeux, des côtes escarpées et de l'immensité de l'océan à celle qui n'avait jamais vu la mer et ne connaissait d'autre étendue d'eau que les étangs qui se formaient dans le désert après les pluies de la mousson. Elle écoutait attentivement et le questionnait avec curiosité. Il n'agissait pas autrement quand elle lui racontait les légendes du Rajputana ou évoquait les farces auxquelles Mohan et elle se livraient jadis.

Une nuit, Sitara se tut soudain. Winston vit luire des larmes dans ses yeux quand elle détourna la tête.

— Qu'y a-t-il ? s'inquiéta-t-il.

— Je… (Une larme coula sur sa joue tandis qu'elle observait leurs doigts emmêlés sur ses genoux.) Je n'ai pu m'empêcher de penser que tu allais partir un jour ou l'autre.

Winston garda un silence gêné. Il avait toujours refoulé cette idée. Depuis la nuit où il avait rencontré Sitara pour la première fois, le temps semblait ne plus exister pour lui, le monde s'être arrêté. Or sa remarque venait soudain de faire ressurgir dans sa conscience la réalité, lui assenant un coup au creux de l'estomac.

Il aurait aimé la consoler, lui promettre qu'il reviendrait, mais il savait qu'il ne pourrait tenir sa promesse. Ses dernières rencontres avec le raja lui avaient montré que jamais celui-ci ne céderait son pouvoir à la Couronne, pas même contre l'engagement de lui laisser officiellement son statut. Sa mission était un échec et il devrait l'assumer à Calcutta. Une seconde chance ne lui serait pas offerte et il ne fallait pas s'attendre à voir les troupes de la Compagnie des Indes occuper la principauté.

— Winston…

Le léger chuchotement lui fit lever les yeux.

Sitara était debout devant lui et, comme hypnotisé, il la vit se défaire de son *sari*. Le tissu blanc glissa jusqu'au sol et Sitara se montra dans sa splendide nudité. Il irradiait d'elle une chaude lumière argentée et Winston constata avec étonnement qu'elle était loin d'être aussi mince et délicate qu'elle le paraissait sous les plis et les drapés du *sari*. Elle avait des seins lourds et sa taille fine se prolongeait par les douces rondeurs de ses hanches. Ses longs cheveux noirs l'enveloppaient comme d'un voile de soie et la fierté de sa féminité, lisible dans ses yeux, contredisait son apparente fragilité.

— Fais de moi une femme avant ton départ. Maintenant. Ici.

Privé de volonté, il la laissa lui prendre la main et l'attirer avec elle jusqu'au sol. Il comprit que son désir était aussi grand que celui de la jeune fille.

Jusqu'ici, ses contacts physiques avec des femmes avaient été brefs et précipités, d'abord avec les servantes de ferme dans les meules de foin, ensuite avec les putains fardées des *lal bazaars* de Calcutta qui, moyennant quelques roupies, lui avaient apporté un soulagement qu'il payait d'un sentiment de dégoût et de saleté. L'enthousiasme et l'avidité de ses camarades pour les femmes à la peau brune étaient restés pour lui incompréhensibles. La beauté de Sitara, son innocence et le désir lisible dans ses yeux conférèrent au contraire à cet instant quelque chose de solennel, de pur.

Ses baisers étaient brûlants, de même que son corps sous ses caresses. Ses doigts, qui peu à peu le délivraient de son uniforme, étaient tour à tour brûlants eux aussi, puis rafraîchissants. Il respira longuement son parfum musqué tout en parcourant son corps galbé de ses mains et de ses lèvres, étonné de sa chair à la fois ferme et souple, douce et chaude. Le tremblement qui agitait le corps sous lui, toujours plus fort, les petits cris de gorge qu'elle émettait firent grandir encore son désir. Il entra alors en elle, sentit son hymen se déchirer, il la sentit tressaillir de peur, puis une intense chaleur lui arracha un gémissement. Elle soutint bravement son regard, l'entourant de ses bras et de ses jambes avec une telle ferveur qu'ils fondirent, soudés l'un à l'autre.

Quand ils se blottirent ensuite l'un contre l'autre, leurs corps étaient humides de sueur, brûlants encore et déjà tremblants de froid en dépit de la douceur de l'air nocturne. Apaisé, Winston entendait les battements de son propre cœur et la respiration rapide de

Sitara dans le silence uniquement coupé par le chant des grillons. Sentant sa compagne bouger dans le creux de son bras, il leva les yeux. Elle le regardait fixement, un bonheur intense derrière le voile de ses larmes. Lui prenant la main, elle la posa sur son bas-ventre, juste au-dessus du triangle sombre entre ses jambes.

— Je porterai ton fils en moi. Je le sais.

30

Il est dans la nature de l'amour, aussi secret soit-il, de trahir les amants. Une certaine légèreté à chaque pas, une lueur dans les yeux, un halo d'où jaillissent des étincelles à chaque geste. Et, en dépit des précautions qu'ils prenaient, Winston et Sitara ne purent long-temps garder leur secret.

Ils ne cessaient de se rencontrer la nuit, toujours avides l'un de l'autre, jamais comblés, s'interdisant de penser au temps qui leur filait inexorablement entre les doigts. La lune croissait et décroissait, surveillant le couple enlacé sur la redingote de Winston, chuchotant et riant tout bas. Or, une nuit, un bruit de métal entre-choqué les fit soudain sursauter ; la lune, en cet instant, sembla s'assombrir et se détourner, comme assaillie d'un noir pressentiment.

Jambes écartées, son épée dégainée, Mohan Tajid se tenait devant eux, la haine dans les yeux.

— Ôte tes sales doigts de ma sœur.

Winston voulut se redresser pour se défendre et défendre Sitara, mais elle l'obligea à rester assis en lui plantant ses ongles dans la cuisse. Sans hâte, sans manifester de peur, elle s'assit à son tour, appuyant son dos contre lui, se protégeant le bas-ventre de la main.

— Non, Mohan. Avant de le tuer, tu devras me tuer ainsi que l'enfant que je porte, dit-elle d'une voix calme et déterminée, mais empreinte d'une légère colère.

— De mieux en mieux. Un seul coup d'épée suffira à supprimer la honte que vous avez jetée sur notre famille et notre caste, répondit-il froidement, montrant en cet instant une grande ressemblance avec son père.

Winston poussa Sitara de côté sans ménagement et bondit sur ses pieds, se dressant de toute sa taille devant Mohan Tajid.

— Frappe si tu le dois, mais laisse-la aller.

Le toisant, Mohan leva lentement son épée dans sa direction. Winston ne tenta ni de se jeter sur lui ni d'éviter le coup, pas même quand il sentit la pointe métallique percer sa chemise. Un souffle, une aspiration un peu forte et sa peau se déchirerait à son tour.

— Espèce d'imbécile, tu donnerais donc ta vie pour une petite Noire qui t'a offert quelques heures de plaisir ? dit-il, crachant le mot « Noire » en anglais.

— C'est Sitara et c'est ta sœur, répondit Winston avec vigueur et, une fraction de seconde, il vit le regard de Mohan vaciller et se tourner vers sa sœur.

— Nous nous aimons, Mohan, dit Sitara derrière lui, une voix douce mais inflexible. C'était prédestiné, et tu le sais.

Mécontent, Mohan remit son épée dans son fourreau.

— Oui, je le sais et, dès qu'il a franchi le seuil de la salle du trône, j'ai su qu'il apportait le malheur sur notre demeure. Comment avez-vous pu être aussi inconscients ? Vous ne savez donc pas quel sort vous réserve le raja s'il l'apprend ? Et il l'apprendra – je ne suis certainement pas le seul qui a remarqué à quel point tu changeais. Que les espions du raja te suivent jusqu'ici, comme moi cette nuit, n'est plus qu'une question de temps !

Sitara, qui s'était levée, prit son frère par le bras.

— Aide-nous, Mohan ! Aide-nous à nous enfuir d'ici !

Mohan tourna les yeux vers Winston, lut le même souhait dans ses yeux et hocha la tête.

— Vous êtes fous à lier. Même si je réussissais à vous sortir d'ici, où iriez-vous ? Le palais est entouré de désert sur des miles et des miles et nulle part vous ne serez les bienvenus. Le raja a le bras long !

— L'Inde est grande, lâcha Winston, ce qui déclencha chez Mohan un rire méprisant, tandis qu'il empoignait sa sœur par l'épaule et la secouait un peu.

— Où que vous alliez, tu seras toujours la putain du *sahib*, vos enfants seront des bâtards. C'est cela que tu veux ?

— Toi, lui et moi savons que ce n'est pas vrai, dit-elle avec des larmes dans la voix, mais aussi une volonté inébranlable.

Winston vit Mohan Tajid lutter avec lui-même et, connaissant désormais les traditions de l'honneur chez les Rajpoutes, il devinait les pensées qui l'agitaient. Bien qu'il lui en coûtât, il devait donner raison à Mohan. Les liaisons entre les colonisateurs et leurs sujets n'étaient bien vues ni d'un côté ni de l'autre et les descendants étaient considérés comme des bâtards. Il savait qu'aux yeux des Hindous et plus encore des Rajpoutes il avait déshonoré Sitara, non seulement parce que leur liaison n'avait pas été sanctionnée par un mariage mais surtout parce qu'il était blanc. Et, même s'il ne pouvait imaginer comment ils pourraient vivre en dehors des murs du palais, l'idée d'une vie sans Sitara lui était insupportable.

Le poing droit de Mohan jaillit et assena à Winston un crochet au menton. L'Anglais tomba, plus d'étonnement que de douleur. Avant qu'il eût pu se ressaisir, la main qui l'avait frappé l'aida à se relever.

— C'était afin de satisfaire à l'honneur de la famille, déclara Mohan sobrement, tandis que Winston, abasourdi et furieux, se frottait le menton. Je vais vous aider. Mais je le fais à contrecœur et à condition de vous accompagner. Vous aurez besoin de la protection d'un guerrier.

Bon gré mal gré, Winston laissa à Mohan le soin d'organiser leur fuite, malheureux à l'idée de ne plus, jusque-là, revoir Sitara pour parer à tout risque. Il avait les nerfs tendus à se rompre à force, les jours passant, de s'efforcer de garder un comportement normal, restant éveillé, la nuit, afin de ne pas manquer le moindre signal de l'imminence de leur fuite. D'autant que le temps pressait : le raja le convoquait moins souvent et pour de plus courtes durées et, à des regards fuyants ou à une légère irritation dans la voix, Winston constatait que Dheeraj Chand se lassait de jouer avec lui. L'heure approchait où le prince se débarrasserait de lui, d'une manière ou d'une autre. De plus, ce serait bientôt la saison des pluies.

Une nuit, enfin, le léger déclic de la porte secrète réveilla Winston en sursaut. Ombre noire dans l'obscurité, aussi souple et silencieux qu'un chat, Mohan Tajid se faufila dans sa chambre, lui lança ainsi qu'à Bábú Sa'id un paquet de vêtements sombres, leur montra comment entourer leurs bottes de bandes de tissu, leur fournit un bout de charbon qui leur servirait à noircir leur visage sous les turbans dont ils s'enveloppèrent la tête, puis ils disparurent derrière la boiserie.

Winston s'engagea derrière Mohan dans le passage où il faisait noir comme dans un four, avançant à tâtons. Il se heurta au jeune homme qui s'était arrêté sans le prévenir.

— Avant qu'on puisse à nouveau nous entendre ou que nous n'en ayons plus le temps : dès que nous serons arrivés aux chevaux, montez en selle et partez le plus vite que vous pourrez. Ne vous retournez pas, quoi qu'il se passe derrière vous. Autour du palais, tout est plat et, bien que le ciel soit couvert, on peut voir à quelques miles depuis les créneaux. J'aurais préféré une nuit sans lune, mais le raja prévoit de se débarrasser de vous deux le plus vite possible. Nous ne pouvons attendre plus longtemps.

Tout en chuchotant, il sortit de sous sa veste une petite torche et l'alluma. Ils purent ainsi avancer plus rapidement. Cette fois, Mohan ignora la porte menant à la partie interdite du palais. Le passage semblait pourtant se terminer ici, on ne distinguait, à la faible lueur de la torche, qu'un mur de pierres grossièrement taillées. Mohan répondit à la question muette de Winston par un large sourire.

— C'est une illusion d'optique, chuchota-t-il. Ce sont deux murs disposés l'un derrière l'autre avec un interstice entre eux mais qui, mal éclairés, donnent l'impression de n'en faire qu'un. Mes ancêtres avaient un sens de l'humour remarquable. Vous pouvez remercier les dieux de m'avoir permis de découvrir ce passage.

Mohan se glissa dans l'interstice, du côté droit. Retenant son souffle, Winston le suivit, persuadé qu'il allait rester coincé entre les pierres rugueuses des parois parallèles qui lui écrasaient la poitrine et le dos. Il parvint cependant à l'autre interstice, sur la gauche.

Le corridor qui venait ensuite était à peine plus large ; Winston, obligé de se courber pour suivre la silhouette de Mohan qui avançait d'un pas vif, heurtait sans arrêt les murs d'une épaule puis de l'autre. Soudain, la flamme de la torche vacilla. Mohan la jeta au sol et l'éteignit du pied. L'obscurité coupa le souffle à Winston. Mais une bouffée d'air frais et une lueur bleutée entrèrent par la lucarne que venait d'ouvrir Mohan.

Winston réalisa combien leur fuite avait été organisée avec minutie. Dans la faible lumière des étoiles et d'un croissant de lune qui traversait la couche nuageuse, la masse sombre du palais couvrait d'une ombre obscure un recoin de ses murailles, assez large pour cacher quatre chevaux légèrement bâtés, serrés les uns contre les autres, et Sarasvati, Paramjeet et Sitara qui, emmitouflés de noir, semblaient ne faire qu'un.

Winston et Bábú Sa'id sautèrent en selle comme convenu, de même que Sitara et Mohan, éperonnèrent leur monture et se lancèrent dans la nuit sans se retourner. Les chevaux, de robe noire, avaient la tête encapuchonnée de sacs avec des trous pour les yeux afin d'étouffer des hennissements ou des ébrouements malvenus, tandis que leurs sabots étaient entortillés dans des bandes de tissu. Il semblait pourtant que le bruit de leur galop résonnait sur la plaine, pareil à celui d'un troupeau de buffles en fuite. Des nuages s'amoncelaient à l'horizon, parfois illuminés par l'éclat jaune soufre de premiers éclairs.

Un cri retentit dans leur dos, venu du fond de l'immensité désertique, un cri perçant qui s'acheva en gargouillement ; puis comme un grondement poussé par mille voix mais que la distance avait réduit à un murmure. Winston, dans sa course folle, jeta un regard de côté sur Sitara. Le visage noirci au charbon sous son turban foncé, elle ressemblait à un jeune Maure des légendes orientales, suivant sans peine le train des hommes, ne formant qu'un avec sa monture. Elle fixait l'obscurité, droit devant elle, et seule une légère contraction de ses doigts tenant les rênes prouvait qu'elle devinait ce qui s'était passé devant les murailles du palais.

Leur avance était considérable, mais le bruit d'innombrables sabots roulait sur le sol, telle une tempête de sable inexorable, faisant courir sur leur nuque des frissons glacés. Des cris violents traversèrent la nuit, puis il y eut des salves de coups de fusil, des sifflements de balles. Un des chevaux poussa un cri de douleur, déchirant. Instinctivement, Winston regarda par-dessus son épaule et vit la monture de Bábú Sa'id se cabrer avant de s'écrouler, ensevelissant sous lui son cavalier. Au même moment, il sentit qu'on lui tapait sur l'épaule. Il entendit Mohan siffler :

— C'est lui ou c'est nous.

Ses cuisses, comme d'elles-mêmes, serrèrent plus fort encore les flancs du cheval qui bondit.

Les plateaux montagneux les entouraient à présent. Mohan fit un crochet en leur hurlant un mot qu'il ne comprit pas, mais auquel Sitara réagit sur-le-champ, le poussant dans la même direction que son frère. Avant d'avoir pu s'apercevoir que le sol, devant eux, disparaissait derrière une arête abrupte, son cheval, qui avait aveuglément suivi celui de Mohan, glissa sur la pente raide, opéra dans un angle absurde un demi-tour et ne reprit pied que sur du rocher. Ils étaient subitement plongés dans une obscurité totale, plus noire encore que la nuit.

Au bout de quelques instants, il devina de premiers contours. Encore tremblant, il imita Mohan et Sitara et descendit de selle. Chaque muscle de son corps était douloureux et il avait la gorge sèche.

L'air se mit à vibrer, se transformant en un grondement qui, gonflant, se déchargea en un coup de tonnerre prolongé qui ébranla les roches autour d'eux. Les bruits de sabots qui s'étaient rapprochés ne furent bientôt plus que des claquements dispersés, les cavaliers s'étant à l'évidence égaillés dans toutes les directions. Un éclair déchira la nuit, éclairant une fraction de seconde l'entrée de la grotte où ils se trouvaient.

Ils entendirent à nouveau au loin des bruits de sabots précipités, moins nombreux cette fois, et Winston reconnut la voix impérieuse qui réclamait une explication, la voix de Dheeraj Chand. Puis un flot de murmures, des voix d'hommes, décidées et désemparées tout à la fois. Les sabots d'un cheval piaffant nerveusement claquèrent sur des éboulis. Il y eut un nouvel éclair, un coup de tonnerre, violent, puis le bruit mille fois répété de la pluie qui se mit à tomber à torrents, un véritable déluge. Winston crut apercevoir dans l'obscurité un sourire éclairer le visage de Mohan.

On entendit encore un ordre, le grattement de sabots de chevaux en train de se regrouper avant de s'éloigner. Puis, menaçante, parcourant de ses échos la plaine du Rajputana, la voix du raja hurlant dans la mousson.

— C'est moi, Dheeraj Chand, fils des Chandravanshi et, par l'âme de mes aïeux, je vous maudis ! Mohan, tu n'es plus mon fils, Sitara, tu n'es plus ma fille. Je ne connaîtrai pas le repos avant que votre sang et celui du *feringhi* aient lavé la honte jetée sur notre clan et notre *varna*. Je le jure devant Shiva !

Comme si les dieux validaient son serment, un violent coup de tonnerre éclata qui se poursuivit par des roulements menaçants. Et ce fut ensuite le silence, un silence oppressant, paralysant.

Épuisé, Winston s'accroupit, le dos appuyé contre la paroi rocheuse, la tête entre les mains. D'un seul coup, il venait de comprendre qu'il avait perdu cette nuit tout ce qui avait été jusqu'ici sa vie. Il vit en pensée son uniforme rouge accroché au-dessus d'une chaise dans la chambre du palais. Avec lui, il avait tout laissé derrière lui, sa carrière militaire, Edwina, même sa famille dans la lointaine Angleterre. Il n'était plus de retour possible, son destin était désormais lié à celui des deux êtres réfugiés avec lui dans l'obscurité. Submergé par la douleur de cette perte et de celle de son fidèle *sepoy*, il ne retint pas ses larmes.

Sitara se blottit contre lui. Il la prit dans ses bras, cherchant soutien et consolation, il cacha son visage dans le creux de son épaule et il sut qu'il avait eu raison de payer un tel prix. Il releva la tête.

— Mohan ? chuchota-t-il et, ne recevant aucune réponse, il répéta : Mohan ?

Il se risqua dans l'obscurité, tenant Sitara par la main, jusqu'au moment où il sentit la chaleur du corps du jeune Chand. Il le toucha, mais Mohan le repoussa sans douceur.

— Tu as pour nous renoncé à ta famille et risqué ta vie. Je ne l'oublierai jamais, murmura Winston.

Mohan ne réagit pas. Puis au bout d'un moment, Winston l'entendit bouger. Le jeune Chand prit à tâtons la main de l'Anglais, y posa un objet métallique tranchant, tiède et mouillé.

— Vous êtes à présent ma famille, entendit-il Mohan dire d'une voix si rauque qu'elle était presque inaudible. Et toi, tu es mon frère.

Winston eut un instant d'hésitation avant de presser la lame du poignard dans sa paume. Une douleur fulgurante puis il sentit son sang couler. Il prit la main de Mohan et la serra.

— Jusqu'à la mort, jura-t-il d'une voix tremblante.

— Et au-delà.

31

La pluie tombait à flots et la pâle lumière du jour ne permettait de distinguer que de vagues silhouettes à l'intérieur de la grotte. Trempé, Mohan, qui revenait d'une ronde à l'extérieur, s'essuya la figure.

— Pas âme qui vive à perte de vue, le désert n'est plus qu'un marécage.

La nuit avait été difficile. Recroquevillés, serrés les uns contre les autres, le dos contre la paroi, ils n'avaient eu que de minces couvertures pour se protéger de l'humidité.

— Nous devrions partir, dit Winston en éternuant. On va attraper la mort ici. À cheval, on se réchauffera au moins.

— C'est ce que nous allons faire et sans tarder, dit Mohan en s'apprêtant à sortir son cheval de la grotte.

— Pour aller où ? demanda Winston en éternuant derechef.

Amusé, un brin moqueur, Mohan lui sourit.

— Tu as bien fait de ne pas affronter le raja aux échecs, tu courais à ta perte. Tu n'anticipes rien.

La remarque valut à Mohan un direct du droit qu'il encaissa avec un large sourire. Quand ils eurent pris la direction du sud-ouest, les muscles gourds, Winston ne put s'empêcher de regarder derrière lui à plusieurs reprises, cherchant un indice sur ce qui avait pu être le sort de Bábú Sa'id, jusqu'au moment où Mohan lui toucha l'épaule.

— Ne regarde jamais derrière toi, Winston. Jamais.

Ils progressèrent de préférence le jour, même au risque d'être repérés plus facilement dans le désert. Mohan misait sur le fait que leurs poursuivants pensaient qu'ils n'auraient pas l'inconséquence et la folie de tenter de traverser à cheval une contrée qui s'était transformée en quelques heures en une mer de boue, traversée de ruisseaux, parsemée d'étangs difficiles à sonder. Se fiant à son instinct, à la logique et à son expérience, il estima que le raja disperserait ses hommes dans le pays tout entier dès que la terre aurait commencé à sécher, afin de retrouver leurs traces et de les chasser sans pitié. La mousson était leur alliée. Tant qu'elle durait, ils étaient en sécurité.

Mais leur marche était pénible. À chaque pas, les sabots s'enfonçaient dans la boue, parcourir un mile prenait une éternité et exigeait d'énormes efforts des chevaux. Ils ne pouvaient se reposer que dans des grottes ou sous des surplombs rocheux. S'ils n'en trouvaient pas, ils dormaient quelques heures sur le dos de leurs chevaux épuisés.

Le plus insupportable était la pluie. Depuis plusieurs jours, ils n'avaient plus rien de sec à se mettre sur la peau et, en dehors de quelques éclaircies, il tombait toujours des torrents d'eau. Ils souffraient aussi de la faim. Ils évitaient de traverser les rares localités ou de faire halte dans une ferme isolée. Or leurs maigres provisions touchaient à leur fin.

S'ils réussirent à tenir, ce fut grâce à leur camaraderie : un regard entre Mohan et Winston, une tape amicale sur l'épaule, les mains de Sitara et de Winston qui se cherchaient, autant de riens qui leur redonnaient courage et les aidaient à supporter les épreuves. Ça et leur regard inébranlablement tourné vers l'avant.

Des mois semblaient s'être écoulés – en réalité une douzaine de jours et de nuits – quand de petits cubes de pierre apparurent au travers du rideau de pluie, les maisons de Jaipur. La Singh Pol, la porte des lions, s'ouvrit, menaçante, devant eux, entre des remparts de plus de sept yards de haut et de trois yards d'épaisseur. Les villes du Rajputana servaient en priorité de forteresses. Les rues larges et rectilignes se croisaient tous les sept blocs d'immeubles. Elles étaient vides, les rares passants hâtant le pas pour se mettre à l'abri de la mousson et ne prêtant guère attention aux trois cavaliers déguenillés et trempés. Mohan avançait dans l'échiquier des rues avec détermination, suivi de Sitara et Winston.

Mohan étouffa dans l'œuf la méfiance du *bhatiyárá* d'une auberge bien dissimulée grâce à quelques pièces d'argent. Les deux chambres reliées par une porte étaient simples mais propres.

Ils dormirent d'un sommeil de plomb une nuit et un jour et, quand Winston fut réveillé par le bruit de la mousson, il se sentit revigoré malgré ses muscles douloureux. Ayant échappé aux dangers du palais rajpoute, il se sentait libéré. Il tourna la tête vers Sitara qui dormait encore à côté de lui. Comme ayant senti son regard, elle battit des paupières et un sourire glissa sur son visage quand elle l'aperçut. Elle se blottit contre lui, aussi muette qu'elle l'avait été durant leur fuite.

Un coup à la porte les fit sursauter. Mais ce n'était que Mohan, proprement vêtu de la tenue simple de la population rurale, le *dhoti*, et d'une longue veste, la tête enturbannée. Il apportait un plateau en bois avec une assiette fumante, un tas de *chapatis* et une théière. Assis en tailleur, ils attaquèrent avec appétit les morceaux de poulet et la montagne de riz et de légumes, tout en faisant des plans pour la suite de leur fuite.

Dès la première heure, Mohan s'était rendu au bazar pour acheter des vêtements. Ayant retrouvé un aspect civilisé, il était ressorti vendre leurs montures pour quelques roupies et, à cette occasion, avait entendu dire que l'écrivain public, à deux rues de leur logis, avait un besoin urgent d'aide : durant la mousson, tout le monde, semblait-il, avait soudain du courrier en souffrance et désirait de cet homme qu'il le lût ou le rédigeât à leur place. Mohan s'était présenté sous un faux nom, racontant qu'il avait affronté la mousson avec sa jeune et toute fraîche épouse et gagné Jaipur afin de la soustraire à son seigneur qui entendait profiter de son droit à passer la première nuit avec la nouvelle mariée. Outre une poignée de roupies par semaine, l'écrivain lui avait même proposé une chambre dans la cour intérieure de son logis.

— Dans deux mois au plus tard, la saison des pluies sera terminée, poursuivit Mohan en dépliant devant eux une carte de l'Inde du Nord, et le désert sèche rapidement. Nous ne pouvons rester trop longtemps à Jaipur qui est une ville trop petite et trop ordonnée pour que nous puissions y vivre dans la clandestinité.

Bon gré mal gré, Winston dut bien admettre que l'argumentation de Mohan se tenait et que lui-même, avec sa haute taille et sa couleur de peau, ne pouvait cacher, même avec le meilleur déguisement, sa qualité d'Anglais. Mohan déplaça son index en biais et vers le haut sur la carte, l'arrêtant sur le point le plus gros.

— Delhi est un centre beaucoup plus important, plus chaotique, le lacis des ruelles bondées du bazar est une véritable cachette. Si nous voulons effacer notre trace, il n'y a pas mieux.

— Et nous y serons en sécurité ? s'inquiéta Winston.

— Nous ne serons plus jamais en sécurité nulle part, répondit Mohan avec gravité et dureté. Je m'en tiens, sur ce point, au *Mahâbhârata*, notre livre sacré, où il est écrit qu'un homme dont l'heure n'a pas sonné ne mourra pas, même percé de mille flèches, tandis que celui dont l'heure est venue ne restera pas en vie quand bien même il ne serait effleuré que par un brin d'herbe. Nous ne pouvons qu'espérer que les dieux soient avec nous et rester sur nos gardes.

— Ce que tu vas gagner nous permettra-t-il de vivre ? demanda à nouveau Winston.

Le sourire habituel de Mohan s'épanouit enfin sur son visage.

— Sois sans crainte. J'ai emporté la partie transportable de mon héritage. Cela devrait suffire pour un certain temps.

Le lendemain matin, un hurlement de colère secoua la petite auberge. Les clients et la famille du *bhatiyárá* apprirent, compatissants, que le simple ouvrier agricole et sa jeune femme avaient été volés par ce *feringhi*, un soldat déserteur qu'ils avaient recueilli en chemin, par pitié, et qui avait pris la poudre d'escampette dans la nuit avec une partie de leur maigre avoir. Sacrant et jurant, le jeune homme déclina, reconnaissant mais fier, toute aide pour retrouver ce gredin mais aussi les nombreuses offrandes qui leur furent faites, s'attirant ainsi le respect du voisinage.

Ayant noué ses baluchons, le jeune couple partit emménager dans son nouvel hébergement, dans l'arrière-cour de l'écrivain public, où les attendait Winston, Mohan l'y ayant secrètement introduit en pleine nuit.

Les deux mois suivants furent rudes pour Winston dans sa cachette, et il eut une idée de ce qu'avait enduré Sitara dans sa tour des larmes. Il n'avait pour espace vital que les cinq fois cinq pas de sa chambre qu'il ne pouvait quitter. Seule la présence optimiste de Sitara, véritable rayon de soleil lui permit de supporter cette prison. Il apprécia aussi leur vie à deux, le luxe de pouvoir s'aimer à leur gré pendant l'absence de Mohan durant la journée. Les rondeurs nouvelles de Sitara, la lourdeur de ses seins, son bonheur à l'idée de porter un enfant la rendaient plus désirable encore à ses yeux. Les heures qu'ils passaient ensemble étaient pleines de tendresse.

Que la femme de l'assistant de l'écrivain public se montrât si peu parut on ne peut plus naturelle aux voisins, ravis de surcroît de constater tant de vertu et d'obéissance de la part d'une aussi jeune épouse. Pourtant, la peur d'être découverts planait comme une ombre menaçante sur le couple ; ils ne pouvaient la refouler que momentanément ; jamais ils ne l'oubliaient, elle était partie intégrante de leur quotidien et de leurs pensées.

Mohan, lui, appréciait sa vie simple d'assistant écrivain qui lui procurait beaucoup plus de plaisir que celle d'un prince rajpoute. Il lisait à des vieilles femmes des lettres de petits-enfants qui avaient réussi dans des pays lointains, il rédigeait des documents relatifs à l'acquisition de maisons et de fermes, des factures et des plaintes d'artisans ou de leurs clients, réglait des conflits familiaux déchaînés par des dernières volontés griffonnées à la hâte, jouait les messagers d'amour pour des garçons et pour des filles se faufilant en cachette dans la boutique. Il était au centre des ragots et des commérages, et c'est ainsi qu'il finit par apprendre que le raja avait promis une forte récompense pour la capture du soldat *feringhi* qui avait déshonoré le clan et menacé la vie du raja, pour celle aussi de son renégat de fils et de sa fille déloyale. Un jour même, deux guerriers rajpoutes lourdement armés firent irruption dans la boutique.

— Holà, écrivain, apostropha l'un d'eux le propriétaire tandis que Mohan se penchait plus encore sur son écritoire, as-tu entendu parler d'un soldat *feringhi* qui serait passé par ici ?

— Un *feringhi* ? Vous cherchez un *feringhi* ? s'écria l'écrivain d'une voix suraiguë, braillant et gesticulant devant le nez de l'homme. Tenez, là, mon assistant, il a été dépouillé par un de ces salopards ! Il lui a tout piqué, ce salaud, il ne lui a laissé que ce qu'il portait sur lui ! Et il a filé, par monts et par vaux, avec tout ce que ce pauvre garçon possédait, et ce n'était pas grand-chose, les écrivains ne font pas fortune ! Les temps sont de plus en plus durs, les gens ne veulent plus payer, ne sont jamais contents de notre travail, ils mégotent sur chaque ligne, chaque lettre et voilà-t-il pas que se ramène en plus un de ces voyous ! Comme si la vie n'était pas déjà si dure, on n'est plus en sécurité nulle part ! Autrefois, quand je…

— C'est bon, c'est bon, le vieux, dit le guerrier en faisant signe à son collègue de le suivre, mais si vous entendez parler de quelque chose, avertissez-nous.

Quand les deux hommes furent ressortis sous la pluie, Anwar rajusta ses lunettes, reprit sa place avec flegme et se laissa aller sur son siège, tandis que Mohan essayait de contrôler les battements de son cœur.

— Vous feriez bien de quitter la ville dès la fin de la mousson avant qu'ils ne vous trouvent, Ganesh, finit par dire l'écrivain du ton indifférent qui était le sien quand il parlait de la pluie et du beau temps.

Seule la manière dont il avait accentué le nom dont Mohan s'était affublé – Ganesh, le dieu éléphant rusé, le dieu de la sagesse, de l'érudition, de l'esprit d'entreprise et des voyages – montrait qu'il avait deviné la vérité.

Mohan n'avait plus rougi aussi fort depuis qu'il avait été pris sur le fait lors d'un de ses mauvais tours de jeunesse.

— Comment avez-vous… ?

— Comme écrivain public, on apprend, au fil des années, bien des choses sur la vie et les hommes, le coupa Anwar. Vous vous êtes donné beaucoup de mal, mais, pour des yeux exercés comme les miens, vous n'avez jamais été des ouvriers agricoles. Les cals de vos mains sont ceux d'un cavalier, vos traits sont ceux d'un noble. Et je ne crois pas au hasard : deux prétendus *feringhi* sans honneur en moins d'un mois dans ce quartier, accompagnés d'un jeune homme et d'une jeune fille, c'en était trop pour moi.

367

Il dut apercevoir la peur dans le regard de Mohan, car les rides d'un sourire s'épanouirent autour de ses yeux.

— N'ayez crainte : je ne vous dénoncerai pas. Vous me paraissez être un jeune homme honnête qui ne fréquente pas des assassins. Vous devez avoir vos raisons de jouer ainsi à cache-cache, et elles ne me regardent pas. Et votre stratagème est quasi parfait. Vous devriez néanmoins, à l'avenir, ne plus donner à un écrivain public l'occasion de vous observer de trop près.

32

Début septembre, le déluge cessa, cédant d'abord la place à de la bruine. Le ciel, d'abord d'un blanc grisâtre, retrouva enfin son bleu intense. Ce fut Anwar qui se procura en secret trois chevaux trapus, résistants et peu exigeants, et acheta des vivres et des vêtements de rechange, usant habilement de sa bonne réputation et de son imagination fertile pour étouffer dans l'œuf questions indiscrètes et regards soupçonneux. C'est lui aussi qui, tôt, un beau matin, fit traverser la foule qui emplissait déjà les ruelles du bazar à trois voyageurs déguisés en habitants du désert, quasiment encagoulés sous leur turban, passant devant la façade de l'Hawa Mahal, le Palais du Vent, qui tient son nom de ses mille fenêtres donnant naissance à un éternel courant d'air. Devant la Chand Pol, Anwar fit monter en selle ses trois compagnons. Après de brefs adieux, les chevaux franchirent la porte au trot et prirent le large.

Le paysage qui les accueillit était bien différent de celui qu'ils avaient traversé sous la mousson. La terre en train de sécher, retenant encore le sable et les pierres, offrait aux sabots une surface lisse et sûre, les cimes cristallines des monts Aravalli surgissaient de leurs flancs couverts de végétation. Des collines douces, parfois couronnées d'anciennes fortifications, alternaient avec des vallées profondes. Ils évitèrent les minuscules villages et les villes, ainsi que les vastes demeures campagnardes de riches familles de commerçants. Des fleuves imposants et des ruisseaux vif-argent parcouraient cette immensité verdoyante et luxuriante, avec, parfois, des étangs ou des lacs et leurs populations de martins-pêcheurs, de grues, d'outardes et de poules d'eau. Des câpriers aux fleurs pareilles à des plumes de flamants roses et des arbres *khejri* aux branches épineuses et aux feuilles en ombelles les bordaient. Les fuyards voyaient passer au loin des troupeaux de gazelles et d'antilopes indiennes aux cornes annelées et torsadées. La nuit, ils entendaient hurler des loups et glapir des renards. Une fois même, ils entrevirent un lion errant solitaire dans la plaine. Rassurés par la présence des animaux sauvages et la solitude autour d'eux, ils étaient sereins, exubérants par moments. Ils en auraient presque oublié qu'ils étaient en fuite. Seul Mohan gardait un reste de vigilance.

Plus ils progressaient en direction du nord, plus le paysage devenait plat, boisé et rocheux. Bientôt, ils eurent Delhi en vue, immense étendue dans la plaine, idyllique sous le soleil illuminant ses toits et ses tours. Mais l'apparence était trompeuse : une fois la porte de la ville franchie, ils se retrouvèrent dans un monde en soi, remuant et bruyant, portant l'empreinte du temps et des foules humaines qui peuplaient la ville depuis des siècles.

Delhi avait changé de nom presque aussi souvent que d'allure. Depuis près de trois mille ans, le pouvoir s'était concentré sur les bords de la Yamuna et la ville était devenue le symbole de son caractère éphémère, on l'appelait le cimetière des dynasties. On disait qu'une malédiction pesait sur cet endroit : un pouvoir s'y installant ne pouvait escompter la durée. La ville avait été bâtie puis détruite à sept reprises, renaissant chaque fois, tel un phénix de ses cendres, sur des ruines et au-delà, envahissant peu à peu la plaine. Elle avait eu à sa tête la dynastie rajpoute des Tomar, remplacée par la dynastie rivale des Chauhan. Ensuite, elle avait été conquise par des Turcs d'Asie centrale, puis des Afghans et des Moghols. C'était finalement le chef moghol Shâh Jahân qui avait érigé la septième ville sur les bords de la Yamuna. La ville fut à maintes reprises pillée par des envahisseurs, puis l'Empire moghol dut finalement s'incliner devant la suprématie militaire des Anglais au début du XIXe siècle. Héritages de cette histoire tourmentée, on trouvait aussi bien des mosquées et des mausolées de saints islamiques que des temples hindous dédiés à Shiva, Hanuman et Ganesh, mais aussi l'église Saint-James.

Des canaux d'irrigation entouraient les murailles de la ville construites en grès rouge, débouchant dans des citernes publiques aux coins des rues ou sur des places, voire dans des citernes privées dans les cours intérieures des demeures bordant la rue luxueuse du Chandni Chowk, large de quarante yards, qui, avec ses cafés, ses magasins, ses hôtels, ses banques et ses promeneurs européens, partageait la cité en deux. Il y avait aussi de larges rues où des éléphants se frayaient leur chemin entre les passants, des voitures élégantes tirées par des chevaux, des véhicules déglingués attelés à des bœufs, des portefaix pieds nus, des soldats de la Compagnie des Indes dans leurs magnifiques uniformes, des ladies élégantes dans des calèches découvertes, des aventuriers et des touristes, des missionnaires et leurs épouses et même, de loin en loin, des religieuses.

Toute cette agitation gagnait les ruelles tortueuses aux escaliers casse-cou, grouillant d'une foule d'hommes, de femmes, d'enfants et de vieillards vaquant à leurs occupations ou prenant du bon temps, de musiciens des rues, de marchands, de voleurs, de mendiants, de putains, d'artisans aussi : cordonniers, tisserands, forgerons, joailliers, tanneurs ou teinturiers. Outre une infinité d'odeurs plus ou moins alléchantes, l'air était rempli de chants, de cris et de conversations en hindoustani, ourdou, bengali, anglais, persan, arabe, gujarati.

La ville devait de n'avoir pas sombré dans un chaos absolu à une réglementation stricte et à une bureaucratie omniprésente. La ville était divisée en douze districts, les *thanas*, avec un *thanadar* à la tête de chacun, chaque *thana* se composant d'un grand nombre de *mahallas* dont un *mahallahdar* avait la responsabilité.

Cette structure administrative fut pour les fugitifs comme une barrière invisible. Chacun des *thanadars* les examina tour à tour d'un air suspicieux quand ils passèrent d'une porte à l'autre. Il suffit parfois de leur évident épuisement et de la simplicité de leur accoutrement pour provoquer un hochement de tête de refus, mais ce fut surtout la présence d'un sahib sale et dépenaillé qui provoqua des « *Nahîñ !* » sans appel. Mohan eut beau exhiber des pièces afin de prouver qu'ils étaient solvables, rien n'y fit, pas plus que la requête d'un toit pour une femme enceinte.

Le soleil finit par s'enfoncer derrière la muraille occidentale de la ville ; les portes allaient bientôt se fermer et ils ne savaient toujours pas où passer la nuit. L'obscurité les surprit, désemparés et sans forces sur leurs chevaux, une nouvelle porte venant de se refermer devant leur nez. Ils avaient fait le tour de la ville à l'intérieur des remparts et pouvaient apercevoir la porte par laquelle ils étaient entrés à Delhi le matin.

— Il n'y a pas de place ici pour nous, constata à voix basse Sitara dont le regard était tombé sur un vieillard aveugle se traînant le long des murs, spectacle qui l'avait fait frissonner. Il y a un souffle de mort sur cette ville. Partons, je ne peux rester ici !

— D'accord, dit Mohan, mais il nous faut tout de même un abri pour la nuit ; dans la rue nous allons éveiller plus de soupçons encore, conclut-il en descendant de selle et en interpellant le mendiant en ourdou.

Le vieil homme répondit d'une voix affaiblie par l'âge, et Mohan le remercia de quelques pièces de monnaie.

— Alors ? s'enquit Winston quand Mohan remonta en selle.

— Pas loin d'ici, il y a une auberge pour les pèlerins. Espérons que nous y trouverons une place.

Ils remontèrent la large Kuchah Qâmr ad-Dîn Khân menant des remparts au centre de la ville et débouchèrent sur une place en forme de demi-lune avec une fontaine au clapotis réconfortant. Là, dans l'angle aigu formé par deux rues, se trouvait l'auberge dont les lumières semblèrent leur souhaiter la bienvenue. Et ils furent les bienvenus, simples gens épuisés parmi d'autres pèlerins en guenilles venus de très loin prier, faire des sacrifices et implorer la bénédiction d'une divinité dans les divers temples de la ville. Personne, au milieu de cette foule de vieillards, de jeunes paysans et leurs épouses, d'enfants criant et pleurnichant, ne prêta attention aux trois nouveaux arrivants qui, moyennant quelques roupies, purent accéder au dortoir déjà surpeuplé du rez-de-chaussée, à l'arrière du bâtiment. Se reposer sur les paillasses au milieu de voyageurs dormant déjà, d'enfants faisant les fous, d'hommes et de femmes bavardant, jouant aux dés ou priant était un vain mot.

Winston, allongé sur sa couche contre un mur, les yeux grands ouverts, habité d'un sentiment de totale irréalité, songea un instant que les semaines écoulées avaient été comme un rêve : rien, dans sa vie antérieure, n'aurait pu être plus différent que ce qu'il venait de vivre. « Comment en suis-je arrivé là ? » eut-il encore le temps de se demander avant de sentir le corps de Sitara se blottir contre le sien et de sombrer dans un sommeil réparateur.

Il ne devait avoir dormi que peu de temps quand il sentit qu'on le secouait légèrement. Ouvrant les yeux à grand-peine, il vit Sitara que la peur avait pétrifiée. Mohan, qui l'avait réveillé, avait un doigt posé sur ses lèvres, ordonnant le silence. Quelques rares lampes jetaient des ombres vacillantes sur les corps endormis. Personne ne veillait plus, on entendait des ronflements et quelque part un nourrisson pleurer tout bas. Winston fronça les sourcils d'un air interrogateur à l'adresse de Mohan quand il perçut lui aussi des bottes heurter le sol de pierre, froisser les joncs répandus par terre, des hommes murmurer du ton impérieux de militaires.

Mohan lui indiqua du geste une porte en bois dans le fond de la pièce. Ils se levèrent sans un bruit, ramassèrent leurs quelques affaires et traversèrent la pièce avec une lenteur contrôlée, veillant à ne pas heurter l'un des dormeurs alignés en rangs serrés. Lentement, centimètre par centimètre, Mohan ouvrit la porte de manière qu'ils puissent s'y faufiler l'un derrière l'autre et la referma tout aussi silencieusement. Il était temps ! Trois secondes plus tard, étouffé par la porte close, un tumulte éclata dans leur dos : des femmes criaient, des enfants braillaient, des hommes hurlaient, encore à demi endormis, tandis que les guerriers du raja mettaient l'auberge sens dessus dessous, à la recherche des trois fugitifs.

Lesquels se mirent à courir de toutes leurs forces, sortirent de l'arrière-cour et gagnèrent la rue, cachés par l'ombre des rangées de maisons. Des rats, affolés, s'enfuirent sous leurs pas. Pas un trou où se faufiler entre les fenêtres et les volets clos. Enfin, se présenta une étroite ruelle dans laquelle ils s'engouffrèrent tandis qu'ils entendaient déjà au loin leurs poursuivants. Winston suivit aveuglément Mohan et Sitara, stupéfait de voir celle-ci courir aussi vite en dépit de sa grossesse. Ils tournèrent une fois à droite, puis à gauche dans des ruelles de plus en plus étroites, jusqu'au moment où Mohan se heurta à une porte. Fermée.

Haletant, ils s'arrêtèrent, pressant leurs côtes douloureuses, cherchant à s'orienter.

— Sais-tu où nous sommes ? demanda Winston.

— Non, comment je le saurais ? répondit Mohan qui lui saisit soudain le bras.

Winston retint son souffle et tendit l'oreille. Des pas s'approchaient, menaçants, décidés. Ses yeux, maintenant habitués à l'obscurité, aperçurent la silhouette de Mohan qui gagnait sans bruit l'endroit où ils avaient bifurqué pour la dernière fois. Il lui fallut toute sa volonté pour ne pas chercher à s'enfuir et à laisser entre les mains de Mohan sa vie et celle de Sitara. C'est plus tard seulement, quand tout fut terminé, qu'il parvint à rassembler les fragments des secondes qui suivirent. Les deux guerriers rajpoutes tournèrent le coin l'épée tirée, un flambeau dans l'autre main. Mohan attrapa le premier et, d'un geste rapide de son poignard, lui trancha le cou. Sitara, s'étant dégagée de l'étreinte de Winston, planta son poignard en pleine poitrine du second guerrier qui s'affala sans un bruit sur le cadavre de son compagnon.

Un singe passa en criant à côté d'eux et Winston vit les dents de Mohan briller dans l'obscurité.

— C'est Hanuman qui l'envoie. Vite, suivons-le !

Winston se sentit empoigné et entraîné dans la ruelle et, la seconde d'après, ils furent comme avalés par un bâtiment à l'intérieur d'un passage obscur, avant de se retrouver dans une vaste salle haute de plafond, faiblement éclairée par des lampes à huile. Les genoux de Winston fléchirent et il se laissa tomber sur une corniche de pierre, muet de terreur, le visage entre les mains. Il leva les yeux quand quelqu'un le tira par la jambe de son pantalon. Un petit singe, accroupi devant lui, le regardait de ses grands yeux ronds. Puis il montra les dents avec agressivité, cria sa désapprobation avant de s'en aller d'un bond.

Fasciné, Winston le suivit des yeux mais l'animal disparut dans la pénombre. Il regarda autour de lui. Le sol et les murs étaient recouverts de carrelage bleu et blanc. Les quelques lampes faisaient danser sur les parois et le plafond des ombres menaçantes comme des démons nocturnes. Alors seulement, il vit un nombre incroyable de singes jouant les acrobates sous la voûte, se pourchassant ou s'épouillant mutuellement, méditant ou observant avec des yeux ronds les trois intrus.

Il aperçut Sitara accroupie non loin de lui, serrant ses genoux entre ses bras, regardant droit devant elle. Une image se superposa à celle-ci : l'image de la jeune femme plantée au-dessus de l'homme qu'elle venait de tuer, jambes écartées, la main encore en l'air, la bouche légèrement entrouverte, farouche, mi-effrayée, mi-satisfaite, pareille à un félin ayant réussi à sauver son petit.

Comme ayant deviné ses pensées, elle répondit à son regard et il frissonna, croyant avoir une étrangère devant les yeux. Il eut envie d'aller la prendre dans ses bras mais il en fut incapable. Une appréhension inexplicable le retint et, honteux, il détourna le regard.

— Tu me parais bien déconfit, sursauta-t-il en entendant Mohan s'adresser à lui à mi-voix. Tu ne vas tout de même pas me faire croire que tu n'as encore jamais tué quelqu'un ?

Le sang monta au visage de Winston quand il confirma de la tête. Il avait jusqu'ici eu de la chance durant ses années de service, n'ayant jamais participé à une escarmouche pas plus qu'aux guerres ravageuses dans les montagnes de l'Afghanistan, mais en la circonstance il se sentit profondément ridicule.

— Mais, que Vishnou m'assiste, tu es soldat, Winston, non ? Qu'apprenez-vous donc dans votre célèbre armée ? Vous pouvez vous estimer heureux qu'il ne se soit pas encore produit de grands troubles dans le pays. Si les hindous et les musulmans laissaient un jour de côté leurs querelles et s'unissaient contre vous, vous n'auriez plus qu'à implorer la grâce de votre Dieu tout-puissant. Ce serait votre seule chance de salut. Tiens, mange, ajouta-t-il d'un ton conciliant en lui tendant un bol de bois plein de fruits.

— Mais ce sont des offrandes, protesta Winston.

— Hanuman nous le pardonnera, rétorqua Mohan avec un léger mouvement de la tête à l'intérieur de la salle et en mordant dans une figue.

Winston s'aperçut alors de la présence d'une statue grandeur nature au centre du temple. Il se leva pour l'examiner de plus près : une forme humaine musclée, juste vêtue d'un pagne, était agenouillée sur une estrade, le visage, osseux, prognathe, était à moitié humain, à moitié simiesque. Des deux mains, elle s'ouvrait la poitrine, offrant ainsi la vue sur un couple divin, un homme et une femme.

— Ce sont Rama et Sita, lui expliqua Mohan derrière son dos. Hanuman est le héros du Ramayana. Il est le fils de Vayu, le dieu des vents. Il a hérité de lui la force du cyclone et la capacité de voler. Il est fort et intelligent et personne n'égale son érudition. Un jour, il s'est caché dans la forêt où il rencontra Rama. Celui-ci lui parla de l'enlèvement de sa femme Sita par le démon Ravana, disant qu'il était à sa recherche. Ému par cette histoire, Hanuman comprit qu'il avait été élu par le destin pour servir Rama. Il rassembla une armée qui ne réussit pourtant pas à trouver Ravana et Sita, mais Hanuman découvrit la cachette de Ravana. Il prit l'apparence d'un singe pour échapper aux puissants démons et parvint ainsi au palais de Ravana. Il y trouva Sita, tristement assise dans le jardin, sous la surveillance de démons. Sortant de sa cachette, il lui donna une bague de Rama, lui expliquant que celui-ci était inconsolable sans elle, et lui proposa de monter sur son dos et de s'envoler avec lui. Elle refusa par respect pour son mari qui serait déshonoré si un autre que lui la sauvait.

Hanuman se rua alors sur les démons, détruisit les murs de la ville et anéantit des milliers de démons. Au cours de la lutte, Ravana mit le feu à la queue d'Hanuman qui prit alors une taille gigantesque et mit la ville en flammes. Revenu auprès de Rama, il lui dit qu'il avait trouvé Sita. Hanuman et son armée de singes anéantirent Ravana et son empire. Rama put ainsi libérer Sita. Hanuman est le symbole du dévouement du serviteur à son maître et du croyant à son *ishta*.

Cette histoire et le nom de l'héroïne, si semblable à celui de Sitara, obligèrent Winston à regarder dans sa direction. Elle répondit avec fierté à son regard, fière d'elle et de ce qu'elle avait fait, mais en même temps avec tant d'amour que Winston se sentit honteux et empli de chaleur. Ils se couchèrent côte à côte pour quelques heures de repos avant l'arrivée des premiers fidèles, à l'aube, sous la protection d'Hanuman, le défenseur de ceux qui s'aiment.

La première lueur du matin le fit cligner des yeux ; de loin lui parvenaient les appels des muezzins. Il lui fallut quelques instants avant de savoir où il était et ce qui l'y avait conduit. Les événements de la nuit le frappèrent de plein fouet. Il avait le corps endolori d'avoir dormi sur le sol de pierre, mais il sentit contre lui le corps de Sitara encore ensommeillée. Puis autre chose s'éveilla dans son souvenir, de vagues fragments d'un rêve ayant laissé en lui de la nostalgie et de la joie. Si seulement il pouvait se rappeler ce que cela avait été… Il se leva en sursaut et secoua Mohan par l'épaule. Lequel se réveilla sur-le-champ et s'assit.

— Saharanpur, lui lança Winston sans autre préambule, puis comme Mohan fronçait les sourcils sans comprendre, il ajouta, tout excité : J'ai un ami qui habite là-bas. Il nous aidera !

Mohan, d'abord sceptique, eut bientôt dans les yeux une étincelle de plaisir et de soif d'aventures.

— Enfin tu commences à réfléchir…

À pied, ils se laissèrent entraîner dans les ruelles par le flot des passants en direction des murs de la ville, sans se retourner, aucun d'eux n'osant évoquer la mort des deux guerriers rajpoutes, et c'est aussi à pied qu'ils quittèrent la ville par la porte que, pleins d'espoir, ils avaient franchie à cheval la veille.

Un paysan accueillant les emmena sur sa carriole à bœufs bringuebalante, en direction du nord, et c'est avec un brin de regret qu'ils regardèrent défiler à côté d'eux les murs couleur de cuivre de la ville où ils pensaient se réfugier mais d'où ils devaient à nouveau partir à l'aventure.

33

Ce fut un périple très éprouvant. Ils durent parcourir de longues distances à pied, passer des nuits à la belle étoile. Une caravane de chameaux les accueillit entre Baghpat et Kandhla, leur assurant un toit pour la nuit et des vêtements propres. Le lendemain matin, ils achetèrent pour un prix exorbitant une charrette en piteux état et un bœuf affaibli par l'âge, ce qui leur permit de progresser lentement, toujours vers le nord. Leur apparence pitoyable leur fut favorable dans la plaine entre Yamuna et Gange où les gens n'avaient que le minimum pour vivre, même s'ils ne mouraient pas de faim : ces voyageurs venus du sud leur ressemblaient, n'éveillant pas leur méfiance mais plutôt leur solidarité. Mohan et Winston se remplaçaient sur le siège du conducteur, tandis que Sitara dormait la plupart du temps à l'arrière, enroulée dans une mauvaise couverture. Winston s'efforçait de la faire manger un peu et boire. Elle avait à présent des douleurs dans le ventre, le mauvais état des routes n'étant pas de nature à améliorer les choses. Leur errance semblait interminable ; leur épuisement les rendait muets et apathiques ; ils ne percevaient plus rien autour d'eux, le regard fixé sur cette route vers le nord qui n'en finissait pas.

Mohan n'ouvrit la bouche, pour la première fois depuis plusieurs jours, que lors de leur traversée de Saharanpur, une petite ville d'artisans pleine d'activité.

— D'où connais-tu ce… ?

— William, le coupa Winston. Nous sommes venus à Calcutta à l'automne 1838 sur le même voilier. Lui venait prendre son service de médecin-capitaine au Bengal Medical Service et moi le mien dans l'armée. Nous avons rapidement lié amitié. Il n'est resté que peu de temps à Calcutta, d'abord muté à Kampur, puis à Amball. Depuis deux ans, il dirige ici le jardin botanique. L'histoire naturelle lui avait toujours plus tenu à cœur que la médecine.

— Tu es certain qu'il nous aidera ?

— Je l'espère, répondit Winston avec un haussement d'épaules.

Ils retombèrent dans le silence en suivant le chemin qu'un cordonnier leur avait indiqué à l'entrée de la localité. Le jardin botanique s'offrit à leurs yeux, un véritable Éden : derrière un muret, une profusion de buissons d'hibiscus, de rhododendrons et de lauriers-roses en fleurs. La porte franchie, ils longèrent, sur une allée de gravier, des plates-bandes de plantes et d'herbes dont le nom latin et l'origine géographique étaient inscrits sur de petits écriteaux.

Un des nombreux jardiniers indigènes affairés dans le jardin arriva en courant et les apostropha, leur demandant ce qu'ils venaient chercher en ce lieu. Mohan sauta de son siège et les deux hommes se lancèrent dans une joute orale bruyante et véhémente, en ourdou, que Winston eut du mal à suivre. D'autres jardiniers accoururent, attirés par la curiosité, et mêlèrent leurs voix à celle des deux protagonistes.

— *Kyâ hai*, que se passe-t-il ? cria une voix masculine, tandis qu'approchait à grands pas un Européen dégingandé, de l'âge de Winston, bras de chemise retroussés et bas de pantalon enfoncés dans des bottes couvertes de terre, un visage fin et une moustache blonde sous un chapeau à large bord.

Il s'immobilisa soudain, dévisageant Winston d'un air à la fois incrédule et méfiant. Celui-ci comprit alors le spectacle effrayant qu'il devait offrir, plein de poussière et de sueur, les yeux rougis et les joues creuses, accoutré comme un ouvrier agricole, les cheveux longs et poisseux, la peau du visage crevassée et brûlée par le soleil.

— Winston ? demanda William Jameson d'une voix hésitante, aussi stupéfait qu'heureux.

Une seconde plus tard, l'interpellé se retrouvait dans les bras de William qui lui donnait des tapes amicales dans le dos. Winston eut toutes les peines du monde à ne pas verser des larmes, car cette étreinte était la première manifestation de familiarité qu'il vivait depuis de longues semaines où il n'avait eu affaire qu'avec l'inconnu, l'aventure et le danger.

— Entre et commence par prendre un bain, puis nous nous réunirons pour un thé et tu me raconteras tout, proposa son ami en ajoutant avec un regard pour Mohan et Sitara qui, assise sur la charrette, observait avec crainte son nouvel environnement : Masud va conduire tes compagnons dans le quartier du personnel.

Winston s'apprêtait à mettre les choses au point quand Mohan lui adressa un signe de tête imperceptible tout en aidant la jeune femme à descendre du chariot, avant de suivre le chef jardinier. Le bras autour des épaules de Winston, William le conduisit jusqu'à un bungalow à toit de chaume d'un étage, une maisonnette toute simple qui parut plus attirante au voyageur que tous les palais du Rajputana.

Lavé et rasé de frais, vêtu d'un habit emprunté à William, il se sentit enfin dans la peau d'un Anglais quand il s'assit en face de son ami, dans une pièce remplie de livres, de vaisselle, de souvenirs de la lointaine patrie et d'une table de travail encombrée de papiers couverts de notes et de fragments de plantes attendant d'être catalogués, une pièce tout à la fois salon, salle à manger et bureau.

Affamé, oublieux des bonnes manières, il se jeta sur les copieux sandwichs et les biscuits savoureux, avalant tasse de thé sur tasse de thé, avant de s'adosser enfin dans son fauteuil avec un sentiment de plénitude. William bourra alors sa pipe et lança :

— Eh bien, vas-y, crache le morceau !

Quand Winston eut terminé, William s'aperçut que sa pipe était éteinte depuis un bon moment. Il la vida dans le cendrier et la bourra à nouveau, à gestes lents, plongé dans ses réflexions sous l'œil angoissé de son ami.

Bien que plus jeune de deux ans que ce dernier, il paraissait plus âgé en raison de sa sveltesse et des dehors de gravité et de retenue de ce fils d'universitaires écossais. Winston l'avait pourtant connu homme plein d'humour et spirituel quand ils étaient entre eux, quelqu'un avec qui l'on pouvait boire jusqu'à rouler sous la table, quelqu'un pour qui l'amitié était le plus précieux des biens. Aussi attendait-il avec angoisse sa réaction, espérant qu'il ne s'était pas mépris quant à sa loyauté.

— Je suppose, dit William avec un léger raclement de gorge, que tu sais toi-même dans quel foutu pétrin tu t'es fourré.

Winston rougit jusqu'à la racine des cheveux mais ne pipa mot.

— Mais je peux au moins te rassurer sur un point : tu n'es pas recherché, poursuivit William. Plus du moins. Ta compagnie s'est adressée à moi après avoir trouvé mes lettres dans tes affaires à la caserne. Cela faisait tellement longtemps qu'ils n'avaient plus eu de nouvelles de toi ! Quand, quelque temps plus tard, soucieux de ton sort, j'ai demandé par écrit si tu étais réapparu, il me fut répondu que tu étais porté disparu. On te tient pour mort, Winston, même si ce ne sera officiel que plus tard.

Winston regardait dans le vide, comme assommé. Une chose était de couper les ponts derrière soi et de disparaître de son propre chef, une autre était de ne plus avoir d'existence officielle, de ne plus être compté au nombre des vivants. Même en rêve, il n'avait pas espéré reprendre un jour du service dans l'armée, mais se dire qu'en tout dernier recours il aurait toujours une petite porte de secours à sa disposition lui avait procuré un sentiment de sécurité. Mais il allait être rayé des cadres de l'armée, sa famille en serait informée et recevrait ses quelques affaires dans une caisse, le pleurerait et ferait dresser une stèle au cimetière. Il serait pour toujours un de ceux qui ont donné leur vie pour l'Angleterre et la Couronne, un héros.

Pourtant, le temps passant, son histoire de captivité et de fuite à travers l'Inde perdait toute crédibilité. Or la désertion était punie de mort. Il n'avait d'autre issue que la mort, physique ou administrative. Il comprit alors seulement qu'il avait attendu de William une solution moins radicale, une solution lui ouvrant la porte à une existence ressemblant au moins un peu à son existence antérieure. Mais les dés étaient jetés, il n'y avait pas de retour en arrière possible. Désemparé, il regarda William qui avait attendu en silence qu'il eût pris pleine conscience des conséquences de ses actes.

— Ne te méprends pas, Winston, reprit William. Vous pouvez rester ici quelques jours, le temps de reprendre des forces, mais ensuite mon hospitalité devra cesser, malheureusement, pour notre sécurité à tous. Saharanpur est un trou, des soldats y sont en garnison et je reçois souvent la visite d'employés de l'Asiatic Society, du gouvernement ou de botanistes qui s'intéressent à mon travail. Cela peut marcher un petit moment, mais le danger est réel que ton camouflage soit démasqué un jour ou l'autre et alors ce sera ta fête. Moi, de mon côté, je n'ai aucune envie d'être réveillé en pleine nuit par des guerriers armés jusqu'aux dents. Tu peux me trouver lâche. Mais j'ai l'intention de bientôt me marier et, pardonne-moi, il n'est peut-être pas indispensable d'exiger de ma fiancée qu'après notre mariage elle vive sous le même toit qu'un soldat déserteur et son amante indienne.

Puis, après un bref temps de silence :

— Tu sais que j'éprouve quelque perplexité pour ce qui est de votre… heu… liaison ?

Winston acquiesça et fut sur le point d'éclater de rire en songeant que, quelques mois plus tôt, il aurait pensé de même.

— Ce n'est pas, poursuivit William, que je considère inférieure la population indienne ou que je sois contre le mélange des races, mais tu connais mon pragmatisme et je sais que vous ne serez acceptés nulle part de même que, après vous, vos enfants et vos petits-enfants. Vous serez toujours rejetés par les deux côtés. Et même si les sociétés étaient plus progressistes : vous provenez de cultures différentes, aux visions du monde et aux religions différentes. Ne t'imagine pas que ce ne puisse être à l'origine de sérieux conflits.

— Je t'en prie, garde tes sermons pour les dimanches, répliqua Winston d'une voix égale qui enleva tout fiel à ses propos.

Un sourire flotta sur le visage de William qui, redevenu sérieux, insista :

— Vous devrez partir, le plus tôt possible, le plus loin possible. Et, dans la mesure de mes moyens, j'entends bien vous y aider.

— Et tu proposes quoi ?

— Une de mes tâches ici est d'élever des semences et des plants importés de Chine afin d'en faire des théiers productifs et de haute qualité qu'on implante, de manière expérimentale, en diverses régions de l'Inde.

Se levant, il invita Winston à l'accompagner à sa table de travail d'où il sortit de dessous les papiers une carte de l'Inde. Il décrivit, du bout de sa pipe, un large arc de cercle, de droite à gauche, le long de la chaîne de l'Himalaya, d'est en ouest, s'arrêtant tour à tour sur chacun des noms de lieux soulignés.

— Les monts Hazari, Kumaon, Garhwal, Mussoorie, Dehradun. Nous en sommes encore aux balbutiements et le lancement ne commencera vraiment que dans les années à venir, mais les projets ont déjà été approuvés, les financements adoptés. Je verrais d'un bon œil que quelqu'un en qui j'ai pleine confiance puisse se charger, sur place, du défrichement, de la plantation, de la récolte et de la production. Le salaire ne serait pas faramineux, mais suffirait pour une petite famille.

— Je ne connais rien aux plantes, et encore moins au thé, objecta Winston.

— Cela s'apprend. J'ai de plus l'intention de faire venir de Chine un ou plusieurs fabricants de thé qui, eux, en connaissent un rayon. Alors, que penses-tu de ma proposition ?

Winston fixait la carte d'un air songeur. Avait-il le choix ?

— Est-ce plus loin encore ? demanda-t-il enfin dans un éclat de rire nerveux.

— Kangra, répondit William en tapant, un large sourire aux lèvres, sur un endroit non marqué dans l'Himalaya occidental, non loin de la frontière avec le Cachemire. Une vallée charmante, au climat étonnamment doux et une population ouverte, amicale.

— Et pourquoi n'est-ce pas marqué sur ta carte ? s'enquit Winston, craignant qu'il n'y eût anguille sous roche.

— Le territoire appartient aux Sikhs, avec un raja issu d'une ancienne dynastie rajpoute, une marionnette. Je sais de bonne source que l'Angleterre mettrait volontiers cette partie de l'Himalaya sous le contrôle de la Couronne. Disons-le autrement : ça ne saurait tarder.

— Tu veux nous envoyer sur un possible terrain d'affrontements ?

— Pas du tout. Ce territoire offre bien entendu un intérêt stratégique, mais n'est pas d'une priorité absolue. Le placer sous domination anglaise n'est en réalité qu'une mesure préventive. Les généraux se sentiraient mieux si la frontière politique de l'Inde coloniale coïncidait avec les frontières naturelles du pays. Kangra est une vallée tranquille, les villages et les agglomérations sont dispersés, loin de tout conflit et de toute crise politiques. Il ne sera pas envahi par une armée britannique. Il n'en vaut pas la peine. Si vous voulez réussir à devenir clandestins, ce sera là et pas ailleurs.

— Accorde-moi une journée de réflexion.

— Volontiers, dit William en rangeant sa carte. J'aimerais bien faire la connaissance de… euh… ta femme, je pourrais peut-être faire quelque chose pour elle…

Winston eut l'impression de recevoir un coup de poing en pleine figure, comprenant en cet instant qu'il ne pourrait jamais épouser Sitara, un mort ne pouvant pas signer un document et un mariage sous un faux nom ne valant pas mieux que pas de mariage du tout. Il se sentit profondément coupable et se demanda s'ils auraient un jour la possibilité de mener une vie honorable et paisible.

Tandis que William s'occupait de Sitara, Mohan et Winston se promenèrent dans le jardin, profitant du calme de la soirée, Winston exposant à son ami l'offre de William. Quand il prononça le nom de la vallée, Mohan émit un léger sifflement.

— Cette bonne vieille vallée de Kangra…

— Tu la connais ?

— Par les livres d'histoire. J'en ai aussi entendu parler. *Kangra* signifie « la forteresse de l'oreille ». D'après la légende, elle fut construite au-dessus de l'oreille du démon Jalandhara qui est enterré en cet endroit. Certains prétendent qu'elle se nomme ainsi parce que la colline sur laquelle elle est bâtie a la forme d'une oreille humaine. Jadis, on la croyait inexpugnable. Les envahisseurs moghols ont en effet éprouvé les plus grandes peines à s'en emparer. Les Rajpoutes Chand s'y montrèrent d'une grande bravoure, mais il leur fallut près de deux cents ans pour la reconquérir et ils la perdirent peu après au profit des Sikhs.

— Les Rajpoutes Chand ? Êtes-vous… ?

— Parents ? Non, pas directement. Nous avons bien sûr des ancêtres communs, puisque nous tenons nos origines de la lune et de Krishna, mais on n'en sait pas davantage sur la généalogie des deux lignées. Il n'y a en tout cas aucun lien entre elles. Mon père a toujours été furieux que les Chand de Kangra se vantent d'être à l'origine de la descendance de tous les Chandravanshi et ne voient en nous que des parvenus. Il n'y a en réalité pas de meilleur endroit pour notre sécurité. Pour mon père, envoyer ses guerriers dans le territoire des Chand de Kangra ou leur demander leur aide serait une plus grande honte encore que de nous avoir laissés nous échapper.

34

Ils récupérèrent vite de leurs fatigues, notamment Sitara. William avait établi que son état n'était dû qu'à l'épuisement et à la sous-alimentation, que l'enfant se portait bien et que Sitara serait sur pied au bout de quelques jours. À part William, personne ne savait pour quelle destination ils partaient sur trois chevaux de bât, munis de nourriture, d'une carte précise et du nécessaire à ce long périple.

Ils remontèrent la plaine du Gange, longèrent la chaîne de Shivalik, un contrefort de l'Himalaya, laissant sur leur droite les sommets enneigés. Ils traversèrent d'innombrables rivières et ruisseaux sur des ponts étroits ou à gué. Ils trouvèrent assez souvent une ferme isolée pour passer la nuit et obtenir un repas chaud. De loin en loin ils rencontraient de petites localités où, dans une auberge, ils disposaient d'une simple couche pour la nuit. Sitara paraissait puiser de l'énergie dans la perspective de s'installer en un lieu à l'ombre des montagnes. Elle s'absorbait presque continuellement dans des conversations avec l'enfant en elle, si concentrée que Winston en éprouvait presque de la jalousie.

Puis ils prirent de l'altitude, abordant un paysage rocheux, où alternaient des bois de résineux sur les pentes et, dans les creux, des forêts de chênes, d'épicéas, de sapins et de pins. On était au début de l'automne. Des vols d'oies à tête barrée et de canards passaient au-dessus de leurs têtes, gagnant vers le nord les lacs du Cachemire. Les nuits fraîchissaient, mais l'air était sec, le ciel souvent dégagé, les journées ensoleillées et d'une chaleur agréable.

Un jour, leur route finit par redescendre, traversant de douces collines, avec, parfois, des avancées rocheuses surmontées de temples ou de tours de garde abandonnées. Après avoir suivi le lit d'une rivière entre des falaises escarpées, ils virent s'ouvrir devant eux la vallée de leur destination. Ils arrêtèrent leurs montures un instant, contemplant, étonnés, un paysage qui ne ressemblait en rien à ce qu'ils avaient vu jusqu'ici durant leur vie, des prairies fleuries ondulant dans la plaine, des forêts épaisses et des ruisseaux luisant dans la lumière de l'après-midi. Un damier de petits champs séparés par des vergers portant les derniers fruits de l'année et, se fondant dans le paysage comme une mer légèrement ridée, des rizières. Au nord surgissait, majestueuse, la chaîne des Dhauladhar.

— Que c'est beau, murmura Sitara.

— Kangra, ajouta Mohan à voix basse, presque respectueuse, la vallée de la joie…

Ils se regardèrent en souriant puis engagèrent leurs chevaux dans la pente.

Ils s'installèrent dans un palais rajpoute – en partie délabré, juché sur une éminence non loin d'un village, au milieu des prairies et des champs – qu'ils louèrent à l'année, y compris le bout de terrain l'entourant, pour quelques dizaines de *lakhs* au *zamindar* de la région.

Les gens de la vallée, joyeux et sans histoires, indifférents à la politique, accueillirent les nouveaux venus avec une curiosité non dissimulée mais bienveillante. L'émoi soulevé par leur arrivée s'apaisa rapidement et Sitara, Mohan et Winston disparurent entre les collines et les montagnes enserrant la vallée comme s'ils n'avaient jamais vécu ailleurs.

Si les pièces extérieures du palais n'étaient que des ruines, celles de l'intérieur, notamment le *zenana*, la pièce réservée aux femmes et donnant sur une vaste cour, étaient dans un état correct. Winston et Mohan réparèrent les endroits que le temps avait détériorés ainsi que les meubles laissés par les occupants précédents. Une femme du village, Mira Devi, fut tout heureuse de venir, pour quelques *annas*, aider Sitara qui, en dépit de son embonpoint, était soucieuse de nettoyer et rendre les pièces habitables avant son accouchement. Ils achetèrent au village l'essentiel de ce dont ils avaient besoin : casseroles, plats, cuillères, une bouilloire, du linge et des vêtements. Mira Devi se chargea de faire venir le reste de la ville la plus proche.

En décembre se leva un vent du nord sec et cinglant, mais les vieux murs y firent obstacle et le poêle de la cuisine ainsi que la cheminée autour de laquelle ils passaient les soirées leur permirent de bénéficier d'une bonne chaleur. Au bout de quelque temps, Mira Devi confia le soin de sa propre maison à son mari, à son fils et à sa belle-fille pour s'installer dans la petite chambre attenante à la cuisine.

L'hiver fut exceptionnellement froid. La neige recouvrit la vallée. Le silence régna aussi sur leur nouveau logis, seulement troublé par les murmures de Mira Devi qui, tout en cousant auprès de la cheminée, racontait les vieilles histoires de la vallée jusqu'à l'heure du coucher. Lors d'une de ces soirées, fin janvier, Mira Devi était en train de narrer l'histoire d'un roi dont la fille, belle comme le jour, avait une tache sur le front. Quand elle avait été en âge de se marier, il avait demandé au prêtre de la cour de lui trouver un époux. Ayant cherché en vain un homme portant cette même marque, il s'aventura dans la jungle, rencontra un lion qui avait une tache sur le front et le ramena au palais. Mira Devi s'apprêtait à décrire le mariage de la fille du roi avec le lion quand elle s'aperçut que le front de Sitara était couvert de sueur et que ses doigts étaient crispés sur son ouvrage de couture. Elle l'aida à gagner sa chambre à coucher et, fermant la porte au nez des deux hommes, entreprit d'assister la jeune femme en proie aux premières douleurs. Les propos rassurants de Mira Devi que Winston percevait n'atténuèrent en rien la peur que lui inspiraient les gémissements et les cris de douleur de Sitara.

Une attente inquiète commença et, des heures durant, Winston marcha dans la pièce, sortant de temps à autre dans le froid, tandis que Mohan, priant en silence, immobile près du feu, ne se levait que pour jeter du bois dans les flammes. Puis les halètements et les gémissements de Sitara se muèrent en cris prolongés. Le silence soudain, un sanglot, et le premier cri d'une existence nouvelle, vigoureux, furieux, suivi du rire à pleine gorge de Mira Devi. Winston, figé devant la porte, n'osait pas entrer, entendant la villageoise s'affairer. Il allait céder à son impatience quand la porte s'ouvrit. Mira Devi, un large sourire illuminant son visage maigre et brun, laissa entrer les deux hommes.

Il régnait dans la pièce une odeur lourde et douceâtre de sang et de sueur en dépit de l'encens qui brûlait dans un coin de la pièce. Sitara reposait sur ses oreillers, pâle et épuisée, mais ses yeux brillaient. Intimidé, terrorisé à l'idée de le laisser tomber, Winston prit dans ses bras le paquet que lui tendait Mira Devi et, écartant avec précaution le lange, examina le petit à la fois si fragile et si plein de vie.

— Ton fils, dit Sitara d'une voix rendue rauque par ses efforts, mais fière et chaleureuse.

— Il était pressé, dit Mira Devin en riant. Il sait déjà très bien ce qu'il veut et ce qui lui déplaît.

Mohan regarda par-dessus son épaule, les larmes aux yeux.

— Comment s'appellera-t-il ? demanda-t-il.

— Ian, répondit Winston sans l'ombre d'une hésitation, songeant à son grand-père maternel, un homme estimé et inspirant le respect qui, jusqu'à un âge avancé, avait fermement tenu en main les liens familiaux.

— Rajiv, annonça depuis sa couche Sitara, non moins déterminée et tendant les bras vers son fils. Rajiv, insista-t-elle en le saisissant, les yeux débordant d'amour, l'embrassant et ajoutant dans un murmure, plus fille de Rajpoute que jamais : Petit roi ! En dépit de tout ce qui s'est passé, il est un descendant de Krishna et de sang princier !

Devant ce dilemme s'établit pour un instant un silence perplexe, avant que le visage de Mohan ne s'éclaircît soudain.

— Il est à moitié rajpoute, à moitié *angrezi*. Il devra peut-être choisir un jour entre les deux. Il devrait en attendant porter les deux noms.

Il en fut ainsi.

35

Lavée par les averses de pluie noyant les collines de Kangra, la neige fondit et le reste de l'hiver s'écoula au rythme imposé par la présence d'un nouveau-né. Condamné à l'inactivité, Winston passait des heures entières, assis auprès du berceau confectionné par ses soins, à contempler son fils endormi, s'étonnant de le voir changer de jour en jour. Mohan et lui se relayaient pour le promener dans leurs bras quand il criait la nuit. Il avait une peau claire, presque blanche et Winston avait honte de se sentir soulagé qu'il fût en tout point semblable à un enfant d'origine européenne. L'accouchement avait beaucoup affaibli Sitara qui, ayant perdu pas mal de sang, ne reprenait des forces que lentement. Elle s'obstinait néanmoins à allaiter son bébé que Mira Devi, toujours sans petits-enfants, entourait de tout son amour.

Le mois de mars n'arrivait pas à trancher entre l'hiver et le printemps. Des nuages noirs s'accumulaient encore autour des glaciers du nord-ouest, mais, à l'ouest, le soleil perçait de plus en plus souvent. Du vert tendre se montrait dans les champs où les femmes du village binaient à l'aide de simples houes. De loin, avec leurs tenues bariolées, elles ressemblaient à des oiseaux de paradis. Le mari de Mira Devi montait de temps à autre du village jusqu'au palais et, hochant la tête, indigné de l'ignorance des étrangers, il les aidait à cultiver un potager et quelques bouts de champ.

En avril, la chaleur et le soleil furent de retour, accompagnant une végétation luxuriante, sous la garde des sommets des Dhauladhar. Sitôt quelque peu rétabli, Sitara se jeta sur le travail dans la maison et au jardin, le nourrisson attaché sur son dos, dans la tenue traditionnelle des femmes de la vallée : un ample pantalon, le *salwar*, serré aux chevilles, avec, par-dessus, le *kurta*, une tunique, ample elle aussi, à manches longues et descendant jusqu'aux genoux. Une longue écharpe transparente, le *dupatta*, drapé sur la poitrine et les épaules, cachait ses cheveux coiffés en un chignon serré, mais pas le point rouge de son front, signe des femmes mariées, qu'elle portait fièrement. Personne n'avait exigé de voir un document et elle se sentait dans la peau de l'authentique épouse de Winston. Sans problèmes de conscience, étant allé en ville, avec le mari de Mira Devi, se procurer des semences et de premiers moutons, de premières chèvres, l'Anglais avait acheté des bijoux pour Sitara avec l'argent de la Société. Ils n'avaient certes coûté que quelques *annas*, mais Sitara était heureuse et fière de porter à ses bras et à ses chevilles de nombreux bracelets ainsi qu'une boucle de nez.

Mère et simple paysanne, elle s'épanouissait, fréquentait les villageoises, priait avec elles et était pour Winston plus belle et désirable que jamais. Il se surprenait pourtant souvent à s'immobiliser lorsqu'il travaillait aux champs avec Mohan. *Que suis-je donc devenu ?* se demandait-il, ses pensées dérivant vers son ancienne existence, ses rêves d'une carrière militaire lui apportant la gloire et le succès. *De militaire à paysan!* L'amertume le submergeait, il réagissait parfois avec irritation et agressivité, le regrettant chaque fois profondément quand Sitara, blessée, tournait la tête. Il enviait Mohan qui, apparemment, ne regrettait pas son passé de prince, allant au travail sans rechigner, plaisantant avec les paysans et les artisans, flirtant avec les femmes non mariées, jouant pendant des heures avec son neveu. Winston ne comprenait pas comment son ami, son frère de cœur, pouvait si facilement s'adapter à cette vie nouvelle, sans nostalgie, alors que lui-même, plein d'insatisfaction, regrettait ce qu'il avait perdu.

Puis ce fut l'été, avec la canicule, la poussière apportée des plaines du Pendjab par des vents torrides. En juillet, la chaleur déclina, la vallée se couvrit de lourds nuages qui masquaient la vue sur les montagnes omniprésentes en temps ordinaire, la mousson déversa enfin ses torrents d'eau sur le pays. Le maïs était déjà haut ; sous la pluie battante, les hommes enfouissaient les plantes de riz laissées dans les champs après la récolte, les femmes repiquant de jeunes plants derrière eux. Partout à la ronde se déployaient toutes les nuances de vert tandis que des fleurs d'orchidées jaunes, rouges et roses jaillissaient des fissures de troncs d'arbres noueux.

Quand la pluie cessa, commencèrent les jours dorés de la récolte. Le maïs récolté, le froment arriva à maturité. Un nouvel hiver arriva, plus doux que le précédent, puis un nouveau printemps. Une des juments poulina, les brebis agnelèrent, le jardin prospéra. Ainsi passa le temps dans la vallée du bonheur, tranquille, paisible. Ian se développa lui aussi, se traînant d'abord à quatre pattes, babillant ses premiers mots, puis se mit à marcher, accroché à la main de Mira, découvrant avec curiosité son petit monde. Un enfant joyeux, comblé, entouré de l'amour de sa famille, de l'amitié d'un village et de la paix d'une vallée que rien ne venait troubler.

Ils n'apprirent tous que bien plus tard que les Sikhs du Pendjab, sur la foi d'une rumeur disant que les Britanniques préparaient une invasion, avaient franchi le Sutlej et avaient été taillés en pièces. Que le Kangra, par le traité du 9 mars 1846, faisait désormais partie de l'Empire britannique, que le commandement militaire des Sikhs, résistant dans la forteresse de Kotla, avait dû, au bout de deux mois de siège, céder à la supériorité de l'artillerie britannique.

Parfois Sitara, l'air songeur, regardait jouer son fils, avec en tête ce que lui avait dit Mira Davi en lui mettant le nouveau-né dans les bras :

— Le destin d'un homme, le *jori*, est déterminé par ce qu'il apporte d'une existence antérieure, par la manière dont il agit dans celle-ci et par ce que *vidhi mata*, le destin mère, écrit sur son front à sa naissance. C'est en fonction de tout cela que Dharmraj, le juste souverain à qui rien n'échappe, jugera son âme après ce qu'il aura accompli dans sa vie.

Elle étreignait alors son fils et lui chantait à l'oreille des vers sur le destin que lui avait appris Mira Devi. Souvent aussi, elle profitait de l'obscurité pour sortir de chez elle et aller allumer au bord du ruisseau, au pied du grand arbre *pipal*, à l'écorce terne et aux longues feuilles en forme de cœur, une petite lampe à huile et déposer des branches fleuries comme offrande, priant Brahma, le créateur, d'assurer un bon destin à son fils.

Ils passaient leur quatrième été dans la vallée de la joie, Sitara portant de nouveau un enfant en elle, quand William Jameson arriva dans le Kangra avec, dans ses sacoches de selle, des plants de *camilla sinensis*, le théier chinois, escorté d'un grand maître chinois du thé. Celui-ci indiqua comment implanter non loin du palais un jardin d'essai. William repartit, mais sans Tientsin qui, même en pleine mousson, allait vérifier quotidiennement l'état des jeunes plantes. Il devint rapidement un membre à part entière de la famille. Les nuages de la mousson se dissipèrent et, quand le soleil d'automne eut séché le sol, Winston embaucha dans le village des ouvriers qui, suivant le désir de Tientsin, bâtirent une petite manufacture près du jardin, le tout grâce à l'argent de la Société qui, depuis la visite de William, arrivait tous les six mois. Tientsin y installa une petite chambre, mais continua à prendre ses repas au palais, y passant maintes soirées, trop heureux de bercer dans ses bras la petite fille que Sitara avait mise au monde à l'automne et qui portait les noms d'Emily et d'Ameera, la fleur de lotus.

Surveiller la construction de la manufacture, recruter et encadrer les ouvriers du village, rédiger des rapports à l'intention de William et de la Société, autant d'occupations pour Winston qui s'y complaisait, même si c'était Tientsin qui, avec les bribes de kangri qu'il avait apprises, indiquait aux employés ce qu'ils avaient à faire, mettant à l'occasion la main à la pâte. C'était Tientsin aussi qui veillait aux plantes si précieuses, tantôt expérimentant, tantôt triant les feuilles de thé, réfléchissant sur leur apparence, leur couleur et, une fois infusées, sur leur odeur et leur goût. Winston, en réalité, ne comprenait rien au thé en dépit de tous ses efforts et il en éprouvait du dépit.

Ian suivait le Chinois comme son ombre entre les rangées de théiers ou à la manufacture, fasciné par l'attention que cet homme mince apportait à ces plantes insignifiantes aux feuilles brillantes, et aux miettes entre brun et violet qu'elles donnaient une fois traitées. De son côté, Tientsin avait aussitôt ressenti une grande inclination pour ce garçonnet aux yeux intelligents, qui, telle une éponge, s'imbibait de tout ce qu'il lui racontait dans son mauvais anglais, les légendes concernant l'origine du thé, son histoire séculaire dans l'Empire du Milieu d'où il s'était répandu dans l'Asie entière. Il éduquait ses sens en lui mettant des feuilles dans la main, lui demandant de les presser, de les sentir, de noter toutes les nuances de couleurs, d'être à l'écoute du léger crépitement que les feuilles émettent quand on les écrase sur sa paume. Il lui montrait comment les feuilles s'enroulent sous l'effet de la vapeur, comment de très minimes modifications de la chaleur ou de la durée peuvent avoir des conséquences extrêmes.

Et Tientsin lui confia un grand secret : il pensait impossible de produire un jour du thé véritablement bon à Kangra, le climat étant trop sec, l'été trop chaud, la terre meilleure pour les céréales, les fruits et les légumes que pour les théiers trop sensibles. Le regard rêveur, il lui parla d'une vallée très éloignée, dans l'Himalaya oriental, plus fraîche et plus pluvieuse que Kangra, une vallée que les Tibétains appelaient *Rdo-rje-ling*.

Le monde d'Ian, *alias* Rajvi, était le jardin et ses théiers, les champs et les carrés de légumes de sa mère, les petites chambres confortables du palais. Il parlait l'hindoustani et l'anglais mais aussi le kangri qu'utilisait Mira Devi avec lui et qu'il apprenait à l'école. Son monde était aussi ses compagnons de jeux et les fillettes du village, Mira Devi, ses histoires et ses chansons, sa mère narrant les exploits de ses ancêtres et son père qui évoquait la lointaine île pluvieuse dont il était originaire. Son monde était encore le Dhauladhar et ses arêtes enneigées loin au-dessus de lui, son cheval sur lequel il accompagnait son oncle Mohan pour visiter les temples abandonnés disséminés au-dessus de la vallée, dédiés à Shiva et Shakti, Brahma et Vishnou, avec leurs peintures murales où les artistes des temps reculés avaient fixé un univers de héros, de combats et de victoires, d'amours, un univers de dieux et de démons qui habitaient parfois ses rêves la nuit.

Il n'existait pas la moindre différence entre Ian et Rajiv, il était l'un et l'autre. Sa famille lui donnait indifféremment les deux noms, avec autant de naturel que lui-même passait d'une langue à l'autre, dans ses pensées et dans ses rêves. Kangra, avec son cours des saisons aussi immuable que la roche du Dhauladhar, était son monde et il n'imaginait pas que quelque chose pût changer, pas plus qu'il n'imaginait que, dans les immensités de l'Inde, la roue de l'Histoire tournait inexorablement, s'apprêtant à balayer sa vie, la vie qu'il avait toujours connue.

36

L'Inde était alors contrôlée par une curieuse armée, une armée de mercenaires essentiellement composée d'hindous des classes supérieures, brahmanes et rajpoutes, ainsi que de musulmans, et ne comptant qu'un soldat anglais pour cinq soldats indiens. Une armée d'indigènes donc, sous les ordres d'officiers britanniques, des soldats qui, sur ordre, affrontaient la mort, sauvaient leurs chefs au péril de leur vie, mais qui jetaient leur pitance, préférant mourir de faim si l'ombre de ce même officier tombait sur leur vaisselle et la polluait. Les officiers et leurs hommes, en plus d'être des étrangers les uns pour les autres ne partageaient ni la même foi, ni le même mode de vie si bien que chaque côté éprouvait pour l'autre du dégoût. Le système des castes et la religion rendaient nécessaire, lors d'une marche, de faire halte en pleine journée afin de permettre aux soldats de se défaire de leur ceinture, de leurs bottes et de leur équipement et d'allumer sept cents feux sur lesquels cuisaient quatorze cents galettes de blé, chaque soldat cuisant pour lui-même. Afin aussi de dérouler des tapis de prière sur lesquels les musulmans priaient en direction de La Mecque. Les cipayes n'entraient pas dans l'armée pour des motifs patriotiques ; ils étaient soldats parce que telle était leur profession traditionnelle et que cela leur assurait des ressources convenables, leur conférait un statut social, influence et honneur. Fiers d'eux-mêmes et de leur métier, ils l'étaient aussi des couleurs de leur régiment et, parmi eux, les hindous les vénéraient selon les mêmes rites que le paysan vénérant sa charrue, le forgeron son marteau. De manière étonnante et émouvante, le cipaye était fidèle à quelque chose qu'il ne comprenait pas, au fond. Il avait combattu et risqué sa vie pour la Compagnie des Indes orientales parce qu'elle le nourrissait et le rétribuait et parce qu'il éprouvait pour ses officiers confiance et admiration.

Pourtant, parallèlement à l'extension du territoire sous domination britannique et à l'introduction du progrès technique et de l'idéologie occidentale, cette confiance s'effrita. Dès qu'un souverain sans descendant mâle direct mourait, son fief était aussitôt annexé par les Britanniques. Le dernier en date avait été le royaume d'Oudh d'où provenaient la plupart des cipayes. Pratique qui suscitait l'amertume de nombreux descendants qui n'avaient alors de cesse de nuire à la puissance étrangère, par exemple en lançant des rumeurs inventées de toutes pièces. Beaucoup d'États encore indépendants se mirent par ailleurs à craindre d'être les prochains sur la liste. Les grands propriétaires terriens étaient, eux, contrariés par une politique qui assurait trop de droits à leurs fermiers. La science occidentale, ses connaissances médicales, les monstres d'acier du chemin de fer dont les rails striaient la campagne, les câbles télégraphiques s'étirant sur des centaines de milliers de miles semblaient annoncer une ère des Lumières qui, pour les brahmanes, les prêtres et les érudits, était une menace pour leur pouvoir. Et, comme si tout cela n'avait pas suffi, les Anglais ne s'étaient-ils pas mis en tête de s'immiscer dans la législation locale : la *sati* fut interdite, les veuves furent autorisées à se remarier, un converti à une autre religion conservait ses droits à la succession et les prisonniers furent obligés de manger tous ensemble dans la même salle alors qu'ils préparaient seuls leurs repas comme le leur ordonnait leur loi religieuse. Convaincus d'apporter le progrès à un pays retardataire, les Britanniques s'en prenaient à l'ordre social indien, à la tradition et à la foi, minant, sans le remarquer, les fondations sur lesquelles leur pouvoir avait jusque-là reposé. En même temps, les cuisantes défaites qu'ils avaient connues à Kaboul et en Crimée avaient montré que les armées de la Couronne n'étaient pas invincibles, contrairement à ce qu'on croyait. La rancœur des princes et des prêtres gagnait le pays aussi bien que les têtes et prospérait.

C'était une journée de printemps envoûtante. Il avait plu dans la nuit et des gouttes d'eau luisaient au soleil sur les feuilles des théiers qu'agitait le vent descendant des montagnes. Ian observait Tientsin qui, ayant cassé entre deux doigts l'extrémité d'une jeune pousse, l'examinait et la reniflait. Un papillon multicolore, voletant comme ivre au-dessus des fleurs, retint un instant son attention. Il avait beaucoup grandi durant l'hiver et paraissait plus que ses douze ans. Sa mère avait demandé à Mira Devi d'acheter du tissu, car elle avait l'intention de rallonger ses pantalons. Il en avait eu un peu mauvaise conscience, sachant que, dans moins de six mois, Emily et lui auraient une petite sœur. Sa mère, de ce fait, n'était pas en bonne forme et il ne voulait pas lui occasionner trop de travail.

Tandis qu'il suivait le papillon du regard, il aperçut au loin Mira Devi grimpant à vive allure la pente menant au palais, son *dupatta* qui avait glissé de sa tête maintenant grisonnante flottant derrière elle comme un drapeau. Elle trébucha, tomba, se rattrapa, courant toujours en se tenant les côtes. Il sentit son estomac se contracter au son de sa voix quand elle appela sa mère. Sans se soucier de Tientsin, il détala, terrorisé, pressentant un horrible malheur.

Il débaula hors d'haleine dans la cuisine. Mira Devi, haletant, hors d'elle, parlait à Sitara, pâle comme une morte et pétrifiée, une cuillère à la main devant le fourneau, à ses pieds les restes d'un bol en terre d'où s'était écoulée de la soupe sur le sol de pierre. Emily, paniquée, était réfugiée dans un coin, s'agrippant à sa poupée en tissu. Bien que ne comprenant pas vraiment ce qui s'était passé, Ian réussit à saisir quelques bribes de ce que Mira Devi bredouillait en *kangri* : Rajpoutes. Guerriers. En ville. À votre recherche.

Bien qu'ayant quatre ans de plus que sa sœur, il comprit aussi peu qu'elle pourquoi on les envoya dans la chambre que Winston avait aménagée pour eux deux, les sommant d'attendre qu'on vînt les chercher. Il ne comprit pas pour quelles raisons ses parents, son oncle, Mira Devi, son mari qui travaillait au jardin avec Tientsin et Tientsin lui-même se disputaient à haute voix dans un mélange d'hindoustani, de *kangri* et d'anglais dont il eut peine à démêler le moindre mot, tandis qu'il tenait serrée contre lui, sur le lit, Emily en pleurs. À un moment pourtant, il entendit claquer une main contre quelque chose de dur et son père hurler en anglais :

— Mais où aller, nom de Dieu ?

Le silence tomba, plus inquiétant encore que les voix irritées à l'instant. Puis les murmures frénétiques reprirent. Il eut peur, peur comme jamais encore dans sa vie et il sut qu'il s'était passé quelque chose qui allait tout changer. Emily respira soudain plus calmement et il lui caressa la tête d'un geste consolateur quand elle s'endormit. Il aurait aimé lui aussi que quelqu'un le prît dans ses bras, lui dît que tout allait bien, qu'ils n'avaient rien à craindre. Mais personne ne vint.

Le temps sembla s'arrêter. Au bout de quelques minutes, mais cela aurait pu être des heures, le brou-haha céda la place à des phrases distinctes, des ordres, des appels, des allers-retours précipités. Puis il y eut des raclements, des claquements, des tintements, un cri d'effroi de sa mère, un bref sanglot, puis des murmures de réconfort, des froissements. Il entendit un cheval hennir au-dehors. Il songea avec tristesse aux prairies ensoleillées, à la douceur de l'air printanier et à l'odeur des feuilles de thé mouillées.

Il sursauta quand la porte s'ouvrit et que son oncle entra.

— Grande surprise ! Nous entreprenons une longue excursion à cheval, tout le monde !

Mohan se donnait un air joyeux, mais quand il vit qu'Ian ne le croyait pas, il détourna le regard et prit Emily endormie dans ses bras. Ian le suivit, le cœur battant.

Le soleil l'éblouit quand il franchit le seuil et il eut quelque peine à distinguer les quatre chevaux sellés et chargés. Sur l'un était assis le mari de Mira Devi, la mine sombre, tandis que son père, l'air furieux, en tenait un autre par la bride. Il fut d'abord soulagé en voyant combien ils emportaient peu de bagages, mais son estomac se serra à nouveau au spectacle de sa mère et de Mira Devi qui s'embrassaient en pleurant. En passant à côté d'eux, Mira Devi eut en direction d'Emily un geste de bénédiction et elle le serra si fort contre son corps maigre qu'il en eut mal. Hébété, il se laissa faire et sentit une fois encore son parfum de sel, de terre et d'herbes qu'il connaissait depuis sa première heure. Puis, obéissant à un signe de son père, il monta en selle. Winston s'installa à son tour derrière lui. Sitara rassembla son *kurta* avant de grimper sur son cheval, essuya les larmes de ses joues, saisit les rênes d'un geste résolu. Sans perdre une seconde de plus, les chevaux s'ébranlèrent d'un pas tranquille. Ian se retourna vers le palais. Mira Devi pleurait sans retenue, Tientsin se passa la main derrière ses lunettes et Ian sut qu'il s'agissait d'un adieu pour toujours.

Il sentit une bourrade sur son bras. Mohan, Emily au creux de son bras, s'était porté à la hauteur du cheval de Winston. Ses yeux étaient aussi brillants que des pierres polies. Il dit d'une voix enrouée :

— Ne regarde jamais derrière toi. Jamais.

Ils disparurent dans les épaisses forêts, le mari de Mira Devi les conduisant par des sentiers tortueux, d'un autre âge, que seuls quelques autochtones connaissaient encore, longeant des falaises abruptes, traversant des ruisseaux et des rivières gonflés par la fonte des neiges. Ce paysage rebutant renforçait le sentiment de menace qui planait sur eux et ils gardaient obstinément le silence. Ils avancèrent ainsi ensemble, jour et nuit, ne s'accordant que quelques moments de repos, jusqu'à la chaîne des Siwaliks. Un jour, le chemin se mettant de nouveau à descendre, le mari de Mira Devi arrêta son cheval et se retourna.

Mohan avança jusqu'à sa hauteur et l'homme lui expliqua quelque chose, Mohan opinant à plusieurs reprises. Finalement, leur guide tira de sa veste un petit objet et le pressa dans la main de Mohan. Un instant, les deux hommes se regardèrent, les yeux dans les yeux, puis Mohan tapa sur l'épaule de son vis-à-vis d'un geste aussi rude que cordial et fit avancer son cheval sans se retourner. Les autres chevaux suivirent. Ian eut l'impression de sentir dans son dos les regards soucieux du mari de Mira Devi.

Ils traversèrent ensuite une plaine écrasée de soleil, à bonne allure mais en prenant soin de ne pas surmener leurs montures. Aveugles à la beauté du paysage, ils suivaient Mohan qui s'en tenait strictement à l'itinéraire qui lui avait été indiqué et qui traversait des contrées encore vierges. Il se trouvait toujours quelque endroit propice au repos, avec de l'eau pure. Enfin, leurs provisions touchant à leur fin, surgirent au loin, devant eux, des toits et des murailles. Quelques heures plus tard, la foule, derrière les murs de Delhi, les engloutit.

37

L'hiver venu, il s'était levé un vent rasant le sol, soulevant des tourbillons de poussière, sautant de ville en ville. Des histoires avaient commencé à circuler, rappel de prophéties annonçant la proche résurrection de trônes orphelins, les malheurs imminents attendant les Anglais. Quelques-unes de ces histoires avaient été lancées par des mauvaises langues ; d'autres étaient nées de vagues envies, du regret des jours anciens où l'Inde n'était pas sous domination anglaise.

On était en janvier quand le magistrat de Mathura, non loin d'Agra, trouva sur une table, dans son bureau, quatre *chapatis*, confectionnés avec de la farine grossière. Interrogé, son personnel expliqua qu'un inconnu en avait donné un au garde d'un village voisin en lui recommandant d'en confectionner quatre semblables et de les distribuer aux gardes des villages alentour, en indiquant à ces derniers qu'ils devraient faire de même. L'homme avait obtempéré mais, prudent et conscient de ses devoirs, il avait fait parvenir ses galettes au magistrat. Le lendemain, des rapports analogues arrivèrent d'autres endroits du district et l'on put bientôt lire dans la presse que ces *chapatis* étaient distribués dans tout le nord de l'Inde. L'événement était si insolite que le gouvernement s'en mêla et fit procéder à des enquêtes. Pourtant, on ne parvint pas à élucider qui avait lancé cette opération ni ce qu'elle signifiait. Le bruit courut qu'elle avait son origine dans la principauté marathe d'Indore, dans le centre de l'Inde, d'où elle aurait progressé en direction du nord, traversant l'État de Gwalior, les territoires de Sagar et Nerbudda sous contrôle britannique, gagnant les provinces du nord-ouest, Rohilkhand, Oudh et Allahabad.

Les journaux indiens de Delhi qualifièrent l'opération d'«invitation au pays tout entier à se rassembler pour un objectif secret qui ne serait dévoilé qu'ultérieurement». Mainodein Hassan Khan, un *thanadar* de la région de Delhi, déclara à un magistrat qu'il considérait ces *chapatis* comme «le signe de grands troubles à venir». D'autres croyaient que ces galettes étaient une mise en garde contre un projet des Britanniques visant à imposer le christianisme aux Indiens. «S'agit-il d'une trahison ou d'une farce?», écrivit le journal anglais *Friend of India*. Finalement, toute cette histoire fut mise sur le compte des superstitions indiennes et ne tarda pas à être oubliée.

Au même moment circula un autre bruit, plus explosif, qui eut des conséquences importantes. L'armée venait d'être équipée de nouveaux fusils et les douilles en carton des cartouches étaient prétendument enduites de graisse de bœuf ou de porc. Or, il fallait en couper l'extrémité avec les dents afin de verser la poudre dans le canon avant d'enfoncer le reste de la cartouche, avec sa balle, dans ledit canon. Avant même qu'eût été tiré un premier coup d'essai, la rumeur enfla : les lèvres de tous les cipayes allaient désormais entrer en contact et se souiller soit avec de la graisse de bœuf pour les hindous, soit de porc pour les musulmans, une ruse des Britanniques pour tous les convertir au christianisme. Dès que le bruit parvint aux oreilles des officiers, ils assurèrent que ce n'était pas vrai, mais leurs protestations ne rencontrèrent pas d'écho.

Les garnisons du pays connurent le vent de la désobéissance durant tout le printemps. Il se produisit de petites émeutes, dispersées dans l'immensité du territoire et vite réprimées. Mais l'histoire des cartouches impures et de la prétendue intention que cela cachait fut une graine tombant sur un sol fertile, qui, la saison chaude venue, germa rapidement.

Des rayons d'une lumière jaunâtre venant de l'est éclairèrent le ciel au-dessus de Delhi, annonçant une journée aussi chaude, poussiéreuse et étouffante que les précédentes. Pour les musulmans, ils étaient une invitation à prendre rapidement leur petit-déjeuner, car c'était le seizième jour du Ramadan et ils ne pourraient plus rien avaler jusqu'au coucher du soleil. On entendit bientôt les appels des muezzins : «*Alla hu akbar ! – La i laha il alla !* Dieu est grand ! Il n'y a pas d'autre Dieu qu'Allah ! »

Mohan Tajid ouvrit les yeux et distingua dans le demi-jour les corps endormis de sa famille : Winston et Sitara côte à côte, tandis que, collé contre lui, Ian tenait comme toujours sa petite sœur dans ses bras comme pour la protéger et la réconforter. La fillette n'avait pas encore réussi à surmonter leur fuite et à s'adapter à l'environnement inconnu de la grande ville bruyante.

Les portes des *thanadars* et des *mahallahdars* leur avaient été cette fois ouvertes grâce au nom d'un parent éloigné du mari de Mira Devi qui vivotait comme cordonnier dans la ville et grâce à la pierre gravée de symboles que leur guide avait donnée à Mohan en les quittant. Dans l'une des ruelles étroites, entre des cordonniers, des tailleurs et des potiers, ils avaient trouvé un logis plus que modeste, provisoire, comme ils l'assuraient entre eux. Mais ils avaient été gagnés par la résignation. Ils n'avaient plus l'énergie nécessaire à un nouveau départ. Trop forte avait été la désillusion que les guerriers du raja aient retrouvé leurs traces dans une contrée aussi reculée que la vallée de Kangra. Telle une souris apeurée, Sitara parcourait furtivement les ruelles afin de se procurer du riz et des légumes, ne laissait que rarement jouer les enfants dans la rue et Winston ruminait des heures durant, le regard dans le vide. Ils vivaient au jour le jour, dans l'angoisse d'être à nouveau découverts.

Mohan était inquiet : inquiet pour Sitara qui, en dépit de sa grossesse, paraissait rétrécir, inquiet pour les enfants dont les yeux perdaient leur éclat, inquiet de voir la fortune qu'il avait pu emporter du palais de Surya Mahal se réduire comme peau de chagrin. De plus, les pierres taillées qui lui restaient, soulevant la méfiance des joailliers du bazar, étaient difficilement vendables et faisaient courir le risque de dévoiler leurs traces. Il n'en avait pas encore parlé à Winston ou Sitara, dans l'espoir que Vishna lui montrerait une issue…

Sur la rive de la Yamuna soufflait une fraîche brise tandis que les coreligionnaires de Mohan Tajid s'enfonçaient en frissonnant dans les eaux bleu acier de cet affluent du Gange pour se purifier de leurs péchés. Le *pujari*, le maître de cérémonie, accroupi dans la boue, s'affairait avec un petit plat rempli de vermillon, de santal et de plâtre, repeignant sur le front des croyants le signe de leur caste après leur bain rituel. Ayant regardé vers l'est, en direction du soleil levant, il se figea, et ceux qui avaient tourné les yeux dans la même direction restèrent muets de peur.

Un fin nuage de poussière flottait sur la large route rocailleuse conduisant vers le nord et s'approchait d'eux, accompagné d'un grondement : deux mille cavaliers s'avançaient vers le ponton qui, traversant bancs de sable et bras de la rivière, reliait la rive avec la partie du fort abritant les appartements privés de Bahâdur Shâh. C'étaient les cipayes de la garnison de Meerut, hindous et musulmans, qui, la veille, avaient assassiné cinquante de leurs officiers, leurs femmes et leurs enfants, incendié leurs bungalows et venaient demander à leur souverain légitime, Bahâdur Shâh, de se ranger à leur côté pour arracher aux Britanniques leur domination sur l'Inde.

L'ironie de l'Histoire avait voulu que la révolte éclatât à Meerut où soldats britanniques et cipayes étaient à peu près en nombre égal, les premiers mieux armés et réputés pour leurs capacités militaires ! Ayant refusé de se servir des nouveaux fusils, quatre-vingt-cinq cipayes avaient été sévèrement punis. Tous les cipayes de la garnison avaient dû se mettre en rangs pour assister au spectacle de leurs quatre-vingt-cinq camarades dépouillés de leur uniforme dont ils étaient si fiers et enchaînés partant pour une longue peine de travaux forcés. C'était le 9 mai 1857, un samedi, et, le soir, quelques camarades des cipayes ainsi humiliés cherchèrent un

414

réconfort dans les bras de putains du bazar. Mais tous essuyèrent des rebuffades.

— Nous n'embrassons pas des lâches! Êtes-vous des hommes pour ainsi laisser partir vos camarades en prison? Libérez-les d'abord et revenez nous voir!

L'humiliation subie le matin même, encore brûlante en eux, s'en trouva attisée, tournant à la fureur et à la soif de vengeance. Ivres de rage, ils se ruèrent en hurlant dans les rues animées, répandant les flammes de la rébellion dans la ville et la garnison.

Ces troubles ne passèrent pas inaperçus. Mais, en raison de la grande chaleur qui avait de surcroît poussé nombre d'officiers à partir pour des stations de montagne, les autres n'y accordèrent guère d'importance, se mirent au lit et, le lendemain matin, se rendirent à l'office dans leurs légers uniformes, prirent leur déjeuner en famille et s'installèrent ensuite pour la sieste dans leurs frais bungalows.

Peu après 17 heures, un cri de guerre retentit dans les ruelles du bazar: «Avec l'aide de Dieu, tuons les chrétiens!» et ce fut la tourmente. Un grondement de sabots, des hennissements, des cloches sonnant l'alarme, le bruit métallique des épées, des coups de feu, des cris et, par-dessus le tout, les sifflements des incendies. La prison prise d'assaut, les rebelles furent libérés et reçurent des armes. Les magasins et les bungalows furent pillés, les câbles de la ligne télégraphique vers Delhi furent coupés, des officiers abattus, des femmes et des enfants massacrés et, avant que les Britanniques aient eu le temps de se ressaisir et de rassembler des forces, la troupe des émeutiers, gonflée des deux mille cipayes de la garnison, avait disparu de la ville, laissant derrière elle le chaos et la ruine.

Entre 18 et 21 heures, ces hommes, encore tremblants de colère, de soif de vengeance et effrayés de
leur audace parcoururent à cheval la distance entre
Meerut et Rethanee. Certains d'entre eux auraient
aimé rentrer chez eux, mais ils savaient qu'il n'y avait
pas de retour possible. Ils ne pouvaient faire autrement
qu'aller de l'avant, vers Delhi où il n'y avait pas de
troupes à l'intérieur des murailles, mais un gros dépôt
d'armes. Et Bahâdur Shâh, l'empereur de Delhi. Éperonnant leurs montures, ils avancèrent toute la nuit en
direction du sud, telle la flamme de la mèche courant
vers le baril de poudre. L'explosion allait mettre le feu
à la moitié de l'Inde.

38

Mohan ne savait rien de tout cela en cette matinée, pas plus que les autres habitants de Delhi, hindous, musulmans, chrétiens. Mais tandis que la ville vaquait à ses occupations matinales, une partie de la horde furieuse était parvenue jusqu'à Bahâdur Shâh, le priant de les aider et de les conduire. Pendant que, mi-flatté, mi-terrorisé devant cette évolution inattendue, le vieil homme réfléchissait à l'attitude à adopter, les autres cipayes s'étaient égaillés dans le fort, tuant les officiers et les soldats britanniques qu'ils rencontraient, puis étaient entrés dans la ville où, pleins de haine et de folie meurtrière, ils firent la chasse à tout ce qui ressemblait à un Européen.

Le directeur de la banque de la Delhi and London Bank se réfugia sur le toit avec sa famille, mais les révoltés grimpèrent sur l'immeuble voisin, plus élevé d'où ils sautèrent et massacrèrent leurs victimes. Dans les locaux de la *Delhi Gazette*, on était en train de préparer une édition spéciale sur la vague de violence s'abattant sur la ville quand la foule fit irruption, tuant journalistes et typos, jetant les journaux et les caractères d'imprimerie dans la rivière. L'église Saint-Jacques fut elle aussi prise d'assaut, les assaillants grimpant dans le clocher et décrochant les cloches qui s'abattirent à grand fracas sur le sol.

Winston portant du pain à sa bouche arrêta son geste.
— Qu'est-ce que c'est ?

Mohan, assis sur le sol en terre battue comme le reste de la famille en train de prendre le petit-déjeuner, entendit lui aussi le tumulte venant de la ruelle.

— Rien de bon, répondit-il en se levant d'un bond et, saisissant Emily qui commençait à pleurer, il ajouta : Sortons, sortons immédiatement de la ville. Allons à la rivière !

Dehors, c'était le chaos. Des gens criaient et couraient dans tous les sens et, voyant deux cipayes passer à côté d'eux, l'épée tirée, il devina qu'ils étaient en guerre et dans quel camp ils se trouvaient : famille métisse, ils n'avaient rien de bon à attendre d'aucun des deux côtés. Ils avaient de la peine à rester ensemble, en permanence menacés d'être séparés par une vache leur barrant le chemin ou par des mouvements de foule, de tomber sous les roues d'une voiture ou les sabots d'un cheval.

Les premiers pillards se ruaient déjà sur les étalages, tabassaient les malheureux commerçants, incendiaient les maisons. Ils réussirent à se frayer un chemin dans les ruelles sinueuses de leur quartier. Au bout de plusieurs heures, le soleil était déjà au zénith quand ils parvinrent dans une grande rue où les masses humaines étaient un peu moins serrées. Des salves de coups de feu arrivèrent à leurs oreilles, venant de la direction du fort et, plus d'une fois, ils virent du coin de l'œil des cipayes sortant des maisons des Anglais, brandissant des sabres couverts de sang.

Mohan remercia le ciel qu'on ne reconnût pas du premier coup d'œil que Winston, coiffé de son turban et le visage sale, était un *Angrezi*. Emily, dans ses bras, commençait à se faire lourde, tandis que Winston et Ian soutenaient Sitara qui haletait sous l'effet de la chaleur et du poids de son enfant. Ils avançaient tout droit, voyant déjà le mur du cimetière chrétien. Le chemin n'allait pas tarder à bifurquer, ils pourraient bientôt s'éloigner en direction du nord, en suivant le cours de la Yamuna.

Un homme, alors, leur barra le passage, les bras écartés, tenant dans une main un sabre. Winston s'immobilisa le premier, la terreur se lisant sur son visage, les stoppant tous du même coup. L'homme était maigre et bossu, une de ses jambes était tordue, plus courte que l'autre, il était borgne. Mohan voulut pousser tout le monde vers l'avant, mais se figea, son cerveau fonctionnant fébrilement. Où avait-il déjà vu cet homme ?

— Bábú Sa'id, murmura-t-il enfin, terrifié.

L'ancien cipaye de Winston eut un large sourire de joie mauvaise.

— Heureux que vous m'ayez reconnu, prince Mohan. Comme vous voyez, je suis ressuscité. Les médecins du raja m'ont rafistolé après chaque séance de torture pour me faire avouer où vous vous étiez réfugiés. Je l'ignorais, hélas, sinon je vous aurais trahis avec plaisir, comme vous, vous m'avez trahi, en m'abandonnant dans le désert. Mais j'étais sûr que vous iriez un jour ou l'autre à Delhi. Où peut-on mieux se cacher que dans une ville qui grouille de monde ? Et quel heureux hasard que je vous aie retrouvés, dit-il en montrant le chaos autour d'eux. Je vais donc pouvoir arrêter de vous chercher. Je n'aurai même pas à vous livrer au raja, je vais tout simplement vous faire moi-même disparaître.

— Bábú Sa'id, répondit Mohan en se demandant comment se sortir du guêpier sans mettre Sitara en danger, mais le cipaye, sans l'écouter, considérant Ian, dit, plus pour lui-même que pour Winston :

— Ton fils, n'est-ce pas ? Joli garçon, ma foi. Tu en es fier ?

Plus vite qu'on n'aurait pu l'attendre d'un estropié, il fit un pas en avant, saisit Ian et lui mit la lame de son arme sur la gorge.

— Qu'en dites-vous ? Je commence par lui ?

Mohan comprit qu'il n'avait d'autre issue que de gagner un peu de temps. Il mit lentement Emily à terre qui s'agrippa à sa mère. Mohan, d'une bourrade, poussa sa sœur et la fillette vers le milieu du chemin où, terrorisées, elles s'immobilisèrent.

— Bábú Sa'id, reprit Mohan, cherchant comment libérer Ian de la prise du cipaye, ce garçon est totalement innocent de ce qui s'est passé jadis. Laisse-le aller, s'il te plaît…

Il était 15 h 30. Depuis le petit matin, le lieutenant George Willoughby s'était retranché avec huit de ses hommes dans la poudrière, derrière le cimetière. Ils savaient que tôt ou tard les émeutiers viendraient s'emparer des munitions et qu'ils n'étaient pas en mesure de s'y opposer. Il fallait, dussent-ils y laisser leur vie, empêcher les cipayes de le faire. Ils avaient pris les dispositions nécessaires pour tout faire sauter et attendaient que les troupes de la garnison, à quelques miles de la ville, viennent les délivrer…

Ils entendirent un bruit métallique surmonter les hurlements de la populace dans la ville proche et aperçurent alors des cipayes, munis d'échelles en fer, franchir les murs du dépôt. Après un bref échange de coups de feu, leur situation fut vite désespérée. Willoughby donna le signal convenu : son adjoint Buckley alluma la mèche et la flamme courut, disparaissant dans les entrailles de l'arsenal.

La terre trembla jusqu'à Amballa, à cent dix miles de là. Mohan fut projeté à terre, frappé à la tête par un objet dur. Il put encore agripper Winston et l'entraîner avec lui avant de perdre connaissance. Il y eut, pendant quelques secondes, un silence de mort, puis, tel un raz-de-marée, un murmure émis par des dizaines de milliers de voix vint de la ville, se transformant vite en des hurlements poussés par une foule qui, prise de panique, cherchait son salut dans la fuite.

Mohan revint à lui, bougeant prudemment ses membres endoloris. Il parvint à s'agenouiller. La tête lui tournait, il ne voyait que confusément ce qui l'entourait. Il toussa, éternua. Quelque chose bougea à côté de lui. C'était Winston. Il gémissait. Mohan se souvint alors : il regarda autour de lui, se déplaça à tâtons au travers des décombres, de la poussière, des flaques de sang, des bouts de métal tordus, des uniformes déchiquetés. Son regard tomba sur un morceau de mince tissu rouge à la dentelle verte méconnaissable, trempé de sang. Il tendit la main, semblant le reconnaître, quand il aperçut deux corps sans vie, ayant perdu forme humaine. Emily et Sitara. Il vomit, faillit s'évanouir, perdre la raison, tant la douleur qui le traversa était vive. Tremblant, il continua à ramper, à la recherche d'Ian. Il le trouva sous le cadavre de Bábú Sa'id qu'il poussa de côté, tira à lui le garçonnet dont le bras gauche était ouvert de l'épaule au coude et qui saignait abondamment d'une blessure au visage. Mais il vivait, respirant faiblement. Berçant dans ses bras son neveu évanoui, Mohan se mit à pleurer, pleurant sa sœur, la fillette, maudissant Shiva et Vishnou qui ne les avaient pas protégées.

Une ombre tomba sur lui. Levant les yeux, il vit Winston devant lui, regardant, figé, muet, les cadavres de sa femme enceinte et de sa petite fille.

— Il faut quitter la ville, réussit à dire Mohan, mais Winston ne parut pas l'entendre. Winston…, tenta Mohan à nouveau.

L'air absent, Winston alla pêcher sous sa chemise déchirée le médaillon que Sitara lui avait fait confectionner un jour au village, en argent, avec les portraits en miniature d'elle et des enfants et qu'il portait depuis à son cou. Il le serra de toutes ses forces, puis, se détournant sans un regard pour Mohan ou son fils, il repartit en direction de la ville.

— Winston, dit Mohan, seul mot que ses lèvres et sa langue réussirent à émettre, alors qu'en lui-même il hurlait : Ton fils est vivant, Winston, il a besoin de toi ! Reste avec nous ! Pense à ton fils…

Il se contenta de hurler le nom de son ami jusqu'au moment où la voix lui manqua et où il ne put que voir Winston disparaître dans le flot des gens fuyant la ville à sa rencontre. Il serra les dents et se releva. Titubant, il hissa Ian sur ses épaules et se mêla à la marée humaine qui déferlait en direction de la rive de la rivière. Là, il tomba sur un cheval de cavalerie qui, ayant perdu son cavalier, affolé, se cabrait parmi les roseaux. Il parvint à le calmer assez pour installer Ian sur son dos et monter lui-même en selle. Talonnant les flancs de l'animal, il prit la direction du sud, contournant la ville, à contresens du flot des fuyards, ne voulant pas courir le risque de rencontrer les troupes venant à coup sûr de la garnison au nord. On le prendrait certainement pour un émeutier et on ne perdrait pas de temps à l'interroger avec des égards.

Mais où aller ? Il ignorait dans quelles proportions l'émeute s'était déjà répandue dans le pays et c'est au milieu de la nuit seulement qu'il constata qu'il avançait en direction du sud-ouest, en direction du Rajputana. Il n'eut ni la force ni le temps de faire un projet ou de réfléchir : il poursuivit sa route, se fiant à sa boussole intérieure qui, imperturbable, le guidait vers Surya Mahal.

39

Aucun des voyages que Mohan avait jamais entrepris, aucun de ceux qu'il entreprendrait plus tard ne
fut un pareil exercice de funambule, entre vie et mort,
que durant ces quelques semaines, cette fuite loin de
l'enfer de Delhi. Une étincelle de lucidité lui décon-
seillait de se lancer dans une aventure démente :
couvrir une distance pareille, sous une chaleur torride, avec un garçon aussi grièvement blessé, sans
armes, sans vivres, sans eau potable, à travers une
Inde centrale qui, en cette saison, était un véritable
désert desséché ; sans parler du sort que leur réser-
verait Surya Mahal, son père le raja, s'ils atteignaient
vivants Surya Mahal. Sa raison l'incitait donc à chercher refuge dans une ville, un village ou une ferme,
au moins le temps que, les blessures d'Ian sommairement pansées, ils aient pu se procurer l'indispensable. Mais il ne possédait rien qu'il eût pu donner en
échange : le dernier reste de sa fortune, argent liquide
ou bijoux non sertis, avait fondu à Delhi. Son instinct
lui disait également que la majeure partie du pays
devait être en effervescence ou ne tarderait pas à
l'être et que le raja ne ferait pas de mal à son petit-fils
sans défense. Il décida finalement de mourir d'épuisement quelque part dans le désert du Rajputana plutôt

que de se retrouver pris entre deux feux sans pouvoir se défendre.

Il traversa donc jour et nuit, à cheval, les étendues désertes et desséchées entourant Delhi et les steppes poussiéreuses et mortes du Rajputana, évitant toutes les agglomérations humaines, même si cela représentait des détours de plusieurs miles. La journée, un soleil d'un blanc aveuglant flamboyait dans un ciel qui semblait bouillir et se contracter autour de lui. Les vibrations lumineuses de l'air surchauffé lui firent croire plus d'une fois qu'il était sorti du chemin et se dirigeait vers l'une des côtes maritimes dont Winston lui avait parlé, avant de se retrouver, l'instant suivant, dans du sable. La nuit, la chaleur montant de la terre friable, crevassée et poussiéreuse ne permettait guère à l'air de se rafraîchir, semblant attirer si bas vers elle le ciel que Mohan croyait que son crâne allait toucher les étoiles. Les trous d'eau étaient rares. Quand ils en rencontraient un, il descendait de cheval, puisait dans le creux de sa main le précieux liquide qu'il versait dans la bouche entrouverte du garçon avant de se désaltérer lui-même. Il mâchait des plantes et des feuilles sèches, des baies ratatinées jusqu'à les transformer en une bouillie que, comme il aurait agi avec un poussin, il faisait ingurgiter à Ian, déclenchant chez celui-ci un réflexe de déglutition, tandis que leur cheval s'attaquait désespérément à des herbes et des branches sèches. À deux reprises un nuage de poussière déploya ses ailes et se rua sur eux, les engloutissant. La première fois, ce fut un groupe de rochers, la seconde les fondations d'une *chattri* qui leur offrirent un abri contre ces tempêtes de sable mortelles qui, sans prévenir, balayaient la steppe, pénétrant dans les yeux, dans la bouche et le nez, griffaient et étouffaient. Maintes caravanes de chameaux, englouties, n'avaient jamais été retrouvées. Parfois, sortant de son état d'inconscience, Ian le regardait longuement de ses yeux brillant de fièvre, sans une larme, sans une plainte, avant de s'évanouir à nouveau. Le sang séché de ses plaies dessinait des fronces autour de la chair à vif et Mohan finit par ne plus avoir la force de chasser les essaims de mouches qui souillaient les blessures. Au-dessus d'eux, les vautours tournoyaient et, la nuit, ils étaient encerclés par les hyènes aux yeux luisants qui s'aventuraient jusqu'à quelques pas de leur monture épuisée.

Au début, Mohan s'était révolté contre Vishnou, avait protesté auprès de Krishna, réclamant réponses et aide, mais, les dieux restant muets et semblant s'être détournés d'eux, il avait gardé le silence, continuant sa chevauchée sourde et aveugle, la tête et le cœur vides et secs, dénués de douleur et de tristesse.

Pendant ce temps, le lieutenant Willoughby et ceux de ses hommes qui avaient survécu par miracle à l'explosion de leur dépôt d'armes s'étaient échappés de la ville, en compagnie d'autres officiers et d'autres civils, de leurs femmes et de leurs enfants, qui en voiture, qui à cheval, qui à pied. Ils fuyaient une ville où ceux qui étaient restés pris au piège jouaient avec les émeutiers une macabre partie de cache-cache, personne ne sachant lequel de leurs anciens domestiques était resté ami, lequel devenu un ennemi, qui vous cacherait dans l'armoire à linge ou dans l'écurie ou qui, dans un accès de haine longtemps refoulée, brandirait un couteau de cuisine. Beaucoup échappèrent de justesse à la populace. Une cinquantaine de Britanniques, d'Indiens convertis ou d'Eurasiens, furent rassemblés dans la ville, enfermés au Fort Rouge et massacrés dans une cour intérieure sous les yeux de Bahâdur Shâh et de sa famille.

À Simla, une ville située à cent soixante miles au nord de Delhi, au milieu de rhododendrons aux fleurs écarlates, un télégramme parvint, le 12 mai, au général George Anson lors d'une soirée mondaine. Mécontent d'être ainsi dérangé durant sa villégiature d'été, il poussa le petit papier bleu sous son assiette sans y prêter plus d'attention, continuant à converser avec ses invités et à savourer le très long repas. Il fallut que les dames se fussent retirées, que le porto eût été servi et les cigares allumés pour qu'il ouvrît enfin le télégramme avec une remarque plaisante. Il pâlit.

La défense de l'Inde était dirigée contre des attaques venues de l'extérieur de ses frontières. Les munitions et l'artillerie étaient dans le nord-ouest, à des centaines de miles de là. Dans le Pendjab, le «pays des cinq rivières», dix mille soldats britanniques assuraient depuis huit ans la défense des huit cents miles de frontière avec les belliqueux Afghans. Depuis la fin de la guerre anglo-sikhe de 1846, il était interdit aux commandants de l'armée, pour des raisons de coût, d'entretenir un parc de moyens de transport. Il fallait, en cas de besoin, réquisitionner des bœufs, des éléphants pour tirer les canons, des chameaux, mais aussi recruter des palefreniers et des porteurs d'eau indigènes.

Quand, deux jours plus tard, le général Anson partit pour Delhi, il était évident qu'il faudrait seize ou vingt jours supplémentaires avant de pouvoir rassembler autour des murs de la ville occupée une force militaire suffisante. Il n'y avait ni pansements ni médicaments, ni voitures, ni brancards pour les blessés, pas assez de munitions ; les tentes n'étaient pas prêtes et il n'y avait pas de troupes anglaises dans les villes d'une certaine importance dans un rayon de plusieurs centaines de miles. Les seules pièces d'artillerie dont l'armée disposait pour donner l'assaut aux murs de la ville, épais de douze pieds à certains endroits, étaient des canons de six ou de neuf dont les projectiles pouvaient à la rigueur percer des murailles d'argile de quatre pieds d'épaisseur, tandis que les rebelles, maîtres de Delhi, étaient à la tête du plus grand arsenal du pays, avec des centaines de lourdes pièces d'artillerie, des dizaines de milliers d'équipements militaires complets, de millions de cartouches. Or, on avait coutume de dire que celui qui tenait la vallée du Gange tenait l'Inde tout entière. Anson lui-même n'avait pas la moindre idée de la manière dont il devrait s'y prendre pour exécuter les ordres du gouverneur général lord Canning, à mille miles de là, à Calcutta, qui lui demandait, avec seulement deux mille neuf cents hommes, d'assurer la sécurité de Kampur, à deux cent soixante-six miles plus au sud-est, et de donner l'assaut à Delhi.

À la lenteur avec laquelle s'ébranla la bureaucratie militaire britannique répondit la vitesse avec laquelle, de bouche à bouche, se répandit la nouvelle de l'insurrection. Alors que le bal donné en l'honneur de l'anniversaire de la reine Victoria se déroulait le 25 mai comme à l'ordinaire et que lady Canning s'adonnait à ses sorties du soir en voiture à travers la ville, des familles entières fuyaient Calcutta en traversant le Hooghly boueux sur des vapeurs surchargés, des civils armés jusqu'aux dents veillaient sur le sommeil inquiet de leurs femmes et de leurs enfants. La chaleur, les fièvres et le choléra ouvrirent un second front, dont le général Anson fut l'une des premières victimes alors même qu'il marchait sur Delhi, fin mai.

Tel un gigantesque tremblement de terre, la révolte creusa un fossé à l'intérieur du pays. De nombreux Indiens se rangèrent avec enthousiasme du côté des rebelles, d'autres, notamment les Sikhs et les Gurkhas, traditionnels peuples guerriers, plaçant les avantages qu'ils avaient tirés de la domination britannique au-dessus de leur fierté nationale, prirent fait et cause pour les Anglais. Certains maharajas choisirent de soutenir les Britanniques en espérant que cela leur vaudrait des avantages, d'autres crurent l'heure venue de la vengeance et du recouvrement de leur ancien pouvoir. Pourtant, la majorité des millions d'Indiens, qu'ils fussent hindous ou musulmans, paysans ou artisans, préférèrent, spectateurs passifs, attendre de voir de quel côté le pendule pencherait.

Mohan Tajid, lui, menait son propre combat contre la chaleur, la faim et la soif, puis finalement contre le temps qui s'écoulait inexorablement, le privant de ses dernières forces vitales, mais surtout Ian des siennes. Quand leur cheval, épuisé, s'abattit sous eux, il prit le garçon sur son épaule et continua d'avancer en titubant sous la chaleur ardente qui brûlait et réduisait en poussière les plaines du Rajputana. Il avait les lèvres boursouflées, ses cordes vocales avaient durci jusqu'à n'être plus que du cuir tanné si bien qu'il remit sa vie et celle d'Ian entre les mains de Vishnou en une prière muette. Le sable surchauffé brûlait ses plantes de pied nues, l'air, autour de lui, flamboyait et vibrait, taraudait ses yeux enflammés et gonflés. Une vague géante s'avança vers lui, s'arrêta soudain, hésitante, puis prit la forme d'un palais aux toits et aux murs qui semblaient balancer et vouloir se dissoudre. Mais ils résistaient, leurs contours s'aiguisaient dans les vibrations de l'air ardent, semblant se rapprocher heure après heure. Opiniâtre, Mohan continuait d'avancer, vacillant sous son fardeau, et, sous son crâne douloureux, résonnaient les appels inaudibles par lesquels il demandait de s'ouvrir aux portes et aux volets fermés. Il se traînait en haletant, gardant la massive porte du nord dans son champ de vision, parfois si proche qu'il avait envie de la toucher de la main, puis à nouveau lointaine, inatteignable. Quand ses genoux cédèrent et qu'il s'écroula sur le sol durci par le soleil, habité de la certitude joyeuse que c'était Vishnou en personne qui avait envoyé son aigle Garuda pour les sauver, ses lèvres crevassées dessinèrent un sourire avant que la nuit de l'inconscience ne s'abattît sur lui.

40

Indécis, le pendule décrivait des cercles au-dessus de l'Inde, parfois d'un côté, parfois de l'autre, des boucles et des ellipses, s'arrêtait un bref instant lorsque des officiers aussi réfléchis que courageux réussissaient à désarmer leurs soldats indiens ou à s'assurer leur fidélité, ce qui fut le cas à Lahore, Agra ou Calcutta. C'est pourquoi le calme continua à régner dans une large mesure dans le Pendjab et le Bengale. Mais, semblable à un feu de brousse qui, non totalement éteint, continue de couver sous les cendres, le pire était loin d'être atteint comme des esprits irréfléchis l'avaient inconsidérément proclamé. La proclamation rédigée par lord Canning et publiée dans tout le pays selon laquelle le gouvernement ne se mêlerait en aucune façon de la religion ou des coutumes de ses sujets resta lettre morte et des foyers d'incendie éclatèrent dans le Rohilkhand et l'Oudh, le long de la vallée du Gange et en divers points à l'intérieur même du Rajputana, jusqu'au moment où une guerre éclata au cœur du sous-continent qui ravagea une surface équivalant au quart de la superficie de l'Europe. Les Indiens se révoltèrent contre leurs colonisateurs à Mathura, Bharatpur, Gwalior, Jhansi, Allahabad, Saharanpur, Bénarès, Lucknow, Jodhpur. Et Bahâdur

Shâh, proclamé dernier empereur moghol de l'Inde, conscient de cet effet de la Providence heureux pour lui, écrivait cependant des poèmes :

> *Na Iran, ne kiya, ne Shah russe ne –*
> *Angrez ko tabah kiya Kartoosh ne.*

Ils conquirent la Perse et renversèrent le tsar de Russie –
et les Anglais eux-mêmes tombèrent victimes d'une seule cartouche.

À Bareli, une balle tirée par son propre cipaye brisa la colonne vertébrale d'un brigadier qui mit longtemps à mourir, tordu de douleur, au son des cloches dominicales, son sang abreuvant la paille et le crottin de l'écurie des chameaux. Les émeutiers tirèrent par les pieds dans les rues de Delhi un artisan hindou converti au christianisme ; il fut mis en pièces, foulé aux pieds, couvert de crachats et de quolibets avant d'être décapité d'un coup d'épée. Des hommes enturbannés envahirent, telle une bande de chiens enragés, une église pendant la prière, hachèrent menu des hommes, des femmes et des enfants. Une fillette de cinq ans qui survécut par miracle au massacre passerait le reste de sa vie à se réveiller de ses cauchemars en hurlant. Un juge de Fatehpur attendit, une bible à la main, l'assaut des rebelles. Conscient de ses devoirs, il avait fait partir pour Allahabad, en aval sur la rivière, les autres Européens de sa ville, s'imposant la mission de résister avec courage. Quand la foule déferla jusque devant la maison dans laquelle il s'était barricadé, il parvint à abattre seize des assaillants avant de succomber. Ses assassins pillèrent sa maison, sans se soucier d'une colonnade que le juge avait décorée de ses mains d'un extrait des Dix Commandements, en anglais et en hindoustani : *Tu ne voleras pas, tu ne tueras pas*. Mais, pour l'heure, le seul commandement était : *Œil pour œil, dent pour dent.*

Le pendule de la guerre soudain, violemment, avait cessé d'osciller. La guerre était là. Jour après jour, les récits et rapports rivalisaient de détails plus atroces les uns que les autres qui mettaient en ébullition les esprits dans les deux camps. Les soldats se muèrent en anges vengeurs, fiers de leurs actes qu'ils justifiaient par les horreurs de Meerut et de Delhi et par les crimes qui furent perpétrés les semaines et les mois suivants.

Onze hommes suspectés d'avoir assassiné un médecin et sa famille après avoir violé sa femme furent enduits de saindoux, chacun d'eux se voyant enfoncer dans la gorge un morceau de viande de porc, avant d'être pendus. Les rues, en ces temps terribles, étaient bordées d'arbres où se balançaient, la corde au cou, des Indiens accusés, à tort ou à raison, d'avoir été des rebelles. Les cipayes révoltés d'un régiment furent désarmés, rassemblés dans la cour d'une caserne et déchiquetés à coups de canon. Les suspects, bien souvent le premier Indien qu'on capturait au hasard, étaient pendus, brûlés, fusillés, massacrés. Leurs villages étaient pillés, leurs femmes violées. Les Indiens, en retour, se vengeaient de ces atrocités en massacrant hommes, femmes et enfants.

Longtemps, Mohan fut entre la vie et la mort, se mouvant dans un monde d'ombres : petit garçon, il parcourait bruyamment les couloirs et les cours des palais, avec Sitara qui, empêtrée dans les pans de son *sari*, avait peine à le suivre et lui criait de l'attendre. Mais, quand il se retournait en riant, l'onde de choc de l'explosion le frappait de plein fouet et la dernière chose qu'il voyait en s'écroulant était le visage étonné de Sitara, se superposant à celui d'Emily dont les yeux reflétaient l'angoisse mortelle. Il se revoyait dans les rues de Delhi où régnaient un silence et un vide pesants. Le sol cédait sous lui et, quand il baissait les yeux, il voyait le pavé couvert de corps sans vie. Malgré tous ses efforts pour éviter de marcher sur un des morts, il n'y parvenait pas. Ils étaient trop nombreux. Il examinait les visages au-dessous de lui, crispés dans l'agonie, cherchant sa famille, mais il ne voyait que des visages inconnus. Il trébuchait, tombait, ne parvenait plus à se remettre debout, avançait en rampant, les dents serrées. Des faisceaux de rayons lumineux se dressaient devant lui, pareils à des doigts et il savait qu'il lui fallait aller jusque-là, arriver au bout de la route, et, quand il crut ne pouvoir aller plus loin parce que le soleil était trop cruel pour ses yeux, celui-ci monta dans le ciel, libérant la vue sur une verte vallée parcourue par une douce brise, rafraîchissante sur sa peau brûlée.

— Mohan, entendit-il chuchoter une voix douce semblant venir de loin et, quand il leva les yeux, il vit, debout devant lui, Winston, un bras autour de la taille de Sitara, l'autre main sur l'épaule d'Ian, tandis qu'Emily sautait à sa rencontre avec un sourire heureux.

Il émit un soupir de soulagement et se traîna au-devant de sa famille mais le sol s'ouvrit sous lui, et il tomba, si profondément qu'il ne vit plus rien. Il écarquilla les yeux, mais sa vue était brouillée ; il levait une main qui lui parut pesante et cotonneuse pour frotter ses yeux larmoyants et brûlants quand quelqu'un le retint par le poignet.

— Non, dit sévèrement une voix d'homme en hindoustani teinté de rajahstani, sinon l'onguent n'agira pas.

Mohan contracta ses cordes vocales mais ne parvint pas à émettre le moindre son. Se raclant la gorge, il sursauta sous l'effet de la douleur. Il fit une nouvelle tentative, une autre encore et finit par croasser :

— Le garçon ?

— Il s'en sortira. Les dieux vous ont été plus que bienveillants.

Mohan tenta de se relever, de rejoindre Ian, mais une main le rejeta avec rudesse contre les coussins.

— Restez allongé, vous n'êtes pas encore tiré d'affaire.

— Le raja – rien faire – au garçon – son petit-fils, réussit à articuler Mohan, chaque mot étant comme une pierre à arêtes vives lui écorchant la gorge.

— Calmez-vous, Altesse, dit la voix mi-apaisante, mi-impérieuse. Vous êtes en sécurité – tous les deux.

Mohan parvint encore à acquiescer, puis il sombra à nouveau dans le noir de l'inconscience, l'empire des ombres où, rencontrant Krishna, il voulut savoir pourquoi Sitara et Emily avaient dû mourir, mais le dieu le regarda sans rien dire, se détourna et partit sans se retourner une seule fois, Mohan, incapable de bouger, criant dans sa direction, pleurant, implorant et jurant. Mais les dieux restèrent muets, Krishna comme Vishnou et Shiva. Mohan Tajid dut reprendre sa marche dans le désert, le soleil était à nouveau si brûlant que les buissons d'aubépine flambaient au-dessus des rochers. Un fort bruissement l'obligea à lever les yeux, un aigle, de son aile, le toucha, le fit tomber à terre. Puis il se retrouva sur le dos de l'oiseau, Ian dormant à côté de lui. L'aigle décolla de terre et s'envola à des hauteurs vertigineuses. Un vent se leva qui assécha les larmes de Mohan, lui ferma les paupières avec douceur. Il s'endormit.

Il clignota des yeux. Un bruissement lointain, régulier, qu'il ne put identifier, parvint jusqu'à lui, puis son visage se contracta en un sourire involontaire. Il pleuvait… Il leva brusquement la tête mais la laissa retomber avec un gémissement, la douleur étant trop violente. La mousson… Il devait s'être écoulé un grand nombre de semaines depuis leur fuite de Delhi ! Tournant la tête, il essaya de distinguer quelque chose, mais en vain. Il cligna une nouvelle fois des yeux et sa vue s'éclaircit peu à peu, les contours d'une petite table émergèrent d'ombres pâles, une table couverte de flacons, de coupelles en terre. Un homme âgé à la barbe blanche apparut dans son champ de vision, s'estompant et disparaissant, puis réapparaissant. L'homme, du pouce et de l'index, écarta les paupières inférieures et supérieures de Mohan afin de scruter les prunelles de son patient, puis sembla lui prendre le pouls.

— Amjad Das, souffla Mohan, aussi stupéfait que le nom lui fût revenu après tant d'années que surpris de ne presque plus avoir mal en parlant.

La peau fripée autour des yeux du vieux médecin se rida plus encore pour un sourire.

— Lui-même, Votre Altesse. J'en conclus que votre mémoire n'a elle non plus pas trop souffert.

— Le garçon…

— Dort, Vishnou soit loué. Il sera marqué de vilaines cicatrices mais va recouvrer la santé.

Le médecin hésita une fraction de seconde, comme s'apprêtant à ajouter quelque chose, mais, préférant se taire, il se mit à s'affairer, avec gravité, sur la table aux médicaments.

Mohan se redressa et écarta le mince drap.

— Halte! le réprimanda Amjad Das. Vous ne pouvez encore vous lever!

Mohan fut presque tenté de lui donner raison tant son corps était douloureux et tant chacun de ses muscles, de ses os et de ses tendons était ramolli.

— Je dois aller aux toilettes, dit-il entre ses dents serrées, se mit en position assise et passa les jambes par-dessus le rebord du lit.

Furieux, le médecin donna sur la table un coup de coupelle.

— Avec tout le respect que je vous dois, Votre Altesse, vous, les Chands êtes tous faits du même bois!

— Après toutes ces années au service de la famille, vous ne pouviez attendre de moi autre chose, sourit Mohan.

— Effectivement, renâcla Amjad Das. Mais restez donc où vous êtes! Je vais envoyer quelqu'un s'occuper de vous…

Mohan eut l'impression qu'il fallut des heures pour le baigner, le raser et l'habiller, tandis que des étincelles ne cessaient de danser devant ses yeux, ses jambes menaçant en permanence de fléchir sous lui. Mais, au moment de quitter la chambre, il refusa toute aide. Un bras encore bandé, il avança prudemment en tâtonnant le long des murs. Ce fut pour lui un sentiment étrange que de parcourir en claudiquant le corridor où il avait grandi et qu'il n'avait pas revu depuis si longtemps, familier et étranger à la fois.

Il ouvrit la porte sans bruit et se poussa dans la fraîcheur et la demi-obscurité de la pièce. On entendait la pluie de la mousson derrière la fenêtre, au loin le tonnerre gronder. Un courant d'air gonflait les rideaux légers, mêlant le parfum rafraîchissant de la terre trempée aux odeurs d'herbes et d'onguents de la pièce. Ian dormait paisiblement, la tête bandée ainsi que la moitié du visage et le bras jusqu'au-dessus de l'épaule. Ensuite seulement Mohan remarqua l'homme assis sur une chaise à côté du lit et regardant le garçon. Il lui fallut une seconde ou deux pour reconnaître son père, le raja.

Il avait vieilli, ses cheveux sous le turban et la barbe étaient aussi blancs que sa veste brodée. Il avait pris de l'embonpoint en même temps que, étrangement, il semblait s'être ratatiné. Mohan crut que son père ne l'avait pas entendu et allait se retirer quand le raja dit à voix basse :

— Il me fait penser à elle.

Les larmes montèrent aux yeux de Mohan. La douleur d'avoir perdu Sitara fut comme un coup de poing. Il voulut répondre, mais la tristesse et la colère l'étouffèrent. Le vieux Chand leva la tête et, pour la première fois depuis tant d'années, les deux hommes, le père et le fils, croisèrent le regard.

— Raconte-moi ce qui s'est passé.

Ils avancèrent côte à côte en silence, Mohan, traînant les pieds, vacillant, mais regagnant des forces à chaque enjambée, le raja à pas lourds, sa canne au pommeau d'argent ciselé frappant le carrelage. Ils s'assirent, dans une pièce somptueusement aménagée, sur des fauteuils au style occidental et, quand les serveuses leur eurent servi des rafraîchissements puis eurent allumé des lampes et se furent retirées, Mohan commença son récit, sobre et objectif. Le raja l'écouta sans l'interrompre une seule fois, sans le regarder.

Quand il eut fini, Mohan but un verre de thé, le raja, toujours silencieux, considérait un point quelque part au centre d'un triangle entre le tapis, la pointe de sa canne et ses pantoufles brodées. Il s'éclaircit enfin la voix et prit la parole.

— La Rani ne m'a jamais pardonné de vous avoir pourchassés toutes ces années. Elle ne l'a jamais exprimé, elle était pour cela une épouse trop obéissante. Mais elle me l'a laissé sentir, tous les jours, jusque sur son lit de mort.

Mohan regarda sombrement devant lui. Kamala, sa mère, ne vivait donc plus elle non plus… Il fut effrayé d'être aussi peu ému : il avait épuisé toute la tristesse, toute la douleur dont il était capable. Un long temps de silence s'installa durant lequel le raja, du bout de sa canne, suivit le dessin des motifs et des volutes du tapis.

— J'ai toujours vécu et agi, finit-il par dire tout bas d'une voix rauque, en fonction de ce que la foi m'a dicté et de ce que les lois des ancêtres prescrivent.

— Je sais, répondit Mohan.

Il connaissait son père et savait que ses propos étaient une tentative de justification, une demande de pardon, même si le raja était trop fier pour le formuler ainsi. Le vieux Chand opina de la tête d'un air pensif avant de regarder son fils.

— Resterez-vous ?

— Nous ne savons où aller, dit Mohan avec effort, tirant sur le bandage de son bras.

Son père opina à nouveau et se leva.

— Il est toujours bon de revenir aux sources ancestrales.

Il s'apprêta à quitter la pièce et Mohan eut le cœur lourd en le voyant si fatigué, comme brisé en dépit de ses efforts pour se tenir droit. Se dirigeant vers la porte, le raja se retourna.

— Comment s'appelle ce garçon ?

Après une brève hésitation, Mohan décida de donner à Ian son nom indien :

— Rajiv.

— Un beau nom pour un guerrier.

La porte se referma derrière le raja. Mohan s'enfonça avec fatigue dans son fauteuil. Tous son corps était douloureux, il était au bord de l'épuisement. Il se demanda s'il avait été judicieux d'amener Ian ici. Mais il n'avait pas eu le choix, il le savait.

41

Les Britanniques étant contraints de combattre durant de longs mois pour conserver l'Inde à la Couronne, des troupes affluèrent d'autres parties de l'Empire : des soldats stationnés en Birmanie, des highlanders venus de Perse, de Chine et de l'île Maurice avec leurs kilts et leurs barbes rouges, des régiments de Malte et d'Afrique du Sud à l'automne et, finalement, un régiment de hussards qui embarqua à Southampton et arriva à Bombay en novembre. En septembre, Delhi tomba au terme d'un siège de deux mois. Les Anglais fêtèrent cette victoire en pillant, assassinant et exécutant.

La stratégie de Dheeraj Chand ayant consisté à échapper aux tentacules de l'Empire britannique en profitant de l'isolement de sa principauté s'était révélée payante. Les vagues de la guerre déferlèrent certes jusqu'à Jaipur, mais le calme continua à régner dans les steppes et les déserts du Rajputana. Surya Mahal, notamment, fut l'un des rares îlots de paix épargnés par le séisme dont l'épicentre avait été la vallée du Gange et qui s'était propagé jusqu'aux frontières de l'immense pays.

Ce fut également en septembre qu'Ian réintégra définitivement le royaume des vivants. Les médecins personnels du raja, Amjad Das en tout premier lieu, avaient effectué un excellent travail : son bras et son épaule bien qu'affaiblis par des semaines d'immobilité étaient guéris et le garçon pourrait s'en servir tout aussi bien que du bras valide. Il garderait néanmoins à vie les cicatrices, de même que celles de la joue.

C'est comme si Brahma m'avait offert une deuxième fois mon neveu, se dit Mohan le jour où, entrant dans la chambre du malade, il fut accueilli par le regard clair et vif de celui-ci.

— Où sommes-nous ? lui demanda Ian en guise de bonjour.

— Dans le palais de Surya Mahal, répondit Mohan en prenant une chaise et en s'asseyant au bord du lit. Au cœur du Rajputana. C'est là que nous... que je suis né et que j'ai grandi.

— Où est ma mère ? demanda Ian sans préambule, comme s'il devinait la vérité.

Mohan avait redouté cet instant durant chacune de ses longues heures de veille auprès de la couche du garçon. Il sentit les yeux de celui-ci se vriller en lui. Il baissa les yeux.

— Elle est morte, dit-il tout bas. Ta sœur aussi.

En relevant la tête, il vit qu'Ian avait le regard fixe. Il n'y avait plus rien de l'enfant en lui, ses yeux brillaient de la dureté de l'onyx.

— Comment sont-elles mortes ?

— Il... il y a eu une explosion quand nous avons tenté de nous enfuir de la ville. Je ne sais rien de plus précis.

— Je... je me souviens de l'explosion, murmura le jeune garçon, sa main droite bandée passant sur sa gorge d'un geste réflexe, comme s'il sentait encore la pression de la lame de Bábú Sa'id. Et je me souviens aussi du désert, de la chaleur.

Il resta plongé dans ses pensées un moment puis fixa à nouveau Mohan.

— Et mon père ?

Mohan tiqua et garda le silence. Comment expliquer ce que lui-même ne comprenait pas, ne savait pas ? Il décrivit les dernières minutes de leur fuite avec autant de détails qu'il le put.

— Réussira-t-il à nous retrouver ici ? demanda Ian l'air plus implorant qu'interrogateur, ajoutant avec la vulnérabilité et le désarroi de l'enfant qu'il redevint soudain : Il va nous rechercher, n'est-ce pas ? Il reviendra, hein ?

— À coup sûr, répondit Mohan le cœur lourd. Dès que la guerre sera finie.

Mais il en doutait fort. Pire encore : il vit qu'Ian en doutait aussi.

Amjad Das leur avait prescrit de bouger afin de redonner de la force à leurs muscles atrophiés. Aussi Mohan et Ian se promenaient-ils quotidiennement, une heure de plus chaque jour, à l'intérieur du palais, le long des interminables couloirs et dans les cours intérieures où le soleil était réapparu après la mousson. Ian ne se lassait pas d'admirer l'art des générations de tailleurs de pierre, le luxe des étoffes, de la marqueterie, des tissus, la beauté du palais, posant mille questions à propos de son grand-père le raja, à propos de la vie que lui, Mohan, avait passée ici, à propos de sa mère et de son père. Au début, Mohan avait hésité à tout raconter, les circonstances de leur fuite du palais, la raison de leur départ précipité de la vallée de Kangra. Mais Ian, obstiné, ne lâchait pas prise, demandant des précisions qu'il enregistrait dans sa mémoire avant de tomber dans le silence songeur qui le caractérisait désormais. L'enfant, en lui, semblait avoir disparu. Il était devenu adulte bien avant l'âge, bien trop prématurément.

— C'est ici que nous nous rencontrions en secret, ton père, ta mère et moi, dit un soir Mohan dans le jardin abandonné. C'est ici aussi qu'il avait rencontré ta mère.

Ian, muet, regarda, autour de lui, les branches pleines de fleurs sèches, les feuilles mortes de plusieurs automnes jonchant le carrelage souillé, autrefois bleu et blanc, la fontaine tarie. Il était là, perdu dans ses pensées, à l'endroit même où il avait été conçu. Il leva les yeux vers la prison où sa mère avait été retenue.

— Pourquoi nous a-t-il laissés en vie ? finit-il par demander.

— Je l'ignore. Il a peut-être pensé avoir assez sacrifié à l'honneur.

Ian considéra le pommier aux fruits tachés et rabougris dont beaucoup, tombés par terre, y pourrissaient.

— Je ne veux plus jamais dépendre de la grâce d'un autre, murmura-t-il pour lui-même.

La dureté de la voix fit courir un frisson glacé dans le dos de Mohan.

— Viens, dit-il avec une légère caresse sur l'épaule de son protégé, il faut y aller. Le raja veut faire ta connaissance.

La nuit tombait, les lampes étaient allumées. Dheeraj Chand les attendait dans l'une de ses chambres, assis sur un large fauteuil rembourré, en cerisier sculpté, derrière lequel veillait un guerrier armé. Ian,

444

dans un costume clair spécialement taillé pour lui, dans le style des uniformes rajpoutes, le bras gauche encore en écharpe, suivi de près par Mohan, examina le vieil homme avec insistance. Le grand-père et le petit-fils se dévisagèrent un petit moment ; puis le raja prit la parole.

— Sais-tu qui je suis ?

— Le raja Dheeraj Chand, mon grand-père, dit Ian d'une voix assurée. Celui qui a pourchassé mes parents dans toute l'Inde avant même ma naissance et qui nous a obligés à nous enfuir pour Delhi où mes parents et ma sœur ont perdu la vie.

— Excusez-le, il…, commença Mohan désireux de réparer l'affront, mais le raja lui imposa le silence d'un geste impérieux.

— C'est exactement ainsi que ton père se tenait devant moi, il y a de nombreuses années de cela, dit le vieux Chand d'un air pensif, et, comme jadis, je ne sais si je dois trouver ton attitude courageuse ou arrogante.

Il s'appuya sur sa canne de ses deux mains.

— Il n'était pas sot, ton père. Sans doute serait-il devenu un grand guerrier, avec le temps. Mais, ajouta-t-il en se levant et en avançant vers Ian, il était et est resté un *feringhi*. Un Blanc, un mécréant. Assez sot pour ne pas tenir compte des coutumes et des mœurs de ce pays et pour croire qu'il n'aurait pas à en supporter les conséquences. C'est ainsi qu'il vous a entraînés dans sa perte. Et ça… (Ian sursauta quand le vieil homme lui toucha légèrement la blessure de la joue en voie de cicatrisation.) Ça te le rappellera en permanence. Je voudrais bien savoir ce qu'il y a en toi de véritable Rajpout, si tu es digne de tes ancêtres. C'est mon sang qui coule dans tes veines, du sang princier.

Mais je n'oublierai jamais qu'il est mélangé avec celui du *feringhi* qui nous a valu la honte que tu sois l'enfant d'une liaison impure et profane. Et toi, dit-il encore en se redressant de toute sa taille et en reculant d'un pas, tu feras bien de ne jamais l'oublier non plus.

Il se laissa retomber dans son siège.

— Tu es mon petit-fils, mais tu es aussi un bâtard. C'est l'héritage que tes parents t'ont légué. Ne l'oublie jamais.

42

Il fallut près d'un an et demi encore avant que le calme revînt peu à peu dans le pays. Les escarmouches s'espacèrent, même s'il fallut attendre juillet 1859 pour que fût enfin officiellement déclarée la paix. Le nombre de vies humaines à déplorer du côté de la puissance coloniale fut faible au regard de la cruauté de cette guerre. On ne sut jamais exactement combien d'Indiens furent victimes de leur côté. Mais l'Inde n'était plus le pays qu'elle était auparavant. Les squelettes des victimes et leurs tombes, les restes des incendies, les bâtiments détruits ou endommagés par les tirs de l'artillerie étaient les traces visibles laissées en surface par la guerre. Les blessures dans les têtes et les cœurs, bien plus profondes, seraient longues à guérir et leurs cicatrices seraient douloureuses.

Les Britanniques étaient désormais emplis d'une grande méfiance envers les Indiens, leur comportement dicté par la colère et le mépris, tandis que s'ancrait chez les Indiens une amertume mêlée de haine devant leur défaite et leur humiliation. Le 1er novembre 1859, la reine Victoria déclara que l'autorité en Inde reposerait à l'avenir entre les mains de la Couronne, la Compagnie des Indes et ses soldats ayant failli. La population civile fut désarmée dans la mesure du possible, le nombre des cipayes réduit, un rapport équilibré étant instauré entre hindous et musulmans afin de pouvoir, le cas échéant, jouer les uns contre les autres. L'artillerie fut entièrement remise entre des mains européennes. Bahâdur Shâh, jugé par un tribunal militaire pour rébellion, trahison et assassinats, fut banni à l'instar d'autres princes et souverains ayant pris position contre les Britanniques. Lord Canning, outre son titre de gouverneur général, se vit attribuer celui de vice-roi. Il fut mis un terme à toute nouvelle politique d'expansion, priorité absolue étant donnée à la consolidation du pouvoir à l'intérieur des frontières existantes.

Officiellement, l'Inde entière était sous le contrôle de la Couronne, un voile discret étant mis sur le fait que quelques rares princes avaient gardé leur indépendance, trop faibles et surtout trop pacifiques pour mériter d'être eux aussi absorbés. Ces petits territoires perdus dans l'immensité du Rajputana ne valaient pas de courir le risque de déclencher une nouvelle vague d'hostilité. C'est ainsi que la principauté de Dheeraj Chand subsista. Les nouvelles de la fin de l'insurrection et des changements opérés dans le pays parvinrent certes jusqu'à Surya Mahal, mais, n'ayant pas de conséquences pour le pouvoir de Chand ou pour la vie des gens, elles ne retinrent guère l'attention.

À l'exception d'Ian. Il dévorait tous les articles de journaux et tout ce qui s'écrivait à propos de l'insurrection des cipayes. Et il était beaucoup écrit ! Tant pendant la rébellion qu'après. Il s'était produit plus qu'un événement historique, plus qu'un événement militaire. Les mentalités des gens, Indiens ou Européens, avaient été bouleversées. Sa signification sur le plan émotionnel mais aussi l'air du temps durant ces années-là, notamment un rapide essor de la couverture journalistique, firent de cette guerre l'une des premières à être décrites et étudiées de manière aussi fouillée.

Ian parvint de la sorte à se faire une idée de l'évolution qui avait culminé dans l'explosion insurrectionnelle, à reconstituer le déroulement de la journée qui avait coûté la vie à sa mère et à sa sœur. S'il les pleurait, il ne le montrait pas. Il ne parlait jamais d'elles non plus, mais Mohan crut s'apercevoir qu'il en était un jour arrivé à comprendre que personne n'était directement responsable de leur mort : il y avait eu un enchaînement de circonstances malheureuses et eux-mêmes s'étaient trouvés au mauvais endroit au mauvais moment. Mohan sentait aussi qu'Ian ne cessait de chercher des indices sur ce qu'était devenu son père et il souffrait de voir que cette quête était vaine, Winston ayant disparu sans laisser de traces. Ian, pour sa part, ne laissa jamais échapper un mot à ce propos.

Ils passèrent des années paisibles à Surya Mahal, au rythme des saisons et du déroulement quotidien et bien réglé de la vie au palais. La journée d'Ian commençait par des sorties à cheval et du tir à l'arc ; venaient ensuite des cours d'anglais, d'hindi, de sanscrit et d'ourdou, des cours de géographie également, d'histoire, de mathématiques et d'écrits anciens. Un brahmane lui dispensa une instruction religieuse ; le chancelier étudia avec lui le déroulement des cérémonies officielles et lui enseigna les finesses de l'étiquette : le temps qu'il fallait mettre pour monter les marches menant au trône du raja afin de lui remettre les *nazarana* traditionnels, des dons traduisant la fidélité au souverain, et le temps obligatoire pour le retour à sa place, à reculons, sans trébucher. Un guerrier du raja, du nom d'Ajit Jai Chand, blanchi sous le harnais, lui apprit à combattre au corps à corps, à mains nues, avec une épée, avec une arme à feu.

C'est cet Ajit Jai Chand dont un domestique, un après-midi, annonça la visite à Mohan en train de travailler dans un bureau qu'il s'était aménagé.

— *Namasté*, Votre Altesse, dit-il en s'inclinant, les mains jointes en guise de salut, pardonnez-moi la malséance de cette visite inopinée.

— *Namasté*, Ajitji, répondit Mohan, ajoutant au nom d'Ajit la désinence respectueuse envers un homme âgé, alors que ce dernier n'était son aîné que d'un an ou deux. Tu n'as pas à t'excuser pour si peu.

Mohan ayant envoyé le domestique chercher du thé et des biscuits, ils conversèrent courtoisement du temps, des nouveaux chevaux dans l'écurie et s'enquirent de leurs santés respectives, Mohan prenant des nouvelles de la femme de son visiteur, Lakshmi, et de leurs quatre fils. Une fois seuls, le thé ayant été servi, ils s'assirent en tailleur sur d'épais coussins.

— Laissons les formalités de côté, Ajit, dit alors Mohan. Nous nous sommes trop souvent bagarrés, quand nous étions plus jeunes, pour y sacrifier. Qu'est-ce qui t'amène ?

— Tu ne m'as jamais pardonné d'avoir été meilleur guerrier que toi, plaisanta le visiteur.

— Je me suis fait une raison, sourit Mohan, et puis je me suis toujours battu vaillamment contre toi. Mais le raja, lui, ne s'en accommodait pas. Il ne nous l'a jamais pardonné, ni à toi, ni à moi.

Le visage amical d'Ajit se rembrunit subitement.

— C'est une tout autre chose qu'il ne m'a pas pardonnée.

— Tu penses à quoi ?

— J'ai le sang mêlé, tu le sais.

Ajit Jai descendait d'une ligne collatérale du clan des Chand, entre l'arbre généalogique de Mohan et celui du maharaja de Jaipur, mais son arrière-grand-père avait été un soldat français.

— C'est pour cette raison qu'il ne m'a jamais pris dans sa garde personnelle bien que parfaitement conscient de mes capacités. Ne te fie jamais à quelqu'un qui n'est pas de pure descendance rajpoute, dit Ajit avec un clin d'œil ironique pour Mohan, avant de reprendre son sérieux. C'est pour une raison un peu semblable que je suis là aujourd'hui. Il s'agit du garçon.

— Il a commis une bêtise ?

— En quelque sorte, oui. J'ai été témoin, par hasard, hier, quand il a flanqué une raclée au fils du maître d'équitation. Il l'a pas mal amoché.

— À Rao ? demanda Mohan qui pensait au garçon rondouillard qui devait avoir à peu près l'âge d'Ian, quinze ou seize ans.

— Non, à l'aîné, Ashok.

Mohan eut un sifflement approbateur. Ashok avait dix-huit ans et bien vingt kilos de plus qu'Ian.

— J'ai eu beaucoup de mal à lui faire lâcher Ashok qui gémissait comme un petit enfant. On aurait dit un tigre sur sa proie.

— Tu sais pourquoi ils s'étaient battus ?

— Il m'a fallu travailler Rajiv un bon moment au corps avant qu'il m'avoue, en grinçant des dents, qu'Ashok l'avait traité de sale petit bâtard qui ne méritait pas le cheval que le raja lui avait offert pour son anniversaire.

Au palais, chacun savait que le petit-fils du raja, traité comme un prince rajpoute, avait pourtant du sang étranger dans les veines et qu'il était issu d'une liaison déshonorante sur laquelle était observé un silence de plomb. Mohan ne pouvait que pressentir combien de railleries son neveu devait endurer, car celui-ci n'en parlait jamais.

— Tu sais, Mohan, l'interrompit Ajit dans ses pensées, j'aime beaucoup ce garçon, mais ce que j'ai vu dans ses yeux quand il rossait Ashok ne m'a pas plu. Il n'est pas bon de nourrir une telle haine, surtout à son âge. Tu sais comment les enfants l'appellent ? Rajiv, le caméléon, parce qu'il a l'attitude hautaine soit du *sahib*, soit du petit-fils du raja, en fonction de ce qui lui semble le plus approprié. Il n'est pas comme les autres et ils le lui font sentir.

— Comme je te connais, tu n'es pas venu dans le seul but de me communiquer tes observations…

— Non, Mohan. Tu sais, je ne suis plus de la première jeunesse. J'ai passé toute ma vie ici, au palais, et près de la moitié de cette vie à combattre ou à former des guerriers. Je commence à m'en lasser. Je voudrais profiter un peu de mes fils avant qu'ils ne quittent le foyer pour fonder le leur. C'est pourquoi je vais bientôt quitter le service du raja. J'ai acheté une maison à Jaipur où j'aimerais vieillir en paix avec Lakshmi. En dépit de sa méfiance à mon égard, le raja m'a royalement payé de mes services. J'ai eu le temps de longuement observer Rajiv pendant que je lui donnais des cours. Il est pareil à un baril de poudre dont une mèche allumée s'approcherait lentement. C'est un guerrier-né. La vie au palais, à la longue, n'est pas bonne pour lui. Avant de décrocher, je voudrais faire encore un pèlerinage, au temple de Gharapuri et dans l'Himalaya, au mont Kailash. J'aimerais l'emmener, Mohan, et le garder avec moi à Jaipur.

Il se tut, attendant la réponse de Mohan. Celui-ci ne connaissait Gharapuri que par ouï-dire. La petite île, à deux heures de bateau de Bombay, était depuis plus de mille ans un lieu de culte pour divers dieux, avant tout pour Shiva. Gharapuri et Kailash…

— C'est donc en fonction de ça qu'il a choisi Shiva comme *yidam* ?

— Oui, Shiva et Kali… Tu es déçu ?

— Non, dit Mohan qui prit un instant de réflexion. Je crois que je n'attendais rien d'autre. Quand on pense à ce qu'il a vu et vécu.

— Le raja a donné son accord à mon projet. Mais je voulais aussi solliciter ta bénédiction.

— Vous n'en avez pas besoin, sourit Mohan. Mais je te la donne bien volontiers si tu y tiens. Tu seras pour lui un bon maître, Ajitji, ajouta-t-il tout bas.

— Je me contenterai de lui montrer le chemin. Il lui faudra le parcourir seul. Il a beaucoup d'un authentique Rajpoute en lui.

Il hésita, regarda son verre d'un air pensif et ajouta à voix basse :

— Peut-être trop.

43

Mohan eut du mal à laisser partir Ian, mais il était assez sage pour sentir qu'il était temps pour Ian de suivre sa propre voie et lui la sienne. Mohan avait été éduqué pour devenir un guerrier, mais il avait depuis toujours été attiré par les textes sacrés. S'il avait eu le choix, indépendamment des contraintes que lui imposait la volonté paternelle et que lui valait sa naissance, sa caste, il aurait mené une existence de *sadhu*, d'ascète s'adonnant totalement à la méditation et à l'adoration de son Dieu. Il avait néanmoins réussi, profitant de son statut de benjamin du raja qui lui avait offert beaucoup plus de libertés qu'à ses frères et sœurs plus âgés, à échapper aux projets de mariage de son père pour lui. Fonder une famille n'avait jamais été un besoin chez lui, ce qui ne l'avait pas empêché, jeune homme, de succomber de temps à autre aux tentations de la chair. Et il savourait de pouvoir enfin se vouer à ses études et à la méditation.

Parfois, chevauchant à travers la steppe au cours d'une heure de repos, découvrant dans son miroir un cheveu gris supplémentaire ou bien encore levant les yeux au cours d'une lecture, il se demandait ce qu'aurait été son existence si le gouvernement anglais n'avait pas envoyé Winston Neville en mission diplomatique dans le Rajputana. Plus il méditait sur les lois du *karma* et du *dharma*, plus il cherchait à découvrir l'essence de Vishnou et plus il comprenait que son *karma* n'avait pas consisté à protéger Sitara. Deux fois elle avait réussi à échapper à la mort proche ; cela ne lui avait pas été donné la troisième fois. Mais il avait sauvé son fils. Seul Ian avait été en cause, dès le début ; Ian dont le destin était lié au sien. Sa tâche consistait à le servir de son mieux, en tant que fidèle de Vishnou et de Krishna. Il comprenait que tout ce qu'ils avaient vécu avait été déterminé par le destin. Il fit la paix avec les dieux, acceptant humblement tout ce qui avait été comme faisant partie du grand projet divin.

Ian resta absent deux ans ; deux ans durant lesquels il écrivit peu, de simples résumés de leurs divers séjours, mais rien sur sa propre évolution. Les lettres d'Ajit Jai Chand étaient plus instructives : il montrait Ian mettant sa vie au service du dieu devant le Shiva en pierre et à trois têtes de Gharapuri, il décrivait leur périple au travers du pays, jusqu'à l'Himalaya, la demeure des dieux, où Ian jeûna, selon la coutume, le quatorzième jour du mois de février, pria pendant la nuit suivante et donna en offrande au *lingam* en pierre, le symbole phallique de Shiva, des feuilles, des fleurs et des fruits du margousier pour s'attirer la bienveillance du dieu et gagner une place dans son paradis situé derrière le mont Kailash. Il expliquait qu'il éreintait Ian, le faisant courir sur plusieurs miles tandis qu'il l'accompagnait sur son cheval au trot, le faisant escalader les parois de l'Himalaya. Ian apprenait aussi à tirer à l'arc ou au pistolet depuis la selle de sa monture au galop, sur des cibles fixes d'abord, mouvantes ensuite, à se pencher, assis sur sa selle, au trot et au galop, afin de saisir au passage des objets fixés, à sa droite ou à sa gauche, sur des piquets, à ramper sans bruit, à chasser les tigres, les antilopes et les fennecs. Mohan souriait à la lecture de ce dressage impitoyable, se disant que les méthodes d'apprentissage avaient peu changé depuis l'époque où lui-même avait eu l'âge d'Ian. Mais Ajit enseignait aussi à son pupille ce que signifiait d'être un guerrier, l'honneur, la fidélité, la ruse et la prudence, il lui faisait réciter par cœur les écrits anciens, les philosophes des siècles passés. Et Mohan était ému de constater à quel point Lakshmi, la femme d'Ajit, s'était prise d'affection pour Ian. « Il est pour moi comme un fils, avait-elle ajouté d'une écriture maladroite au bas d'une lettre de son époux, et cela me brise le cœur de devoir le laisser partir un jour. »

À son retour, le garçon dégingandé était devenu un homme musculeux paraissant plus que ses dix-huit ans. Il s'était laissé pousser la moustache. Mohan eut de la peine à le reconnaître, car, plus encore que son physique, sa nature semblait avoir changé. Il était détendu, presque serein, riait beaucoup, semblant avoir retrouvé la paix intérieure. Pourtant, à certains moments où il se croyait seul, l'ancien Ian réapparaissait. Ses yeux, alors, s'assombrissaient, il avait l'air absent, et Mohan n'aurait su dire s'il s'absorbait dans le passé ou si ses pensées se tournaient vers un avenir encore indéterminé.

Le raja organisa une fête en son honneur. On dressa devant le palais une tribune tendue de soie brodée et surmontée d'un baldaquin. Devant, on avait aménagé un vaste espace équipé d'obstacles où les jeunes hommes du palais pourraient rivaliser d'audace et de dextérité.

Ian, à un moment, dressé sur ses étriers, son cheval lancé au grand galop, tendit son arc et lança vers le ciel une flèche qui transperça l'oiseau qu'un valet avait libéré un instant plus tôt. Au milieu des applaudissements parvenant jusqu'à la tribune, Mohan entendit le raja murmurer :

— J'ai eu raison. C'est un vrai guerrier.

Son ton et son regard exprimaient une vive admiration. Pour Mohan, les rapports entre le grand-père et le petit-fils restaient une énigme. Il savait qu'ils avaient souvent passé du temps ensemble depuis leur première rencontre. On les voyait arpenter côte à côte les couloirs ou se promener dans une cour intérieure ; Ian, à l'occasion, disparaissait derrière les portes de l'appartement du raja pour ne réapparaître que plusieurs heures plus tard. Aucun des deux ne divulguait ce qu'ils se disaient. Mohan ignorait s'ils nourrissaient l'un pour l'autre de l'amour ou de la haine. Sans doute les deux, se disait-il.

— Que Vishnou ait pitié des *feringhi* quand il retournera chez eux, ajouta Dheeraj Chand si bas que seul Mohan l'entendit.

— Vous croyez vraiment qu'il retournera chez eux ?

— J'en suis convaincu. C'est la voix de son sang. Il ne pourra éternellement lui échapper. Et je crois qu'il ne le souhaite pas, même si cela devait lui être fatal. Son âme est déchirée entre deux mondes. C'est le legs que lui ont laissé ses parents. Dommage que je n'aie plus le temps de voir s'il réussira à trouver sa place en dépit de cette malédiction.

Mohan examina son père. Au fil des années, il était devenu plus fragile, courbé sous le poids des ans. Il avait souvent dit, ces derniers temps, qu'il était las de vivre et aspirait à ce que son âme rejoignît bientôt le *brahman*, l'âme du monde. Manjeet, son fils aîné, avait pris en main dans leur quasi-totalité les destinées du berceau des Chand, à plusieurs centaines de miles à l'ouest ; Dheeraj Chand n'était plus que nominalement, ou pour des décisions essentielles, à la tête de la famille et de la principauté depuis qu'il avait décidé de passer ses vieux jours à Surya Mahal, son palais préféré depuis toujours.

Songeur, Mohan reporta son regard sur la lice où Ian tendait en riant la fleur qu'il venait de cueillir au grand galop sur un piquet à une jeune fille qui l'accepta en rougissant, se cachant le visage avec décence derrière l'extrémité de son *sari*. Ian ayant éperonné son cheval, elle fut entourée par ses amies qui éclatèrent d'un rire clair.

— Envisagez-vous de le marier ?

— Non, Mohan, certainement pas. J'ai sans doute commis plus d'une erreur dans ma vie, mais je ne suis pas idiot. Rajiv a hérité des qualités des Chand mais aussi de l'obstination de son père. S'il doit un jour se lier avec quelqu'un, il ne laissera à personne le soin d'en décider. Et je doute fort qu'il se laisse brider en quoi que ce soit. Et au cas où cela se ferait néanmoins, je plains d'avance la pauvre créature. Raccompagne-moi, je te prie, je voudrais un peu me reposer avant le banquet de ce soir.

D'innombrables lanternes illuminaient la grande cour. Des *sitars* et des *tablas* jouaient des airs entraînants, accompagnant un chanteur qui célébrait les exploits de guerriers rajpoutes légendaires, tandis que deux danseuses soulignaient de leurs gestes gracieux, de leurs voltes et de leurs mimiques les paroles et les vers. Mohan se retourna à moitié afin de lancer une plaisanterie à Ian, mais le coussin derrière lui, sur l'estrade de la famille princière, était vide.

Il chercha des yeux son neveu. Des hommes et des femmes étaient assis par groupes, bavardant, buvant et riant, fredonnant en chœur, se délectant des petites friandises qui circulaient de main en main. Mais il ne vit Ian nulle part. Son regard s'arrêta alors sur l'une des colonnes, à l'arrière de la cour, et il ne put réprimer un sourire. La jeune fille à qui Ian avait offert la fleur dans l'après-midi était adossée à la colonne. Ian, en uniforme rajpoute brodé avec turban, s'appuyait d'une main à la même colonne, jouant de l'autre avec l'extrémité du *sari* bariolé qui couvrait la tête de la jeune fille. Il lui chuchotait quelque chose en souriant. Elle se détourna avec pudeur, mais son petit sourire plein de coquetterie, ses battements de paupières la trahirent. Mohan prit son verre et, quand il regarda à nouveau dans leur direction, le couple avait disparu.

Deux jours plus tard, Mohan s'engagea dans la colonnade d'où l'on avait vue sur la vaste plaine. Ian, appuyé contre une colonne regardait au loin, fumant une cigarette, habitude qu'il avait prise durant son absence, au grand déplaisir du raja qui voyait là une coutume des *feringhi*. Plongé dans ses pensées, une expression de mélancolie douloureuse sur le visage, il ne l'avait pas entendu arriver. Mohan se dirigea vers lui et Ian sursauta, reprenant aussitôt l'air insouciant qu'il présentait habituellement en société.

— Tu penses à elle ? À cette jeune fille… Comment s'appelle-t-elle déjà… Padmini ?

Ian le regarda avec stupéfaction, puis secoua la tête.

— Dieu m'en préserve ! Je suis de l'avis des anciens sages : les princes, le feu, les maîtres et les femmes n'apportent que le malheur, quand on les approche de trop près. Mais, si on reste trop loin, ils ne sont d'aucune utilité. Garder une certaine distance me semble plus judicieux… Les femmes vont et viennent, Mohan ; elle n'a pas été la première, et elle ne sera pas la dernière, ajouta-t-il d'une voix dure.

Mohan eut la certitude que quelque chose préoccupait Ian.

— Qu'as-tu en vue, Ian ?

Tirant une dernière bouffée de sa cigarette, ce dernier l'écrasa contre la colonne, laissant une trace noire sur le marbre clair, et jeta le mégot dans le désert.

— Ne m'en veux pas, Mohan, mais je ne peux te le dire pour l'instant. Je te le dirai le moment venu.

Mohan le regarda s'en aller, les mains enfoncées dans les poches de son pantalon jodhpur, et se demanda ce qu'était devenu le petit garçon qui jouait autrefois, insouciant, dans les prés de la vallée de Kangra.

44

Le palais était plongé dans le silence. Le temps du deuil n'était pas encore arrivé à son terme, même si les douze jours de solennités destinées à assurer au défunt une heureuse renaissance étaient écoulés. Douze journées durant lesquelles on avait offert aux dieux du riz, des fruits et des fleurs, sacrifice accompli à l'aide de gestes, de chants et de prières séculaires, douze journées de cérémonies sans fin conduites par dix-neuf brahmanes, auxquelles tous les membres du clan avaient dû assister, la charge des rites reposant toutefois essentiellement sur les épaules de l'héritier, en l'occurrence Manjeet Jai Chand, le nouveau raja de la principauté.

Cela faisait quatorze jours exactement que l'âme guerrière de Dheeraj Chand avait abandonné son enveloppe mortelle, dans la quatre-vingt-troisième année de l'incarnation présente de son *atman*. Il s'était progressivement retiré, ces quatre dernières années, des affaires de Surya Mahal et des terres appartenant au palais, jeûnant, méditant et priant pour préparer son âme à la réincarnation. Peu à peu, il avait transmis à son petit-fils le soin des destinées du palais, des paysans, des bergers et des artisans vivant dans la région environnante.

Mohan Tajid leva les yeux du feu brûlant dans la cheminée et regarda Ian qui fixait toujours les flammes. Il le revit durant un instant, dehors, dans la steppe, devant les baldaquins en pierre des *chattris*, le premier jour des funérailles rituelles. C'est Manjeet qui, en sa qualité de fils aîné, avait pris des mains du brahmane en chef le flambeau avant d'effectuer d'un pas paisible le tour du bûcher en allumant, aux quatre points cardinaux, le bois sur lequel était posé le corps de Dheeraj Chand couvert de fleurs. Les flammes s'étaient élevées très haut dans le ciel, cachant les restes mortels du raja, donnant un éclat rouge et or aux habits blancs et sans ornements de l'assistance éplorée ou faisant mine de l'être. Ian, qui avait été le seul à ne pas se raser la tête en signe de deuil, se tenait muet et raide devant le brasier, apparemment impassible. Mohan s'était demandé si l'éclat de ses yeux provenait de larmes mal retenues ou exprimait une profonde satisfaction.

Ian avait vingt-deux ans et était le nouveau maître de Surya Mahal depuis une heure, quand, en présence des membres mâles de la famille, le brahmane avait révélé les dernières volontés du défunt. Un murmure avait parcouru la salle et Mohan n'avait pu réprimer un sourire de joie en voyant Manjeet sortir précipitamment, au mépris de l'étiquette. Comme tous les autres, Manjeet savait n'avoir aucun recours contre la décision de son père défunt. Deux brahmanes de haut rang avaient attesté que le raja, quelques années auparavant, avait couché sur le parchemin que Surya Mahal, douaire de sa « chère et très regrettée épouse Kamala, devait revenir à des mains fidèles », celles de son « petit-fils Rajiv Chand ». Il ne lui avait néanmoins pas conféré le rang de prince que Manjeet ajouterait à la déjà longue liste de ses titres. Ian était désormais riche, très riche. Les terres appartenant à Surya Mahal étaient certes d'une superficie très réduite en comparaison de la taille de la principauté, mais elles avaient de tout temps été prospères et, sous la direction d'Ian, ces quatre dernières années, cette prospérité avait encore crû. Ian n'en parut pas moins indifférent à cette richesse subite. Mohan devina pourquoi.

— Tu le savais, n'est-ce pas ?

— Oui, il me l'a dit quand je suis revenu ici. J'étais présent quand les deux brahmanes ont signé son texte.

Ils observèrent à nouveau le silence, chacun plongé dans ses pensées. Mohan se souvint de la remarque du raja prévoyant qu'Ian rejoindrait un jour le monde des Anglais.

— Tu comptes rester ?

— Non, j'ai d'autres projets, répondit Ian en allant au bureau où des papiers étaient étalés.

Mohan le suivit et regarda par-dessus son épaule.

— Je compte partir vers le nord, expliqua Ian en déployant une carte de l'Himalaya oriental.

Entre la chaîne montagneuse et la petite ville de Darjeeling, une région avait été entourée d'un trait et hachurée. Ian y posa l'index.

— J'ai fait acheter ces terres il y a quelque temps. Quand je me suis mis à m'y intéresser, les Européens ne pouvaient y devenir propriétaires fonciers. Puis les lois ont été modifiées : c'étaient désormais les Indiens et les Eurasiens qui ne pouvaient y acquérir de la terre. Rajiv Chand a alors retiré son offre et c'est Ian Neville qui l'a remplacé lors des négociations avec le gouvernement. Ironie du sort !

Rajiv, le caméléon! La sentence traversa la tête de Mohan. S'aidant de l'échelle au bas de la carte, il évalua la superficie du terrain.

— Que comptes-tu faire de tant de terre?

— Je vais la transformer en plantations de thé. Mon thé sera le meilleur au monde. Je n'ai rien oublié de ce que j'ai appris avec Tientsin, absolument rien.

Mohan comprit alors ce qui avait occupé l'esprit de son neveu tout au long de ces années, ce dont il avait rêvé : tel un *sadhu* habité d'une sagesse sereine, il avait attendu son heure, l'heure à laquelle Surya Mahal et la fortune qu'impliquait la possession du palais seraient siens. Et, tel qu'il connaissait Ian, celui-ci avait élaboré son projet jusque dans les moindres détails, ne laissant rien au hasard. Il montra la carte du menton.

— Tu as déjà un nom?

— La terre est déjà inscrite au cadastre sous le nom de Shikhara. Il ajouta dans un murmure : on peut, de là, voir le Kangchenjunga…

Mohan lut dans son regard une ombre de nostalgie.

Shikhara…, songea-t-il. *Cimes*, parce qu'on avait vue sur la montagne sainte de Shiva et les autres sommets de l'Himalaya. *Temple*, en raison des monuments en pierre de Kangra, la vallée où Ian avait passé son enfance, monuments dont l'architecture était qualifiée de style *shikhara* – peut-être aussi un temple en l'honneur de Shiva. Et Shikhara rappelait un peu la sonorité du nom de sa mère, Sitara. Pourtant les racines de ce nom remontaient aussi à *shikar* et *shikari*, chasse et chasseur. Mohan dévisagea Ian avec attention. Chasse à quoi? se demanda-t-il en son for intérieur ; tout haut il posa cette question :

— Et que va devenir Surya Mahal?

Ian replia la carte.

— J'annoncerai demain que Djanahara me remplacera durant mon absence. Elle veillera aussi à ce que le jardin secret soit à nouveau entretenu et que quelqu'un s'occupe d'Ánsú Berdj. Elle doit être tenue en bon état et accessible, mais rester inhabitée.

La tour des larmes… Mohan s'était douté qu'Ian y passait beaucoup de temps, en secret, chaque fois qu'il était introuvable dans les autres parties du palais. Y avait-il élaboré ses projets, au premier étage dont le sol avait été poli par les pas de sa mère qui, retenue prisonnière, ne trouvait pas le repos ?

Mohan trouva que le choix de Djanahara, sa sœur aînée, était judicieux. C'était une femme énergique et intelligente qui vivait avec eux à Surya Mahal depuis plus d'un an. Ils avaient reçu d'elle une lettre : son époux était mort au terme d'une longue maladie, et ses enfants voulaient l'obliger à consentir au *sati*, à monter elle aussi sur le bûcher. Ian lui avait aussitôt accordé l'asile et avait envoyé une troupe de guerriers rajpoutes à sa rescousse. Maintenant seulement Mohan comprenait pourquoi le raja d'ordinaire si soucieux de l'observance des règles religieuses l'avait laissé agir ainsi : il savait déjà qu'Ian serait le nouveau maître de Surya Mahal et il avait respecté sa décision, qu'elle correspondît ou non à sa propre vision du monde.

— Quand partiras-tu ?

— Dès que possible, dans deux ou trois jours.

— J'aimerais pouvoir t'accompagner.

Le visage d'Ian s'illumina d'un léger sourire tandis qu'il acquiesçait d'un hochement de tête.

— J'espérais que tu me dirais cela.

En un éclair, ses traits reprirent leur gravité. Il fit quelques pas dans la pièce, puis, s'immobilisant, prit une profonde inspiration comme s'il lui coûtait beaucoup de prononcer ces quelques mots :

— Je… je voudrais aussi te demander autre chose, Mohan, commença-t-il avec une expression de désespoir et de détermination dans le regard. Aide-moi à retrouver Winston.

45

Il s'ensuivit de dures années de labeur. Les terres achetées par Ian étaient vierges, couvertes d'une jungle séculaire, peuplées d'animaux sauvages dérangés et chassés de leur habitat. Plus d'une fois, un tigre se vengea sur un ouvrier de cette intrusion sur son territoire.

On abattit de vieux arbres, on débroussailla et on laboura le sol défriché. Ce fut un travail pénible et dangereux, mais jamais encore Mohan n'avait vu Ian aussi heureux depuis que les guerriers du raja les avaient débusqués dans la vallée de Kangra. Il aimait visiblement mettre la main à la pâte, coudoyer les hommes recrutés pour essarter, voir prendre peu à peu forme la plantation dont il avait si longtemps rêvé.

N'ayant pas lésiné sur le nombre d'embauches, il se rendit impopulaire auprès des autres Anglais qui se livraient au même travail que lui, furieux de se voir ainsi piquer sous le nez les meilleurs travailleurs par plus riche qu'eux. Mohan fronçait parfois le sourcil à la vue, dans les comptes, des sommes dépensées. Mais il se taisait, car il s'agissait de l'argent d'Ian, l'or et l'argent dont il avait hérité de son grand-père et qui avait dormi dans les caves de Surya Mahal pendant des siècles peut-être.

Dépenses qui se révélèrent payantes : plus tôt que prévu, le brun velouté de la terre fraîchement retournée marqua les premières pentes de Shikhara. Non loin d'elles, là où serait ultérieurement bâtie la manufacture, avait été installé un jardin d'élevage. Mohan avait observé Ian verser dans un bassin rempli d'eau les semences venues de Chine par des voies pas tout à fait légales. Les graines qui flottèrent en surface avaient été jetées, les autres, accumulées au fond du bassin, disposées dans une obscurité totale entre des sacs humides pour y germer. Au bout de six semaines étaient apparues de petites pousses fragiles qu'Ian avait plantées dans un terreau spécialement préparé, protégé par un toit en branchages et en paille.

Aux ouvriers de l'essartage et aux paysans et jardiniers chargés de veiller sur les jeunes pousses de thé dans de grands jardins d'élevage avaient succédé des maçons, des charpentiers, des menuisiers qui construisirent la grande maison dont les plans avaient été établis à Calcutta et qui remplaça la cabane en rondins que Mohan et Ian avaient jusque-là partagée. Ian s'était rendu à plusieurs reprises à Calcutta afin d'acheter des meubles et divers équipements, voire de les y faire confectionner à son goût.

Il fallut deux ans pour que la maison fût telle que la souhaitait Ian, le jardin planté, les dépendances et écuries bâties, les corrals enclos pour les chevaux. Durant ces deux années, les pousses fragiles étaient devenues des plantes vigoureuses de plus d'un yard de haut qui furent transplantées dans les champs, mille cinq cents plants par acre de terre. Une grande partie du jardin d'élevage servit à la construction de la manufacture où les feuilles de thé seraient ultérieurement traitées. Il n'y eut rien d'autre à faire, les trois années suivantes, qu'à observer les théiers grandir. Aussi Ian et Mohan purent-ils se mettre à la recherche de Winston.

Ce fut une quête interminable et pénible : retrouver des témoins qui auraient rencontré Winston après la journée d'horreur à Delhi, des documents où son nom apparaîtrait, compulser des listes de morts, de blessés, de disparus. Ian restait toujours au second plan. Ce fut Mohan qui alla à Delhi et à Jaipur où il mit Ajit Chai Chand dans le secret ; celui-ci lui promit son aide. Mohan et Ian recrutèrent un grand nombre d'hommes de paille chargés d'écouter autour d'eux, de consulter des documents secrets, de dépouiller des dossiers, tissant ainsi un réseau jusqu'en Angleterre. Des copies et des rapports parvenaient à Shikhara par des détours minutieusement calculés. Et, pendant les longues soirées, Ian et Mohan étudiaient ces missives, examinaient des plans de ville et des cartes, souvent désespérés de la vanité de leur entreprise, mais jamais ne renonçant, développant de nouvelles théories, les rejetant. L'Inde étant un pays immense et la situation, en ces jours de rébellion, ayant été d'une totale confusion, leur recherche équivalait à la fameuse recherche d'une aiguille dans une meule de foin. Si Winston avait quitté l'Inde durant ces dix années, leurs chances de le retrouver étaient proches de zéro.

Ils réussirent néanmoins très vite à élucider un point : Winston Neville dont la naissance avait été enregistrée dans le registre paroissial de la ville de Burton Fleming, dans le Yorkshire, le 30 avril 1817, troisième fils de George Neville et d'Isabelle Neville, née Stimms, avait été porté disparu fin 1844, puis déclaré décédé un an plus tard. « Disparu, certaine-ment tombé au champ d'honneur pour sa patrie et la Couronne », était-il inscrit dans les dossiers de l'East India Company. Telle était la version officielle, celle également de la famille Neville, fière de son héros de fils. Il ne restait vivant qu'un frère de Winston. William Jameson qui, dans son jardin botanique de Saharan-pur, avait survécu sans dommages à la rébellion, main-tenant marié et père de plusieurs enfants, n'avait plus jamais entendu parler de lui. Mohan avait trouvé dés-honorant de faire interroger par des tiers celui qui les avait hébergés et cachés durant leur fuite, il s'y était pourtant résigné, soucieux de garder leurs recherches secrètes.

Leur quête resta infructueuse de longs mois. Puis une piste apparut enfin : quelqu'un se souvint du grand Anglais corpulent, aux yeux bleus et aux cheveux clairs, un soldat de métier parlant couramment l'hin-doustani. Mais elle ne mena à rien. Un autre témoi-gnage oculaire se révéla aussi vain. Pourtant, divers indices se répétant au fil des missives, ils purent éla-borer des hypothèses et finirent par reconstituer un puzzle retraçant approximativement le parcours suivi par Winston à Delhi en ce 12 mai.

Son chemin avait mené Winston du côté des rebelles, au Fort Rouge, où il avait prêté serment d'al-légeance à Bahâdur Shâh, adoptant le nom de Kâla Nandi, Taureau Noir, comme la monture de Shiva. Il devint célèbre pour le sang-froid avec lequel il massa-crait ses compatriotes, admiré et aimé des cipayes qu'il commandait. Il fut aperçu pour la dernière fois dans la suite de Nânâ Sâhib, le souverain de Bithur, et il aurait joué un rôle non négligeable dans les massacres de

Kampur, dans l'est du pays, en juin et juillet 1857. C'est là qu'il avait brusquement disparu, jusqu'au moment, quelques mois plus tard, où une troupe de soldats du 33e régiment, sous le commandement du colonel Henry Claydon, se mit à sa recherche. De ce jour, chaque pas du chemin fit l'objet de rapports minutieux tels que les militaires savent les faire. Mohan comme Ian savaient qu'ils risquaient leur peau à violer des documents gardés secrets mais ils s'obstinaient. Ian dépensait sans sourciller des sommes folles en pots-de-vin.

Les soldats anglais mirent presque une année à découvrir Kâla Nandi. Ils le prirent au piège dans le désert de Rajputana, à l'arrière de Jaipur, à moins de cent miles de Surya Mahal. Il refusa jusqu'au bout, en dépit de «méthodes d'interrogatoire renforcées», de livrer son identité anglaise, s'en tenant à son nom de Kâla Nandi, mais avouant «de plein gré et avec une fierté répugnante» avoir commis les crimes qu'on lui reprochait «en guise de vengeance pour sa famille tuée par les Britanniques». Condamné sur place, en vertu de la loi martiale, pour rébellion, trahison et assassinats, il fut pendu à un figuier et son corps enterré dans le désert. «Mission accomplie, le 27 octobre 1858.»

— «Mission accomplie», murmura Mohan mécaniquement après avoir lu les dernières lignes, puis, laissant retomber le volumineux dossier, il fixa le feu dans la cheminée, abasourdi.

Il lui fallut quelques minutes pour reconstituer en esprit l'ensemble de ce qu'il venait d'apprendre et il faillit éclater de rire en prenant conscience de l'ironie du sort: Winston qui, soldat de la Compagnie des

Indes, n'avait jamais tué personne et qui s'était montré bouleversé quand, lors de leur fuite, Sitara et lui-même avaient tué les deux Rajpoutes dans une ruelle, la nuit, était devenu un tueur sanguinaire pour venger sa famille.

Peut-être qu'avec le temps il aurait pu devenir un grand guerrier, avait dit de lui le raja, et il avait eu raison. Le temps était arrivé en même temps que la rébellion : il était devenu un guerrier, dans sa propre guerre, contre son propre peuple. Ce qui peinait le plus Mohan, c'est que, manifestement, Winston avait tenté de trouver refuge à Surya Mahal. Quelques jours de plus et il aurait été en sécurité, avec son fils.

Il regarda Ian assis devant la cheminée, assis, comme pétrifié.

— Au moins tu peux te dire qu'il te cherchait, dit-il avec prudence, cherchant à consoler son neveu.

Ian n'eut pas de réaction, le regard toujours perdu dans les flammes. Mohan l'imita, et, un instant, ils restèrent assis côte à côte, muets. On n'entendait que le crépitement de la pluie contre les fenêtres et les craquements du feu.

— Ils le paieront.

Mohan leva les yeux. Ian n'avait pas bougé, il avait seulement fermé le poing sur l'accoudoir du siège.

— Chacun à son tour.

Il tourna enfin la tête vers Mohan. Celui-ci avait cru que plus rien ne l'effraierait dans la vie, mais la haine qui n'avait plus rien d'humain qu'il lut dans les yeux de son neveu le terrifia.

— Je vais les pourchasser comme ils ont pourchassé mon père. Je les anéantirai sans exception.

— Tu es fou, laissa échapper Mohan.

— Non, Mohan, répondit Ian en se levant, je me contenterai de faire ce qu'Ajit m'a appris. Et si tu es un vrai Rajpout, tu m'aideras.

Mohan regarda les feuilles qu'il tenait encore dans ses mains : « ... à savoir les caporaux Thomas Cripps, Richard Deacon, Edward Fox, Robert Franklin, James Haldane, les lieutenants Tobias Bingham, Samuel Greenwood, Leslie Mallory, sous le commandement du colonel Henry Claydon... » Neuf hommes qui servaient encore la Couronne britannique quelque part, des époux, peut-être des pères.

— Qu'as-tu l'intention de faire ? Les provoquer en duel ou les assassiner par-derrière ?

Ian était à présent appuyé contre le rebord de la cheminée.

— Non. Chaque homme a son point faible. Je trouverai ces points et je frapperai le moment venu.

— Cela peut durer des années !

Ian resta sans rien dire un petit moment, fixant des yeux la pénombre de la pièce.

— Cela m'est égal. Ajit m'a autrefois fait apprendre un vers ancien par cœur : *Ne t'adonne pas à la vengeance avant de pouvoir l'exercer – le pois chiche qui saute dans la poêle quand il frit ne casse pas la fonte pour autant.* Je ne l'ai pas oublié, comme si, toutes ces années, j'avais pressenti que je devrais un jour m'en inspirer pour agir. Alors, Mohan, soit tu m'accompagnes sur cette voie, soit nos chemins se séparent ici.

Mohan fut parcouru d'un frisson glacé quand lui revinrent en mémoire les mots *shikar* et *shikari* : la chasse et le chasseur.

Ils partirent le lendemain matin sous une pluie battante, en direction des montagnes. Quand, devant le *lingam* de pierre dédié à Shiva, Ian s'entailla la peau et jura par son sang au dieu de la vengeance, moitié en indien, moitié en anglais, de ne prendre aucun repos avant que la mort déshonorante de son père eût été expiée, Mohan comprit ce que les chrétiens avaient en tête quand ils disaient que quelqu'un vendait son âme au diable.

46

Tandis qu'au fil des saisons des pousses nouvelles surgissaient des théiers taillés à intervalles réguliers jusqu'au moment où ils atteignirent leur large couronne si caractéristique, mûrissaient dans la tête d'Ian ses projets en vue d'éliminer les assassins de son père. Il s'écoula trois ans entre le premier élagage et la première récolte, et il lui fallut trois ans pour découvrir les hommes de la troupe du colonel Claydon, les uns en Inde, les autres en Angleterre. Trois ans pour connaître leurs points faibles, trois ans pour échafauder autant de plans adroits, rencontrer ces hommes et les détruire. Il prenait son temps, savourait chaque instant des préparatifs, attendait le moment favorable. Il agissait avec sang-froid et rigueur, cernait sa victime grâce à des agents bien payés ou en personne, jusqu'à l'instant où celle-ci tombait dans le piège tendu sous ses pieds. Il changeait d'identité, indienne ou anglaise, avec autant d'aisance qu'il changeait de costume.

James Haldane tomba le premier. Ian retrouva sa trace en septembre 1873 dans une fumerie d'opium de Bombay. Ils lièrent conversation, passèrent ensemble une soirée très plaisante au cours de laquelle Haldane s'endormit pour ne plus se réveiller, ayant commis une erreur dans le dosage de sa pipe.

Thomas Cripps se pendit après avoir perdu, dans l'arrière-salle enfumée d'un bouge, tout ce qu'il possédait lors d'un jeu de hasard clandestin face à un inconnu dont personne ne se rappela le nom.

Leslie Mallory connut un destin semblable qui le fit sombrer dans l'ivrognerie, ce qui lui valut d'être chassé ignominieusement de l'armée et rejeté par sa famille.

Emma Franklin, ayant eu une liaison, fut dénoncée anonymement. Le gentleman en question, s'étant présenté à elle sous un faux nom, ne put être découvert. Sur quoi Robert Franklin, d'un tempérament jaloux, abattit d'un coup de feu sa charmante épouse rousse avant de se donner la mort.

Quand Tobias Bingham se mit à entendre des voix, ses proches le placèrent dans une maison de santé, sans aucun espoir de guérison.

Quelques *sahibs* se querellèrent dans un *lal bazaar* de Calcutta. Samuel Greenwood, connu pour son tempérament irascible, se mit, ivre de fureur, à tirer autour de lui, tuant trois des filles mais, aussi, par malchance, son supérieur, ce qui lui valut d'être condamné à mort.

Il ne fut possible d'imputer à Ian qu'un duel, mais il se trouva suffisamment de témoins pour confirmer devant le tribunal qu'Edward Fox l'avait provoqué de telle sorte qu'il n'avait eu d'autre solution que d'accepter le défi. Il s'en tira avec une amende et des témoignages discrets de respect.

Il ne manquait désormais plus que le colonel, devenu *sir* Henry Claydon, qui avait pris une retraite paisible sur la propriété campagnarde de sa famille, dans les Cornouailles. Lui, mais aussi un caporal, un homme qui avait pris une part active à l'interrogatoire de Kâla Nandi, un homme qui s'entendait aussi bien qu'Ian à effacer ses traces. Celui-ci ne cessait de le talonner avant de perdre à nouveau sa piste.

Même s'il n'était pas toujours aux avant-postes, Ian s'arrangeait toujours pour être présent quand sa victime recevait le coup décisif et, lorsque des situations dégénéraient, prenant un cours bien plus grave qu'il ne l'avait envisagé, il s'en accommodait aisément. Il savait qu'il jouait là un jeu risqué, qui, le cas échéant, pouvait causer sa perte. Mais cela aussi, il semblait l'accepter d'un cœur léger.

Il savourait goulûment la vie tout en dansant sur un volcan. Il avait de quoi se le permettre : Tientsin avait été un maître exceptionnel. À Calcutta et à Londres, on s'arrachait le thé de Shikhara, les grossistes de la Mincing Lane surenchérissaient jusqu'à des sommes vertigineuses afin de s'assurer des caisses de bois d'apparence insignifiante. La maison de Shikhara avec tout son personnel fut suivie d'une autre à Londres, près de l'élégant Grosvenor Square, puis d'une autre encore à Calcutta. Il possédait des calèches, un wagon de chemin de fer et, pour finir, le *Kalika* qu'il avait fait construire dans un chantier naval londonien selon le dernier cri de la technique. Mohan était parfois saisi de vertige devant l'allure avec laquelle, depuis la première récolte en avril 1873, Ian fonçait de l'avant.

Tirant profit des progrès techniques foudroyants de l'époque, chemin de fer, bateaux à vapeur, télégraphe, il bondissait d'un point à l'autre de la planète, de Shikhara à Calcutta, de Calcutta à Surya Mahal, de Surya Mahal à Jaipur ou Bombay et, de là, à Londres avant de revenir en Inde. Où qu'il allât, Mohan le suivait comme son ombre.

Sa réputation de baron du thé, sa prestance, son élégance, le charme dont il savait user si nécessaire lui ouvraient les portes de la bonne société d'ordinaire infranchissables pour un parvenu. Il prenait les femmes qui lui plaisaient. Elles lui rendaient la tâche facile, notamment les femmes mariées de la haute en Angleterre. Il pouvait, quand il en avait assez, se débarrasser de ces dernières, autant que lui tenues à la discrétion, sans pour autant avoir à craindre des désagréments. Ian trompait avec habileté, et toutes aimaient se laisser tromper, aveuglées par son aura, sa fortune. Ian Neville disposait du plus grand des pouvoirs, le pouvoir de l'argent. Et il en était parfaitement conscient.

— Ah, Sophia, te voilà !

La voix sonore de sir Henry domina l'assemblée des ladies et gentlemen, le brouhaha des conversations et les accords du quatuor à cordes.

— Permettez-moi de vous présenter mon épouse, lady Sophia. Imagine-toi, ma chérie, que celui que tu as devant toi, dit-il en tapant d'un air jovial sur l'épaule d'un homme assez jeune à côté de lui, c'est l'homme dont je t'ai vanté si souvent le thé. Mr Ian Neville du Darjeeling. Nous venons de parler de l'Inde, cette bonne vieille Inde du temps jadis, du temps de lord Canning...

— Enchantée, roucoula lady Sophia en tendant avec grâce une main gantée de soie jusqu'au coude.

— Milady, c'est pour moi un grand honneur, murmura Ian Neville d'une voix grave qui évoqua à lady Sophia le velours pourpre qu'elle avait commandé, l'après-midi même, dans Savile Row.

Un délicieux frisson parcourut ses reins quand les lèvres d'Ian, sous la moustache brune, frôlèrent le dos de sa main. Tout en débitant les politesses habituelles, lui demandant s'il se sentait bien en Angleterre, s'il comptait rester longtemps et sur la nature de ses relations avec les hôtes de cette soirée, elle soumettait le jeune homme à un examen approfondi. Un planteur ? «Jamais de la vie, conclut-elle en son for intérieur, mais incontestablement un gentleman dont le commerce du thé était le violon d'Ingres et lui permettait accessoirement d'accroître sa fortune.» En tout cas, décida-t-elle au vu de sa prestance, de ses bonnes manières et de sa façon de s'exprimer, il serait tout à fait utile de lier avec lui plus ample connaissance. Elle afficha par conséquent son sourire le plus séducteur.

— Nous venons à Londres à plusieurs reprises dans l'année. Chez nous, dans les Cornouailles, tout est si terriblement calme ! Connaissez-vous les Cornouailles, monsieur Neville ? Non ? Oh, vous devez absolument les avoir vues une fois. Au fait, monsieur Neville, avez-vous déjà fait la connaissance de ma fille Amelia ?

La conversation fut agréable et une autre soirée, la même semaine, permit une nouvelle rencontre. Les renseignements recueillis par lady Sophia auprès de connaissances communes s'étant révélés relativement satisfaisants, on convint d'une sortie en calèche qui, le lendemain, fut suivie de l'envoi dans la maison de Grosvenor Square d'un billet dans lequel lady Sophia Claydon exprimait, au nom de toute la famille, sa joie à l'idée d'accueillir très prochainement Ian Neville dans leur propriété d'Oakesley Manor. Après le délai de convenance voulu, le secrétaire indien de Mr Neville transmit la nouvelle que son maître serait heureux de répondre favorablement à cette invitation : le début novembre serait-il une date susceptible de convenir ?

Ian leva les yeux avec impatience à l'entrée de Mohan dans le salon de l'appartement réservé aux hôtes d'Oakesley Manor.

— Alors ? demanda-t-il.

— Je viens une nouvelle fois d'en avoir confirmation. Les Claydon sont pratiquement ruinés.

— Parfait, dit Ian avec un sourire furtif tandis qu'il allait à son secrétaire, rédigeait un mot bref, le pliait et le tendait à Mohan. Fais-le parvenir dès aujourd'hui par courrier à Jennings à Londres. Voyons si nous pourrons aider l'honorable colonel à sortir de sa situation financière précaire, lança-t-il à son oncle avec un clin d'œil et une légère moue ironique.

— Tu progresses ? s'enquit Mohan.

— On ne peut mieux. La mère et la fille sont aux aguets, attendant que je me déclare, comme on dit si joliment. Mais je vais les laisser mijoter un ou deux jours encore.

Mohan avait déjà la main sur le bouton de porte quand, entendant son nom, il se retourna.

— Mohan, veille, s'il te plaît, à ce qu'on nous selle deux chevaux. Je crois que le temps se lève et j'aimerais aller jusqu'à la mer, au sommet des falaises. Il paraît que la vue y est spectaculaire.

TROISIÈME PARTIE

IAN

47

— Et c'est là que vous vous êtes rencontrés, ce jour de novembre, dit Mohan, concluant là son récit.

Quand il se tut, tomba un silence de mort. Même les nuages de la mousson semblèrent retenir leur souffle, les éclairs et le tonnerre cesser un instant. Avant de relever les yeux vers Helena, Mohan resta quelques instants plongé dans le passé. Entourant ses genoux repliés de ses deux bras entre lesquels son visage était à demi caché, Helena avait le regard vide, comme paralysée, incapable de bouger ne serait-ce qu'un doigt. Elle se sentait mal, écœurée de tant de souffrances, d'atrocités. Sous l'apparente insensibilité provoquée par l'horreur se déchaînait en elle une tempête d'images, de mots, d'impressions, de pensées. Elle releva à son tour la tête.

— Pourquoi m'avez-vous raconté tout ça ?

Mohan eut un léger sourire.

— À qui aurais-je pu le raconter sinon à vous ? Vous m'avez un jour demandé, dit-il en s'éclaircissant la voix, vous m'avez demandé pourquoi il vous avait épousée. Je n'ai alors su que répondre. Je crois qu'il était curieux et, sans le vouloir, vous aviez réveillé le chasseur en lui. J'ai compris avec le temps qu'il espérait que vous réussissiez à chasser les démons qui le tourmentent. Je l'ai moi-même espéré – très longtemps. Je… je souffre de ce que nous avons tous été trop faibles pour remporter ce combat… Il vous aime, ajouta-t-il avec une pointe de désarroi dans la voix. Je le sais.

Helena ne bougea pas d'un pouce, regardant toujours droit devant elle.

— Cela ne suffit peut-être pas, chuchota-t-elle.

— Vous n'allez pas rester, n'est-ce pas ?

Helena resta muette, écoutant en elle la tempête se frayer son chemin, provoquer une agitation fébrile, susciter le besoin de laisser derrière elle ce qu'elle avait vécu, ce qu'elle avait entendu cette nuit.

— Non, dit-elle tout bas, un tremblement dans la voix cachant mal une détermination de granit. Je suis obligée de partir.

Regardant Mohan droit dans les yeux, elle implora sans rien dire son pardon. Il opina.

— Alors, je ne vous retiendrai pas plus longtemps, dit-il en se levant. Je vais réveiller un valet, lui demander de seller deux chevaux et de vous accompagner.

— Non, cria-t-elle en bondissant.

— Alors, c'est moi qui vous accompagnerai à Darjeeling.

Helena secoua la tête, la peur dans le regard. Mohan eut un sourire bonhomme.

— N'ayez crainte, c'est uniquement pour vous protéger, pas pour vous surveiller. Avec un peu de tristesse et d'amertume, il ajouta : il n'ira pas vous rattraper. Il est trop fier pour cela.

— Non, je dois… je dois être seule, balbutia-t-elle, essayant de dire ce qu'elle ressentait.

Après un long regard interrogateur, Mohan acquiesça.

— Je reviens tout de suite.

Elle entendit ses pas s'éloigner et elle réveilla Yasmina qui, appuyée au montant du lit, s'était endormie à un moment quelconque durant les longues heures où Mohan avait parlé sans interruption dans la langue des *sahibs* dont elle ne comprenait que quelques mots. Elles venaient de déposer le dernier vêtement dans les sacoches de selle quand Mohan, rentrant dans la pièce, lui tendit un petit revolver.

— Tenez, à toutes fins utiles.

Elle le regarda, décontenancée.

— Vous enlevez le cran de sécurité ici, vous visez comme ceci et vous appuyez sur cette détente. On remet le cran de sécurité de la manière suivante. Je me sentirais plus rassuré si vous l'emportiez.

— Merci, dit-elle en glissant l'arme dans la ceinture de sa culotte de cheval.

Elle enfila ses bottes. Mohan lui tendit le châle en *pashmina* rouge au motif Paisley que, dans sa précipitation, elle avait oublié au milieu des vêtements qu'elle n'emportait pas. Helena le regarda comme si elle le voyait pour la première fois, puis elle eut soudain une nausée.

— Pourquoi n'avez-vous pas essayé de l'en dissuader ?

Sachant de quoi elle parlait, Mohan baissa les yeux.

— Il nous faut parfois obéir à un appel qui est plus fort et qui va au-delà de notre petit moi éphémère. Winston était mon frère de sang, Ian est son fils qui suit la voie de Shiva, dans la tradition des ancêtres de sa caste. Peut-être mon père, le raja, avait-il raison, peut-être le sang mêlé qui coule dans ses veines le conduira-t-il à sa perte ? Ian sera toujours déchiré entre deux mondes. Il se pourrait que lui avoir donné deux noms fut de mauvais augure. Il hésita un bref instant. Je n'avais que deux possibilités : le laisser avancer seul sur cette voie ou obéir à l'appel de Vishnou et l'assister dans son entreprise. Je me suis décidé pour la seconde qui m'a paru la seule juste.

Mohan la fixa.

— L'aimez-vous ?

Il avait chuchoté mais elle eut l'impression qu'il avait crié. Il y eut un éclair suivi d'un coup de tonnerre. Helena sursauta, avala avec peine sa salive et une vive lueur s'alluma dans son regard.

— Je ne sais plus, dit-elle d'une voix tremblante, comme tremblait la main qui prit le châle.

Ce fut pour elle une étrange sensation que de descendre le large escalier en compagnie de Mohan, dans l'obscurité et le silence nocturne. Chacun de ses pas lui coûtait, mais elle était poussée en avant par une force qui ne faiblissait pas. *Partir – partir à tout prix…*, répétait une voix en elle.

Dehors les attendait un valet, les yeux ensommeillés, tenant par la bride Shakti qui grattait le sol du sabot, agitée par l'heure inhabituelle de cette sortie. Elle se laissa néanmoins charger avec patience. Helena se retourna vers Mohan.

— Adieu, Mohan. Et merci pour tout.

Il sourit.

— Ne dites jamais adieu. Il peut toujours y avoir des retrouvailles, si ce n'est dans cette vie, peut-être dans une autre, dit-il en joignant les paumes de ses mains et en s'inclinant. Que les dieux soient avec vous et que Vishnou étende sa main sur vous. Je serais heureux que vous ne partiez pas. Là où vous êtes, il y a la vie… ce sera triste ici sans vous.

Helena eut une subite envie de l'étreindre mais elle eut peur de fondre en larmes. Mettant le pied à l'étrier, elle marqua un temps d'arrêt.

— Le lion…, murmura-t-elle, stupéfaite de l'étrange pensée qui lui était soudainement venue. Qu'est-il advenu du lion et de la fille du roi qui arboraient sur le front la même tache de naissance ? Le conte que Mira Devi m'a raconté quand…, se hâta-t-elle d'ajouter en s'apercevant de la perplexité de Mohan.

Mais, comprenant soudain, il secoua la tête.

— Je l'ignore. Je suppose qu'ils furent heureux après avoir surmonté quelques obstacles. Les contes se terminent toujours bien.

Helena détourna le regard, la gorge serrée.

Les contes oui, la vie non…

Puis, opinant avec un léger sourire, elle monta en selle. Elle aurait aimé ajouter quelque chose, mais elle en fut incapable. Avec un claquement de langue, elle enfonça ses talons dans les flancs de Shakti qui partit d'un trot alerte.

Helena, sentant dans son dos les regards, celui, soucieux, de Mohan, ceux, étonnés, de Yasmina et du valet, voulut se retourner une fois encore, une dernière fois, voir Shikhara, les fenêtres éclairées, le trait de lumière de la porte d'entrée, mais elle entendit Mohan lui dire tout bas, comme de très loin :

— Ne regarde pas en arrière – jamais…

Le gardien ouvrit un battant du lourd portail en fer forgé et lui lança un salut amical auquel elle répondit par un bref signe de la tête, puis elle lâcha la bride à sa jument qui prit le galop et s'enfonça dans la nuit.

Sans bruit, sans frapper, Mohan ouvrit la porte de la chambre d'Ian. Les braises, dans la cheminée, étaient sur le point de s'éteindre, ne lui permettant de distinguer que la vague forme d'Ian debout devant la porte du balcon, scrutant la nuit au-dehors.

— Elle est partie, dit Mohan en refermant la porte derrière lui, la chemise blanche de son neveu n'étant qu'une tache immobile dans l'obscurité.

— Tu lui as tout raconté ?

— Oui. Tout. C'est toi qui aurais dû le faire, ajouta Mohan après un bref silence. Et depuis longtemps !

— Peut-être.

La tache claire se déplaça. Mohan entendit le frottement d'une allumette, une petite flamme éclaira fugitivement le visage d'Ian, un visage figé, pareil à un masque. Puis il l'entendit inspirer la fumée et dire d'une voix rauque :

— Mais cela n'a de toute façon plus d'importance maintenant.

Mohan ne se rappelait plus quand il s'était pour la dernière fois senti aussi désemparé. Ian avait fait appel au pouvoir de Shiva, mais le dieu, dans une danse farouche, avait foulé aux pieds le soupçon de bonheur qui avait semblé être à portée de main.

— Je veux être seul. Renvoie aussi le personnel. Je ne veux personne dans la maison, claqua la voix métallique depuis la fenêtre.

Mohan quitta la pièce sans un mot. Il s'immobilisa un instant, hébété, dans la galerie d'où il voyait le hall d'entrée qui, en dépit de l'éclairage, lui parut désolé. Vishnou, aide-nous, pria-t-il intérieurement, fais en sorte que tout n'ait pas été vain !

48

Il faisait sombre, le lever du jour était encore lointain. D'épais nuages chargés d'humidité absorbaient la lumière des étoiles et de la lune, mais Shakti connaissait le chemin. Le heurt de ses sabots était le seul bruit dans la nuit. Même les animaux nocturnes se terraient, attendant le déclenchement de la mousson. Des éclairs jaillissaient de tous les coins du ciel, jaunâtres, orangés, bleutés, illuminant, l'espace d'une fraction de seconde, les nuages compacts envahissant la vallée, dessinant les silhouettes des champs et des bois. Helena respirait, soulagée, l'air humide saturé de l'odeur de la terre et des feuillages. Un vent se leva, faisant flotter ses cheveux. Elle se sentit libre et légère à ainsi partir, laissant derrière elle tout ce qui l'oppressait et lui avait coupé le souffle ces dernières semaines. Elle avait la tête agréablement vide, mais le cœur lourd, un cœur qui se contractait, douloureusement comprimé contre ses côtes, et dont chacun des battements était une piqûre d'épingle. Puis, sans préavis, des images importunes remontèrent en elle, tel un banc de nuages remontant le long des pentes de l'Himalaya, des voix venant de très loin. Helena accéléra l'allure afin de les distancer, mais elles ne cédèrent pas si bien qu'elle finit par renoncer, s'abandonnant à leur déchaînement, au tourbillon s'emparant de son corps et de son esprit.

Il vous aime – je le sais... Aimez-le – c'est la seule chose qui peut le sauver, la seule dont il ait peur... Les mains d'Ian sur sa peau brûlante, quelques heures plus tôt seulement, ses baisers pleins d'une passion douloureuse qui éveillaient en elle un tel désir qu'elle crut défaillir, son chuchotement rauque : « Tu es à moi, Helena, tu es mienne », et la sensation d'être entraînée inexorablement dans un gouffre obscur qui la priverait de son âme. *Il a vendu son âme au diable...* Ian, un assassin, le fils d'un assassin pendu pour haute trahison. *Rajiv, le caméléon, Rajiv, le bâtard.* Son mariage à Surya Mahal. *Comme s'il était l'un d'eux...* Helena ricana. *Il est l'un d'eux...* L'humiliation de la gifle à Londres quand, dans sa fureur, mais à son insu, elle lui avait lancé la vieille insulte, le touchant à son point faible. Ian et Rajiv, les deux faces d'une âme déchirée, portant sur sa peau et dans son cœur les cicatrices de ce pays. Le vieux raja qui avait voulu sacrifier sa fille et ses enfants à l'honneur de son peuple, léguant à son petit-fils le poison de la vengeance, polluant son âme. *Vendu au diable... Aimez-le... L'aimez-vous ? Je ne sais plus...*

Helena se mit à sangloter, des sanglots secs, amers, furieux, mais sans larmes, et le tonnerre qui déchira l'obscurité dans une explosion, soulevant le sol sous les sabots de Shakti, avala ses sanglots et ce qu'elle murmurait tout bas, *fuir, fuir encore – je veux fuir d'ici...*

Des branches lui fouettaient le visage mais elle ne s'en apercevait pas, elle galopait comme si elle avait le diable à ses trousses. Elle fuyait comme Winston et Sitara avaient fui, des années durant, une fuite dont le souvenir coulait toujours dans les veines d'Ian, tout comme son sang mêlé, et elle fuyait la même cruauté, la même horreur. Une horreur qui menaçait non son corps mais son âme. Elle n'avait qu'un but : oublier, chasser de sa mémoire et de son cœur Ian, Rajiv, tout ce qu'elle avait vécu, vu, entendu. *Fuir, fuir encore…*

Lentement apparut à l'est une lumière jaune pâle, trop faible pour pénétrer les bois épais, mais dessinant sur le fond noir de la nuit les masses nuageuses d'un gris sale s'abattant sur la terre. Elle ne relâcha les rênes qu'à la vue des premières maisons de Darjeeling. Les murs renvoyèrent l'écho des sabots de Shakti qui avait pris un trot vif, tandis qu'Helena pliait involontairement l'échine à la manière de quelqu'un commettant un interdit. Elle arrêta sa jument au coin de la large rue principale, devant la façade blanche de l'hôtel aux arcades. L'ayant attachée à un poteau, elle lui glissa quelques mots pour la tranquilliser et grimpa les marches du perron.

Elle hésita un instant. Le bâtiment était aussi silencieux et désert que le reste de la ville. Aucun membre du personnel ne devait être réveillé… Elle frappa timidement, puis, personne ne répondant, elle frappa plus fort, finissant par cogner de toutes ses forces contre la massive porte de bois. Quelqu'un ouvrit enfin, un garçon d'hôtel mal réveillé qui avait hâtivement enfilé son uniforme. D'un ton brusque il voulut la renvoyer, mais elle lui coupa la parole, exigeant d'être conduite à la chambre de Mr Richard Carter.

— Miss, nous n'avons pas pour habitude…

— Amenez-moi à sa chambre, bon Dieu ! lui intima-t-elle en donnant un coup de poing énergique contre le chambranle de la porte. Il… il m'attend…

À ces derniers mots, sa voix faiblit. La recevrait-il à cette heure-là ?

Le garçon d'hôtel la toisa, le sourcil froncé, un sourire entendu dans le regard qui fit monter le rouge à la tête d'Helena, de honte et de fureur.

— Je vous en prie, dit-il en ouvrant un battant d'un geste nonchalant et effronté, tout en lui laissant le passage.

— Faites que l'on s'occupe de mon cheval, lui lança-t-elle d'un ton hautain, alors qu'elle tremblait intérieurement.

Elle suivit le garçon d'hôtel le long de couloirs aux murs tapissés de soie jusqu'à une porte en bois aux reflets rougeâtres. L'homme tapa à la porte, une fois, deux fois, avant que ne répondît une voix ensommeillée.

— Excusez-moi de vous déranger, mais il y a là, dit le garçon en toussotant, ce qui à nouveau fit rougir Helena, de la visite pour vous.

Au bout de quelques secondes, la porte s'ouvrit. Richard Carter regarda le garçon d'hôtel d'un air mi-irrité, mi-étonné avant de s'apercevoir de la raison de ce dérangement.

— Helena…

Il attacha en hâte la ceinture de sa robe de chambre. Les mèches de ses cheveux noirs qui lui tombaient sur le visage lui donnaient une apparence juvénile.

Helena avait la gorge si serrée qu'elle ne réussit pas à le saluer. Il lui suffit de le voir pour que ses genoux cèdent sous elle. Richard l'attrapa au vol et elle l'entendit commander du thé et un petit-déjeuner, quelqu'un attiser le feu dans la cheminée, puis la porte se refermer.

Il la mena au canapé devant la cheminée et la fit asseoir sur les coussins. Privée de toute volonté, elle le laissa lui ôter ses bottes et l'envelopper dans une couverture de laine.

— Mais tu trembles, dit-il en s'asseyant auprès d'elle. Veux-tu me dire ce qui s'est passé ? insista-t-il en lui caressant la joue tout en la regardant au fond des yeux.

Une digue céda et elle fondit en larmes dans ses bras, des larmes de peur, de colère, de tristesse et d'épuisement. Comme au travers d'un mur, elle entendit frapper à la porte, Richard dire quelques mots, des pas aller et venir dans la pièce, de la vaisselle tinter, le frottement d'une allumette, les craquements du bois qui prend feu, puis de nouveau des pas, la porte, le silence enfin.

Elle leva la tête, se passa la main sur ses joues mouillées et brûlantes, se moucha.

— Je… je l'ai quitté, murmura-t-elle dans un sanglot, suivi de nouvelles larmes.

Richard lui caressa tendrement la tempe et la pommette.

— C'est lui qui t'a fait ça ? Dieu du ciel !

Il se leva et alla à une petite armoire contenant des flacons en cristal pleins de liquides brunâtres. Touchant ces deux endroits sur son visage, Helena sentit que du sang, en séchant, avait formé des croûtes. Elle voulut prendre la défense d'Ian mais ne réussit pas à émettre un son. Richard tamponna les blessures avec un mouchoir imbibé d'alcool. Helena prit une profonde inspiration pour ne pas crier.

— Je sais, dit-il à voix basse, ça va passer tout de suite.

Des étincelles dorées dansaient dans ses yeux tendres. L'attirant contre lui, il la berça, l'embrassant avec précaution sur le front, la naissance des cheveux.

— C'est fini.

— C'est fini…, répéta Helena en pensée, mais elle n'en ressentit aucun soulagement.

— Je vais t'emmener loin d'ici. Dès demain si tu es d'accord. Ce pays peut véritablement priver quelqu'un de son âme, dit-il comme pour lui-même.

Helena prit la tasse qu'il lui tendait et but le thé bouillant à petites gorgées. Il la regarda attentivement. Plongé dans ses pensées, il lui caressa une joue du dos de la main.

— Tu méritais mieux que ça, murmura-t-il.

Que quoi? se demanda Helena. Elle avait les paupières lourdes sous l'effet de la vapeur chaude et elle s'aperçut enfin de son état d'épuisement. Se penchant, Richard l'embrassa tendrement sur la joue, au-dessous des blessures, puis, lui reprenant la tasse des mains, il lui dit :

— Dors à présent !

Il l'aida à se lever et la conduisit dans sa chambre attenante. La couverture était encore rabattue et l'oreiller froissé. Helena tomba comme une pierre sur le lit. Elle sentit encore, avant de sombrer dans un sommeil de plomb, qu'il la recouvrait de la couverture et lui donnait un léger baiser, puis qu'il refermait sans bruit la porte derrière lui.

49

Quand elle s'éveilla, elle ne put dire si c'était le jour ou la nuit. Un bruit attira son attention et elle tendit l'oreille. Le bruissement régulier devant la fenêtre aux rideaux tirés lui apprit que la mousson avait commencé. Le tonnerre descendait des montagnes, des roulements paisibles, presque réconfortants. Au bout de quelques secondes, elle se rappela où elle était. Si ses muscles étaient douloureux, elle souffrait bien plus encore d'une sensation de vide. Ce qu'elle avait laissé derrière elle lui apparaissait comme un cauchemar irréel, mais dont elle avait gardé une espèce de nausée au creux de l'estomac. *Ne regarde pas derrière toi – jamais…*

Elle rejeta les jambes hors du lit avec un soupir et gémit tout bas en se regardant dans le miroir de la coiffeuse : cheveux emmêlés, face souillée et rougie, yeux gonflés et entourés de grands cernes, tempes et joues striées de sang séché et de croûtes ! Elle tâta avec précaution les blessures. Ne venaient-elles que des branches qui lui avaient fouetté le visage au cours de sa cavalcade nocturne ou Ian en avait-il sa part ? Elle n'arrivait pas à se souvenir… *Mais quelle importance cela peut-il encore avoir ?* Elle plongea la figure dans le baquet d'eau froide, lava de son mieux les séquelles de la nuit et se recoiffa tant bien que mal avant d'ouvrir la porte du salon. Une lumière chaude dispensée par des lampes et un feu crépitant dans l'âtre l'accueillirent. Richard leva la tête de son journal et lui sourit.

— Bien dormi ?

Elle acquiesça avec embarras.

— Combien de temps est-ce que…

— Presque douze heures, nous sommes déjà en fin d'après-midi. Votre *tea time*, comme vous le dites si joliment dans votre Angleterre. Tu as certainement faim, dit Richard avec un geste en direction de la table basse devant lui.

Opinant, elle prit place dans le siège lui faisant face. Avec satisfaction, il l'observa quelques minutes se précipiter sur les sandwiches et les gâteaux aux fruits et vider tasse sur tasse, lui-même la resservant, avant de se replonger dans son journal. Helena le regardait à la dérobée par-dessus le rebord de sa tasse. Quelle intimité, quelle confiance régnaient entre eux ! Richard présentait bien, avec réserve et naturel, dans son costume parfaitement coupé et la cravate assortie. Ne serait-il pas agréable d'être ainsi assise en face de lui tous les matins au petit-déjeuner ? Agréable et apaisant, comme cela n'avait jamais été le cas avec Ian. Elle fut effrayée de constater qu'à cette idée elle n'éprouvait rien d'autre qu'un vide étrangement oppressant. Elle se hâta de baisser les yeux, désemparée par ses pensées curieuses et de telles sensations.

Elle ramassa les dernières miettes de son assiette et le froissement du journal lui fit lever les yeux. Richard, après l'avoir soigneusement plié, le rangea.

— Je me suis permis de t'enlever ça, dit-il en montrant le dessus de la cheminée sur lequel elle aperçut le canon argenté du revolver, pendant que tu dormais. J'imagine ce que tu as dû supporter pour te procurer ce genre de truc.

Elle eut un geste de dénégation de la main, voulant objecter : « Non, ce n'est pas ce que tu penses », mais une voix chuchota en elle : « Ian est un assassin, Helena, un assassin... », et elle rabaissa la main sans rien dire.

— Je ne connais pas ton... je ne connais pas Mr Neville. Mais d'après ce que j'ai entendu dire de lui, il semble être un homme très... euh... difficile.

— Jusqu'à hier, j'ignorais moi-même combien, murmura-t-elle comme se parlant à elle-même.

Richard la regarda avec gravité et insistance.

— Personne ne peut t'obliger à rester mariée. Nous ne vivons par chance plus au siècle passé, tu peux divorcer si tu le désires. Ce n'est pas chose aisée et si on ne s'y prend pas avec adresse cela peut signifier la mort sociale. Mais c'est possible.

Il observa un temps de silence et Helena le vit réfléchir, cherchant à bien peser ses mots.

— Je t'aiderai volontiers si tu le veux. Je connais de bons avocats et, après ce qu'il t'a infligé, il existe de bonnes chances d'obtenir une séparation. Mais je vais être franc avec toi : je nourris l'espoir... (La voix lui manqua, il se passa une main nerveuse dans les cheveux.) Je nourris l'espoir que tu acceptes de prendre un nouveau départ avec moi.

Helena s'apprêtait à répondre, mais il eut un geste d'apaisement.

— Ma proposition de t'aider ne dépend pas de ta réponse. Je ne pose aucune condition, Helena, mais il n'y a rien que je désire autant. Je... je désire que tu deviennes ma femme.

Pourquoi Richard était-il toujours tel qu'Helena pensait qu'il devait être ? Ce qu'il lui disait, son attitude envers elle ? Tout, chez lui, paraissait simple, sans contraintes, sans réticences.

— Mais ce que je désire avant tout, c'est que tu puisses me faire confiance, poursuivit-il. Or la confiance implique toujours la sincérité et… et il y a quelque chose que je t'ai tu, dit-il en considérant ses mains jointes. Il ne m'est pas facile d'en parler. Je ne l'ai encore jamais dit à personne. Mais je ne peux pas prendre sur moi que tu prennes une décision sans savoir la vérité.

Helena aurait voulu l'arrêter, elle ne voulait plus entendre parler du passé, pas ici, pas en ce jour, mais, comme envoûtée, elle ne put articuler un seul mot ni se lever de son siège, obligée, à son corps défendant, de l'entendre.

Il alla se servir un demi-verre d'un liquide ambré, revint à la cheminée et fixa les flammes. Il but une gorgée, lui lança un bref regard et se mit à raconter d'une voix rauque et inquiète qu'elle ne lui connaissait pas.

— J'ai jadis été quelqu'un d'autre, j'ai eu une autre vie. Ici, en Inde.

Il se tourna vers la cheminée, s'appuya d'une main sur le rebord et poursuivit d'une voix maintenant voilée :

— Je suis né dans un trou du pays de Galles, mon acte de naissance portait le nom de Richard James Deacon. On m'appelait Dick. Comme beaucoup, je rêvais d'explorer le vaste monde, de conquérir la gloire et l'honneur. Je suis entré dans l'armée. J'étais encore très jeune quand je suis arrivé en Inde, le joyau de la

Couronne britannique. Mon Dieu, que j'étais naïf ! J'ai aimé l'armée, la vie militaire, la camaraderie. J'aimais même l'Inde et ses habitants.

Mais le 12 mai 1857 changea tout : lui et les autres soldats de sa compagnie entendirent parler, à Calcutta, du déclenchement de l'insurrection à Meerut et de la prise d'assaut de Delhi. Devoir désarmer leurs cipayes avec lesquels ils avaient lié une certaine amitié et les surveiller comme le lait sur le feu leur coûta beaucoup. Du jour au lendemain s'était creusé entre eux un fossé de méfiance absolue. Un temps d'attente inquiète commença, avec l'espoir que les soulèvements resteraient l'exception, un incendie local et limité. Espoir qui se révéla fallacieux.

Puis vint Kampur, la ville dont le nom symbolisa en définitive la cruauté des révoltés, Kampur, la ville de garnison offrant prétendument un abri sûr dans lequel des centaines de personnes des environs, mais aussi ayant fui Delhi à trois cents miles de là, avaient cherché refuge et désormais assiégée par les insurgés. Au bout de plusieurs semaines, le général sir Hugh Wheeler, le commandant de la place, avait réussi à négocier un sauf-conduit pour les Anglais pris au piège avec Nânâ Sâhib, le souverain de Bithur, que les émeutiers avaient choisi pour les commander. Quand le millier de personnes, dont un tiers de femmes et d'enfants, monta sur les bateaux qui devaient les faire descendre le cours du Gange jusqu'à Allahabad, Nânâ Sâhib donna l'ordre de tirer sur les embarcations. Beaucoup se noyèrent. Quelque deux cents personnes survécurent, dont cent vingt-cinq femmes et enfants, qui furent enfermés dans un bungalow. La dysenterie et le choléra y sévirent durant deux semaines infernales, occasionnant de nombreuses victimes, aidés en cela par une chaleur insupportable, et, dans la nuit du 15 juillet, Nânâ Sâhib fit massacrer les prisonniers jusqu'au dernier par un groupe de bouchers locaux.

— Le lendemain, sous la conduite du général Havelock, nous avons atteint Kampur. Nânâ Sâhib avait dû être prévenu de notre arrivée et de notre détermination à tout mettre en œuvre pour libérer les prisonniers, expliqua Richard en se tournant vers Helena avec une lueur farouche dans le regard. J'étais là, Helena, j'ai tout vu. Tous les cadavres. Ce qui restait d'eux, femmes et enfants violés et défigurés. Les morts sur les quais. Un spectacle qu'on n'oublie jamais.

Reposant son verre vide, il fixa de nouveau les flammes.

— Moi, je ne l'ai pas oublié, et je ne l'oublierai jamais. Nous fûmes saisis d'une colère noire, d'une haine aveugle. Quand l'un de nous risquait de flancher, nous lui criions : « Pense à Kampur, pense au 15 juillet ! » Et nous continuions, emprisonnions, pendions, fusillions et pillions. Aucun des participants à cette horreur ne devait s'en tirer à bon compte.

Il alla se resservir un autre verre.

— Un nom revenait sans cesse, un nom indien, mais tous ceux que nous interrogions juraient qu'il s'agissait de l'un des nôtres. Nous avons d'abord cru à un mensonge, à une ruse, une erreur. Mais, les accusations persistant et la situation dans le pays s'étant apaisée dans une vaste mesure, on envoya à la recherche de cet homme un commando de mon régiment. Huit hommes avec, à leur tête, un colonel. Nous avons parcouru l'Inde de long en large pendant près d'un an. Il nous a échappé de justesse à plusieurs reprises mais a fini par tomber entre nos mains à l'ouest du pays, dans le désert, dans un endroit inhabité du Rajputana. Dieu seul sait ce qu'il était allé chercher là-bas ! Il était décharné, une espèce de sauvage, à bout de forces. Mais rien n'avait brisé son esprit et sa volonté. Nous avons essayé par tous les moyens de lui faire avouer son vrai nom, ses origines, son régiment. Je t'épargnerai le détail des moyens auxquels nous avons recouru. Ce ne fut pas joli, joli. Mais nous lui vouions une telle haine ! Il nous avait de toutes parts été confirmé qu'il avait été en réalité le bras droit militaire de Nânâ Sâhib, plus, donc, qu'un simple participant aux assassinats. Et il l'a reconnu sans détour ! Je fus le dernier à tenter une dernière fois de percer son identité.

Richard visa son verre d'un trait.

— Peut-être parce qu'il n'avait plus de forces après ce que nous lui avions infligé ou parce qu'il savait sa dernière heure venue, il m'a alors parlé de son épouse décédée, une Indienne. Il prétendit qu'elle avait été une princesse. J'ignore si c'est la vérité. Il m'a même montré une photo d'elle et de ses enfants. Elle était très belle. Morte, tuée à Delhi, et tout ce qu'il avait fait, il l'avait fait pour se venger. Cela peut paraître étrange, mais je l'ai compris d'une certaine manière. Car qu'avions-nous fait, de notre côté, sinon venger nos femmes et nos enfants ? Je l'aimais bien, bizarrement. Nous étions dans des camps opposés, mais, en d'autres temps, en d'autres lieux, nous aurions peut-être pu devenir des amis.

Richard regarda un instant dans le vide, puis il desserra sa cravate.

— Nous l'avons pendu et enterré sur place. Pour avoir exécuté les ordres avec succès, j'ai obtenu la médaille du mérite. Je l'ai balancée quand, peu après, j'ai quitté le service. Je ne voulais plus avoir rien à faire avec tout cela. Je n'avais qu'une envie, fuir, fuir n'importe où. J'ai atterri aux États-Unis où j'ai pris un nouveau départ. Mais – ironie de l'Histoire – peu après, ce pays où j'espérais trouver la paix se retrouva lui aussi au bord d'une guerre sanglante. Je réussis à quitter la côte orientale à temps, m'installai en Californie où, de manière illégale, j'ai pris le nom d'un mort qui, signe du destin sans doute, avait Richard comme prénom. Je remplaçai ensuite mes faux papiers par de plus authentiques. Je n'ai jamais eu de scrupules à agir ainsi : Richard Deacon était, d'une certaine manière, effectivement mort sur la terre indienne. Devenu Richard Carter, je suis parvenu à construire une existence nouvelle, avec succès, comme tu le sais.

Il s'efforça de sourire, mais en vain.

— Mais oublier, oublier, ça, je n'y arrive pas, dit-il tout en farfouillant sous son col.

Il sortit un objet métallique suspendu à une chaînette qu'il fit passer par-dessus sa tête et le posa dans la main d'Helena.

— J'espère simplement que tu ne penses pas trop de mal de moi. Je regrette du fond de mon cœur ce qui s'est passé, mais je ne peux faire que cela n'ait pas eu lieu. Le hasard a voulu que, il y a quelques mois, j'aie rencontré dans mon hôtel, à Calcutta, un de mes camarades de ces temps maudits qui m'a raconté l'histoire insensée d'une malédiction pesant sur nous depuis l'exécution de ce traître. Il est vrai qu'il nous a maudits haut et fort avant de mourir, mais je ne crois pas aux malédictions. Je me suis néanmoins livré à des recherches et il est exact que nous avons tous été victimes d'un sort funeste. Tous, sauf moi. Il semble que quelqu'un exerce une vengeance rétrospective. Je pense que cela aussi tu dois le savoir.

Après une brève hésitation, il montra le pendentif qu'Helena avait toujours dans la main.

— C'est Kâla Nandi qui me l'a donné avant son exécution et je le porte depuis lors. C'est peut-être ce qui m'a protégé. Je suis en bas, au bar, si tu me cherches.

En passant à côté d'elle, il lui toucha légèrement l'épaule. La porte se ferma. Elle était seule.

50

Helena, comme sous le choc, immobile, fixait son poing fermé et dut se forcer pour l'ouvrir. À la vue du médaillon, les larmes lui montèrent aux yeux.

Sur le côté gauche, une belle et jeune femme la regardait, la peau blanche, de grands yeux noirs. Elle reconnut celle qu'elle avait vue jadis dans la tour interdite de Surya Mahal. La jeune femme paraissait regarder avec amour tout à la fois l'observateur extérieur et les deux enfants sur la moitié droite du médaillon, une fillette ressemblant à sa mère comme deux gouttes d'eau, bien qu'ayant la peau plus pâle, et un garçon un peu plus âgé. C'était Ian, les mêmes traits, les yeux de sa mère, les yeux de Mohan ! Rajiv, avant sa métamorphose en caméléon, avant sa stigmatisation comme bâtard.

Elle retourna le médaillon et passa le doigt avec douceur sur trois grandes lettres latines gravées dans le couvercle : RAS (Rajiv, Ameera, Sitara). Et *ras* ou *rasa* pouvait aussi en hindoustani, selon le dialecte et les circonstances, signifier la moelle, le meilleur de quelque chose, la beauté, l'amour. Mais également le poison. De ces racines découlait *rasendra*, la légendaire pierre philosophale dont les alchimistes croyaient qu'elle transformait le métal en or.

«Comme si ce médaillon contenait son cœur qui menaçait de se briser», avait dit Mohan à propos de Winston. Helena comprit comment en cet instant, un jour de mai, vingt ans plus tôt, Winston était devenu Kâla Nandi. Il n'existait aucune excuse pour toutes les atrocités qu'il avait commises, dont il admettait être coupable et pour lesquelles il avait péri. Mais elle comprenait que ce médaillon contenait effectivement le cœur de Winston, ce qu'il possédait de meilleur dans la vie, qui était devenu poison quand son cœur, à l'instant de l'explosion, s'était brisé.

Avait-il appris qu'Ian avait survécu ? Cherchait-il à le rejoindre ou bien tentait-il désespérément de trouver un asile à Surya Mahal, parce que, en dépit de tout ce qui lui était arrivé, le palais lui semblait l'endroit le plus sûr ? Helena comprit qu'elle ne le saurait jamais. Winston avait emporté la réponse dans sa tombe.

Elle s'était parfois demandé quel enfant Ian avait été. Elle le savait désormais, elle le voyait, et elle connaissait aussi le chemin qu'il lui avait fallu parcourir depuis lors. Elle le comprenait soudain, chose qu'elle avait si longtemps désirée. Elle comprenait d'où il venait, ce qu'il avait vu et vécu, qui il était. Cela n'excusait rien, mais cela expliquait tout.

Chrysó, l'enfant d'or : ces mots, tout à coup, resurgirent dans sa mémoire, des mots qu'elle croyait oubliés, des mots qu'elle avait entendus, petite fille, sous le soleil de la Grèce. Elle crut un instant sentir la poussière dans les rues, l'odeur des vignes, le parfum d'herbes sèches que portait sur elle la vieille femme. Le destin te mènera dans des pays étrangers. *Deux hommes – deux ennemis – voudront conquérir ton cœur, et tu élucideras le secret qui les lie l'un à l'autre*… Helena faillit éclater de rire, mais l'effrayante vérité la saisit à la gorge, l'écœurement lui emplit la bouche.

Le fin objet en argent était lourd dans sa main, lourd de tout ce qu'il renfermait, de tout ce qui lui était lié, des souffrances, des souvenirs, lourd de la certitude qu'en cet instant elle tenait en main le sort d'Ian et celui de Richard. Si Ian apprenait que Richard était l'homme qu'il pourchassait depuis des années, le dernier à devoir payer la mort de son père, il n'hésiterait pas une seconde à le détruire. Elle se sentit mal à l'idée qu'ils s'étaient défiés du regard lors du fameux bal de Londres, qu'Ian n'aurait eu qu'un geste à faire… Si Richard apprenait qu'Ian était le fils de celui qu'il connaissait sous le nom de Kâla Nandi, que c'était lui qui avait ses camarades sur la conscience, il n'hésiterait pas non plus une seconde à lui en faire rendre compte. Si quelqu'un apprenait qu'Ian était un Eurasien, celui-ci devrait quitter Shikhara, le rêve de toute une vie. À contrecœur, elle dut rétrospectivement donner raison à Shushila : il y avait des secrets trop dangereux pour être confiés à autrui, et, malgré tous les efforts d'Ian pour l'en préserver, elle connaissait désormais ce secret, les deux faces d'un même secret.

Que faire de ce savoir, de ce secret, de leurs existences ? Ce médaillon était porteur de tout, en lui convergeaient tous les fils du drame. C'est le cœur lourd qu'Helena songea à ce que cela signifierait pour Ian si elle le lui apportait. Mais cela équivaudrait à la perte des deux hommes, Ian et Richard, chasseurs et pourchassés tout à la fois. Elle pressentit qu'elle devait cacher ce secret. Le fardeau que cela représentait lui parut insupportable. *Ne te laisse pas abuser par le premier coup d'œil – les choses ne sont parfois pas telles qu'elles paraissent au premier abord ou telles qu'on les voudrait…* Non, les choses n'étaient pas telles qu'elles paraissaient au premier abord, mais elles avaient leur propre vérité, une vérité irréfutable, aussi amère et douloureuse qu'elle fût.

Helena se sentit misérable, une lassitude de plomb s'empara d'elle. Elle était lasse d'entendre des histoires d'un passé sanglant, des histoires plus vieilles qu'elle-même mais qui cherchaient à l'entraîner dans leur tourbillon mortel, lasse de ce pays empli de cruauté et de haine. Comment avait-elle pu atterrir ici ? Elle se leva, les membres lourds, et, allant à la fenêtre, regarda longtemps la pluie fouetter le sol de la rue.

Elle se sentait trompée. Trompée par l'image qu'elle s'était faite de Richard, celle d'un homme aux mains non ensanglantées, pas harcelé par les démons du passé, trompée car elle avait eu l'illusion de pouvoir oublier Ian auprès de lui. Jamais plus elle ne pourrait le regarder sans penser au fil du destin qui unissait les deux hommes, sans se dire qu'un caprice du sort l'avait conduite à l'autre bout du monde, contre son gré, à seule fin de découvrir ce lien entre eux. Où qu'elle allât désormais en compagnie de Richard, Ian serait perpétuellement du voyage.

Le carreau de la fenêtre lui rafraîchit agréablement le front et les joues. Elle fut soudain en proie à la nostalgie, nostalgie de la cime du Kangchenjunga sous un ciel clair, image qu'elle ne verrait plus jamais, de ses couleurs changeant au fil des jours, fraîcheur de l'argent, flamboyance du rouge et de l'or, pâleur des gris. *Je ne saurai jamais à quoi ressemble l'automne – ni l'hiver…* Elle songea à la maison, aux plantations de théiers ondulant sous le vent juste avant la récolte, à son jardin qui, après la mousson, allait fleurir et revêtir toutes les couleurs de l'arc-en-ciel, à tous ceux qui contribuaient à ce que Shikhara fût ce qu'elle était.

Il y a si peu de temps que je suis ici – je ne peux tout de même pas partir… je ne veux pas déjà partir… Ses regrets étaient si forts qu'ils la déchirèrent ; elle comprit que, en si peu de temps, son cœur s'était enraciné, que des pousses nouvelles avaient surgi des moignons de racines qui lui étaient restés, comme morts, depuis son brusque départ de Grèce. Elle songea à Surya Mahal, splendide à en couper le souffle, à la beauté du paysage de l'aride Rajputana, aux gens qu'elle y avait rencontrés. « Tu portes déjà l'Inde dans ton cœur », lui avait dit Djanahara. Elle comprenait à présent que c'était vrai. « Aime-moi comme tu aimes ce pays », avait-elle pensé, un jour, dans les bras d'Ian. *L'aimez-vous ? – C'est la seule chose qui puisse le sauver, et la seule chose qu'il craigne…*

Elle eut soudain l'impression que Mohan était là, à côté d'elle, et qu'il lui chuchotait à l'oreille : « *Karma*, ton sort, ton destin. — J'aimerais savoir quel est mon destin », lui répondit Helena en pensée et elle devina le sourire de Mohan. « Cesse de lutter contre lui – laisse-le s'accomplir… Lutter contre lui n'apporte que de la souffrance… »

Je ne veux plus lutter, se dit Helena en fermant les yeux avec lassitude.

— Je veux la paix, murmura-t-elle contre le carreau. Que vais-je faire ?

Le désespoir la submergea, elle serra de ses doigts le médaillon de métal.

Deux hommes – ennemis – l'un d'eux fera ton bon-heur... Ian, Rajiv, bâtard, caméléon, fils d'un Anglais, fils d'une princesse rajpoute, blanc et noir... Aime-moi comme tu aimes ce pays... Aimez-le, bétii... L'aimez-vous ? Vous avez un cœur de lutteuse... Les choses ne sont pas telles que tu veux les voir... Je veux la paix... Je veux rentrer chez moi... chez moi...

Qu'il était étrange qu'elle eût la nostalgie d'un endroit où elle avait été emmenée contre son gré, la même nostalgie qu'elle avait éprouvée, sa vie durant, pour la terre ensoleillée de la Grèce. Le destin l'avait conduite jusqu'ici, ne lui mettant en main que des fils dont elle ne voyait pas le bout – mais à présent elle avait le pouvoir de décider.

Je veux rentrer chez moi... à Shikhara... Ian... le chasseur... le lion...

Elle rouvrit les yeux et une merveilleuse légèreté s'empara d'elle, un soulagement, une libération.

Elle chercha de l'encre dans le tiroir du secrétaire, du papier et un porte-plume afin d'écrire un petit mot à Richard. « Je ne peux pas. Pardonne-moi. Helena. » Elle considéra une dernière fois le médaillon, un sou-rire douloureux aux lèvres, avant de le refermer avec douceur et de le poser sur le billet.

Elle enfila ses bottes qu'un garçon d'hôtel avait entre-temps briquées, glissa de nouveau le revolver dans sa ceinture et parcourut la pièce du regard.

— Merci, Richard, chuchota-t-elle, puis elle partit sans se retourner.

51

Elle attendit, sous les arcades, qu'un garçon d'écurie lui amenât Shakti. L'employé de l'hôtel qui l'avait si mal accueillie le matin s'avança vers elle.

— Êtes-vous certaine de vouloir partir par ce temps ? demanda-t-il en montrant du menton les torrents d'eau.

Elle eut un instant d'hésitation. Affronter la pluie et le vent à cheval ne l'effrayait pas. Ce qu'elle craignait, c'était ce qui l'attendait à Shikhara. Ian serait-il encore là ou se serait-il déjà enfui, comme si souvent dans son existence ? Ou, pire encore, l'enverrait-il au diable, dans sa colère ? Elle n'avait pourtant pas le choix, elle devait risquer le tout pour le tout.

— Oui, tout à fait certaine.

Elle avait déjà le pied à l'étrier quand l'homme lui cria :

— Dois-je dire quelque chose de votre part à Mr Carter ?

Elle le considéra deux ou trois secondes, puis fit signe que non et monta en selle. Elle fut instantanément trempée de la tête aux pieds. Bien qu'incommodée elle aussi, Shakti prit sagement le trot. La pluie fouettait le visage d'Helena comme autant de piqûres d'épingle, elle eut bientôt les bottes pleines d'eau.

Au milieu des éclairs et des grondements du tonnerre, loin d'être terrorisée, elle se sentait dans son élément, remplie de la soif de vivre. Elle concentrait toute son attention sur sa chevauchée, les routes et les chemins étant boueux, glissants et encombrés d'éboulis. La jument devait franchir de véritables ruisseaux descendant des pentes ; plus d'une fois, il lui arriva de trébucher. Helena la tranquillisait de la voix, l'encourageait et, se fiant à son instinct, la guidait. *Rentrer...* *rentrer...*

Elle priait, priait Vishnou et Krishna de lui permettre d'arriver à Shikhara avant la tombée de la nuit car, dès maintenant, dans le demi-jour laissé par les nuages lourds et l'ombre des arbres, il lui était de plus en plus difficile de distinguer son chemin. De part et d'autre s'étendaient des champs de théiers, vastes surfaces sombres, et Helena croyait entendre les plantes respirer et absorber goulûment l'eau du ciel qui leur donnerait le lourd arôme de la récolte d'automne. Le soir colorait les collines d'un gris sale quand la porte d'entrée de Shikhara surgit devant elle. Ouverte, sans gardiens.

Elle arrêta sa jument, déconcertée. La maison était dans l'obscurité, muette, aveugle, rebutante. Aucune fenêtre n'était éclairée. Elle frissonna, son courage fléchit. Que faisait-elle ici ? Au bout de quelques secondes où elle se sentit perdue, elle poussa néanmoins avec résolution Shakti en avant, sur le sentier de gravier menant à la maison.

Elle descendit de selle et grimpa les marches en toute hâte. La porte n'était pas fermée à clé, il régnait dans le vestibule faiblement éclairé un silence sépulcral, la maison était vide et morte. Seuls les éclairs lui donnaient une apparence fantomatique. Helena n'aurait su dire depuis combien de temps elle ne s'était sentie aussi effroyablement seule et abandonnée. Ce n'était pas le chez-soi qu'elle aspirait à retrouver, pour lequel elle avait entrepris cette chevauchée aventureuse. Elle eut envie de crier, d'appeler Yasmina, Mohan, Ian, mais s'en abstint, comme craignant d'éveiller des démons cachés dans les recoins.

Elle monta à l'étage d'un pas lent, ses bottes laissant derrière elle des traces sombres. En haut, tout était dans l'état où elle l'avait laissé la nuit précédente. Son lit était même encore recouvert des vêtements épars qu'elle y avait jetés dans sa fuite. Elle resta là quelques instants, désemparée : avait-elle tout perdu ? Tout était-il fini ?

Le fracas de la mousson l'attira au-dehors, sur le balcon. Ian y était assis.

Une petite lampe éclairait à peine un cendrier débordant de mégots, un verre vide et une bouteille qui l'était presque aussi, et faisait glisser des ombres sur le visage d'Ian immobile, regardant la pluie devant lui.

À la lumière d'un éclair, elle vit son état d'épuisement, de vide. Elle eut l'impression que la furieuse énergie qui l'habitait en permanence l'avait abandonné. Elle ne quitta pas du regard, comme sous un charme, l'homme qui l'avait attirée par contrainte dans sa vie, dans son monde, qui l'avait gratifiée de grands moments de bonheur mais aussi de souffrance. Elle devina que lui aussi essayait de lutter contre son destin.

Il dut sentir ce regard sur lui, car il leva la tête dans sa direction. Un bref flamboiement dans le couvercle nuageux permit à Helena de lire dans ses yeux la vulnérabilité, de découvrir le tréfonds de son être. Elle se mit à trembler de froid, de colère, de tristesse, mais aussi sous le poids d'un amour écrasant qui la traversa et lui coupa le souffle.

— Que viens-tu chercher ici ? demanda-t-il sèchement, d'un ton revêche.

Elle ne se laissa pas intimider.

— Toi, répondit-elle.

— Pourquoi ? Pour me reprocher de t'avoir tu que j'étais un bâtard, un demi-Indien, que j'avais des morts sur la conscience ?

— Non, pas pour ça, dit-elle tout bas. Raconte-moi le conte du lion et de la fille du roi.

Helena vit la perplexité sur son visage à la lueur d'un éclair.

— Alors, c'est moi qui vais te le raconter – du moins tel que je l'imagine. La fille du roi avait peur du lion parce qu'il n'est pas dans la nature d'un lion d'aimer. Sa nature lui commande de chasser et de tuer. Aussi se défendait-elle de toutes ses forces, refusant qu'on la marie avec lui, craignant pour sa vie. Elle se défendit jusqu'au moment où elle vit la marque sur son front, une marque identique à celle qu'elle avait sur le front depuis sa naissance. Elle comprit alors qu'il n'était pas un lion ordinaire, que sa nature était différente, de même qu'elle n'était pas non plus une fille de roi ordinaire. Ils étaient destinés l'un à l'autre. Et, cessant d'avoir peur, elle tomba amoureuse du lion. Tu avais raison, Ian, jadis dans l'enclos : nous nous ressemblons. Nous nous ressemblons beaucoup. Nous portons la même marque sur le front. Nos parents s'aimaient plus qu'ils ne nous ont aimés et cela nous a rendus orphelins, sans patrie ni racines. Ce qu'ils ont fait pour cet amour a eu des conséquences, c'est-à-dire le triste héritage qu'ils nous ont laissé. Mais ce que nous, nous faisons, est entre nos mains. Arrête, Ian ! dit-elle à haute voix, de toutes ses forces. Laisse les morts en paix. Ta chasse est terminée.

Il se leva, hésitant, tâtonnant, plus sous l'effet de la surprise que de l'alcool ingurgité, fit quelques pas vers elle et s'arrêta à sa hauteur. Il la regarda longuement, comme s'il la voyait pour la première fois, lui effleura la joue du dos de la main comme pour s'assurer que c'était bien elle.

— Oui, elle l'est, finit-il par admettre d'une voix rauque.

Il voulut ajouter quelque chose, buta sur un mot, hésita, puis un sourire glissa sur son visage.

— S'il te plaît, reste, ma lionne, et la rude tendresse de sa voix fit se serrer le cœur d'Helena, puis le fit s'ouvrir, s'ouvrir encore…

Quand, tandis que la mousson se déversait sur les champs de théiers, tambourinant contre les troncs et apportant jusqu'à eux l'odeur des feuilles mouillées, de la terre humide et des montagnes éternelles, il l'étreignit si fort qu'elle en perdit le souffle, elle sut qu'elle était arrivée chez elle.

Épilogue

Shikhara, avril 1879

Helena tira sur les rênes et fit arrêter Lakshmi. Appuyée sur le pommeau de la selle, elle contempla longuement le paysage environnant. Une brise descendant de la montagne faisait trembler les feuilles des théiers. Les champs, sous ce souffle léger, évoquaient une mer d'un vert soutenu ondulant sous le vent. Des rires montèrent dans sa direction : des femmes, penchées sur les arbustes, cueillaient les jeunes pousses qu'elles lançaient dans une corbeille sur leur dos. Elle entendait, au loin, les machines de la manufacture traitant le *first flush* de cette année. Ce serait à nouveau un thé de qualité, meilleur peut-être même que celui de l'année précédente. Ce qui n'allait pas sans un gros travail. Cette sortie à cheval, à pareille saison, était un luxe inouï, tant il y avait à faire dans les champs, dans la manufacture, à la maison et dans le jardin. Ian et elle se l'étaient néanmoins permis. Le crâne de Shiva, l'étalon d'Ian, paraissait massif à côté de la fine tête noire de Lakshmi, sa fille.

— Tu as l'air heureuse, dit en souriant Ian.

Helena le regarda un instant, le cœur plein d'amour pour cet homme assis avec élégance sur son cheval, les manches retroussées de sa chemise laissant voir ses bras bronzés. Le saisissant par le col déboutonné, elle l'attira à elle, écrasa ses lèvres contre les siennes, puis murmura dans un souffle :

— Mais je le suis !

Il répondit à son baiser, les yeux brillants, avant de faire avancer Shiva de quelques pas.

— Tu viens ?

— Un instant encore.

Ian acquiesça et descendit au pas le chemin menant aux champs. Elle le suivit des yeux avant de se retourner afin de regarder les pentes abruptes du Kangchenjunga, gardien muet et vigilant de la paix et du bonheur de sa maison.

Depuis qu'il était un cavalier confirmé, Jason ne restait à l'école que le temps des cours ainsi que quelques après-midis chez un de ses amis en ville. Il s'empressait sinon de remonter dans la montagne sur son hongre alezan afin de ne pas manquer le dîner en famille. Bon élève, il hésitait entre ingénieur et planteur de thé pour son futur professionnel. Il passait de longues heures en compagnie de Mohan, traduisant de vieux écrits hindous et discutant de la philosophie sous-jacente. Ian et lui faisaient ensemble des sorties à cheval, partaient chasser ou se mesuraient dans des joutes guerrières. Depuis le printemps, Marge habitait chez eux, car elle avait absolument tenu à assister Helena pour la naissance de son enfant. Rien n'avait pu la dissuader de ce long voyage. Depuis, la petite Emily Ameera faisait ses premiers pas, accrochée à sa main et elle la dorlotait à l'envi avec Shushila. Celle-ci et Helena ne seraient jamais des amies, mais elles s'accommodaient l'une de l'autre, plaisantant ou riant parfois de concert. Helena lui confiait volontiers Emily pour quelques heures quand elle avait du travail à la maison ou au jardin.

Helena n'oublierait jamais les larmes dans les yeux d'Ian quand il avait eu pour la première fois le petit bout de fille dans les bras. Emily Ameera, qui avait les yeux et les cheveux noirs de son père et la peau claire de sa mère, était aimée et cajolée par tous dans la maison. Son prénom lui avait été donné en souvenir de la sœur d'Ian. Elle était l'enfant de la mousson qui avait vu Helena et Ian se perdre puis se retrouver. Helena se demandait parfois si ce n'était pas l'âme de la petite fille qu'elle n'avait pas connue qui avait choisi de se retrouver à une époque et en un lieu plus heureux…

Comme ils avaient renoncé à la maison de World's End, le portrait de Celia était désormais accroché au salon. Ils avaient également vendu les maisons d'Ian, celle de Calcutta et celle de Londres. Leur place était ici, en Inde. Ils passaient les hivers à Surya Mahal ou dans la maison d'Ajit Jai où ils fêtaient Noël ou l'anniversaire d'Ian dans un étrange mélange de tradition chrétienne et de pittoresque indien. Dans le Rajputana, ils étaient bien entendu les Chand, de même qu'ils étaient les Neville dans le Darjeeling. Elle avait convaincu son mari qu'il était temps d'enterrer les anciennes dissensions si bien que, dès la récolte rentrée et le thé transporté à Calcutta, se tiendrait à Shikhara une fête en plein air pour les autres planteurs et leurs familles.

Elle n'avait plus jamais entendu parler de Richard Carter et en était heureuse, même si elle avait parfois un peu mauvaise conscience de la manière dont elle s'était enfuie de l'hôtel. Le secret d'Ian et de Richard était bien gardé au plus profond d'elle-même.

Ils avaient laissé derrière eux les ombres du passé et il ne se passait pas de jour sans qu'Helena rendît grâce au destin de l'avoir conduite ici, nonobstant les aspérités du chemin ayant mené à pareil bonheur. Elle combattrait comme une lionne pour ce bonheur s'il venait à être menacé.

De temps en temps, elle se demandait avec une pointe d'inquiétude si Emily aurait, elle, la chance de grandir libre et insouciante, comme il ne leur avait pas été donné de l'être. Helena savait que le destin empruntait des voies qui lui étaient propres mais elle savait aussi que, parfois, il fallait le prendre soi-même en main, avec courage, sans se laisser rebuter. Elle essayait de transmettre ce savoir à Jason, essaierait de faire de même avec Emily ainsi qu'avec les enfants qu'Ian et elle auraient peut-être encore. Elle chercherait à leur transmettre le meilleur des deux mondes, car ce serait l'héritage le plus précieux qu'elle pourrait leur laisser un jour.

Elle se redressa et respira à fond, longuement, se gavant de soleil, de vent et d'odeurs, avant de lancer sa jument au galop, par les vertes collines, à la poursuite d'Ian.

Table

Sᴀʀᴀʜ Lᴀʀᴋ

LES LARMES DE LA DÉESSE MAORIE

Nouvelle-Zélande, 1899. Kevin, le fils de Lizzie et Michael, se porte volontaire pour se rendre dans une Afrique du Sud déchirée par la guerre des Boers. Un départ qui bouleverse Roberta, secrètement amoureuse du séduisant médecin.

Pendant ce temps, la jeune Atamarie est la première femme – de surcroît d'origine maorie – à être admise à l'université de Christchurch pour y suivre des études d'ingénieur. Une aubaine pour elle qui, depuis l'enfance, est fascinée par le ciel et rêve de construire des machines volantes.

Sarah Lark met en scène des héroïnes éprises de liberté, prêtes à tout pour réaliser leurs rêves, avec en toile de fond les paysages grandioses et sauvages de la Nouvelle-Zélande.

Sarah Lark vit près d'Alméria, en Andalousie, où elle a créé un refuge pour chevaux. Traduite dans 22 pays, sa trilogie du Nuage blanc *a séduit plusieurs millions de lectrices dans le monde. Après* Les Rives de la terre lointaine *et* À l'ombre de l'arbre kauri, *voici le dernier volet de sa magistrale trilogie maorie.*

« Exotisme, amours contrariées,
lourds secrets de famille…
Dépaysement et évasion garantis ! »
Historia

ISBN 978-2-8098-2449-0 / H 26-5365-4 / pages / 24 €

Tamara McKinley

UNE PLUIE D'ÉTINCELLES

Australie, 1946. Becky Jackson a regagné son village natal avec son fils Danny après que son mari a été déclaré mort au combat. Depuis deux générations, sa famille dirige l'hôpital de Morgan's Reach, bourgade fondée par son grand-père. Becky y connaît tout le monde et retrouve sa meilleure amie, elle aussi veuve de guerre. Elle côtoie également Ben Freeman, le pompier en chef secrètement amoureux d'elle. Un amour auquel elle se refuse car Danny n'a toujours pas fait le deuil de son père…

Morgan's Reach est sous tension. Il n'a pas plu depuis trois ans. Et soudain une tempête menace d'embraser la région. L'atmosphère est électrique, qui pourrait réveiller rancœurs et jalousies au sein de la petite communauté. D'autant qu'un homme rôde…

Les paysages somptueux de l'Australie sauvage, un personnage de femme fort et déterminé… Autant d'ingrédients qui ont fait le succès des grandes sagas de Tamara McKinley.

Née à Launceston (Tasmanie) en 1948, **Tamara McKinley** *émigre alors qu'elle est encore enfant en Grande-Bretagne, où elle vit aujourd'hui. Ses onze romans, de* La Dernière Valse de Mathilda *(2005), traduit dans plus de vingt pays, à* L'espoir ne meurt jamais *(2017), ont tous paru aux éditions de l'Archipel.*

« Une intrigue prenante…
Un livre qui vous émeut aux larmes. »
Goodreads

ISBN 978-2-8098-2442-1 / H 26-5451-5 / 315 pages / 22 €

Tamara McKinley

LES FLEURS DU REPENTIR

Il a bien longtemps que Claire a quitté les terres hostiles et désolées du domaine où elle a grandi pour poursuivre ses études et sa carrière de vétérinaire à Sydney.

Lorsque lui parvient l'invitation de sa grand-tante Aurelia, la conviant à une réunion de famille, Claire est ramenée à son passé – elle était partie après une violente dispute avec les siens…

Bien qu'à contrecœur, elle rejoint l'arrière-pays australien. Mais comment va réagir sa mère, Ellie, qu'elle n'a pas revue depuis cinq ans ? Et Leanne, sa sœur, lui battra-t-elle toujours froid ?

En renouant avec ce passé, ce sont autant de rancœurs qui remontent à la surface, mais aussi des secrets qui surgissent…

*Comme à son habitude, **Tamara McKinley** brosse le portrait de femmes courageuses. Trois générations de femmes, qui chacune à leur manière ont dû lutter contre l'adversité pour gagner leur indépendance.*

« Une saga australienne
qui vous tiendra en haleine. »
Woman's Weekly

ISBN 978-2-8098-2230-4 / H 64-2059-7 / 416 pages / 22 €

Cet ouvrage a été composé
par Atlant'Communication au Bernard (Vendée)

Impression réalisée par
CPI France
en février 2020
pour le compte des Éditions Archipoche

Imprimé en France
N° d'édition : 612
N° d'impression : 3037400
Dépôt légal : mars 2020